자녀를 3개 언어 구사자로 인도하기 위한 부모·교사 지침서

이제는 '다중언어'다! (0세~11세까지)

모든 인간은 하나님의 형상을 닮은 존엄한 존재입니다. 전 세계의 모든 사람들은 인종, 민족, 피부색, 문화, 언어에 관계 없이 존귀합니다. 예영커뮤니케이션은 이러한 정신에 근거해 모든 인간이 존귀한 삶을 사는 데 필요한 지식과 문화를 예수 그리스도의 사랑으로 보급함으로써 우리가 속한 사회에 기여하고자 합니다.

© Wang 2008
This translation of 'Growing up with Three Languages' is published by arrangement with Multilingual Matters, an imprint of Channel View Publications Limited.

'Growing up with Three Languages'에 대한 이 번역물은 Channel View Publications Limited 사의 계열 출판사인 Multilingual Matters와의 협력으로 발간되었다.

자녀를 3개 언어 구사자로 인도하기 위한 부모·교사 지침서

이제는 '다중언어'다!

펴낸 날 · 2013년 2월 14일 | **초판 1쇄 찍은 날** · 2013년 2월 14일
지은이 · 샤오 레이 왕(Xiao-lei Wang) **옮긴이** · 한정호 | **펴낸이** · 김승태
등록번호 · 제2-1349호(1992. 3. 31) | **펴낸 곳** · 예영커뮤니케이션
주소 · (136-825) 서울시 성북구 성북1동 179-56 | **홈페이지** www.jeyoung.com
출판사업부 · T. (02)766-8931 F. (02)766-8934 e-mail: edit1@jeyoung.com
출판유통사업부 · T. (02)766-7912 F. (02)766-8934 e-mail: sales@jeyoung.com

copyright © 2013, Xiao-lei Wangw
ISBN 978-89-8350-829-4 (03700)

값 14,000원

자녀를 3개 언어 구사자로 인도하기 위한 부모·교사 지침서

이제는 '다중언어'다!(0세~11세까지)
(Growing up with Three languages)

샤오 레이 왕 지음

한정호 옮김

예영커뮤니케이션

바치는 글

내 아이들에게

나의 중국어가 살아 있을 수 있도록
해주어서 고맙다.
매일 너희와 중국어로 이야기할 수 있어서
나는 무척 감사하단다.
나에게 생생한 사례와 함께
세 언어를 동시에 습득하고 발전시킬
가능성을 보여 주어서 고맙다.

내 남편에게

우리의 계승어와 문화를
아이들에게 전해 주는
이 도전적이고 의미 있는 여행에
나와 함께해 주어서 고맙습니다.

감사의 말

이 책을 쓰는 데 도움을 준 사람 모두에게 감사를 표할 공간이 충분하지 않지만, 나는 이 책을 완성하는 데 중요한 역할을 한 몇 사람을 특별히 언급하고 싶다.

콜린 베이커(Colin Baker, 부모와 교사의 가이드 *Parents' and Teachers' Guides* 시리즈의 편집자) 교수는 내가 출판사에 제안서를 제출했을 때 이 책의 잠재력에 대해 아낌없이 격려해 주었고, 또한 집필 과정에서 나를 끊임없이 지도해 주었다. 나는 콜린 교수의 통찰력과 직업의식을 존경한다. 나는 그의 조언에 큰 빚을 졌다.

멀티링걸 매터스(Multilignaul Matters) 출판사의 마르주카 그로버(Marjukka Grover)는 나에게 학문적인 글보다는 부모에게 도움이 되는 글을 쓰라고 충고해 주었다. 이것은 정말 탁월한 조언이었음이 나중에 판명되었다.

버크벡 칼리지(Birkbeck College)와 런던대학교(University of London)에서 프랑스어 독해와 응용언어학를 가르치고 있는 장 마크 드웰(Jean-Marc Dewaele) 교수에게도 감사한다. 그는 책의 최종본을 검토할 때 건설적이고 기운을 북돋아 주는 제안을 해주었다.

여러 조교가 집필 과정에 큰 도움을 주었다. 질 렘바(Jill Rembar)는 집필 과정에서 적극적인 역할을 해주었다. 질은 초고를 부지런히 교정해 주었고, 부모의 관점에서 가치 있는 조언을 해주었다. 롱샤오란(Rong Xiao-lan)과 베로니카 설리반(Veronica Sullivan), 캐시 새라니에로(Cathy Saraniero)에게도 감사한다. 그들은 자료 표기와 문헌 조사를 위해 많은 수고를 해주었다.

페이스 대학교 케넌 학부 장학 위원회(Pace University Kenan Faculty Scholarship Committee)는 나에게 연구 조사비를 지급해 주었고, 집필을 위하여 자유시간을 주었다. 페이스 대학교 모톨라(Mortola) 도서관의 셰일라 후(Sheila Hu)는 연구에 필요한 책과 자료를 구하는 데 아낌없는 도움을 주었다.

이 외에도 많은 이민자 부모들, 친구들, 동료와 우리의 (친척을 포함한)대가족 구성원들에게 감사한다. 그들은 나에게 격려와 지원을 해주었고, 비공식적 인터뷰에도 기꺼이 응해 주었다.

마지막으로, 나보다 먼저 하나 이상의 언어로 자녀를 키우는 것에 대해 글을 쓴 작가들에게 감사를 표하고 싶다. 그들이 해놓은 작업들 때문에 나는 자녀를 삼중언어 구사자로 키우기로 굳게 다짐할 수 있었고, 이 책이 탄생할 수 있게 되었다.

프롤로그

"인생은 초콜릿 상자 같다."

영화 "포레스트 검프(Forrest Gump)"의 주인공이 말한 것처럼 '당신이 무엇을 얻게 될지 당신은 결코 알지 못한다.' 아무도 미래를 내다볼 수 없고, 누구도 자기 인생에 무슨 일이 일어날지 모른다.

나의 경우, 모든 것은 시카고 대학교 캠퍼스의 공동 기숙사 부엌에서 한 사람을 우연히 만난 것으로부터 시작되었다. (중화인민공화국에서 대학원을 졸업한)내가 그곳에서 저녁을 먹고 있을 때, 주방 관리자 한 명이 (영어로 이야기하는 것에 더 관심이 있는 것이 분명해 보이는)젊은 남자에게 애써 프랑스어로 이야기하는 것을 보았다. 몇 분 후, 이 젊은 남자는 관리자와 영어로 이야기하는 것을 포기하고 나에게 다가왔다. 그리고 우리는 대화를 시작했다. 그는 스위스에서 프랑스어를 사용하는 지역 출신의 교환학생이었고, 그날은 그가 미국에 도착한 첫날이었다. 그때 시작한 대화는 그 후로도 계속되었다.

3년 뒤, 그 젊은 남자는 내 남편이 되었다. 6년 뒤, 그는 첫째 아이의 아빠가 되었고, 8년 뒤, 그는 분만실에서 둘째 아이를 안고 있었다. 이야기는 이제부터 본격적으로 펼쳐진다.

차

례

☆ 감사의 말·006
☆ 프롤로그 ·008

서문 · 011

Chapter 1   삼중언어를 구사하는 것의 복잡성 · 031
Chapter 2   시작단계 · 073
Chapter 3   가정학습 기간(Home Years) · 107
Chapter 4   가정에서 어린이집과 유치원으로 옮겨 가는 과도기 · 187
Chapter 5   초등학교 시기 · 233
Chapter 6   정체성과 개성 발달-아이들의 목소리 · 291
Chapter 7   마무리하면서 · 327

☆ 에필로그 · 354

☆ 부록   부모들에게 유용한 웹사이트 · 357
            색인 · 358

서문

. 두 개 이상의 언어를 구사하면 유익할까? 만약 그렇다면, 아이는 태어나
   면서부터 동시에 두 개의 언어를 배울 수 있을까?
. 부모가 자녀에게 계승어(제3언어)를 전수할 수 있는 주요 입력원일 때,
   삼중언어를 구사할 수 있는 아이로 잘 키울 수 있을까?
. 인종적, 문화적으로 혼합된 가정에서 아이를 키울 때, 그들의 계승문화
   와 계승어에서 나타난 차이를 어떻게 해야 조정할 수 있을까?
. 계승어를 배우는 경험이 아이의 지적, 개성 그리고 정체성 발달에 어떤
   영향을 미칠까?

자녀를 다중언어 구사자로 키우려고 하는 부모,¹ 다른 문화와 언어
환경을 가진 부모들은 위와 같은 질문을 자주 한다. 만약 여러분이 이
책을 읽고 있다면, 아마 여러분도 이런 질문에 대한 답을 찾는 것에 관
심이 있을 것이다. 이 책은 여러분이 이와 관련된 주제를 파헤치는 데
도움이 될 것이다.

책의 서문에서는 독자들에게 책을 쓴 이유를 설명하고, 책의 내용,
특징과 서술 스타일에 대해 알려 줄 것이다. 또 저자의 약력과 책의 주
요 등장인물을 소개하고, 전체 내용을 개관할 것이다.

이 책을 쓴 이유

1. 세계화가 가족 구성과 가족 언어에 미친 영향

글로벌화 된 세계에서 독일인이 중국에서 일하는 것이나 인도인이 프랑스에서 사는 것, 남아프리카인이 미국에서 사는 것은 놀라운 일이 아니다. 미국 인구조사국이 최근 실시한 지역사회 조사에 따르면, 캘리포니아 거주자의 27.2%와 뉴욕 거주자의 21.6%가 외국 출생자였다.[2] 이와 유사하게도, 영국에서 최근 발표된 공식 통계를 보면, 도시 인구의 50-60%가 비(非)유럽 태생이었다.[3] 이와 같은 추세는 세계의 다른 많은 도시에서도 관찰할 수 있다. 결과적으로 말한다면, 전통적인 가족 구성은 원래 한 지역에 기반을 둔 것이었는데 이제 변화를 겪고 있다는 것이다. 오늘날에는 어떤 가족이 부모를 포함해서 다른 인종, 민족, 또는 문화적 배경을 갖더라도 그렇게 놀랄 만한 일이 아니며, 그런 가족의 수가 증가 추세에 있다.[4] 우리 가족이 좋은 예다. 내 남편은 백인이고, 스위스 출신이다. 나는 아시아인이고, 중화인민공화국 출신이다. 우리는 미국에서 두 인종이 섞인 두 명의 아이를 키우고 있다.

오늘날 가족 구성이 변화하고 있는 추세 때문에 문화적, 인종적으로 혼합된 많은 가정에서 다중언어를 필연적으로 사용하게 되었다. 우리 가족을 예를 들면, 영어, 프랑스어, 중국어가 매일 사용되고 있다. 다음은 우리 가족이 대화를 나누고 있는 예인데, 대화 안에서 세 개의 언어가 사용되고 있음을 알 수 있다.

사례 0.1
작은 아들 도미니크가 우리에게 토요일에 학교에서 열리는 축제에 자기와 함께 가기를 원하는지 물었다.

도미니크 : [아빠에게] Tu veux aller à la fête de l'école samedi?

(이번 주 토요일 학교 축제에 나랑 같이 갈래요?)

아　　빠 : [엄마에게] Do you want to go?(당신은 갈 거예요?)

엄　　마 : [아빠에게] Not really. I have many things to finish this weekend.
(글쎄요. 이번 주말에 끝내야 할 게 많은데요)

도미니크 : [형 레안드레에게] Et toi Léandre, tu veux y aller?
(형은 어떻게 할 거야? 갈 거야?)

레안드레 : Oui, bien sûr!(응, 꼭 갈 거야!)
Eh Dominique! Je viens de t'envoyer un Pokémon sur le Wii.
(아, 도미니크, 나 방금 너에게 위(Wii)에서 포켓몬 보냈어.)

엄　　마 : [레안드레에게] Nǐ gěi Nì kě fā le shén me?
(你给昵可发了什么? 너 도미니크에게 뭐 보냈어?)

레안드레 : Wǒ gěi Nì kě fā le Pokémon.
(我给昵可发了Pokémon. 도미니크에게 포켓몬을 보냈어요.)

아　　빠 : Léandre, si tu veux que je t'aide à faire ton devoir de maths,
c'est maintenant et pas après le film! D'accord?
(레안드레, 나에게 수학문제를 푸는 걸 도와달라고 했지? 지금 바로
하자. 영화 본 다음에 하지 말고. 알았지?)

레안드레 : D'accord.(예.)
(수학책을 가지러 갔다.)

엄　　마 : [레안드레에게] Lǐ áng, zhè ge xīng qī liù nǐ yào dào Nì kě de
xué xiào qù.(理昂, 这个星期六你要到昵可的学校去?레안드레,
이번 주 토요일에 도미니크의 학교에 갈 거야?)

레안드레 : Duì. Nǐ bú qù?(对. 你不去? 예, 엄마는 안 가요?)

엄　　마 : Ràng wǒ xiǎng xiǎng kàn.(让我想想看. 생각해 볼게.)

도미니크 : Māma nǐ yí dìng yào qù.(妈妈你一定要去. 꼭 같이 가요, 엄마.)

　　전세계의 많은 가족 가운데 가족 간에 대화를 나눌 때 언어가 바뀌
는 것은 일상에서 흔히 볼 수 있는 현상이다. 정확한 통계가 나와 있는
것은 아니지만, 몇몇 학자가 추산하기로는 전세계에서 하나 이상의 언
어를 사용하면서 자라는 아이의 수가 하나의 언어만 사용하는 아이의
수와 비슷할 것이라고 했다.[5] 어떤 학자들은 이보다 한술 더 떠서, 전세
계 대부분의 사람이 하나 이상의 언어를 알고 있다고 했다.[6] 미국의 경

우만 보아도 겉으로 보기에는 영어만 사용되는 것 같지만 다섯 가구 중한 가구는 영어 외에 다른 언어를 사용하고 있고,[7] 매일 150개 이상의 언어가 사용되고 있다.[8] 게다가 북부 평원에서는 실제로 삼중언어를 사용하는 지역이 존재한다.[9]

전 지구적 차원에서 이동화가 계속됨에 따라 다른 인종적, 문화적, 언어적 배경을 가진 부모를 둔 가족이 더 많아질 것이다. 때로는 이런 가족이 부모의 모국 외에 다른 나라에 살게 되기도 할 것이다. 따라서 그들은 자신들만의 고유한 가족 정체성을 세워야 할 것이고, 어떤 언어를 사용할지 결정하는 것을 포함하여 그들만의 육아법을 결정해야 할 것이다. 계승어와 문화적 정체성을 보존하는 것에 관한 정치적, 문화적 의식이 증가함에 따라, 그리고 계승어를 유지하는 것이 이점이 있다고 결론을 내린 연구문헌이 점차 증가함에 따라,[10] 문화적, 언어적 그리고 인종적으로 뒤섞인 가족의 부모들은 이제 그들의 계승어(들)와 문화를 자손에게 전수해야 함을 강하게 인식하고 있다.

2. 다중언어를 구사하는 아이를 성공적으로 양육한 사례가 부족하다

부모 입장에서 계승어를 보존하고자 하는 열망이 강하다고 하더라도, 현실은 그렇게 녹록하지만은 않다. 자녀가 자신의 계승어를 잘 이어받고 자라기를 원하는 부모들이 들으면 실망할지도 모르는 네 가지 사항을 정리해 보았다.

첫째로, 연구 결과에 따르면, 정부의 직접적인 개입은 언어 보존에 중요한 역할을 할 수 있다.[11] 그러나 아직 대부분의 선진국에서 계승어의 보존이라는 측면에서 가정(특히 이민 가정)을 지원하기 위해 정부 부서가 정치적, 경제적, 혹은 교육적으로 실제적인 방침을 정한 적이 없다.[12] 다문화주의와 다국어 사용을 장려하자는 구호를 종종 들어보기도 했고 유행처럼 되풀이되고 있지만, 계승어 교육을 위해 특별 예산을 마련한 선진국은 거의 없다. '계승어 보존'을 교육 안건으로 내놓거나 이민 가정의 부모들이 자녀가 계승어를 잘 배울 수 있도록 도와주는 효과적인 지원 서비스를 제공하는 선진국도 거의 없다. 정부/연방정부 차원에서 제대로 된 방침과 지원이 없다면, 사회로부터 도움을 받지 못하는 부모가 다문화주의와 다국어 사용을 실현하기는 어려울 것이다.

둘째로, 동시에 셋 혹은 그 이상의 언어를 습득하는 아이의 발달 과정에서 나타나는 특징과 필요에 대해 부모가 신뢰할 만한 정보를 얻을 수 있는 (장기간에 걸친)연구 결과가 별로 없다. 또한 다국어, 다문화 환경에서 자란 결과로 나타난 아이의 정체성과 개성 발달에 대해 부모에게 정보를 제공해 주는 연구 결과도 찾기 어렵다. 가끔씩 이 주제에 대해 연구하는 사람들도 있기는 하지만, 연구 성과는 학문의 영역을 벗어나지 못하는 경우가 많다.

셋째로, 많은 부모에게는 아이들을 대신해서 언어를 선택하는 것은 중요하고 어려운 결정이다. 부모, 특히 이민 가정의 부모는 교사와 자녀 양육 전문가로부터의 지도와 지원을 기대한다.[13] 그러나 안타깝게도 많은 교사와 자녀 양육 전문가들이 다국어를 사용하는 아이의 발달 과정과 그것과 관계된 문제에 대해 잘 알지 못한다. 따라서 부모는 종종 언어를 선택할 수 있는 옵션에 대해 제대로 조언을 듣지 못하게 된다. 많은 부모는 자녀가 학업 면에서 성공을 거두게 하려면 그들이 사는 나라의 언어를 자녀에게 말하고 읽어 주어야 한다는 생각에서 쉽게 벗어나지 못한다.

우리는 아이의 교사 중 한 명 이상으로부터 다음과 같이 좋지 않은 충고를 받아왔다. 예를 들면, 어느 초등학교의 교사-부모 간담회에서 한 교사가 우리에게 (큰아들이 삼중언어를 구사할 수 있다는 것을 알고 난 뒤) ―큰아들이 자기 학년 이상의 영어 독해력을 갖고 있고, 표준화된 언어 기교 및 적성 테스트(standardized language arts and aptitude tests)에서 고득점을 했으며, 영어 구술과 영작 모두 다 뚜렷한 문제가 없음에도―우리가 큰아들에게 영어로 말하고 읽어 주어야 한다고 신중하게 제안했다.

우리만 그런 경험을 한 것은 아니다. 나는 다른 부모들로부터 이런 이야기를 수도 없이 들었다. 멕시코에서 이민을 온 한 엄마는 어느 날 아이의 학교 선생님이 자기를 불러서 "집에서 아이에게 영어로 말하고 영어를 읽어 주어야 한다."는 말을 했다고 했다. 그녀 자신이 영어를 거의 하지 못함에도 불구하고 말이다. 한 중국인 이민 가정의 엄마는 그녀의 딸을 본 소아과 의사로부터 "딸에게 중국어 대신 영어로 말해야 합니다."라는 충고를 들었다고 내게 말했다. 그렇게 하지 않으면 아이는 영어 성적과 앞으로의 학업 성취도가 뒤처질 것이라는 것이 그 이유였다.

마지막으로, 많은 사람들(부모, 조부모, 다른 어른들, 교사들, 친구들 그리고 대중매체 등)로부터 다양한 언어 입력을 받아 한 언어를 습득하는, 제1언어를 배우는 전형적인 환경이 아닌 계승어를 제1언어로 배워야 하는 언어 습득 환경에서 자라는 아이는 언어 입력을 적게 받는 경우가 종종 있다. 심지어는 단 하나의 입력(한 부모로부터 한 언어를 배우고, 다른 부모로부터 다른 한 언어를 배우게 되는 경우)만 받게 되는 경우도 어렵지 않게 볼수 있다. 이러한 언어 학습 환경은 아이와 부모 모두에게 심각한 도전장을 던지고 있다. 따라서 어떤 부모는 아이들에게 계승어를 전수하는 것이 너무 힘들어서 좌절하고 그 기회를 놓치고 만다.

전세계에 인종적, 문화적, 언어적으로 혼합된 가족이 늘어나고 있는 상황에서 이런 가족의 필요를 고려하고 이런 도전적인 환경 가운데 계승어 습득과 발전을 촉진할 수 있는 효과적인 전략을 나눌 책이 긴급히 필요하게 되었다. 사카모토 미츠요(Sakamoto Mitsuyo, 坂本三千代)가 캐나다에 사는 일본인 이민자 부모를 연구한 결과가 제시하는 것과 같이, 그와 같은 사례는 부모가 지금 하고 있는 것을 도와줄 수 있고 확증시킬 수 있으며 미래에 무엇을 할 수 있을지 잘 보여 주기 때문에 성공적으로 계승어(들)를 이어받은 아이로 키운 이야기는 사람들에게 알려져야 한다.[14]

인종적, 문화적, 그리고 언어적으로 혼합된 가정의 부모로서, 두 자녀를 성공적으로 삼중언어를 구사하는 아이로 키워낸 부모로서, 나는 다른 부모들이 자녀를 위해 올바른 언어 선택을 내릴 수 있게 하기 위해 열정적으로 내 경험을 나누려 한다. 연구자로서, 나는 부모들에게 다중언어 구사자와 그와 관련된 이슈에 관한 연구 결과를 알려야 할 긴급한 필요를 느끼고 있다. 교사, 교육자 그리고 대학교수로서, 나는 다중언어를 구사하는 아이와 그 가족의 특징과 필요에 대해 교사들과 소통하는 것을 학자의 의무로 여기고 있다. 세계 시민으로서, 나는 우리 사회가 다중언어 구사를 위한 교육의 지원에 인색한 것에 대한 내 의견과 우려를 표명하기를 희망한다. 이것이 이 책을 쓰기로 결심한 동기다.

책의 내용

이 책은 태어날 때부터 세 개의 언어에 동시에 노출된 두 명의 아이를 11년간 관찰한 결과에 기초하였다. 이 책은 다른 문화, 언어, 민족-인종 배경을 가진 두 부모가 모국이 아닌 곳에서 두 아이에게 어떻게 계승어를 전수하면서 양육했는지에 대한 이야기이다. 또 아이들이 세 문화와 언어를 어떻게 조화롭게 받아들였고 삼중언어의 정체성을 발달시켰는지에 대한 이야기이기도 하다. 또한 이 책은 아빠와 엄마로부터 따로 두 계승어를 전수받아야 하는 상황에서 부모의 지원이 아이들이 동시에 세 언어를 습득하는 데 어떻게 기여했는지에 대해서도 조명하고 있다. 이 책은 두 아이가 삼중언어를 배우는 과정에서 겪은 도전과 언어 발달 과정에서 나타난 독특한 특징을 다루고 있다.

이 책의 가장 중요한 목표는 부모가 계승어의 주요 입력원일 때 자녀를 삼중언어 구사자로 키울 수 있다는 가능성을 알게 해주는 것과 가정에서부터 계승어 보존을 시작할 수 있도록 노력하게 하는 것에 있다.[15]

이 책의 특징

1. 반응하는 부모를 권장한다

부모에게 충고하는 부류의 책은 전통적으로 부모를 적극적으로 반응하는 사고자(思考者)로 여기기보다는 수동적으로 정보를 받아들이는 사람으로 여겼다. 저마다 다른 사회적, 경제적, 교육적 배경을 가진 부모들과 대화를 나누면서 나는 그들 중 많은 이들이 어떻게 아이를 길러야 하는지 가르쳐 주는 책이 필요한 것이 아니라 비교를 통해 그들 자신의 육아법을 곰곰이 생각해 볼 수 있도록 도와주는 책을 필요로 한다는 것을 알았다. 그러므로 이 책은 하나 이상의 언어를 구사하는 아이를 키우고 있거나 키울 계획이 있는 부모들이 자녀가 거주지에서 다수의 사람이 사용하는 언어뿐만 아니라 부모 각각의 언어를 습득하도록 어떻게 도울 수 있는지 관찰하도록 인도할 것이다. 아마도 다른 부모들은 이 책을 통해서 우리의 자녀 양육 과정에서 성공, 실패, 좌절과 도전을 배우고, 이것을 자신의 경험과 비교하면서 자신의 전략을 되돌아볼 수 있을 것이고, 주어진 특별한 상황에서 자녀를 하나 이상의 언어를 구사하는 아이로 양육하는 최고의 방법을 찾을 수 있을 것이다.

2. 세 언어를 동시에 습득하는 과정에 주목한다

이 책에는 나의 두 아들이 11살이 될 때까지 (아빠의 언어인)프랑스어와 (엄마의 언어인)중국어, 그리고 (그들이 사는 나라의 언어인)영어를 동시에 배우는 과정[16]이 상세히 기록되어 있다.[17] 이 책은 우리 아이들이 두 개의 계승어와 살고 있는 나라의 언어 사이에서 어떻게 균형을 이루고 있는지 보여 준다. 이 책은 또 비슷한 언어 체계(프랑스어와 영어)와 다른 언어 체계(중국어 vs 프랑스어 또는 영어)가 아이들이 세 언어를 익히는 속도와 숙달 정도에 어떤 차이점을 유발하는지, 그리고 언어 차이 때문에 생기는 숙달도 차이를 좁힐 수 있는 효과적인 전략은 어떤 것인지 보여준다.

3. 일상 속에서 삼중언어 발달 과정에 나타난 특징을 묘사한다

아이들은 출생 후부터 초등학교를 졸업할 때까지(11세까지) 부모와 형제, 친구들, 그리고 다른 사람들과 어떻게 반응하는지 매일매일 주의 깊게 관찰되었다. 그들은 자연스러운 분위기 속에서 출생 후부터 5세까지는 일주일에 한 번씩, 그리고 5세부터 11세까지는 한 달에 한 번씩 비디오 테이프에 녹화되었다. 생일이나 특별한 가족 모임, 여행이나 학교 행사처럼 특별한 경우에도 비디오 테이프에 녹화했다. 상황별 비디오 테이프의 촬영 시간은 10분부터 2시간까지이다. 비디오 카메라를 사용할 수 없는 경우(예를 들어, 차 안이나 여행 중일 때), 아이들의 언어 사용과 그것과 관계된 행동은 카세트 테이프에 녹음되었고 현장에서 바로 기록해 두기도 했다. 이처럼 삶속에서 체계적이고 장기적으로 관찰할 수 있다면 부모는 아이들이 어떻게 삼중언어를 발달시켜 가는지 그 과정을 보게 되고, 성장단계에 따라 그들에게 무엇이 필요한지 알게 된다.

4. 총체론적 관점(holistic perspective)에서 언어 습득과 발전을 다룬다

과거에는 (이중언어 또는 다중언어를 포함하여)언어 습득에 대해 부모에게 충고하는 부류의 책들은 언어 습득과 발달 과정을 독립적인 영역에서 다루는 경향을 보였다. 그 책들(부모의 육아법과 실천방법 등)은 다중언어 습득 과정에 영향을 주거나 (문화에 대한 지식처럼)언어적 요소와 함께 발달하는 것 외의 다른 요소들에는 거의 주의를 기울이지 않았다. 이 책은 언어 습득 과정에 영향을 미치거나 그것과 함께 존재하는 많은 측면을 포함해서 총체론적 관점으로 독자들이 계승어를 습득하는 것을 살펴볼 수 있도록 했다. 더 나아가 이 책은 자녀를 하나 이상의 언어를 구사하는 아이로 키우는 것을 단순히 언어적인 문제로 다루고 있지는 않다. 대신에 이 책은 언어를 습득할 때 먼저 건강하고 행복한 아이로 키우는 것이 고려되어야 한다고 말하고 있다. 이 책을 읽으면 하나 이상의 언어와 문화를 가진 아이로 양육하는 과정이 아이의 개성과 정체성 발달에 어떤 영향을 미칠 수 있는지 주목하게 될 것이다.

5. 계승어 습득에서 부모의 관찰과 작은 샘플을 높이 평가한다

부모가 아이를 가장 잘 안다는 말에 반박할 사람들은 거의 없을 것이다. 그렇지만 부모가 자녀를 직접 관찰하는 것이 과연 타당한 것인지에 대해서 의구심을 표하는 사람은 있을 것이다. 부모에게는 자녀에 대해 어쩔 수 없이 갖게 되는 편견은 있을 수 있다. 그러나 부모가 체계적이고 활발하게 관찰한다면 그 관찰은 가치가 있다. 언어 학자 댄 슬로빈(Dan Slobin)은 "우리가 언어를 구축하는 아이의 활동 그림을 그릴 수 있는 것은, 오직 아이들이 다른 사람들과 대화를 나눈 패턴을 자세히 관찰하는 방법을 통해서만 가능하다."라고 했다.[18] 부모는 아이들과 함께 살고 있고 일상생활을 잘 알고 있다는 것만으로도 그들에 대해 상세한 정보를 제공할 수 있는 최고의 위치에 있다. 이와 유사한 주장으로, 언어 학자 이브 클락(Eve Clark)은 "언어적 맥락뿐만 아니라 비언어적 환경도 고려되어야 한다. 모든 상황 가운데 아이가 말하려고 했던 것과 아이가 실제로 말을 한 것이 가능한 한 일치되어야 하기 때문이다."라고 말했다.[19] 따라서 언어 연구자 캐롤 버먼(Carol Berman)이 "언어에 능통한 부모는 외부관찰자(연구자)보다 이점이 있다. 부모들은 아이들이 자연스럽게 대화를 나누는 행동을 관찰할 기회가 있는데 이것은 아웃사이더가 자리에 함께 있어도 관찰할 기회가 없을 때가 있다."라고 한 것은 이치에 맞는 말이다.[20] 다음 사례는 둘째 아들 도미니크와 내가 주고받은 짧은 대화인데 부모의 관찰이 왜 가치 있고 정확한지 잘 보여주고 있다.

사례 0.2

도미니크 : Qǐng gěi wǒ yī zhāng zhuō zi.
       (请给我一张桌子. 테이블 하나 주세요.)
       [사실 도미니크는 테이블같이 생긴 작은 의자를 달라고 한 것이었다.]
엄   마 : O, nǐ xiǎng yào nà zhāng dèng zi.
       (噢, 你想要那张凳子. 아, 저 의자를 달라는 말이구나.)

만약 어떤 외부관찰자가, 예를 들어, 어떤 연구자가 이 상황의 문맥을 이해하지 못한 채 아이가 반응한 것을 보았다면 그는 도미니크가 중국어 凳子/dèng zi 대신에 桌子/zhuō zi를 잘못 사용하고 있다고 생각할 것이다. 도미니크는 凳子를 농담 삼아 일부러 桌子라고 부를 때가 있다. 사실, 이 테이프를 기록하고 코딩 작업을 하는 것을 도와준 보조 연구자가 처음으로 도미니크가 잘못된 중국어 단어를 사용하고 있음을 알아챈 것이다. 바로 이런 사례(맥락)를 통해 자녀의 언어 발달을 연구하는 데 부모의 관찰이 중요한 이유를 알 수 있다.

어떤 사람들은 이 책에 나와 있는 샘플이 작은 것 때문에 걱정할지도 모른다. 그렇지만 마이클 헐리데이(Michael Halliday)는 작은 그룹의 아이들 사이에 일어나는 언어 발달을 관찰하는 것이 가치 있음에 주목했다. 그는 단 한 명의 아이를 연구하는 것도 가치가 있다고 말한 바 있다.[21] 하나 이상의 언어를 구사하는 아이의 경우, 샘플이 작은 것이 오히려 더 중요해 보이기까지 한다. 줄르 롱자(Jules Ronjat)와 워너 레오폴드(Werner Leopold) 같은 개척자 부모/연구자가 작은 샘플을 관찰해 준 덕분에, 우리는 이중언어를 구사하는 어린이의 언어 발달 특징들을 이해하기 시작했다.[22] 연구자 프레드 제네시(Fred Genesee)와 그의 동료는 "연구를 위해 하나 이상의 언어를 배운 아이들을 큰 그룹으로 묶는 것은 어렵다. 그 아이들은 동질적이지 않기 때문에 그룹으로 묶을 수 없다. 아이들은 저마다 언어에 따라 다른 정도로, 그리고 다른 맥락으로 노출되어 있고, 이것이 언어별 발달 정도에 영향을 미친다. 이처럼 상황별 연구와 작은 그룹 연구는 무엇이 일어나고 있는지 말해 주지 않을지도 모른다. 그렇지만 무엇이 일어날 수 있는지는 말해 줄 수 있다."고 말했다.[23]

6. 자신의 다국어 발달에 대해 아이들의 목소리를 담는다

부모에게 충고하는 부류의 책은 하나 이상의 언어와 문화 속에서 자라는 아이들 자신의 관점에는 좀처럼 관심을 두지 않는다. 이 책은 아이들이 매일 나눈 대사를 통해 세 언어를 배우며 자란 경험에 대한 아이들 자신의 목소리를 담고 있다. 아이들이 하는 말을 들어보면, 독자들은 아이들이 어떻게 삼중언어를 구사하면서 복잡하지만 재미있게 살아왔는지, 그 과정 속에서 어떻게 삼중언어 정체성을 형성했는지 알게 될 것이다.

 저자 소개

내 전문 영역, 교육과 경험은 여러 분야에 걸쳐 있다. 즉 비교문화 발달 심리학, 언어 습득(제2언어와 다중언어 습득 포함), 언어학, 비언어 커뮤니케이션, 교육 심리학 그리고 교육학(초기 아동 교육 포함)이 그것이다. 다양한 전문 능력 안에서, 나는 이민자와 다중언어를 구사하는 가정을 포함하여 많은 아이와 부모들을 연구했고, 그들과 함께 일했다. 수년 동안 나는 중국인, 미국인, 후터파(派) 교도, 미국 원주민 그리고 미국에 사는 히스패닉(Hispanic, 중남미계의 미국 이주민) 그룹과 같이 다양한 문화 커뮤니티에서 조사하는 동안 중요한 관찰을 했고, 나의 연구 성과를 학술지에 발표했다.

나는 중화인민공화국에서 태어나고 자랐다. 26세의 나이에 UN에서 주는 대학원 장학금을 받고 미국으로 왔다. 석사 학위는 시카고 에릭슨 인스티튜트(Erikson Institute)에서 받았고, 박사 학위는 시카고 대학교(University of Chicago)에서 받았다. 나는 현재 뉴욕 페이스 대학교(Pace University)에서 교육학부 종신 교수로 재직 중이다. 나는 세계 여러 곳으로 여행을 다녔고, 영어, 프랑스어, 러시아어와 일본어를 배웠다. 또 보통화(普通话, 표준 중국어)뿐만 아니라 여러 개의 중국어 사투리도 구사할 수 있다. 보통화는 중화인민공화국과 타이완(타이완에서는 보통화가 아니라 국어라고 불리고 있지만)에서 사용되고 있는 현대 공식 중국어로서, 싱가포르에서는 4개의 공식어 가운데 하나이기도 하다.

나는 대학 교수, 교육자, 연구자, 이민자, 인종과 문화, 언어학적으로 혼합된 가정에서 삼중언어를 구사하는 아이를 기르는 부모, 그리고 세계 여행자라는 경력 때문에 계승어 습득과 발전을 독특한 시각으로 바라보게 되었다.

 ## 주요 등장인물 프로필

두 명의 주요 등장인물은 내 아이 레안드레와 도미니크다.[24] 그들의 프로필은 아래와 같다.

레안드레

레안드레는 큰아들이고, 미국에서 태어났다. 레안드레는 태어나면서부터 제1언어로 프랑스어, 중국어, 영어를 배웠다. 그는 현재 학교에서 스페인어를 배우고 있고, 여행이나 전화통화를 통해서 스위스에 있는 할머니로부터 스위스에서 쓰는 독일어를, 중국에 있는 할머니로부터는 상하이 사투리를 배우고 있다. 현재 뉴욕 웨스트체스터 카운티에 있는 공립학교에 다니고 있다. 레안드레는 건강하고 매사에 무사태평하고 똑똑하다. 그는 모든 학업 성적 면에서 우수한 성적을 꾸준히 올리고 있고, 현재 영어와 수학은 선행 반에서 공부하고 있다. 또한 모든 뉴욕 주 표준 테스트(New York State standardized tests)와 인뷰(InView) 테스트에서 뛰어난 성적을 올렸다.[25]

레안드레의 취미는 독서와 메르클린 기차(Märklin trains, 역자주 : 독일 장난감 회사인 메르클린 사에서 만든 장난감 기차), 위(Wii)와 닌텐도 DS 게임 즐기기, 수영, 자전거 타기, 세계 여행 등이다. 피아노 치는 것을 싫어하지만 베이스 연주는 좋아한다. 그는 학교 오케스트라에서 베이스 주자다. 현재 꿈은 '미친' 과학자가 되는 것인데, 그의 설명에 따르면 '미친 과학자'는 '정상적인' 과학자라면 하지 않을 실험을 한다고 한다. 예전에는 트럭 운전사와 기차 승무원이 되고 싶다고 한 적도 있었다.

도미니크

도미니크는 작은아들이고, 미국에서 태어났다. 태어나면서부터 프랑스어, 중국어, 영어를 습득, 발전시켜 오고 있다. 그는 형과 같은 공립학교에 다니고 있다. 도미니크는 '타고난 언어 학자'다. 그는 악센트와 언어를 흉내 내는 데 독보적인 재능을 가지고 있다. 그가 다른 나라의 유명한 정치인이나 배우를 흉내 내는 것을 듣는 것은 무척 즐거운 일이다. 도미니크는 전 과목에서 좋은 성적을 올리고 있고, 모든 뉴욕 주 표준 테스트와 인뷰 테스트에서 뛰어난 성적을 올렸다. 그는 학교에서 1학년 때부터 영재 프로그램에 등록해 다니고 있다.

도미니크는 손에 있는 물건을 사용해서 놀라운 일을 해내는 매우 창의적인 아이다. 예를 들어, 사용하고 있는 연필로 모든 종류의 재미있는 사람들, 동물들, 사물들을 만들어 낼 줄 안다. 그는 다른 사람이 자기에 대해 말하는 것에 대단히 민감하다. 레안드레에게는 오리의 등에 물을 뿌리는 것에 지나지 않는 것이라도 도미니크를 울릴 수 있다고 많은 사람들이 말했다(역자주 : 오리의 등에 물을 뿌려봤자 오리가 대수롭게 여긴다는 뜻으로, 저자는 도미니크가 대수롭지 않은 말에도 상처를 받는 민감한 아이임을 설명하기 위해 이 속담을 사용했다.). 도미니크의 취미는 축구를 포함, 텔레비전 시청, 그림 그리기, 수영, 자전거 타기, 세계 여행 등이다. 그는 재능 있는 체육 선수이기도 해서 AYSO(American Youth Soccer Organization)의 지역 멤버이자 정규팀과 순회팀에서 활약하고 있다. 그의 형처럼 그도 피아노 치는 것을 싫어한다. 그는 학교의 음악시간에 필요할 때는 마지못해 바이올린을 연주한다. 최근에 커서 무엇이 되고 싶으냐고 물어보았더니, 도미니크는 재미있는 대답을 했다. "나는 정말 프로 축구 선수가 되고 싶어요. 만약 그게 안 되면 달리기 선수가 되는 걸 생각해 봐야지요. 만약 그것도 안 되면 쓰레기 수집하는 사람이 될래요. 만약 아무것도 될 수 없다면 교수가 될 거예요." 그는 예전에 배우와 미국 대통령이 되고 싶다고 한 적도 있었다.

이 책의 스타일

　이 책은 비록 연구문헌을 담고 있기는 하지만 학술서와는 다른 스타일로 구성되어 있다. 부모들과 다중언어 사용에 관련된 부분에 관심이 있는 이들이 좀 더 쉽게 접근할 수 있도록, 나는 내 개인사와 일화를 삽입하고 전문용어는 배제하는 등 친독자적인 방법으로 기술하려고 노력했다. 가끔 전문용어를 써야 할 때는 가능한 한 이해하기 쉽게 설명하려고 했다. 논의가 한창인 이슈를 더 깊이 탐구하고자 하는 이들을 위해 각 장의 마지막 부분에 주석과 참고문헌을 적어놓았다.

 ## 책의 개요

　이 책은 총 일곱 장으로 구성되었다.

　1장은 삼중언어를 구사하는 현상을 이해하는 데 개념적인 배경을 설명한다. 다양한 삼중언어 구사자의 사례를 살펴보면서 독자들은 삼중언어 구사자가 되는 과정과 삼중언어의 구사력을 현실적으로 예상하는 것이 복잡 난해하다는 것을 깨닫게 될 것이다.

　2장은 자녀를 하나 이상의 언어를 구사하는 아이로 기르는 데는 준비과정이 매우 중요하다고 말하고 있다. 독자들은 우리의 경험을 통해서 준비 단계에서 어떤 문제와 사항들을 고려해야 하는지 힌트를 얻게 될 것이다. 그리고 부모 또는 장래의 부모에게 도움이 될 실제적인 제안도 실었다.

　3, 4, 5장은 아이들의 특정한 발달 시기에 따라 시간 순서대로 구성되었다. 3장은 아이들을 학교(역자주 : 원문에는 학교라고 되어 있는데, 이 책에서 사용되는 '학교'는 어린이집과 유치원 단계도 포함하는 개념으로 사용되고 있다.)에 보내기 전 기간, 4장은 어린이집과 유치원 기간, 5장은 초등학교 재학 기간에 초점을 맞췄다.

각 장은 5개 부분으로 나뉜다.

(1) 아이들의 삼중언어 구사력 발달과 정체성 발달을 돕기 위해 우리가
사용했던 실제적인 전략들
(2) 주요 장애물과 우리가 극복한 방법
(3) 아이들의 삼중언어가 발달하면서 나타나는 특징 중 주요 장면들
(4) 아이들이 삼중언어를 구사하는 경험의 결과로서 나타나는 아이들의
정체성 발달 가운데 주목할 점들
(5) 아이들의 삼중언어 구사력 발달과 정체성 발달을 촉진하는 방법에
대한 생각과 제안

6장은 삼중언어를 구사하고 삼중문화를 공유하고, 두 인종과 두 개의 국적을 가진 개인으로서 자신의 정체성에 대해 아이들의 목소리를 담았다. 아이들 개인의 말을 들어보면, 독자들은 그들이 어떻게 복잡하고 재미있는 인생을 설계, 조종해 왔는지, 어떻게 역동적으로 정체성을 형성했는지 알 수 있을 것이다. 건강한 자아와 개성을 가진 아이로 자라게 하는 방법에 대해 저자의 생각과 독자를 위한 제안을 추가했다.

7장은 삼중언어 구사자가 제1언어를 습득하는 것에 대한 최근 연구 경향에 대해 짧게 평가했고, 내 연구 성과에 비추어 그것이 얼마나 복잡한지에 초점을 맞췄다. 다국어를 구사하는 아이로 기르기 위해서 집에서 할 수 있는 열 가지 방법들로 책을 끝맺는다.

1. 어떤 학자들은 대(大)언어학(macrolinguistic) 레벨(이중언어 구사자 또는 삼중 언어 구사자)과 소(小)언어학(microlinguistic) 레벨(하나의 언어만 구사할 수 있는 사람)을 정확하게 구별하기 위해서, 하나 이상의 언어를 알고 있는 사람을 묘사할 때 이중언어 구사자 또는 삼중언어 구사자보다는 다중언어 구사자(multilingualism)라는 용어를 더 선호한다. Hoffmann, C, (2001) Towards the description of trilingual competence. *International Journal of Bilingualism* 5 (1), 1-17 참조.

2. US Census Bureau (2006) http://www.census.gov/acs/www/.

3. Lawson, S. and Sachdev, I. (2004) Identity, language use, and attitudes: Some Sylheti-Bangladeshi data from London, UK. *Journal of Language and Social Psychology* 23 (1), 49-69.

4. Brunsma, D.L. (2005) Interracial families and the racial identification of mixed-race children: Evidence from the early childhood longitudinal study. *Social Forces* 84 (2), 1131-1153.
   McDowell, T., Ingoglia, L., Serizawa, T., Holland, C., Dashiell, J. W. and Stevens, C. (2005) Raising multiracial awareness in family therapy through critical conservation. *Journal of Marital and Family Therapy* 31 (4), 399-411.

5. Tucker, G.R. (1998) A global perspective on multilingualism and multilingual education. In J. Cenoz and F. Genesee (eds) *Beyond Bilingualism: Multilingualism and Multilingual education* (pp.3-15). Clevedon: Multilingual Matters.

6. Grosjean, F. (1982) *Life with Two Languages: An Introduction to Bilingualism.* Cambridge, MA: Havard University Press.
   Romaine, S. (1995) *Bilingualism.* New York: Blackwell.

7. US Census Bureau (2006) http://www.census.gov/acs/www/.

8. Brecht, R.D. and Ingold, C.W. (1998) *Tapping a National Resource: Heritage Language in the United States. ERIC Digest.* Washington, DC: ERIC Clearinghouse on Language and Linguistics.

9. 후터파 교도는 게르만 혈통의 공동생활을 하는 재세례파 그룹이다. 그들은 종교적 신념, 관습, 복장과 언어 면에서 외부 세계와 구별된다. 그들의 차이점 때문에 박해를 받아(특히 종교적 신념 때문에) 후터파 교도는 1870년대에 북미대륙으로 이주했다. 외부 세계로부터 영향을 받지 않기 위해 그들은 다코타(Dakota)의 동남부와 캐나다 서부의 외딴 농장 지대에 거주지를 정했다. 오늘날 약 4만 명의 후터파 교도가 미국과 캐나다의 독립 거주지에서 살고 있다. 후터파 교도는 후터리쉬(Hutterish)와 독일어, 영어 등 삼중언어를 구사한다. 저자는 이들을 5년간 연구했다.

10. Cho, G. (2000) The role of heritage language in social interaction and relationship: Reflection from a language minority group. *Bilingual Research Journal* 24 (4), 369-384.

11. Wei, L. and Milroy, L. (2003) Markets, hierarchies and networks in language maintenance and shift. In J.M. Dewaele, A. Housen and L. Wei (eds) *Bilingualism: Beyond Basic Principles: Festschrift in Honour of Hugo Baetens Beardsmore* (pp. 128-140). Clevedon: Multilingual Matters.

12. Skutnabb-Kangas, T. (2000) *Linguistic Genocide in Education–or Worldwide Diversity and Human Rights?* Mahwah, NJ: Lawrence Erlbaum.

13. Sakamoto, M. (2000) Raising bilingual and trilingual children: Japanese immigrant parents' child-rearing experiences. Doctoral dissertation, University of Toronto.

14. Sakamoto, M. (2000) Raising bilingual and trilingual children: Japanese immigrant parents' child-rearing experiences (p.132). Doctoral dissertation, University of Toronto.

15. Baker, C. (2003) Language planning: A grounded approach. In J.M. Dewaele, A. Housen and L. Wei (eds) *Bilingualism: Beyond Basic Principles: Festschrift in Honour of Hugo Baetens Beardsmore* (p.93). Clevedon: Multilingual Matters.

16. 애닉 드 휴우(Annick De Houwer)를 비롯한 연구자들은 'simultaneous(동시의)'라는 단어는 다른 의미로 사용되고 있기 때문에 이중언어를 구사하는 아이를 묘사할 때 사용해서는 안 된다고 말한다. 이렇게 주장하는 연구자들은 '이중언어 구사자의 제1언어 습득, bilingual first language acquisition'(BFLA)라는 구절을 더 선호한다. De Houwer, A. (1991) *The Acquisition of Two Languages from Birth: A Case Study*(p.3). Cambridge: Cambridge University Press 참조. 이와 같은 주장의 결과, 장-마크 드웰(Jean-Marc Dewaele)과 같은 연구자들은 '삼중언어 구사자의 제1언어 습득, trilingual first language acquisition'라는 구절을 사용하여 태어나면서부터 3개의 언어를 습득한 아이들을 묘사한다. Dewaele, J.M. (2000) Trilingual first language acquisition: Exploration of a linguistic 'miracle'. *La Chouette* 31, 41-46 참조. 이 책에서 나는 단어 'simultaneous(동시의)'를 사용하였는데, 그 이유는 이 단어가 나의 두 아이의 언어 습득 과정을 잘 반영하고 있다고 믿기 때문이다.

17. 나는 지금도 내 아이들의 삼중언어 발달과정을 기록하고 있다. 이 책의 속편에서는 사춘기 시절 두 아이의 삼중언어 발달과정과 그와 관계된 부분을 공개할 예정이다.

18. Slobin, D.I. (1985) Crosslinguistic evidence for the language-making capacity. In D.I. Slobin (ed.) *The Crosslinguistic Study of Language Acquisition Vol. 2: Theoretical Issues*(pp. 1157-1249). Hillsdale, NJ: Lawrence Erlbaum.

19. Clark, E.V. (1985) The acquisition of Romance, with special reference to French. In D.I. Slobin (ed.) *The Crosslinguistic Study of Language Acquisition Vol. 1: The Data*(pp.687-782). Hillsdale, NJ: Lawrence Erlbaum.

20. Berman, C.R. (1976) Interference vs. independent development in infant bilingualism. In G.D. Keller, R.V. Teschner and S. Viera (eds) *Bilingualism in the Bicentennial and Beyond*. Jamaica (p. 86). New York: Bilingual Press.

21. Clyne, M. (1987) 'Don't you get bored speaking only English?': Expressions of metalinguistic awareness in a bilingual child. In R. Steele and T. Threadgold (eds)

Language Topics: Essays in Honor of Michael Holiday (p.86). Amsterdam: John Benjamins.

22. Ronjat, J. (1913) *Le développement du langage observé chez un enfant bilingue.* Paris: Champion.

   Leopold, W.F. (1939) *Speech Development of a Bilingual Child: A Linguist's Record.* Evanston, IL: The Northwestern University Press.

23. Genesee, F., Paradis, J. and Crago, M.B. (2004) *Dual Language Development and Disorders: A Handbook on Bilingualism and Second Language Learning* (p.78). Baltimore, MD: Paul H. Brookes.

24. 남편과 아이들은 책에서 그들의 실명을 사용해도 좋다고 허락해 주었다.

25. *InView* 또는 the *CTB/McGraw-Hill InView test*는 미국의 일부 공립학교에서 영재를 확인하는 과정의 하나로 사용되고 있다.

Chapter 1

삼중언어를 구사하는 것의 복잡성

어느 날, 우리 가족과 나는 시카고로 여행을 가던 도중에 한 레스토랑에서 식사를 하고 있었다. 우리와 가까운 테이블에 어느 중년의 부부가 앉아 있었는데, 그들은 계속해서 우리 가족이 나누는 대화를 엿듣고 있었다. 레스토랑에서 나가기 전, 여자가 우리에게 와서 물었다. "아이들이 몇 개 국어를 하나요?" 우리는 대답했다. "3개 국어요." "세상에, 세상에!" 여자는 외쳤다. "3개 국어라니, 정말 믿을 수가 없네요. 정말 똑똑한 아이들이네요!" 그녀는 레스토랑을 나가면서 이렇게 중얼거렸다. "이 아이들이 한 언어에서 다른 언어로 바꾸어 말하다니, 정말 기적 같은 일이야."

또 한 번은 우리 가족이 베이징의 한 비취(jade) 가게에서 쇼핑하는데 여러 명의 점원이 우리가 말하는 것을 보고 모여들었다. 그들은 우리 아이들이 외국어뿐만 아니라 중국어를 잘하는 것을 보고 칭찬해 주기 위해 모여든 것이다. 비록 그들은 '다른 나라 말'이 무엇인지 알 수 없었지만 말이다.

또 한 번은 뇌샤텔(Neuchâtel)에 사는 친척이 초대한 제야(New Year's Eve, 섣달 그믐날) 파티에 갔는데, 남편의 초등학교 시절 선생님인 마담 기욤(Madame Guillaume)이 큰아들 레안드레가 삼중언어를 구사하는 것(작은아들 도미니크는 그때만 해도 말을 배우기 전이었다.)에 깊은 인상을 받은 나머지, 문자 그대로 파티시간 내내 그를 따라다니면서 그가 여러 국적의 사람들, 가족들과 언어를 바꿔가며 이야기하는 것을 관찰했다.

내 남편과 나는 수년간 이렇게 칭찬을 많이 듣고 기분이 좋기는 했지만, 불쾌한 경험을 한 적도 있었다. 몇 년 전, 한 남자가 우리 지역에 있는 수영장에서 남편에게 다가와서 "당신은 이제 아이들에게 영어로 말할 때가 된 것 같네요. 만약 당신이 계속 프랑스어로 이야기한다면 아이들은 영어를 못하게 될 겁니다. 당신도 잘 알겠지만 아이들은 미국에 살고 있잖아요."라고 한 적이 있었다.

우리 아이들이 더 어렸을 때, 이웃에 사는 헝가리 여자가 몇 년 안에 우리 아이들이 프랑스어와 중국어를 포기하고 영어로 돌아설 것이라고 장담했다. 그녀는 자기 아들이 초등학교에 입학하자마자 헝가리어를 포기한 '경험'에 근거하여 한 말이었다. 어느 여름날 저녁, 그녀는 내가 규칙적으로 산책하는 시간에 다가와서 미소를 지으면서 자기가 예상한 것이 맞았다고 했다. 그녀는 내 아이들이 그날 오후 서로 영어로 이야기하는 장면을 '목격'했다는 것이다. 그녀는 너무 흥분한 나머지, 레안드레와 도미니크가 영어를 말하는 친구 갈로와 대화 중인 것을 몰랐다. 갈로는 테라스 바닥에서 놀고 있어서 그녀가 발견하지 못했던 것이다.

레안드레가 1학년이었을 때, 그의 반 친구 중 한 명이 다른 아이들에게 "레안드레가 좀 이상한 말을 하고 있다."고 말했다. 그 이유는 레안드레가 이상한 언어를 할 수 있기 때문이었다(나중에 그 친구는 레안드레가 다른 나라 말을 할 수 있음을 알게 되었다.).

도미니크가 유치원에 다닌 지 3주가 되던 때, 그는 학교의 언어 교정 전문가가 보낸 동의서 양식을 가지고 왔다. 그것은 도미니크가 언어 치료 프로그램에 등록해도 좋다는 부모의 동의를 요청하는 것이었다. 나는 놀라기도 했고 화도 났다. 이는 다른 어떤 부모라도 마찬가지였을 것이다. 나는 즉시 그녀에게 전화를 걸어서 어떻게 이런 결론에 이르게 되었는지 물어보았다. 언어 전문가는 나에게 자신이 일상적으로 하는 일인 입학 전형(entrance screening)의 하나로 도미니크가 삼중언어를 구사할 수 있다는 내용이 적힌 학교의 기록을 읽었고, 한편으로는 도미니크가 말을 할 때 입을 충분히 크게 벌리지 않는 것 같아서 그랬다고 설명했다. 그녀의 설명을 듣고 당황한 나는 도미니크가 다른 상황에서 (예를 들면 친구나 학교 선생님과) 말하는 것도 관찰한 적이 있는지 물었다. 그녀는 그렇지 않다고 대답했다. 나는 그녀에게 어떤 결정을 내리기 전에 아이를 좀 더 오랜 시간 관찰해 보자고 조심스럽게 제안했다. 그 후로 나는 그녀로부터 어떤 말을 들어본 적이 없다.

나는 이런 일화라면 계속 이야기할 수 있다. 그 중 몇 가지 일화를 나눈 이유는 다른 사람들에게 칭찬을 많이 받았다고 자랑을 하기 위해서도 아니고, 칭찬과는 조금 거리가 있는 말을 들어서 기분이 상했다고 말하기 위함도 아니다. 다만 많은 사람이 삼중언어를 구사하는 아이들을 향해 극단적이고 편향된 반응, 의견, 더 나아가 편견을 가질 수도 있음을 보여 주기 위해서이다. 다른 사람들과 대화를 할 때 우리가 알게 된 것은, 보통 사람들은 삼중언어 구사자가 되는 과정이 그들이 상상하는 것만큼 간단하고 시원시원한 것이 아니라는 것을 대부분 깨닫지 못한다는 점이다. 우리 아이들이 증명해 보인 작은 언어학적 '기적'은 복잡한 물질로 두터운 층을 이루고 있다. 영국의 이중언어 교육 전문가 콜린 베이커가 분명하게 언급한 것처럼 이중언어를 구사하는 것은 복잡한 현상을 숨겨놓은 간단한 용어이다.[1] 내 생각에는 삼중언어를 구사하는 것도 이와 똑같다.

이 장에서는 삼중언어를 구사하는 현상이 복잡하고 난해하다는 점에 관해 이야기한다. 파헤쳐야 할 의문 중 일부는 다음과 같다. 삼중언어 구사자는 누구를 말하는가? 왜 똑같은 능력과 표현력이 세 언어에서 서로 다르게 나타나는지, 왜 언어 순수주의라는 말이 환상에 지나지 않는 것인지, 왜 삼중언어 구사자가 하나의 언어만 구사할 수 있는 사람과 이중언어 구사자의 기준에 따라 판단되는 것이 아니라 독립적인 그룹으로 다뤄져야만 하는지. 이 장은 삼중언어를 구사하는 것에 대해 널리 퍼진 미신과 착오들을 뿌리 뽑고, 삼중언어 구사자가 정확히 무엇을 의미하는지 현실적인 그림을 제시하는 것에 목적이 있다.

삼중언어 구사자는 누구인가?

삼중언어를 구사하는 것의 복잡성은 "누가 삼중언어 구사자인가?"라는 질문과 함께 시작한다. 아메리칸 헤리티지 사전(*American Heritage Dictionary*)에서는 삼중언어 구사자를 '세 언어를 사용하거나 사용할 수 있는 사람, 특히 세 언어를 똑같이 유창하게 구사할 수 있거나 아니면 거의 비슷한 수준으로 유창하게 구사할 수 있는 사람'이라고 정의한다. 대부분의 사람은 의심하지 않고 이 정의를 받아들일 것이다. 200명의 예비 교육대학원생을 대상으로 조사한 바로는, 96%의 사람들이 이 정의가 정확하다고 응답했다.[2] 진실은 이렇다. 만약 우리가 이 정의에 따른다면, 특히 '똑같이 유창하게 구사할 수 있거나 아니면 거의 비슷한 수준으로 유창하게 할 수 있는 사람'이라는 부분을 삼중언어 구사자를 재는 척도로 사용한다면, 그들 중 대부분이 자격을 잃을 것이다. 나는 네 명의 개인 사례를 들어 이 부분을 맥락에 맞게 설명해 보겠다.[3]

첫 번째 사례 : 필립

내 남편 필립은 스위스 태생이다. 그의 부친은 법학 박사였고, OECD[4]에서 일했고, 나중에는 스위스 연방 정부에서 일했다. 그의 모친은 초등학교 선생님이었고 나중에는 주부가 되었다. 필립은 어린 시절을 파리와 베른(Berne)에서 보냈고, 유년기와 사춘기, 청소년기는 뇌샤텔(Neuchâtel) 부근에서 보냈다.

필립은 태어나면서부터 동시에 프랑스어와 독일어(스위스에서 쓰는 독일어와 고지 독일어)를 배운 이중언어 구사자였다. 필립의 부모는 집에서 그에게 스위스에서 쓰는 독일어로만 말했고, 그의 어머니는 그와 그의 여동생이 어렸을 때 그들이 사투리만 배우지 않게 하려고 고지 독일어로 된 책을 많이 읽어 주었다. 그와 동시에 그는 프랑스어를 말하는 환경에서 살았다. 25

세 때 필립은 미국에 교환 대학원생으로 왔고, 이렇게 세 번째 언어인 영어를 그의 언어 목록에 추가하였다. 그는 결국 미국 대학에서 박사 학위를 받았다. 현재 그는 라틴어, 고대 그리스어, 고대 히브리어를 읽을 수 있고, 기초 중국어를 말할 수 있을 뿐만 아니라 (그가 대학에서 학생들을 가르치고 학술 저작을 발표한 것을 근거로 판단하면)기존의 세 개의 언어는 모두 듣고 말하고 읽고 쓰기를 능숙하게 할 수 있다.[5] 필립은 영어를 말할 때 약간의 악센트가 있다(이 악센트가 프랑스어 때문인지 아니면 독일어 때문인지 아니면 둘 다로부터 영향을 받은 것인지는 아무도 모른다.).

다음은 인생을 살아오는 시기별로 그가 밝힌 언어 능력에 대한 설명이다. 19년 전, 그가 미국에 처음 왔을 때, 그는 이렇게 말했다.

"주방에서 경험한 것에 관해서 이야기할 때면 나는 스위스에서 쓰는 독일어 어휘가 더 많이 생각난다. 어렸을 때, 나는 엄마와 함께 부엌에서 많은 시간을 보냈다. 엄마와 나는 언제나 스위스에서 쓰는 독일어로 이야기했다. 학문 영역이나 다른 경험에 관해 이야기할 때면 나는 프랑스어 어휘가 더 많이 생각난다. 나는 프랑스어가 주요 언어인 지역에서 25년을 살았고, 대학교를 포함해서 모든 교육을 프랑스어로 받았다. 그래서 학문적이거나 다른 주제는 프랑스3어로 토론하면 마음이 매우 편하다."

미국에서 19년을 보낸 지금, 필립은 (아이들과 매일 프랑스어로 이야기하면서)아이들에게 프랑스어를 전수해 주어야 할 의무가 있다. 필립은 이렇게 말했다.

"나는 아이들과 주방과 관련된 이야기를 할 때 프랑스어로 이야기하면 매우 편안함을 느낀다. 사실 나는 학문적 필요와 매일 대화를 나누어야 할 필요가 있기 때문에 영어와 프랑스어, 독일어를 매우 능숙하게 말할 수 있다."

두 번째 사례 : 조안

조안은 대한민국 태생이다. 그녀의 아버지는 대학을 졸업해 학사 학위를 받았고, 그녀의 어머니는 고등학교를 졸업했다. 그녀의 아버지는 약사였는데, 나중에 사업가가 되었다. 그녀의 어머니는 가정주부이다. 조안은 17세가 될 때까지 한국어만 할 수 있었다. 30년 전, 그녀는 17세의 나이에 가족과 함께 미국에 이민을 왔다. 그녀는 고등학교와 대학교에서 영어를 배우기 시작했고, 유창하게 영어를 구사할 수 있게 되었다. 대학원에서 그녀는 다른 언어를 하나 더 배웠는데, 그것은 독일어였다. 나중에 그녀는 독일을 여러 차례 방문했고, 거기서 수년간 살았다. 그녀의 영어와 독일어에는 한국인의 억양이 확연히 묻어나지만 그녀는 듣기와 말하기, 읽고 쓰기 영역에서 두 언어를 매우 능숙하게 사용한다. 그녀는 미국 대학에서 박사 학위를 받았다. 조안은 현재 미국에서 대학 교수로 재직 중이다. 그녀는 영어와 독일어로 가르치고 읽고 쓴다. 그녀는 한국어를 자신의 모국어라고 생각하고 있다. 한국어를 사용하면 그녀는 다른 두 언어로는 할 수 없는 미묘한 감정 표현을 할 수 있다. 그녀는 한국어로 말하면서 문제 없이 의사소통할 수 있지만, 읽기와 쓰기에는 자신 없어 한다. 조안은 자신의 한국어가 고등학교 수준에 머물러 있다고 말한다.

세 번째 사례 : 안드레아

안드레아는 폴란드 태생이다. 그의 생부(生父)는 강철 회사 노동자였고, 그의 모친은 정부기관 비서였다. 부모 둘 다 고등학교 교육을 받았다. 안드레아는 처음에는 폴란드어만 구사할 수 있었다. 13세 때 부모가 이혼한 뒤부터 그는 모친과 함께 서독으로 이사를 하였고, 그의 모친은 얼마 뒤 미국인과 재혼했다. 안드레아는 독일어와 영어를 동시에 배웠다. 그의 모친은 집에서 그에게 폴란드어로만 이야기했다. 그의 계부는 그에게 대부분 영어로 이야기했다. 고등학교를 졸업한 뒤, 안드레아는 자동차 공장에서 일하기 시작했다. 20년 전, 그의 나이 23세 때 영국의 한 작은 마을로 이사를 왔고, 자동차 사업을 시작했으며, 폴란드 여자와 결혼했다(즉, 폴란드어로 매일 이야기할 기회를 가졌다는 뜻이다.). 이제 그를 만나면 폴란드에 살면서 폴란드어를 하는 사람과 그를 구분할 수가 없다. 그렇지만 안드레아 자신의 말에 의하면 그의 폴란드어 읽기와 쓰기 실력은 기초 수준에 머물러 있다. 그의 영어 듣기 능력은 훌륭하고, 약간 폴란드어 억양이 묻어나기는 하지만 그의 영어 말하기 능력도 훌륭하다. 그리고 그의 영어 독해력과 작문도 봐줄 만하다. 그의 독일어는 대화할 때는 쓸만하지만(처음 만났을 때는 그의 말에서 억양을 거의 발견할 수 없다.), 읽고 쓰는 데는 거의 도움이 되지 않는다. 그를 인터뷰한 언어 학자는 그가 자신이 구사할 수 있는 세 언어에 내린 평가에 동의한다.

네 번째 사례 : 마리아

마리아는 아르헨티나에서 태어났고, 그녀의 부모는 둘 다 대학 교수였다. 태어날 때부터 마리아의 모친은 그녀에게 포르투갈어만 사용해서 이야기했고, 그녀의 부친은 그녀에게 독일어만 사용했다. 그녀는 스페인어로 이야기하는 환경에서 자랐다. 그 결과, 마리아는 태어나면서부터 동시에 세 언어를 익히게 되었다. 마리아는 사회학 석사 학위를 갖고 있고, 현재 아르헨티나의 대도시에서 살고 있고, 고등학교 선생님으로 재직 중이다. 그녀를 인터뷰한 언어 학자의 평가에 의하면, 마리아는 스페인어 듣기와 말하기, 읽고 쓰기 능력이 탁월하다. 그녀의 포르투갈어와 독일어는 듣고 말하기는 훌륭한 편이지만, 읽고 쓰기 능력은 초보적인 수준에 머물렀다. 그녀는 포르투갈어나 독일어로 작문을 잘하지 못한다.

네 사람은 정말 삼중언어 구사자일까? 그들 중 누가 다른 사람들보다 더 뛰어난 삼중언어 구사자일까? 여러분이 알게 되면 실망할지도 모르겠지만, 네 사람 모두 다 삼중언어 구사자이다. 언어 학자 하소네 쎄노스(Jasone Cenoz)의 말에 따르면,[6] 언어를 습득한 순서에 따라 구분되는, 적어도 네 가지 유형의 삼중언어 구사자가 존재한다.

삼중언어 구사자의 유형

제1유형 : 세 언어의 시스템을 차례로 습득한다.
제2유형 : 세 번째 언어의 시스템은 앞의 두 언어를 동시에 습득한 뒤에 습득한다.
제3유형 : 다른 두 언어를 동시에 습득하기 전에 첫 번째 언어의 시스템은 이미 습득해 둔 상태다.
제4유형 : 세 언어의 시스템을 동시에 접한다.

쎄노스의 분류에 근거하면, 조안은 제1유형의 삼중언어 구사자이다. 그녀의 세 언어 시스템은 차례로 습득되었다(가장 먼저 한국어, 그다음 영어, 마지막으로 독일어를 습득했다.). 필립은 제2유형의 삼중언어 구사자이다. 그의 세 번째 언어 시스템(영어)은 첫 번째와 두 번째 언어 시스템(프랑스어와 독일어)을 동시에 습득한 뒤에 습득할 수 있었다. 안드레아는 제3유형의 삼중언어 구사자이다. 그의 첫 번째 언어 시스템(폴란드어)은 다른 두 언어(독일어와 영어)를 동시에 습득하기 전에 이미 습득됐기 때문이다. 마리아는 제4유형의 삼중언어 구사자이다. 그녀는 세 언어 시스템(스페인어, 포르투갈어, 독일어)을 태어나면서부터 동시에 접할 수 있었다.

이와 같은 네 가지 유형의 삼중언어 구사자를 기억해 두고, 앞으로 돌아가서 아메리칸 헤리티지 사전이 삼중언어 구사자에 대해 내린 정의를 살펴보면, 적어도 다음과 같은 이유 때문에 그것이 너무 협소하고 단순화시킨 정의임을 깨달을 수 있다.

첫째, 사전에서 내린 정의는 모든 삼중언어 구사자를 한 범주 안에 묶어 두려고 했고, 그들 간의 차이점은 완전히 무시해 버렸다. 네 명의 삼중언어 구사자의 사례에서 살펴본 것처럼 그들은 모두 다음과 같은 면에서 차이점이 있다.

. 그들이 삼중언어를 습득한 나이(네 명 모두 세 언어를 인생의 다른 시기에 습득했다.)
. 그들이 삼중언어를 습득한 순서(네 명 모두 세 언어를 습득한 순서가 다르다.)
. 습득 환경(네 명 모두 세 언어를 다른 환경에서 습득했다.)

둘째, 사전에서 내린 정의는 삼중언어 구사자의 환경이 다를 때에도 세 언어를 똑같은 수준으로 유창하게 습득할 수 있다고 가정한다. 마리아의 사례에서도 볼 수 있듯이, 그녀가 세 언어를 배우는 경험은 제각기 달랐다. 그녀는 스페인어 계통의 언어 및 문화 환경에서 평생을 보냈고, 스페인어도 제대로 배웠다. 따라서 그녀는 스페인어의 모든 영역(듣고 말하기, 읽고 쓰기)에 능숙하다. 그러나 마리아는 포르투갈어와 독일어로 주요한 언어 및 문화 표현은 부모로부터 배웠고(포르투갈어는 모친, 독일어는 부친으로부터), 어린 시절에 간 몇 차례의 여행을 제외하면 포르투갈과 독일에서 산 적이 없다. 비록 마리아가 공식적으로 포르투갈어와 독일어의 읽고 쓰기를 배운 적은 없지만, 그녀는 잡지, 신문, 광고를 훑어보는 것을 통해 기본적인 실력은 갖추었고, 명절을 맞아 친척들에게 카드를 보낼 때 몇몇 단어를 적을 수는 있다. 이처럼 마리아는 자신의 계승어 중에 두 언어는 듣고 말하기만 잘할 수 있고, 읽고 쓰기 능력은 떨어지는 것이 당연하다.

셋째, 삼중언어 구사자의 사전적 정의는 '유창함(fluency)'이라는 단어를 애매모호하게 사용하고 있다. '유창함'이 능숙함(competence)을 의미하는지 표현력(performance)을 의미하는지, 아니면 둘 다를 의미하는지 정확하게 명시하지 않았다. 어떤 언어 학자에 따르면,[7] 두 단어 사이에는 차이점이 있다. '능숙함'은 화자가 언어에 대해 알고 있는 것과 관계된 것이고, '표현력'은 화자가 언어를 사용할 때 실제로 말하는 것에 관계된 것이다. 표현력이 부족하다는 말이 반드시 언어를 능숙하게 구사하지 못한다는 것을 의미하지는 않는다. 한 언어를 사용하는 사람은 그 언어의 규칙을 알고 있다고 해서, 실제로 대화를 나눌 때에도 반드시 그 규칙에 따라 표현하는 것은 아니다. 예를 들어, 나의 작은아들 도미니크에게 중국어 어휘 dài/戴(입다, 착용하다, 안경을 끼다)와 chuān/穿(입다, 착용하다, 양말을 신다)의 용법을 알고 있는지 테스트를 해보면, 그 아이는 차이점을 알고 있다. 하지만 실제로 대화를 나눌 때면, 그 아이는 종종 "안경을 끼다(dài yǎn jing/戴眼镜)"라고 말하지 않고, "안경을 입다(chuān yǎn jing/穿眼镜)."라고 말하곤 한다.

넷째, 사전에서 내린 정의는 삼중언어 구사자의 능숙함과 표현력이 세 언어를 접하기 시작한 나이뿐만 아니라 그들의 교육 수준에도 크게 영향을 받는 것을 고려하지 않았다.[8] 사람들은 일반적으로 어떤 언어를 접하게 되는 나이가 어리면 어릴수록 그 언어를 더 능숙하게 구사할 가능성이 크다고 믿는다. 언어의 발음 문제에 대해서라면 이 말은 어느 정도 사실일 것이다. 예를 들어, 조안, 필립, 안드레아는 나중에 배운 언어에 다양한 정도의 억양을 가지고 있다. 그러나 마리아는 태어나면서부터 세 언어를 배웠기 때문에 그중 어느 언어의 억양도 갖고 있지 않다. 그러나 연구자들은 나이가 좀 있는 아이나 어른도 때로는 나이 어린 아이들보다 다른 언어를 배우는 데 이점이 더 많을 수 있다고 했다.[9] 앞에서 설명한 것과 같이, 필립과 조안은 늦은 나이에 영어를 배웠음에도 불구하고 영어를 아주 능숙하게 잘했다. 그들이 출간한 학술서로 판단하건대, 두 사람은 소위 말하는 영어를 모국어로 사용하는 사람보다 영어를 더 잘했다. 대조적으로, 마리아는 태어나면서부터 포르투갈어와 독일어를 습득했고, 어색한 억양도 없이 유창하게 말할 수 있지만, 그녀는 두 언어의 읽고 쓰기를 잘하지는 않았다. 왜냐하면 그녀는 두 언어를 고등교육을 받으면서 발전시킬 기회를 갖지 못했기 때문이다. 이와 유사한 경우로, 안드레아는 세 언어 모두 읽기와 쓰기가 높은 수준에 이르지 못했는데, 이는 그의 교육 수준이 제한되었기 때문이다. 교육 수준이 한 사람의 언어 능력과 표현력(듣고 말하기, 읽고 쓰기) 레벨과 밀접한 관련이 있음은 분명하다. 삼중언어 구사자가 더 많이 교육을 받고 글을 더 잘 읽고 쓸 줄 알게 되면, 그 사람은 세 언어를 더 잘 구사하게 될 것이다.

마지막으로, 사전에서 내린 정의는 한 사람의 삼중언어를 능숙하게 구사하는 능력과 표현력을 정적(靜的)인 것으로 파악했고, 언어 능력과 표현력은 언어 환경이 바뀜에 따라 얼마든지 바뀔 수도 있음을 철저히 무시했다. 필립의 경우를 예로 들면, 그는 처음에 주방에서 경험한 것을 설명할 때 프랑스어보다 스위스에서 쓰는 독일어로 말하는 것을 편하게 여겼지만, 그의 언어 환경과 필요가 바뀐 뒤, 그는 주방에서 경험한 것을 설명할 때 프랑스어, 영어, 스위스에서 쓰는 독일어로 묘사를 해도 똑같이 편하게 여겼다. 언어 학자 말콤 에드워드(Malcolm Edwards)와 장-마크 드웰(Jean-Marc Dewaele)은 이 과정을 역동적이고 영원히 진화하는 시스템이라고 불렀다.[10]

지금까지 삼중언어 구사자에 대해 아메리칸 헤리티지 사전에서 내린 유명한 정의에 대해 이야기했다. 이제 우리는 삼중언어 구사라는 것의 복잡성을 탐구할 더 좋은 위치에 서 있다.

왜 똑같은 언어능력과 표현력이 세 언어에서 서로 다르게 나타날까?

원칙상, 누구라도 셋 혹은 그 이상의 언어에 대해 똑같은 능력과 표현력을 가질 잠재력이 있다. 그러나 이 잠재력을 얻기 위해서는 여러 언어에 있어 한 사람의 언어 경험과 학습 환경이 같은 선상에 놓여야만 할 것이다.[11] 마리아의 사례를 통해 살펴본 것처럼 삼중언어를 구사하는 아이에게 언어 경험이 같은 선상에 놓이는 것은 현실적으로 매우 어렵다. 이 점을 더 깊이 설명하기 위해, 나는 작은아들 도미니크가 프랑스어 동사 tomber(tumble, 넘어지다, 굴러 떨어지다)와 그것의 중국어 동의어인 shuāi jiāo/摔跤를 습득한 것을 예로 들어 보겠다. 도미니크가 프랑스어 tomber를 익힌 것은 1세 1개월째였고, 중국어 동의어는 3세 6개월이 되어야 익힐 수 있었다. 이 동사를 도미니크가 습득한 전후 맥락을 분석해 본 결과,[12] 도미니크가 이 단어를 매우 불공평하게 경험한 것을 알 수 있었다. 즉 기회가 똑같이 주어지지 않은 것이다. 그는 tomber를 shuāi jiāo/摔跤보다 훨씬 더 자주 들었다. 사실, 그의 아빠가 tomber를 사용하는 비율이 그의 엄마가 shuāi jiāo/摔跤를 사용하는 비율보다 45%나 더 많았다. 도미니크는 아빠와 함께 지내면서 기어오르고 달리기를 할 때 엄마와 함께할 때보다 훨씬 더 자유로웠을 것이다. 결과적으로 그 아이는 데굴데굴 굴렀던 사건이 더 많았고, 따라서 shuāi jiāo/摔跤보다 tomber를 듣고 말할 기회가 더 많았던 것이다.

이 예를 통해 우리가 알 수 있는 것은 삼중언어 구사자라도 언어 환경이 다를 때 세 언어 모두 똑같은 수준으로 표현하는 것을 기대하는 것은 비현실적이라는 점이다. 언어 학자 테이 바티아(Tej Bhatia)와 윌리엄 리치(William Ritchie)가 우리에게 일깨워 주는 것처럼, 하나의 언어만 사용하는 사람들조차도 자신의 언어의 모든 측면을 똑같이 제어할 수 없다.[13] 예를 들어, 내 친구 중에 영어만 할 줄 알지만 어떤 기준에 놓고 보아도 훌륭하게 영어를 구사하는 사람이 한 명 있는데, 어느 날, 그녀가 자신이 운전하는 차의 기계 용어를 잘 모르는 것을 발견하고 깜짝 놀란 적이 있었다.

하나의 언어만 할 줄 아는 사람이 그 언어의 모든 면을 다 잘할 수 있다고 말할 수 없음에도 불구하고, 다국어를 구사하는 사람은 종종 그들보다 더 까다로운 평가와 단정적인 판단을 받는다. 『이중언어를 구사하는 가족 : 부모 지침서(The Bilingual Family : A Handbook for Parents)』의 저자인 이디스 하딩-에슈(Edith Harding-Esch)와 필립 릴리(Philip Riley)는 사람들이 하나의 언어만 할 줄 아는 사람을 판단할 때 사용하는 기준을 하나 이상의 언어를 구사하는 사람들에게는 적용하지 않는 것이 문제라고 지적했다. 사람들은 하나 이상의 언어를 사용하는 사람을 "아마도 모든 가능한 다양한 언어를 구사할 수 있고, 언어학적으로 말하면(linguistically speaking), 모든 영역 안에서 그리고 그의 언어 안에서 모든 화제에 대해 무엇이든지 할 수 있는, 불가능한 이상을 추구하는 '모국어 사용자(native speaker)'라는 관점에서 판단한다."[14]

이처럼 한 언어의 능력과 표현력은 정도의 문제에 불과하다. 이것들은 종종 환경의 필요에 근거한다. 삼중언어 구사자의 삶에서 각 언어를 필요로 하는 정도가 다르므로, 이 필요에 반응하기 위해 개발해야 하는 능력도 달라질 것이다. 『삼중언어 구사자 또는 다중언어 구사자 되기 : 치러야 할 대가가 있을까?(Being Trilingual or Multilingual : Is There a Price to Pay?)』라는 제목의 책을 공동 집필한 엘리트 올쉬타인(Elite Olshtain)과 프리다 니심-아미타이(Frieda Nissim-Amitai)는 남아프리카와 인도의 다중언어 구사자의 사례를 통해 이 점을 잘 설명했다.

화자마다 둘 혹은 세 개의 언어를 일상생활 속에서 사용하고 있으므로, 각 언어를 마스터할 필요는 저마다 다를 것이다. 한 언어는 가족 간이나 가까운 환경에서만 사용될지도 모른다. 다른 언어는 특별히 직장에서만 사용될 수 있고, 세 번째 언어는 교육과 전문적인 영역에서만 사용될 수 있다. 이런 환경 때문에 화자는 각 언어에 요구되는 지식과 언어를 실제로 사용하는 패턴에 맞게 생각할 것이다. 우리는 이것을 다중언어 구사자의 능숙도 인식이라고 부르고 싶다.[15]

테이 바티아와 윌리엄 리치는 아이들의 언어 능력에서 능숙도와 표현력의 차이를 구별지음으로써, 같은 문제를 다른 각도에서 보고 있다. 비록 그들이 주로 이중언어 구사자에 대해 관심을 두고 연구하지만, 그들의 통찰력은 삼중언어 구사자 연구에도 빛을 비추고 있다. 그들은 이렇게 말했다.

… 두 언어 시스템이 성인인 이중언어 구사자의 언어적, 실용적 능력을 형성하기에 이를 정도로 완전히 발달했을 때, 그들은 균형 잡힌 관계를 형성하는 것은 아니다. 사회심리학적인 요소(사회의 일부 구성원들이 둘 중 하나의 언어 시스템을 다른 언어 시스템보다 더 좋아하는 것) 또는 입력 관계(태어나면서부터 두 언어에 똑같이 노출되지 않는 것) 때문에, 하나의 시스템이 언제나 다른 시스템보다 우위를 차지하고 있고, 그런 점에서 이것과 관계된 두 언어 시스템 사이에 비대칭적인 지배 관계가 발견된다. 결과적으로, 이중언어를 구사하는 아이의 언어 중 하나는, 비록 아이가 두 언어를 다 잘하기는 하더라도 다른 언어에 대해 우위를 차지하게 된다.[16]

정리해 보면, 언어 습득은 하나의 언어만 할 수 있든 아니면 이중 또는 삼중언어를 구사할 수 있든 관계 없이 단순히 언어 자체의 문제로 국한되지 않는다. 그것은 오히려 까다로운 요소를 포함하는 복잡한 과정이라고 할 수 있다. 삼중언어를 구사하는 사람의 언어 숙달도와 표현력은 반드시 전체적으로 고려되어야 한다.

나는 세 언어에서 같은 숙달도와 표현력을 갖지 못하도록 방해하는 요소를 몇 가지로 분류해 보았다.

1. 부모의 자녀 양육 신념과 언어 사회화 방법의 차이점

삼중언어를 구사하는 아이들에게 세 언어의 숙달도와 표현력이 다르게 나타나게 만드는 중요한 요소 가운데 하나는, 부모들의 자녀 양육 신념과 언어 사회화 방법이 다르다는 점이다. 『제2언어 습득 시 구술/읽고 쓰기 및 그룹별 차이(*Orality/Literacy and Group Differences in Second-Language Acquisition*)』의 저자 린 한센-스트라인(Lynne Hansen-Strain)은 이렇게 말했다.

"언어 습득은 독특한 세계관 속에 내장된 담론 실천과 특별한 문화 경험을 포함하는 사회화 과정의 하나이다. 따라서 언어를 습득하는 것은 단순히 문법을 배우거나 좀더 심하게 말한다면 언어 자체를 배우는 것이 아니다. 그것은 한 문화 속에서 이와 같은 담화 관습(discourse conventions)을 습득하는 것이다. 부모는 언어라는 도구를 사용해서 아이가 문화 속에 녹아들게 할 수 있다. 그 다음에는 순서가 바뀌어 문화가 언어를 어떻게 사용하는지 그리고 누구에게 사용하는지 아이들에게 알게 해준다."[17]

다른 여러 문화를 연구한 결과, 부모의 문화적 신념은 부모가 자녀에게 말하는 방식에 영향을 준다는 것이 밝혀졌다. 예를 들어, 토착 캐나다인 이뉴잇족(族, Inuit)의 엄마는 어린아이들은 대화의 상대가 아니라고 믿는다. 그래서 그들은 종종 어린아이들에게 직접 말을 하지 않는다.[18] 일본인은 (느낌 또는 감정에)영향을 주는 것이 자녀를 양육할 때 중요한 요소라고 믿는다. 그래서 일본 엄마들은 아이들에게 이야기할 때 정서적인 면에 집중하는 경향이 있다.[19] 중국인들은 아이들이 쉽게 영향을 받고, 잘 배우기 위해서는 외부의 도움이 필요하다고 믿는다. 그래서 중국 부모들은 아이들과 일상 대화를 나누는 가운데 언어 '교정'에 집중하는 편이다.[20] 이처럼 문화적 신념과 육아법이 저마다 다르므로 아이의 언어 발달 결과도 다르게 나올 것이다.

삼중언어를 구사하는 아이는 다른 문화 출신의 부모에 의해 양육

될 가능성이 대단히 높다. 부모의 자녀 양육에 대한 신념과 언어의 사회화 방법 간에 생기는 차이는 어쩔 수 없이 아이들이 언어를 습득하는 데 영향을 미칠 것이다. 그런 점에서 우리 가족이 좋은 사례가 된다. 매일 벌어지는 대화 가운데, 내 남편은 아이들에게 프랑스어로 말하고 나는 중국어로 말할 때, 우리 각자가 아이들에게 전해 주는 언어 형태는 우리의 문화적 신념에 물들게 된다. 예를 들어, 중국인 가족 구성원이나 가까운 친구들이 서로에게 공손한 단어, 예를 들면 qǐng/请(부디), xiè xie/谢谢(감사합니다), zǎo/무(안녕하세요-아침인사)와 같은 단어를 사용하는 것은 부적절하다. 이 단어는 외부인들에게 하는 것이 어울린다. 전 미국 대통령 빌 클린턴(Bill Clinton)의 연설 작가인 에릭 리우(Eric Liu)는 그의 책 『돌발적인 아시아인(*The Accidental Asian*)』에서 정확하게 "중국인 가정은 종종 그들만의 정교한 예절이 있다. 하지만 부디(please)와 '제가(May I)⋯을 해도 될까요?'와 같은 말은 내 집 근처에서 들어볼 수 있는 말이 아니다. 이런 공식적인 표현은 포인트를 한참 벗어난 것처럼 보인다. 나는 부모로부터 단 한 번도 'Thank you notes.'(역자주 : 감사의 내용을 담은 짧은 편지 형식의 메모)를 써야 한다고 배우지 않았다. 친구집에서 하룻밤을 자고 난 뒤 '감사합니다.'라고 해야 한다는 가정 교육을 받은 적이 없다. ⋯"라고 했다.[21] 결혼 초기, 남편은 내가 자기에게 뭔가 부탁을 할 때 무례하게 말하고, "부디"라는 말을 거의 하지 않는다고 불평하곤 했다. 서구 세계에서 오랫동안 살고 난 뒤, 나는 이 문화에 거의 동화되었다. 비록 내가 우리 아이들에게 중국어로 이야기할 때 필립보다 정중한 표현을 현저하게 덜(필립이 정중한 표현을 사용하는 것의 1/4 정도) 사용한다는 것을 인식하고 있지만 말이다.[22]

이밖에 의사소통을 할 때 문화적 전제(presupposition)는 문화 그룹에 따라 달라진다. 그 결과, 부모가 아이를 사회화하는 방법도 달라질 것이다. 『셋이 너무 많은가요? 삼중언어 환경에서 포르투갈어 배우기 (*Three is a Crowd? Acquiring Portuguese in a Trilingual Environment*)』의 저자마달레나 크루즈-페레이라(Madalena Cruz-Ferreira)는 그녀의 포르투갈어와 스웨덴어로 말하는 아이들이 정중한 표현이라는 면에서 볼 때 부모에 의해 다르게 사회화되었음을 생생하게 보여 주었다. 그녀는 이렇게 말했다.

공손한 스웨덴 대화자(대화 파트너[23])는 대화할 때, 화자의 메시지에 교감을 표하는 방법으로 침묵을 이용한다. 의사소통 능력이라는 점에서, 침묵은 말을 하지 않는 것이 아니다. 그것은 적절한 상황에서 언어적 관련성을 가진 물리적 사건의 존재이다. 그러므로 적절하게 침묵에 빠지는 것은 스웨덴인의 정체성의 일부이다. 공손한 포르투갈 대화자는 대화를 할 때 상대방이 하는 말에 관심을 갖고 있고 주의를 기울이고 있다는 것을 나타내기 위해 상대방이 말을 할 때 끼어들거나 질문을 해야만 한다. 대화를 할 때 침묵하는 것은 포르투갈인의 대화에서 무례하고 관심이 없다는 표시로 간주되는데, 스웨덴인에게는 말하는 도중에 끼어드는 것이 무례한 행동으로 간주된다.[24]

따라서 '삼중언어 구사자는 서로 다른 문화적, 언어적 사회화 환경 아래에서 자랐기 때문'이라는 말은, 삼중언어를 구사하는 아이들이 왜 언어마다 숙달도와 표현력이 달라지는지 설명해 주는 이유 가운데 하나일 것이다.

2. 언어 차이

삼중언어를 구사하는 아이의 언어 숙달도와 표현력 발달은 그들이 노출된 특정 유형의 언어에 의해 영향을 받을 수도 있다. 독일어, 프랑스어, 영어를 동시에 배운 아이는 중국어, 영어, 프랑스어를 동시에 배운 아이와 다른 학습 경험이 있을 것이다.[25] 연구 결과에 따르면, 모든 언어는 언어별로 아이들에게 고유의 학습 임무를 부여한다. 중국어를 배우는 아이는 영어를 배우는 아이와 다른 학습 임무를 가질 것이다.[26] 예를 들어, 중국어를 배우는 아이는 중국어 성조(measuring words, 3장 참조)를 사용하는 법을 배워야 할 것이고, 영어를 배우는 아이는 시제에 대해 배워야 할 것이다. 뿐만 아니라 (프랑스어, 영어, 독일어와 같이)유사한 점이 더 많은 세 언어를 배우는 아이는 (중국어, 영어, 아랍어와 같이)유사한 점이 별로 없는 세 언어를 배우는 아이보다 덜 고생할 것이다. 설령 언어 습득 과정이 같은 경로를 따른다고 하더라도 결과는 마찬가지다. 우리 아이들이 단순히 프랑스어로 어원이 같은 말(cognates, 두 언어 중 동일어 혹은 형태와 의미가 유사한 단어들[27])을 사용하는 방법을 통해 노력도 하지 않고 몇몇 영단어를 저절로 습득할 수 있는 것처럼 보일 때가 있었다. 예를 들어, 4세 6개월 무렵, 도미니크는 영어 단어 succulent, imbecile, superb 같은 단어를 이미 사용할 수 있었다. 이 단어들은 프랑스어로도 똑같았기 때문이다(그리고 그의 아빠가 이 단어를 프랑스어로 종종 말해 주었다.). 그러나 레안드레와 도미니크는 단순히 중국어를 '빌려' 영어로 '수입'하는 이점은 누리지 못했다.

게다가 어떤 연구(비록 논란이 있긴 하지만[28])는 영어로 말하는 아이는 명사를 먼저 받아들이는 경향이 있고, 중국 아이(일본, 한국 아이도 마찬가지)는 동사를 먼저 받아들이는 경향이 있다고 했다.[29] 이 말이 사실이라면 영어와 중국어를 동시에 습득한 아이는 이 두 언어에서 서로 다른 이점을 가질 것이다.[30] 뿐만 아니라 언어 차이는 학습자의 읽기 능력 차이를 반영할 수 있다. 예를 들어, (영어와 같이)알파벳을 사용하여 글을 쓰는 시스템의 독자와는 달리 중국인 독자는 문맥에 훨씬 더 의존하고 개별 단어에 덜 의존한다. 게다가 언어의 물리적 배열도 다르다. 영어와 같이 알파벳을 사용하는 문장은 전형적으로 다양한 길이와 모양을 가진 일련의 단어들에 의해 배열된다. 중국어 문장은 크기가 같은 작은 사각형 기호의 배열에 의해 구성된다.[31] 아이들이 이런 언어를 배울 때, 바로 이와 같은 차이점들 때문에 불평등한 독해 능력과 표현력이 생기는 것이다.

그러므로 언어 차이는 삼중언어를 구사하는 아이들이 왜 세 언어의 능력과 표현력이 똑같지 않은지를 설명해 주는 이유 중 하나라고 할 수 있다.

3. 간접 언어 습득 현상(the second-hand language acquisition phenomenon)

삼중언어를 구사하는 어린이가 부모로부터 계승어를 배울 때, 아이가 언어를 습득하는 환경은 부모가 그 언어를 습득할 때의 환경과 매우 다르다. 나는 이 현상을 '간접' 언어 습득 현상이라고 부른다. 여기서 사용되는 '간접'이란 말에는 ('중고품'과 같이)부정적인 뉘앙스가 전혀 없음에 유의하기 바란다. 이것은 단지 습득 과정의 성격을 설명할 뿐이다.

예를 들어, 나의 두 아이에게는 내가 주요 중국어 입력원이다. 그들은 내가 중국어를 배웠던 환경과 다른 언어 환경에서 살고 있다. 나는 중국어를 아이들에게 전수해 주기 위해 모든 노력을 다 해왔다. 내 아이들은 중국어를 구사하는 사람과 중국어로 대화를 나누는 데 어느 정도 소질이 있는 것은 분명하다(이 책 뒷부분에 나온다.). 그러나 그들이 중국어를 습득한 환경은 내가 중국어를 습득한 환경과는 근본적으로 다르다. 내가 중국어를 배웠을 때 나는 엄마와 대화했을 뿐만 아니라 아빠, 남동생, 친구들, 선생님들, 이웃들이 있었다. 가장 중요한 것은 총체적인 언어 환경이 나를 둘러싸고 있었다는 점이다. 나는 문자 그대로 중국어 및 중국의 문화 환경에 푹 빠져 있었던 것이다. 그러나 내 아이들은 대부분의 시간 동안 나밖에 대화할 상대가 없었다. 그들은 중국어와 내가 자란 문화 환경과 멀리 떨어져 있다. 그들은 언어 형태를 인식하는 데 재능이 있을지 모르지만, 자기 자신에게 주어진 문화적 의미를 제대로 알지 못했다. 다시 말하면 그들은 중국어의 문법 규칙은 잘 알고 있지만, 문화적 소통을 위한 (실용적인)규칙은 잘 모르고 있는 것이다.

예를 들어, 네 살 때, 레안드레는 어느 날 난징에 있는 농산물 시장에서 한 남자가 나에게 "Dà jiě, nǐ chī guò le ma?/大姐, 你吃过了吗?"

(문자적으로 해석하면 "큰누나, 식사하셨어요?"라는 뜻이다.)라고 말하는 것을 보고 몹시 당황했다. 레안드레는 나에게 왜 그 남자가 나를 "큰누나"라고 불렀는지, 그리고 그 남자는 내게 배가 고픈지 물어보았기 때문에 그가 나에게 음식을 팔고 싶어하는 것인지 그렇지 않은 것인지 물어보았다. 레안드레는 내가 그에게 읽어 준 어린이 책을 통해 배운 것과 달리, 일상생활에서 '큰누나(大姐)'가 여자를 부를 때 사용하는 공손한 표현인 것을 몰랐던 것이다. 레안드레는 또 "식사하셨어요?(你吃过了吗?)"가 이 경우에 먹는 것과 아무 상관이 없고, 그 사람이 다만 나에게 친근함을 표시하기 위해 그렇게 말했다는 것도 몰랐다.

레안드레와 같이 간접적인 방식으로 중국어를 배운 사람이 "식사하셨어요?"에 담겨 있는 미묘한 문맥상 의미를 이해하기란 어렵다. (그 문화적 환경에 사회화된 중국인만 알 수 있는)문맥에 근거하면, 농산물 시장에서 만난 사람이 "식사하셨어요?"라고 물어본 것은 "잘 지내요?"라는 의미로 한 인사일 것이다. 전후 맥락을 살펴보면, 그는 나와 대화를 나누고 싶어한 것이 아니었다. "먹었어요(chī guò le/吃过了)."와 같이 짧게 대답해 주는 것으로도 충분히 예의를 갖춰 대답한 것이다. 반면에, 지인이나 친구가 내게 이렇게 말했다면 아마 나는 가던 길을 멈추고 잠시 이야기를 나눴을 것이다. 내가 일부러 레안드레에게 이것을 알려 주지 않는다면(나중에 내가 한 것같이) 그가 이런 종류의 미묘한 용법을 알 수 있을 것 같지 않았다. 이와 대조적으로, 내가 중국어 및 문화를 익히던 과정 가운데 내 부모님이 이런 다양한 용법들을 나에게 일부러 가르쳐 준 적이 없지만 나는 중국 문화 및 언어 환경에서 살고 있었고, 다른 사람들이 하는 말을 들었으므로 그것들을 저절로 배운 것이다.

이것이 대부분의 계승어를 자기 부모를 통해 배운 레안드레, 도미니크, 마리아와 같은 삼중언어 구사자가 세 언어 모두에서 똑같은 언어 능숙도와 표현력을 갖고 있으리라고 보기 어려운 여러 이유 중 하나이다.

4. 언어 환경의 변화

앞에서 이야기한 것처럼 한 언어를 접하는 환경은 정적이지 않고, 개인의 언어 능숙도와 표현력은 환경의 변화에 따라 달라질 수 있다. 하나 이상의 언어를 알고 있는 사람이면 누구나 한 언어가 다른 언어보다 더 편안하게 이야기할 수 있음을 경험을 통해 알고 있을 것이다. 내 경우를 예로 들어보자. 나는 중국어를 쓰고 중국의 문화 환경에서 자랐다. 그리고 대학 때까지는 한 언어만 사용하는 환경에서 교육받았다. 자세히 조사해 보면 알 수 있겠지만, 나는 아마 중국어를 꽤 잘 구사하는 사람이었을 것이다. 그러나 누가 나에게 중국어로 아동 발달을 주제로 강의해 달라고 요청을 한다면, (비록 영어가 제2언어이지만)나는 영어로 하는 것만큼 중국어로 잘하지는 못할 것이다. 왜냐하면 나는 미국에서 20년 이상 영어로 그 주제를 공부했고, 연구 조사를 했으며 학생들을 가르쳤기 때문이다. 몇 년 전, 중국에서 방송되는 VOA(Voice of America) 의 손님으로 처음 초대를 받았을 때가 지금도 생생히 기억난다. 당시 나는 자녀 양육과 육아라는 분야에 관해 이야기할 때 사용하는 전문 용어를 몰라서 매우 당황했다. 내가 말을 하는 곳곳에 영어 단어를 섞어야 했던 것 때문에 나는 이따금 앵커에게 사과해야 했다. 하지만 나는 중국어의 언어적 기초가 탄탄했기 때문에 필요한 중국어 어휘를 배우려고 의식적으로 노력한 끝에 이야기를 잘할 수 있었다. 이어지는 VOA 토크 시간 동안 나는 훨씬 더 말을 잘했다. 만약 내가 중국에서 몇 개월 살았더라면 아동 발달에 대해 중국어로 강의를 잘할 수 있었을 것이라고 자신한다.

게다가 언어 자체(예를 들면, 단어의 의미)도 정적이지 않다. 내가 어렸을 때, 동지(Comrade, tóng zhi/同志)라는 단어는 거의 누구에게나 사용될 수 있는 일반적인 단어였다. 거의 20년 전쯤, 이 단어의 의미가 급격하게 변했다. 나는 2001년 (풀브라이트 장학금을 받고)중국을 방문하기 전까지 단어의 의미가 변한 것을 몰랐다. 베이징의 한 지하철역에서 중국인 여행 가이드가 나에게 두 명의 '동지'를 보라고 가리켰다. 처음에는 그녀가 내가 아는 누군가를 보았다고 생각했다. 사실 그녀는 나에게 두 명의 레즈비언을 보라고 말한 것이었다. 언어 학자 스티븐 브라운(Steven Brown)과 살바토레 애타르도(Salvatore Attardo)가 기술한 것처럼 단어 '동지'의 사용법 변화는 단어의 의미 변화가 어떻게 사회의 변화를 따라가는지를 보여 준다. 1936년에 출판된 표준 중국어 사전에는 '동지'가 '같은 신념을 지키고 있는 개인들'이라고 정의되었다. 1965년, 그 사전은 이 단어를 같은 정당 구성원(아마도 같은 신념을 공유하고 있는 사람들)에게 적용할 수 있는 단어라고 정의했다. 1979년, '동지'는 중국 국민을 지칭하는 적절하고 일반적인 단어로 정의되었다. 1999년 판에서 이 단어는 이제는 적절하고 일반적인 호칭이라고 정의되어 있지 않다. 이 단어는 (오늘날 지나치게 급진적인 운동으로 비난을 받고 있는)문화 혁명과 매우 밀접하게 관련이 있기 때문에 총애를 잃고 말았다. '동지'는 동시대의 중국에서 게이(*gay*) 또는 레즈비언(*lesbian*)을 완곡하게 부를 때 사용되고 있다.[32]

언어 환경이 정적이지 않음에 따라 삼중언어 구사자의 언어 능숙도와 표현력도 변화할 것으로 예상한다.

언어 순수주의가 왜 환상에 지나지 않을까?

하나 이상의 언어가 관계되는 한 그 언어들을 혼합하는 것은 피할 수 없다. 언어 혼합(language mixing)[33]은 다른 여러 단계에서 관찰되는데, 소리, 단어 혹은 한 문장의 일부가 혼합될 수 있다. 가장 자주 발견되는 혼합은 단어 혼합이다.[34] 다음은 중년의 중국인 여성 두 명이 중국 학교의 복도에서 나눈 대화의 일부이다.

사례 1.1

여자1 : Nǐ jīn tiān qù grocery shopping ma?
(你今天去 grocery shopping 吗? 오늘 식료품 가게에 갈 거예요?)

여자2 : Wǒ zhǔn bèi qù. (我准备去. 갈 거예요.)

여자1 : Golden Village hái shì Golden Mountian?
(Golden Village 还是 Golden Mountian? Golden Village에 갈 거예요? 아
니면 Golden Mountian?)

여자2 : Golden Village. Tā men de pǐn zhǒng bǐ jiào duō. Nǐ ne?
(Golden Village. 他们的品种比较多. 你呢? Golden Village요. 거기에 물
건이 더 많거든요. 당신은요?)

여자1 : Wǒ xǐ huan qù Golden Mountian. Wǒ xǐ huan tā men de vegetables,
broccoli hé asparagus. Wǒ yě xǐ huan tā men de shuǐ guǒ. Tā men de
kiwis bǐ jiào xīn xiān.
(我喜欢去 Golden Mountian. 我喜欢他们的 vegetables, broccoli 和
asparagus. 我也喜欢他们的水果. 他们的 kiwis 比较新鲜. 저는 골든 마
운틴을 좋아해요. 저는 거기에서 파는 야채와 브로콜리, 아스파라거스를 좋아
해요. 저는 또 거기 과일도 좋아해요. 거기 키위는 꽤 신선해요.)

사례 1.2를 고려한다면, 사례 1.1에서 등장하는 혼합은 그들이 중국
어를 못해서라기보다는 두 명의 여성이 선택한 결과인 것이 분명하다.
여자1이 몇 분 뒤에 영어를 못하고 나이가 많은 중국인 여자3과 나눈
대화가 그 증거이다.

사례 1.2

여자3 : Nǐ hǎo. (你好. 안녕하세요.)

여자1 : Nǐ hǎo. Wǒ qù mǎi cài. Nǐ yào dài diǎn shén me?
(你好. 我去买菜. 你要带点什么? 안녕하세요. 저 지금 식료품 가게에
가요. 뭐 필요한 거 있으세요?)

여자3 : Bú yòng le, wo ér xí fù yǐ jīng qù mǎi le.
(不用了, 我儿媳妇已经去买了. 괜찮아요. 며느리가 벌써 사러 갔거든요.)

여자1 : Hǎo, nà wo zou le. Wǒ qù mǎi diǎn lù huā cài hé lú sǔn shén me de.
Wǒ nǚ ér kě xǐ huan chī zhè xiē cài le. Zài jiàn!
(好, 那我走了. 我去买点绿花菜和芦笋什么的. 我女儿可喜欢吃这些
菜了. 再见!그렇군요. 그럼 저는 이만 갈게요. 저는 브로콜리와 아스파라
거스 같은 거 사러 가요. 제 딸이 그런 것을 좋아하거든요. 다음에 봐요!)

이번에 여자1은 대화를 하면서 여자2와 대화를 할 때처럼 영어 단
어를 전혀 섞지 않았다. 왜냐하면 그녀는 여자3이 영어를 못하는 것을
알고 있었기 때문이다. 그녀는 grocery shopping이라고 하지 않고 mǎi
cài/买菜라고 했고, 브로콜리 대신에 lù huā cài /绿花菜를, 아스파라거
스 대신에 lú sǔn/芦笋을 사용했다.

혼합은 하나 이상의 언어가 관계될 때 나타나는 전형적인 현상이지
만, 사회에서는 그것을 불순하고 능력이 부족하고 혼란스럽고 심지어
질이 떨어지는 것으로 보는 경향이 있다. 혼합에는 이렇게 오명이 따라
다닌다. 사람들이 믿고 있는 것과는 반대로, 연구자들은 혼합이 실제로
는 한 사람의 인식, 의사소통, 사회적 능력을 반영한다고 밝혔다.[35] 다음
은 혼합이 발생하는 몇 가지 이유이다.

1. 한 언어와 다른 언어를 구별하기

혼합은 다른 사람이 다른 언어로 어떤 단어나 문구를 사용했다고 대
화 상대에게 알려 주는 기능을 한다. 예를 들어, 레안드레(1세 6개월)과
그의 아빠 사이에 일어난 변화를 관찰해 보자.

사례 1.3

레안드레 : Wáwa.(娃娃. 인형)
아　　빠 : Poupée(인형)
레안드레 : Wáwa (娃娃. 인형)
아　　빠 : Poupée, Poupée, Poupée(인형, 인형, 인형)

상황을 잘 모르는 사람에게는 이 장면이 레안드레가 그의 아빠와 프랑스어로 이야기할 때 중국어 단어로 인형(wáwa/娃娃)을 혼합하고 있는 것처럼 보인다. 그의 아빠조차도 그가 중국어 단어를 섞고 있다고 생각했기 때문에 레안드레가 인형을 프랑스어로 어떻게 발음하는지 확실히 알게 하려고 프랑스어 단어 Poupée를 여러 차례 반복해 주었다. 이 녹화 테이프를 더 자세히 관찰하면, 레안드레는 실제로 그의 아빠에게 엄마가 이 인형을 娃娃라고 불렀다는 사실을 알려 주려고 한 것처럼 보인다. 그 아이는 이미 예전에 대화할 때 여러 차례 Poupée라고 말했기 때문에 그 프랑스 단어를 모를 리 없었다. 언어를 배우는 다른 어린아이들처럼, 그는 1세 6개월의 나이에 프랑스어로 "Maman appelle cette poupée wáwa(娃娃) en chinois(엄마는 이 인형을 중국어로 娃娃라고 말했어요)."라고 표현하지 못했던 것이다. 그 대신 그는 같은 의미를 娃娃라는 단어로 지나치게 확대해서 말한 것이다. 이것은 언어 표현의 한계 때문에 한두 단어의 의미를 지나치게 확대하는 경향을 보이는 것으로서, 언어를 배우는 어린아이에게 전형적으로 나타나는 연상작용이다. 예를 들어, 영어를 말하는 어린아이들이 사용하는 '엄마 양말(mommy sock)'에는 상황에 따라 다음과 같은 일련의 의미가 있을 것이다. "엄마, 나 양말 신을래요.", "엄마, 나 양말 주세요.", "엄마, 나 양말 좋아해요."

2. 다른 언어에서 동의어가 없는 것 묘사하기

한편, 혼합은 다른 언어에 존재하지 않는 것을 묘사할 때도 사용된다. 예를 들어, 프랑스어 타르틴(tartine, 잼이나 그밖에 다른 것을 바른 빵 한 조각)은 중국어에 동의어가 없다. 따라서 레안드레와 도미니크가 나에게 타르틴을 만들어 달라고 요구할 때 그들은 "타르틴 만들어 주세요(Gěi wǒ zuò tartine/给我做 tartine)."와 같이 이 프랑스 단어를 혼합해서 이야기해야만 했다.

사례 1.4에서 살펴볼 수 있듯이, 관용어와 문화와 깊은 관련이 있는 속담[36]을 표현할 때도 종종 혼합이 발생한다. 나는 어느 컨퍼런스에서 발표를 할 때, 가능한 한 '중국인 부모들이 자녀에게 왜 열심히 공부하는 지 깨닫게 하려고 얼마나 노력하고 있는지'를 표현하려고 했다.

사례 1.4

In my interviews with Chinese parents, I found that they used a lot of ancient Chinese examples to help their young children understand the reasons why they need to study hard. The idiom xuán liáng cì gǔ/悬梁刺 股(fastening hair to the beam and stabbing thigh with sharp object) is often used by parents to illustrate vividly the idea how successful ancient scholars pushed themselves to study hard.

중국 부모를 인터뷰하는 과정에서, 나는 그들이 많은 관용어를 사용하여 자녀들 이 왜 열심히 공부해야 하는지 이해하도록 돕는다는 것을 발견했다. 관용어 현량자 고(xuán liáng cì gǔ/悬梁刺股, 머리카락을 기둥에 묶고 날카로운 물체로 허벅지를 찌르다)는 옛날 학자들이 얼마나 자신을 채찍질하며 공부해서 성공을 거두었는지 부모들이 생생하게 묘사하는 데 사용되곤 한다.

중국어를 모국어로 사용하는 나는 '머리카락을 기둥에 묶고 날카로 운 물체로 허벅지를 찌르다'라는 개념을 오리지널 중국어 관용어 현량 자고(悬梁刺股)를 사용하지 않고는 제대로 표현할 수 없다.

3. 어휘 간격 메우기
앞에서 논의한 것처럼, 아이들은 언어 경험이 다르기 때문에 똑같은 능숙도와 표현력을 가지지 못할 수도 있다고 했다. 그러므로 다중언어 를 구사하는 사람은 한 언어에서 표현하고 싶은 단어를 찾지 못할 때, 다른 언어에서 자기가 알고 있는 단어를 사용해서 빈틈을 메우려고 하 는 경향이 있다(레안드레가 3살 7개월 무렵이었을 때처럼).[37]

사례 1.5

레안드레 : Wǒ xǐ huan wán xuě. (我喜欢玩雪. 나 눈싸움 하는 거 좋아해요.)

엄   마 : Duì, wǒ zhī dao nǐ xǐ huan wán xuě.

(对, 我知道你喜欢玩雪. 그래, 네가 눈싸움 좋아하는 거 알아.)

레안드레 : Wǒ dào wài mian wán xuě, wǒ chuān parka.

(我到外面玩雪, 我穿 parka. 밖에 나가서 눈싸움 할게요. 파카 입고요.)

엄   마 : Duì, nǐ chuān mián ǎo. (对, 你穿棉袄. 그래. 솜저고리 입고 나가렴.)

이 경우, 레안드레는 (프랑스어 식으로 발음된)parka와 중국어를 혼합했다. 왜냐하면 그는 그 단어의 중국어 동의어가 솜저고리(mián ǎo/棉袄)인 줄은 몰랐기 때문이다. 의사소통의 관점에서 볼 때, 이것은 대단히 훌륭한 의사소통 전략이다. 아무 말 하지 않고 있거나 삽입어(어떤 단어나 생각이 떠오르기 전에 사용되는 소리)를 사용하는 대신, 그는 다른 언어로부터 한 단어를 빌려 와서 중국어로 의사소통을 원활하게 한 것이다.

4. 의사소통 효과 얻기

언어를 혼합하는 것은 또한, 한 사람이 말하고 있는 것을 강조하고, 어떤 감정을 표현하며, 다른 사람이 한 말을 인용하고 항의하거나 나레이션을 하는 것과 같이 훌륭한 의사소통 효과를 얻을 수 있다.[38] 사례 1.6, 1.7과 1.8을 통해 도미니크가 이런 의사소통 효과를 얻기 위해 어떻게 언어를 혼합했는지 자세히 살펴보자.

사례 1.6

도미니크와 레안드레는 친구 갈로와 함께 놀고 있었다. 그들은 물건(돌)을 파는 놀이를 하고 있었다. 캘리포니아에서 이사를 와서 이웃이 된 아드리안이 그들과 같이 놀았다. 얼마 뒤 도미니크(7세 6개월)는 집으로 달려와서 내게 말했다.

도미니크 : Māma, Adrian zhēn yú chǔn.

(妈妈, Adrian 真愚蠢. 엄마, 아드리안은 정말 멍청해요.)

Tā shuō : "You can't come to my shop."

(他说:"You can't come to my shop." 나한테 "너는 내 가게에 오면 안
돼."라고 했어요.)

Wǒ bù xǐ huan tā. Tā zhēn stupid.

(我不喜欢他. 他真 stupid. 난 걔가 싫어요. 정말 멍청하거든요.)

엄　　마 : Tā wèi shén me yú chǔn? (他为什么愚蠢? 그 친구가 왜 멍청한데?)

도미니크 : Yīn wéi tā qī fu wǒ! (因为他欺负我! 걔가 나를 무시하거든요!)

사례 1.7

어느 날, 헨릭(레안드레의 친구)이 도미니크의 닌텐도 DS를 빌렸을 때, 도미
니크(6세 10개월)는 기분이 매우 좋지 않았다. 헨릭에게 그것을 여러 차례 돌
려 달라고 말한 뒤, 도미니크는 내게 불만을 털어놓았다. 나는 헨릭에게 다
시 한 번 돌려 달라고 말해 보라고 했다.

엄　　마 : Nǐ zài gēn tā yào. (你再跟他要. 헨릭에게 다시 한 번 달라고 해봐.)

도미니크 : No! No! Wǒ yǐ jīng yào le hǎo duō cì le, tā hái shì bù gěi wǒ.

(No! No! 我已经要了好多次了, 他还是不给我. 아니에요, 아니에요.
내가 몇 번이나 말했지만, 헨릭은 나에게 돌려 주지 않았단 말이에요.)

사례 1.8

어느 텔레비전 프로그램을 본 뒤, 도미니크(6세 2개월)는 2층으로 올라가서
레안드레에게 자기가 본 것을 이야기했다.

도미니크 : Léandre, j'ai entendu.(레안드레, 나 들었어.)

레안드레 : Quoi?(뭐를 들었는데?)

도미니크 : J'ai entendu un monsieur à la télé qui a dit: "It's super natural."

(텔레비전에서 어떤 남자가 "이건 초자연적인 것입니다."라고 말하는
걸 들었어.)

사례 1.6에서 도미니크가 불평하기 시작할 때 관찰할 수 있는 것처
럼, 그는 중국어로 '멍청하다(yú chǔn/愚蠢)'를 어떻게 말할지 분명히 알
고 있다. 그러나 자신의 감정(싫어함)을 강조하기 위해, 그는 나에게 중

국어로 말할 때 나중에는 중국어로 멍청하다(愚蠢)고 하지 않고 영어 단어 stupid를 사용하였다. 아드리안이 영어로 한 말을 똑같이 하는 효과를 얻기 위해(예를 들면 강세, 속도, 소리크기 등) 도미니크는 친구가 한 오리지널 영어 문장 "You can't come to my shop(너는 내 가게에 오면 안 돼)."를 그대로 사용하였다. 비록 내가 그 자리에 없었지만 나는 도미니크가 왜 기분이 상했는지 느낄 수 있었다. 상상해 보라. 만약 도미니크가 아드리안이 한 말을 중국어로 번역한다면 많은 점이 달라질 것이다. 사례 1.7에서 도미니크는 나에게 중국어로 말할 때, 내가 친구에게 다시 한 번 말을 해보라고 한 것에 대해 항의하기 위해 영어 단어 "No! No!"를 혼합했다. 사례 1.8에서 도미니크는 텔레비전 프로그램에서 들은 것을 자기 형에게 알려 주기 위해 프랑스어로 이야기할 때 영어를 혼합했다.

연구 결과에 따르면, 혼합은 반복해서 말하는 의사소통 효과도 유발한다고 한다. 사례 1.9에서 볼 수 있듯이 화자는 스페인어로 말할 때 영어 문장을 반복해서 말했다.

사례 1.9
영어–스페인어 혼합

The three old ones spoke nothing but Spanish. *No hablaban ingles.*
(세 살짜리 아이들은 스페인어만 말할 수 있다. 그들은 영어로 말하지 않았다.)[39]

혼합은 또한 금기시되는 말을 피하고 애매한 표현을 사용하여 넘어갈 때에도 사용된다(사례 1.10을 보라.). 다음은 리치(Ritchie)와 바티아(Bhatia)의 예다.

사례1.10
힌디어–영어 혼합

Artificial insemination. Dekho ise kyaa kahte hain hindi men···barii aasaan ciiz hai···jab bhains garam ho rahii ho···to use AI Center le jaaiyee aur uskaa AI karava Daaliye.

(인공수정. 힌디어로 이 단어를 뭐라고 해야 하는지 한 번 보세요.···이건 정말 쉽게 설명할 수 있어요.···물소 한 마리가 달아오르면, 그 물소를 AI 센터로 데리고 가서 인공수정 시키면 됩니다.)

이 예문에서 리치와 바티아가 설명한 것처럼 한 수의사가 인도의 시골 지역에 사는 마을 사람들에게 인공수정을 하는 과정에 대해 설명하려고 시도하고 있다. 이야기를 듣는 사람들이 영어로 된 용어를 이해하지 못할 때, 의사는 그 용어를 힌디어로 비유적으로 표현하여 개념을 설명하려고 했다. 힌디어로 바꾸는 과정에서 금기시되는 말을 어떻게 피할 수 있는지에 대한 딜레마는 그가 망설인 것과 말하는 것을 멈춘 것에서 명확하게 드러난다.[40]

5. 문화적·사회적 정체성 드러내기

사람들은 때때로 자신의 정체성을 드러내는 수단으로 언어를 혼합하기도 한다. 예를 들어, 뉴욕의 어느 푸에르토리코-스페인어를 사용하는 지역에서 혼합 패턴을 실험한 연구 결과에 따르면, 특히 이 지역에 사는 사람들이 언어를 유창하게 혼합한다고 한다. 이 지역에는 같은 표현도 스페인어에서 영어로 여러 차례 전환이 되고, 다시 원상태로 돌아온다. 이런 종류의 혼합은 푸에르토리코인이 모여 사는 곳에서 사회적 정체성의 중요한 표지가 된다. 그곳의 푸에르토리코인은 빠르고 유창하게 언어를 혼합하는 것을 통해 스페인어와 영어로 말하는, 즉 푸에르토리코인이자 미국인이라는 정체성을 갖게 된다.

사례 1.11

But I used to eat the bofe, the brain. And then they stopped selling it because, *tenian, ests, le encontraron que tenia*(they had, uh, they found out that it had) worms. I used to make some *bofe! Después yo hacía uno d'esos*(then I would make one of those) concoctions; the garlic *con cebolla, y hacía un moho, y yo dejaba que se curare eso* (with onion, and I'd make a sauce, and I'd let that sit) for a couple of hours. Then you be drinking and eating that shit. Wooh! It's like eating anchovies when they drinking. Delicious![41]

(그런데 나는 (식용짐승의)폐장과 뇌를 먹곤 했다. 그 다음에 그들은 그걸 그만 팔았다. 왜냐하면 그들은 거기에 벌레들이 있는 걸 발견했기 때문이다. 나는 폐장을 만들기도 했고, 이런 혼합물을 만들기도 했다. 양파에 마늘을 섞고, 소스를 만든 다음에 몇 시간 동안 내버려둔다. 그 다음에 너는 술을 마시고 그놈을 먹어치울 수 있지. 술을 마실 때 멸치를 먹는 것 같을 걸. 맛이 끝내 줘!)

전체적으로 보면 언어 혼합은 둘 혹은 그 이상의 언어가 한 개인의 언어 의사소통 시스템에 관련되자마자 중요성이 부각되는 언어 현상이다. 마달레나 크루즈-페레이라(Madalena Cruz-Ferreira)가 정확히 지적한 것처럼 언어 혼합을 어떻게 해야 할지 모르는 사람은 언어 혼합을 할 수 없다.[42] 따라서 '언어 순수주의'라는 유명한 주장은 옹호될 수 없다.

💡 삼중언어 구사자는 왜 하나의 언어 또는 이중언어를 구사하는 사람들과 다를까?

삼중언어를 구사하는 아이는 분명 하나의 언어만 또는 이중언어를 구사하는 아이와 공통적인 특징을 많이 가지고 있다. 그렇지만 그들은 하나의 언어만 구사하는 아이도 아니고, 이중언어를 구사하는 아이도 아니다. 삼중언어를 구사하는 현상은 그것의 남다른 특징에 맞게 점검되어야 할 필요가 있다.

1. 삼중언어 구사자는 하나의 언어만 구사하는 사람들의 기준에 따라 판단되어서는 안 된다

삼중언어 구사자는 종종 하나의 언어만 구사하는 사람들에게 매겨지는 척도에 따라 불공정하게 평가받는다. 최근 연구자들은 하나의 언어만 구사하는 아이들에 관한 기준에 따라 삼중언어를 구사하는 아이들을 평가하는 것이 문제가 있는지에 대해 정당한 우려를 표명했다. 이것은 분명 복잡한 문제이다. 한 측면에서 볼 때, 하나 이상의 언어를 배운 아이는 그들이 구사할 수 있는 여러 언어 안에서 같은 순서로 그리고 같은 방식을 통해 같은 보편적인 발달 이정표(milestone)를 경험하는 것 같다는 연구 결과도 있다.[43] 따라서 삼중언어를 구사하는 아이와 하나의 언어만 구사하는 아이를 비교하는 것이 전적으로 잘못된 것은 아닌 것 같다. 어쨌든 그들은 모두 어린아이이기 때문이다. 다른 측면에서 볼 때, 하나의 언어만 구사하는 아이와 삼중언어를 구사하는 아이에게 주어진 언어 학습 환경이 다른 것을 고려한다면 삼중언어를 구사하는 아이는 하나의 언어만 구사하는 아이 세 명을 하나로 모은 것과 같다고 가정할 수 없다. 설명한 것과 같이, 하나 이상의 언어를 구사하는 것과 관련이 있는 아이라면 그 아이는 하나의 언어만 구사하는 아이와 선천적으로 다를 것이다.[44] 언어를 습득한 과정이 비슷할지는 몰라도 실제로 습득한 결과는 다르게 나올 것이다. 마달레나 크루즈-페레이라가 이 점을 잘 설명해 놓았다.

다중언어를 구사하는 사람과 하나의 언어만 구사하는 사람들을 비교하는 것보다는, 다중언어를 구사하는 사람이 그들이 할 수 있는 여러 언어로 무엇을 하는지를 연구한 것을 통해 언어와 언어의 습득에 대해 더 많은 통찰력을 얻을 수 있다. 전자를 연구하는 것은 '다중언어 구사'에 대해 연구하는 것을 목표로 하겠다고 주장하지만, 실은 언어 사용자들 가운데 단 하나의 언어의 특징을 관찰하는 한계에서 벗어나지 못하는 것이다.[45]

나는 크루즈-페레이라의 견해에 동의한다. 그리고 하나의 언어만 구사하는 아이들이 삼중언어를 구사하는 아이의 언어 발달을 이해하는 데 참고자료로 사용될 때, 결국에는 삼중언어를 구사하는 아이의 눈에 띄는 언어 발달 특징에 대한 진정한 통찰력을 잃어버릴 것이라고 믿는다. 하나 이상의 언어를 사용하는 아이의 발달 경험을 단지 하나의 언어만 구사할 수 있는 아이에 대한 맥락에서 이해하려고 애를 쓰면 위험할 수 있다.[46]

연구 결과에 따르면, 삼중언어를 구사하는 아이는 언어를 배울 때 하나의 언어만 구사하는 아이가 사용하는 것과 다른 전략을 사용한다. 따라서 하나 이상의 언어를 사용하는 아이들은 그들만의 권리를 배려해 주어야만 하는 특별한 타입의 화자-청취자이다.[47]

2. 삼중언어 구사자는 이중언어 구사자와 다르다

삼중언어 구사자는 문헌 자료에서 일반적으로 이중언어 구사자의 또 다른 유형으로 취급되고, 이중언어 구사자의 특별한 현상이라고 자주 설명된다. 따라서 이중언어 구사자를 대상으로 한 연구 결과에 근거한 이론과 발견은 종종 삼중언어 구사자들에게도 확대 적용되어도 괜찮다고 가정하는 경향이 있다.[48]

이중언어 구사자와 삼중언어 구사자 사이에 유사점이 많이 있지만 (아마 후자와 하나의 언어만 구사하는 사람 사이의 유사점보다 더 많을 것이다.), 어떤 연구자들은 세 언어는 두 언어보다 많은 면에서 생산성이 눈에 띄게 많기 때문에 삼중언어 구사자는 이중언어 구사자와 다르다고 말한다.[49] 어떤 연구자들이 지적한 것과 같이 이중언어 구사자와 삼중언어 구사자 사이에는 양적인 차이가 존재한다. 두 언어를 사용할 때 아이는 세 가지 옵션 가운데 하나를 선택할 수 있다. 언어 A를 말하거나, 언어 B를 말하거나, 한 번 말을 할 때 A와 B를 조합해서 말하는 것. 세 언어를 사용할 수 있을 때, 이제 아이는 일곱 가지 옵션 가운데 하나를 선택

할 수 있다 : 언어 A, 언어 B, 언어 C, 또는 언어 AB, BC, CA같이 두 언어를 조합한 것, 또는 세 언어를 모두 조합한 ABC.[50] 뿐만 아니라 이중언어 구사자의 능숙도를 그들의 가진 영향력과 비교할 때, 삼중언어 구사자의 능숙도에 불균형적으로 영향을 미칠 것으로 추정되는 사회적, 문화적, 심리학적 그리고 개성과 관련된 요소가 있다.[51]

근래에 들어와서 연구자들은 이중언어 구사자와 삼중언어 구사자 사이에 존재할 수 있는 차이점을 연구하기 시작했다.[52] 비록 우리가 삼중언어 구사를 이해하는 데 상당한 발전을 이루었지만, 발견된 것이 때로는 작은 샘플에 근거를 둔 경우가 있고, 따라서 결정적인 자료가 되지 못한다.[53] 분명한 것은 우리가 부가적인 언어 시스템이 삼중언어를 구사하는 아이들에게 정확하게 무엇을 해주는지 정확히 파악해 내기 전에 훨씬 더 많은 연구가 이뤄져야 한다는 점이다. 현재로서는 삼중언어 구사자와 이중언어 구사자를 같은 개념으로 받아들이지 않는 것이 중요하다.

어떤 사람들은 straddle(다리를 벌리다, 양다리를 걸치다)이라는 단어를 써서 이중언어 구사자의 언어 상황을 묘사한다(한 다리는 하나의 언어/문화에, 다른 다리는 다른 문화/언어에 놓인 상황). 삼중언어 구사자의 언어 상황을 정확하게 묘사할 수 있는 동사는 찾기 어려울 것 같다. 이중언어를 구사하는 아이의 언어 발전을 삼중언어를 구사하는 아이를 평가하는 수단으로 사용한다면, 그것은 삼중언어를 구사하는 아이가 가진 특징의 중요성을 감소시킬 것이다.

 ## 요약

삼중언어를 구사하는 것은 우리가 주의를 기울여야 할 많은 요소로 구성된 복잡한 현상이다.

첫째, 삼중언어 구사자는 다양한 유형으로 나눌 수 있는데, 그들은 듣기, 말하기, 읽기, 쓰기 영역에서 저마다 다른 유형의 능숙도를 보여 줄 것이다.

둘째, 삼중언어 구사자의 능력은 아래와 같은 요소를 포함하여 많은 요인들로부터 영향을 받는다.

- 언어를 습득한 나이
- 배우고 있는 언어 유형
- 다른 언어들과 접촉한 정도
- 교육 수준
- 개인의 언어 환경 변화
- 부모의 자녀 양육 신념과 언어 사회화 방법의 차이

셋째, 하나 이상의 언어가 의사소통 시스템과 관계되는 순간, 혼합은 피할 수 없다. 언어 혼합은 중요한 의사소통 기능을 하고 있다. 그것은 다음과 같은 역할을 한다.

- 한 언어의 사용과 다른 언어의 사용을 구별한다.
- 다른 언어에 동의어가 없는 것을 묘사한다.
- 어휘 간격을 메운다.
- 강조하고, 인용하고, 항의하고, 나레이션을 하고, 재통합하고, 터부시되 는 말을 하지 않고 어물쩍 넘어가는 의사소통 효과를 얻는다.
- 한 사람의 문화적, 사회적 정체성을 드러낸다.

마지막으로, 비록 삼중언어 구사자가 한 언어 구사자와 이중언어 구사자와 많은 면에서 유사점이 있지만, 그들은 그들 나름의 남다른 특징을 갖고 있다. 따라서 우리는 삼중언어를 구사하는 현상의 본질을 이해할 때에만 삼중언어 구사자가 된다는 것이 무엇을 의미하는지 진정으로 이해할 수 있다.

[미주]

1. Baker, C. (2007) *A Parents' and Teachers' Guide to Bilingualism*(3rd edn). Clevedon: Multilingual Matters.

2. Wang, X.L. (2008) Pre-service teachers' understanding of multilingualism issues. 논문은 2009년 American Educational Research Association annual conference에 제출되었다.

3. 여기서 등장하는 네 명은 실존인물이다. 그 중 두 명(필립, 조안)은 내가 아주 잘 아는 사람이다. 다른 두 사람(안드레아, 마리아)은 개인적으로 아는 사람은 아닌 데, 두 사람에 대해서는 이들의 상황을 잘 알고, 나 대신에 그들을 인터뷰한 두 명 의 언어 학자로부터 정보를 얻었다. 네 명 모두 40대다.

4. OECD(Organization for Economic Co-Operation and Development) : 경제협력개 발기구

5. 필립을 7개 국어 구사자라고 여기지 않은 이유는 그가 라틴어, 고대 그리스어, 고 대 히브리어를 읽을 수 있지만, 이 언어로 의사소통을 하지는 못하고, 그의 기초 중국어도 효과적으로 의사소통을 할 수 없기 때문이다.

6. Cenoz, J. (2000) Research on multilingual acquisition. In J. Cenoz and U. Jessner (eds) *English in Europe: The Acquisition of a Third Language* (p.40) Clevedon: Multilingual Matters.

7. Brown, S. and Attardo, S. (2005) *Understanding Language Structure, Interaction, and Variation: An Introduction to Applied Linguistics and Sociolinguistics for Non-specialists* (pp.7-9). Ann Arbor, MI: The University of Michigan Press.

8. Stavans, A. and Swisher, V. (2006) Language switching as a window on trilingual acquisition. *International Journal of Multilingualism* 3, 193-220.

9. Asher, J.J. and Price, B.S. (1967) The learning strategy of a total physical response: Some age differences. *Child Development* 38, 1219-1227.

   Collier, V.P. (1987) Age and rate of acquisition of second language for academic purposes. *TESOL Quarterly* 21, 617-641.

   Genesee, F. (1981) A comparison of early and late second language learning. *Canadian Journal of Behavioural Science* 13,115-127.

   Genesee, F. (1987) *Learning Through Two Languages: Studies of Immersion and Bilingual Education.* New York: Newbury House.

   Snow, C.E. and Hoefnagel-Hoehle, M. (1978) The Critical period for language acquisition: Evidence from second language learning. *Child Development* 49, 1114-1118.

10. Edwards, M. and Dewaele, J.M. (2007) Trilingual conversation: A Window into multicompetence. *International Journal of Bilingualism* 11 (2), 221-242.

11. Wiley, T.G. (1996) *Literacy and Language Diversity in the United States.* McHenry, IL: Center for Applied Linguistics and Delta Systems.

12. 이 분석은 도미니크가 출생 후 세 살 반이 될 때까지 녹화된 비디오 자료에서 임의로 42시간을 선택한 것에 기초한다.

13. Bhatia, T.K. and Ritchie, W.C. (1999) The bilingual child: Some issues and perspectives. In W.C. Ritchie and T.K. Bhatia (eds) *Handbook of Child Language Acquisition* (pp.569-643). New York: Academic Press.

14. Harding-Esch, E. and Riley, P. (2003) *The Bilingual Family: A Hand-book for Parents* (p.36). Cambridge: The Cambridge University Press.

15. Olshtain, E. and Nissim-Amitai, F. (2004) Being trilingual or multi-lingual: Is there a price to pay? In C. Hoffmann and J. Ytsma (eds) *Trilingualism in Family, School and Community* (pp.30-50). Clevedon: Multilingual Matters.

16. Bhatia, T.K. and Ritchie, W.C. (1999) The bilingual child: Some issues and perspectives. In W.C. Ritchie and T.K. Bhatia (eds) *Handbook of Child Language Acquisition* (pp.569-643). New York: Academic Press.

17. Hansen-Strain, L. (1994) Orality / literacy and group differences in second-language acquisition. In A.H. Cumming (ed.) *Bilingual Performancein Reading and Writing* (pp.283-305) Ann Arbor, MI: Language Learning / John Benjamins.

18. Cargo, M. (1990) Development of communicative competence in Inuit children: Implications for speech-language pathology. *Journal of Childhood Communication Disorders* 13, 73-83.

19. Minami, M. (1997) Cultural constructions of meaning: Cross-cultural comparisons of mother-child conversations about the past. In C. Mandell and A. McCabe (eds) *The Problem of Meaning: Behavioral and Cognitive Perspectives* (pp. 297-346). Amsterdam: Elsevier.

20. Wang, X.L., Bernas, R. and Eberhard, P. (2005) Maternal teaching strategies in four cultural communities: Implications for early childhood teachers. *Journal of Early Childhood Research* 3 (3), 269-288.

Wang, X.L., Bernas, R. and Eberhard, P. (2002) Variations in maternal support to children's early literacy development in Chinese and Native American families: Implications for early childhood educators. *International Journal of Early Childhood* 34 (1), 9-23.

Wang, X.L., Mylander, C. and Glodin-Meadow, S. (1996) A cross-cultural study of mother-child interaction: Maximizing educational potential in the context of a handicapped child. In M. Cusinato (ed.) *Research on Family Resources and Needs across the World*. Milan: Lettere Economila Diritto.

21. Liu, E. (1998) *The Accidental Asian: Notes of a Native Speaker* (p.44). New York: Vintage Books.

22. 이 수치는 비디오 테이프에 녹화된 분량 가운데 임의로 선정된 36시간에 근거하여 나온 것이다.

23. 괄호 안의 '대화 상대'는 내가 쓴 것이다.

24. Cruz-Ferreira, M. (2006) *Three is a Crowd? Acquiring Portuguese in a Trilingual*

Environment. Clevedon: Multilingual Matters.

25. Hoff, E. (2003) The Specificity of environmental influences: Socioeconomic status affects early vocabulary development via maternal speech. *Child Development* 72, 1368-1378.

Huttenlocher, J., Haight, W., Bryk, A., Seltzer, M. and Lyon, T. (1991) Early vocabulary growth: Relation to language input and gender. *Developmental Psychology* 27, 236-248.

Pine, J.M. and Lieven, E.V.M. (1997) Slot-and-frame patterns and the development of the determiner category. *Applied Psycholinguistics* 18, 123-138.

26. Bowerman, M. and Choi, S. (2001) Shaping meaning for language: Universal and language-specific in the acquisition of spatial semantic categories. In M. Bowerman and S.C. Levinson (eds) *Language Acquisition and Conceptual Development*(pp.*475* -511). Cambridge: Cambridge University Press.

Maratsos, M. (1998) The acquisition of grammar. In D. Kuhn and R.S. Siegler (eds) *Handbook of Child Psychology: Vol. 2. Cogitation, Perception, and Language* (pp. 421-466). New York: Wiley.

Naigles, L. and Terrazas, P. (1998) Motion verb generalizations in English and Spanish: Influences of language and syntax. *Psychological Science* 9, 363-369.

27. Lemhöfer, K., Dijkstra, T. and Michel, M.C. (2004) Three Languages, one ECHO: Cognate effects in trilingual word recognition. *Language and Cognitive Processes* 19 (50), 585-611.

28. Gopnik, A. and Choi, S. (1995) Names, relational words and cognitive development in English and Korean speakers: Nouns are not always learned before verbs In M. Tomasello and W. Merriman (eds) *Beyond Names for Things: Young Children's Acquisition of verbs* (pp. 63-80). Mahwah, NJ: Lawrence Erlbaum.

Tardif, T., Gelman, S.A. and Xu, F. (1999) Putting the "noun bias" in context: A comparison of English and Mandarin. *Child Development* 70 (3), 620-635.

29. Fernald, A. and Morikawa, H. (1993) Common themes and cultural variation in Japanese and American mothers' speech to infants. *Child Development* 64, 637-656.

30. Gopnik, A. and Choi, S. (1990) Do Linguistic differences lead to cognitive differences? A cross-linguistic study of semantic and cognitive development. *First Language* 10, 199-215.

31. Chen, H.C. (1999) How do readers of Chinese process words during reading for comprehension? In J. Wang, A.W. Inhoff and H.C. Chen (eds) *Reading Chinese Script: A Cognitive Analysis* (pp. 257-295). Mahwah, NJ: Lawrence Erlbaum Associates.

32. Brown, S. and Attardo, S. (2005) *Understanding Language Structure, Interaction, and Variation: An Introduction to Applied Linguistics and Sociolinguistics for Nonspecialists* (p.86). Ann Arbor, MI: The University of Michigan Press.

33. 연구자들은 언어혼합을 다른 말로 묘사하기도 한다(예를 들면, 코드전환code-

switching이나 코드혼합codemixing). 더 많은 정보를 얻기 원한다면 Stavans, A.
and Swisher, V. (2006) Language switching as a window on trilingual acquisition.
International Journal of Multilingualism 3 (3), 193-220 을 참조할 것.

34. De Houwer, A. (1990) *The Acquisition of Two Languages from Birth: A Case Study*. Cambridge: Cambridge University Press.
35. Döpke, S. (1992) *One Parent-One Language. An International Approach. Amsterdam*: John Benjamins.

Genesee, F. (2006) Bilingual first language acquisition in perspective. In P. McCardle and E. Hoff (eds) *Childhood Bilingualism: Research on Infancy Through School Age* (pp.45-67). Clevedon: Multilingual Matters.

Ritchie, W.C. and Bhatia, T.K. (2006) Social and psychological factors in language mixing. In T.K. Bhatia and W.C. Ritchie (eds) *The Handbook of Bilingualism*(pp. 336-352). Malden, MA: Blackwell.

Edwards, M. and Dewaele, J-M. (2007) Trilingual conversations: A Window into multicompetence? *International Journal of Bilingualism* 11 (2), 221-241.

Hoffmann, C. and Stavans, A. (2007) The evolution of trilingual codeswitchinig from infancy to school age: The shaping of trilingual competence through dynamic language dominance. *International Journal of Bilingualism* 11 (1), 55-72.

Stavans, A. (1992) Sociolinguistic factors affecting codeswitches produced by trilingual children. *Language, Culture and Curriculum* 5, 41-53.

Stavans, A. and Swisher, V. (2006) Language switching as a window on trilingual acquisition. *International Journal of Multilingualism* 3, 193-220.
36. Ritchie, W.C. and Bhatia, T.K. (2006) Social and psychological factors in language mixing. In T.K. Bhatia and W.C. Ritchie (eds) *The Handbook of Bilingualism* (pp. 336-352). Malden, MA: Blackwell.
37. Genesee, F. (2006) Bilingual first language acquisition in perspective. In P. McCardle and E. Hoff (eds) *Childhood Bilingualism: Research on Infancy Through Scholl Age* (pp. 45-67). Clevedon: Multilingual Matters.

Ritchie, W.C. and Bhatia, T.K. (2006) Social and psychological factors in language mixing. In T.K. Bhatia and W.C. Ritchie (eds) *The Handbook of Bilingualism* (pp. 336-352). Malden, MA: Blackwell.
38. Genesee, F. (2006) Bilingual first language acquisition in perspective. In P. McCardle and E. Hoff (eds) *Childhood Bilingualism: Research on Infancy Through School Age* (pp.45-67). Clevedon: Multilingual Matters.
혼합은 또한 주의를 끌거나 분류를 하는 것 같이 다른 의사소통 효과를 얻는 데
사용되기도 한다. Oksaar, E. (1977) On becoming trilingual. In C. Molony (ed.)
Deutsch im Kontakt mit anderen Sprachen [*German in Contact with Other Languages*] (pp.296-306). Kronberg: Scriptor Verlag 참조.
39. Ritchie, W.C. and Bhatia, T.K. (2006) Social and psychological factors in language mixing. In T.K. Bhatia and W.C. Ritchie (eds) *The Handbook of Bilingualism*

(pp.336-352). Malden, MA: Blackwell.

40. Ritchie, W.C. and Bhatia, T.K. (2006) Social and psychological factors in language mixing. In T.K. Bhatia and W.C. Ritchie (eds) *The Handbook of Bilingualism* (pp. 336-352). Malden, MA: Blackwell.

41. Poplack, S. (1980) Sometimes I start a sentence in English y termino en Español: Towatds a typology of code-switching. *Linguistics* 18, 581-618.

42. Cruz-Ferreira, M. (2006) *Three is a Crowd? Acquiring Portuguese in a Trilingual Environment* (p. 9). Clevedon: Multilingual Matters.

43. Romaine, S. (1995) *Bilingualism*. Malden, MA: Blackwell. Slobin, D.I. (1985) Crosslinguistic evidence for the language-making capacity. In D.I. Slobin (ed.) *The Crosslinguistic Study of Language Acquisition Vol.2: Theoretical Issues* (pp.1157-1249). Hillsdale, NJ: Lawrence Erlbaum Associates.

44. Pearson, B.Z., Fernandez, S.C. and Oller, D.K. (1993) Lexical development in bilingual infants and toddlers: Comparison to monolingua l norms. *Language Learning* 43 (1), 93-120.

Grosjean, F. (1985) The bilingual a competent but specific speaker-hearer. *Journal of Multilingual and Multicultural Development* 6, 467-477.

45. Cruz-Ferreira, M. (2006) *Three is a Crowd? Acquiring Portuguese in a Trilingual Environment*. Clevedon: Multilingual Matters.

46. Hulit, L.M. and Howard, M.R. (2006) *Born to Talk: An Introduction to Speech and Language Development*. Boston, MA: Allyn & Bacon.

47. Wei, L. and Lee, S. (2001) L1 development in an L2 environment: The use of Cantonese classifiers and quantifiers by young British-born Chinese in Tyneside. *International Journal of British Education and Bilingualism* 4 (6), 359-382.

48. Barron-Hauwaert, S. (2000) Issues surrounding trilingual families: Children with simultaneous exposure to three languages. Paper presented at Innsbruck Conference on Trilingualism and Third Language Acquisition.On WWW at http://www.spz.tu-darmstadt.de/projekt_ejournal/jg-05-1/beitrag/barron.htm.

Hoffman, C. and Ytsma, J. (2004) Introduction. In C. Hoffman and J. Ytsma (eds) *Trilingualism in Family, School and Community* (pp.1-7). Clevedon: Multilingual Matters.

Grosjean, F. (2001) The bilingual's language modes. In J. Nicol (ed.) *One Mind, Two Languages: Bilingual Language Processing* (pp.1-22). Oxford: Blackwell.

49. Quay, S. (2001) Managing linguistic boundaries in early trilingual development. In J. Cenoz and F. Genesee (eds) *Trends in Bilingual Acquisition* (pp.149-199). Amsterdam: John Benjamins.

50. Hoffman, C. (2001) The status of trilingualism in bilingualism studies. In J. Cenoz, B. Hufeisen and U. Jessner (eds) *Looking Beyond Second Language Acquisition: Studies in Tri- and Multilingualism* (pp.13-25). Tubingen: Stauffenburg Verlag.

Quay, S. (2008) Dinner conversation with a trilingual two-year old: Language socialization in a multilingual context. *First Language* 28 (1), 5-23.

51. Hoffman, C. (2001) Toward a description of trilingual competence. *International Journal of Bilingualism* 5 (1), 1-17.

52. Stavans, A. and Swisher, V. (2006) Language switching as a window on trilingual acquisition. *International Journal of Multilingualism* 3, 193-220.
Edwards, M. and Dewaele, J.M. (2007) Trilingual conversation: A window into multicompetence. *International Journal of Bilingualism* 11 (2), 221-242.

53. Edwards, M. and Dewaele, J.M. (2007) Trilingual conversation: A window into multicompetence. *International Journal of Bilingualism* 11 (2), 221-242.
Quay, S. (2008) Dinner conversation with a trilingual two-year old:Language socialization in a multilingual context. *First Language* 28 (1), 5-23.

Chapter 2

시작 단계

이 장에서는 삼중언어를 구사하는 아이로 기르는 것을 고려하는 과정의 일부로서, 계획을 세우는 것의 중요성에 초점을 맞춘다. 이 장의 목적은 계획을 세우는 것이 나중에 자녀를 양육할 때 어떻게 실제적인 도움을 주는지 보여 주는 것에 있다. 부모들이 결정을 내릴 수 있도록 돕기 위해 여러 가지 제안도 실었다. 그밖에 부모들이 자녀를 삼중언어 구사자로 키우기로 결심하기 전에 앞으로 맞이하게 될 어려움도 빼놓지 않고 실었다.

💡 삼중언어를 구사하는 아이를 기르기 위한 우리의 계획과 논의

어떤 친구가 이렇게 말한 적이 있다. "너는 절대로 부모가 되는 계획을 세울 수 없어. 그건 네가 부모가 되고 난 뒤에야 할 수 있지." 그녀가 한 말은 어쩌면 시행착오를 거치면서 단순히 앞으로 나가기만 하는 많은 사람들에게 사실일지도 모른다. 결국, 대부분의 사람은 좋은 부모로 판명날 것이다. 그러나 연구 결과에 따르면 아이가 태어나기 전에 자녀 양육법에 대해 충분히 생각하고 논의한다면 부모가 잠재적인 어려움을 예측하는 데 도움이 되고, 더 효과적으로 자녀를 양육할 수 있다고 한다.[1] 또 다른 연구 결과에 의하면, 인종적, 민족적, 문화적, 언어적 배경이 서로 다른 부모들에게,[2] 그리고 자손들에게 자신의 계승어를 전수해 주려고 계획을 세우는 사람들에게 아이를 갖기 전에 어떻게 행동할지 미리 계획을 세워두는 것은 굉장히 중요하다.[3] 내 남편과 내가 한 경험에 의하면, 자녀를 삼중언어 구사자로 기르기 전에 먼저 부부가 신중하게 계획을 세우고 그에 대해 진지하게 의논한다면, 부모는 장차 부딪치게 될지도 모르는 어려움에 대해 준비할 수 있고, 아이들이 삼중언어를 더 잘할 수 있도록 확실하게 도와줄 수 있다.

결혼 초기, 필립과 나는 종종 우리의 미래의 자녀에 대해 이름을 짓는 것부터 아이들이 몇 개 국어를 구사할지에 이르기까지 다양한 주제를 두고 대화를 나누었다. 그럼에도 불구하고 우리의 대화는 종종 짧게 끝나버리곤 했다. 결혼한 지 3년, 그리고 서로 알게 된 지 6년이 되자 우리는 가족을 꾸릴 준비가 되었다고 생각했다. 따라서 우리가 세운 계획에 대한 대화, 특히 언어 계획에 대한 대화는 점점 진지해져 갔다. 어느 시점에 이르자 우리는 수개월 동안 주로 다음과 같은 문제에 초점을 맞추고 대화를 나누었다.

- 아이들에게 우리의 계승어를 전해 주어야만 할까? 만약 그렇다면 몇 개의 언어를, 그리고 언제 그 일을 시작해야 할까?
- 우리 가족의 의사소통 시스템은 어떻게 해야 할까?
- 우리가 자녀를 하나 이상의 언어를 구사하는 아이로 기르려고 하는 진정한 동기는 무엇일까?
- 우리는 자녀를 하나 이상의 언어를 구사하는 아이로 키울 능력이 있을까? 우리의 개인적 특성이 이런 시도에 적합할까?
- 우리에게 계획을 실현할 수 있는 경제력이 있을까?
- 우리 아이들의 계승어 습득에 대한 우리의 목적과 기대는 무엇인가?
- 우리 아이들이 과정에서 치러야 할지도 모르는 대가를 우리가 알고 있는가?
- 하나의 언어만 사용하는 환경에서 자녀를 하나 이상의 언어를 구사하는 아이로 키울 때 어쩔 수 없이 부딪치게 될 난관을 뛰어넘을 준비가 되었는가?

- 우리가 세운 계획대로 일이 진행되지 않는다면 계획을 수정할 준비가 되어 있는가?
- 아이들에게 언어적, 문화적 정체성에 어울리는 이름을 어떻게 지어 주어야 할까?
- 만약 우리에게 선택권이 있다면 우리 아이들은 몇 개의 국적을 가지게 하는 것이 좋을까?
- 우리의 계획을 우리의 (친척을 포함한)대가족들과 다른 이들에게 알려야 할까?
- 아이들이 세상에 나오기 전에 우리는 어떤 물건들을 준비해야 하나?

다음 단락을 보면 독자 여러분은 이 문제를 놓고 우리가 토론한 것과 결정을 내린 것에 대해 알게 될 것이다.

1. 전수하기로 한 계승어 숫자와 시작 시점

시작 단계부터 필립과 나는 우리 아이들을 하나 이상의 언어를 구사하도록 키우기를 원했다. 그래서 결정을 내리는 데 오랜 시간이 걸리지는 않았다. 우리는 구사할 수 있는 여러 언어 중에서 선택할 수 있었기 때문에, 어떤 언어를 계승어로 선택할지 결정하는 것과 계승어 가운데 몇 개의 언어를 아이들에게 전수할 것인지를 결정하는 데 시간이 좀 걸렸다. 독자 여러분이 1장에서 읽은 것처럼, 필립은 프랑스어와 독일어(스위스에서 사용하는 독일어와 고지 독일어)를 동시에 배우면서 자랐다. 그는 우리의 미래의 자손들에게 오직 하나의 언어 또는 둘 다 전수할 수 있었다. 나는 두세 개의 중국어 사투리뿐만 아니라 '표준' 중국어(보통화, 普通话)와 상하이 사투리를 배우면서 자랐고, 그 언어 중 하나 또는 전부 다 미래의 자손들에게 전수해 줄 수 있었다. 오랜 시간 의논한 끝에 우리는 가장 잘할 수 있고 정식 교육을 받은 언어를 선택하기로 했다. 즉 필립은 아이들에게 프랑스어를 전수해 주고, 나는 표준 중국어를 전수해 주기로 한 것이다. 한편, 우리가 내린 결정은 다른 종류

의 실현 가능성에 영향을 받았다. 장차 우리 아이들에 알게 될 세 언어
―영어, 중국어, 프랑스어―는 세계에서 가장 많은 사람이 말하는 언어
다. 따라서 우리 아이들은 이 언어들을 알고 있는 것 덕분에 이득을 보
게 될 것이다.

또한 우리는 아이들이 태어나면서부터 세 언어를 동시에 배울 수 있
도록 키우기로 했다.

2. 가족 의사소통 시스템

일단 미래의 우리 아이들에게 전수할 계승어 숫자와 언제 이 과정
을 시작할지 결정한 뒤, 우리는 가족 구성원 간에 사용하게 될 의사소
통 시스템에 대해 고민하기 시작했다. 필립이 동시에 이중언어를 배운
경험과 내가 이중언어 또는 삼중언어를 사용하는 아이로 키우는 분야
에 대해 출판된 육아서와 연구 자료를 알고 있는 것을 바탕으로 하여,
우리는 미래의 자손들과 대화를 할 때 한 부모-한 언어 접근방식(*One-
Parent-One-Language Approach*,[4] 한 부모가 하나의 언어만 사용하는 방식)을 사
용하기로 했다. 이 말은 필립은 아이들에게 오직 프랑스어만 말하고 나
는 아이들에게 오직 표준 중국어로만 말한다는 것을 뜻한다.

한 부모-한 언어 접근 방식을 채택하기로 했을 당시에 우리는 이 방
법에 대해 논쟁이 벌어지고 있음을 잘 알고 있었다. 예를 들어, 어떤 연
구자들은 이 방법이 이례적(atypical)이고 부자연스러울(unnatural)뿐만 아
니라[5] 융통성(rigid)이 없다고 했다.[6] 그러나 우리의 특수 상황(즉 우리에
게는 아이들에게 계승어를 전수해 주는 것을 충분히 도와줄 수 있는 기관이나 유
산 커뮤니티가 없었다.)을 곰곰이 생각해 볼 때, 만약 우리가 정말로 아
이들이 계승어를 배우게 하면서 자라게 하려면 우리는 한 부모-한 언
어 전수방식을 채택하는 것 외에는 다른 방법이 거의 없었다. 우리는
또한 이런 방법을 통해 부모의 계승어를 성공적으로 전수받은 아이들
에 대해 연구한 기존 자료와 기출간된 육아서에 대해서도 잘 알고 있

었다.[7] 필립과 나는 서로에게 계속해서 영어로 대화를 나누는 것에 동의했다(영어는 그때까지 우리의 공통어였다.). 우리는 만약 가족 의사소통 시스템을 지속해 나간다면 미래의 아이들이 세 언어를 동시에 배울 수 있는 최고의 기회를 가질 수 있으리라 확신했다.

3. '삼중언어를 구사하는' 자녀로 키우려는 한 동기

우리 아이들에게 어떤 언어를 전수할 것인지, 언제 시작할 것인지, 그리고 가족 간에 어떤 의사소통 시스템을 사용할 것인지를 결정한 뒤, 우리는 꽤 오랜 시간 동안 자녀를 삼중언어 구사자로 키우기로 한 우리의 동기를 점검해 보았다. 우리는 이 과정을 매우 중요하게 여겼다. 우리가 자녀를 삼중언어 구사자로 키우려는 이유가 단지 일시적인 열정 때문이거나 금방 사라져버릴 유행 혹은 부모 자신이 이기적으로 필요를 채우기 위해서 아이를 희생시키는 것이 아니라는 점을 명확하게 하고 싶었다. 우리가 무엇을 계획하든지 그것이 우리 아이들에게 중요한 결과를 낳을 수 있기 때문에, 우리는 우리 자신의 진정한 동기를 제대로 확인해야 함을 잘 알고 있었다. 우리는 자녀를 삼중언어 구사자로 키우기로 한 좋은 이유가 적어도 네 가지는 된다고 확신했다.

(1) 문화유산의 보존, 정체성 그리고 가족 간 유대감(紐帶感)

자녀를 삼중언어 구사자로 키우고 싶다는 열망을 품게 된 첫 번째 가장 중요한 이유는, 우리의 계승문화와 가족 간 유대감을 보존하고 싶었기 때문이었다. 필립과 나는 1세대 이민자에 속했다. 그리고 우리의 문화유산과 언어를 보존하는 것은 새 나라에서 우리의 정체성을 재창조하는 과정의 일부라고 믿도록 교육받았다. 이민을 와서 살고 있는 나라의 문화적 관습과 언어에 동화하는 것을 넘어서, 우리는 새로운 세상에서 개인의 삶에 더 많은 선택권을 가지고 있음을 알고 있었다(우리는 정착한 나라의 언어를 사용하고 지역사회에 융화되고 국가에 공헌하면서 새로운 환경에서 잘 살고 있다.). 우리는 우리의 문화유산과 언어를 아이들에게 전수하는 것은 아이들이 자기의 뿌리를 이해하도록 도와야 할 책임의 일부임을 알았고, 그것이 아이들의 정체성 발달에 유익함을 알았다.

게다가 필립과 나는 자신의 계승어에 대해 감정적이고 문화적인 유대의식을 깊이 간직하고 있었다. 그 언어들은 우리의 본질적인 요소 중 하나였다. 우리 아이들과 모국어를 사용해서 이야기한다면 자연스럽고 친밀감을 느낄 수 있을 것이다.

뿐만 아니라 필립과 나는 둘 다 끈끈한 정이 있는 가족에서 자랐다. 우리는 부모님과 친척들이 우리 아이들과 가까운 관계로 지내기를 원했다. 아이들이 계승어를 할 수 있도록 우리가 도와준다면 그렇게 될 수 있을 것이다. 이것은 오직 중국어만 할 수 있는 중국의 조부모님과 그분들의 손자들 관계에 특별히 중요했다. 스위스에 계신 조부모님이 다중언어를 사용할 수 있긴 하지만 아이들이 프랑스어를 할 줄 안다면 스위스 조부모님과 아이들 사이에 감정적이고 유산적인 끈을 견고히 하는 데 도움이 될 것이었다.

(2) 다중언어를 구사할 때 생기는 이점

우리가 아이들을 삼중언어 구사자로 키우기 원하는 두 번째 이유는, 다중언어를 사용할 때의 이점과 그것이 한 사회와 개인에게 가져다 줄 유익에 대해 확신하고 있기 때문이었다. 사회적 측면에서 볼 때, 우리는 다중언어를 구사하면 문화적, 정치적 교환을 촉진할 수 있고, 문화의 이해와 평가를 증진할 수 있다고 믿었다. 게다가 우리는 다중언어 구사력은 인간 자본의 한 형태로서,[8] 이것이 잠재적으로 사회에 경제적 번영을 가져온다고 믿었다.[9]

개인적인 측면에서 생각해 볼 때, 다중언어를 구사하면 아이들의 삶이 더 풍요로워지고 더 많은 문화적, 언어적, 학습상, 경제적 그리고 사회적 기회가 아이들에게 주어질 것이라고 생각했다. 예를 들어, 우리의 자손은 잠재적으로 다른 언어와 문화를 더 많이 접하게 될 것이고, 타인과 더 효과적으로 소통할 것이며, 학업 면에서도 이점을 가지게 될 것이다(책을 더 잘 읽을 수 있고,[10] 언어의 구조에 더 민감해지며,[11] 더 다채로운 사고를 하고[12] 더 창의적이 될 수 있는 것과 같이[13]). 아이들은 또한 세계의 다른 여러 곳에서 일을 할 가능성이 더 많아질 것이고, 다른 지역에 사는 사람들과 사귀게 될 기회가 더 많아질 것이다. 따라서 친구 교제권과 세계관이 넓어지게 될 것이다.

(3) 두뇌 잠재력

자녀를 삼중언어 구사자로 키우기 원하는 세 번째 이유는, 인간의 두뇌 잠재력은 개발되기만 하면 최대 한도로 발전할 수 있다고 믿기 때문이다. 연구 결과에 따르면 나이가 어릴 때 하나 이상의 언어를 배우면 지능이 발달한다고 한다.[14] 따라서 동시에 세 개의 언어를 배우면 우리 아이들이 두뇌 잠재력을 극대화할 수 있는 유리한 환경이 만들어질 것이다. 우리 자신도 운 좋게도 하나 이상의 언어와 사투리를 구사할 수 있고 그 덕분에 혜택도 받았으므로, 만약 우리가 아이들에게 같은 종류의 기회를 주려고 노력하지 않는다면 대단히 애석한 일일 것이다.

(4) 언어에 대한 관심

마지막으로, 남편과 나는 세계의 언어에 정말 관심이 많아서 어린 시절부터 배우고자 하는 열망이 가득했다. 어렸을 때, 나는 언어를 만들어서 친구나 남동생에게 말해 준 적도 있었다. 나는 다양한 소리를 발명해 내서 외국어를 많이 할 줄 아는 척했다. 나중에 나는 매일 밤 부친의 단파 라디오로 외국 방송을 들었고(당시 중화인민공화국에서는 금지된 행동이었지만), 내가 들은 외국어를 흉내 냈다. 나는 그중에 한국의 라디오 방송을 제일 좋아했다. 내가 고른 소리를 사용해서 나는 나 자신에게 '한국어'로 말했다. 대학교와 대학원 재학 시절, 나는 언어학, 언어 습득과 언어 발달과 관련된 수업을 많이 들었고, 그 분야에 대해 연구도 했다. 나는 일본어, 러시아어, 프랑스어, 영어를 포함하여 많은 언어를 배웠다. 내가 어른이 되어 세계 여행을 다닐 때, 카페에 앉거나 상점 또는 거리 한구석에 서서 주변에 있는 사람들이 하는 외국어를 듣는 것이 취미였다.

필립도 언어에 대해 동일한 열정을 가졌다. 그는 스위스에서 다중언어를 사용하는 환경에서 자랐고, 프랑스어와 스위스에서 사용하는 독일어를 구사하는 이중언어 구사자가 되었다. 필립은 영어, 라틴어, 고대 그리스어, 히브리어와 같이 많은 언어를 배우기 위해 노력했다. 그의 취미 중 하나는 어원학을 공부하는 것이다. 중·고등학교 시절, 그는 오직 라틴어와 그리스어를 배우겠다는 일념으로 이과가 아닌 문과를 선택했다.

우리는 우리의 언어에 대한 관심이 자녀를 삼중언어 구사자로 키우려는 적극적인 동기가 된다고 자기 자신을 납득시켰다. 언어에 대한 열정과 호기심 덕택에 우리는 아이들이 삼중언어를 잘할 수 있도록 도와줄 시간을 충분히 낼 수 있다고 믿었다.

4. 우리는 삼중언어 구사자로 아이를 키우기에 적합한 사람인가

우리는 언어 계획이 자리 잡게 하고 우리의 동기를 점검하고 난 뒤, 자신에게 우리가 이런 노력에 적합한 사람인지에 대해 일련의 질문을 던졌다. 이런 자체 평가를 통해서 우리가 정말 아이를 삼중언어 구사자로 키우는 여행을 떠날 능력이 있고 그 여행에 적합한 사람인지 확인하고 싶었다. 우리는 다음 영역에 걸쳐 자문해 보았다.

(1) 계승어를 능숙하게 구사할 수 있는가

우리가 계승어를 능숙하게 구사할 수 있는지에 대한 문제라면, 우리는 충분한 능력이 있고 이 임무를 해내기에 충분할 정도로 유능하다고 확신했다. 우리는 둘 다 자녀에게 전수해 주기로 계획한 계승어를 배우면서 자랐고 대학 교육까지 받았으며, 우리는 말하고 쓰기 영역 모두 능숙하게 해낼 수 있었다. 우리가 계승어를 능숙하게 구사할 수 있기 때문에 아이들은 고품질의 계승어를 배우게 될 것이 분명했다. 만약 아이가 계승어 입력을 다른 곳으로부터 받을 수 없다면 이것은 아이들이 계승어를 배우는 데 결정적인 요소가 될 것이다.

(2) 우리의 계승어와 문화에 대한 태도

부모로서 본인과 배우자의 계승어에 대해 어떤 태도를 갖고 있는지도 아이들에게 직간접적으로 영향을 미칠 것이다. 그래서 이런 태도를 자세히 점검해 보는 것이 매우 중요하다. 필립과 나는 본인과 상대방의 계승어와 문화를 인정하고 높이 평가하고 있다. 그와 동시에 우리는 상대방의 계승어와 문화들 가운데 어떤 부분은 잘 몰랐다. 따라서 우리는 서로 오해하고 있는 것이 무엇인지 확인하려고 노력하기 시작했고, 결과적으로 우리는 점차 서로의 문화와 언어를 더 이해할 수 있었다.

(3) 성격 및 특성

우리는 둘 다 항상 목표지향적인 성격이다. 일단 무엇인가를 하기로 한 이상, 우리는 그것을 끝까지 해낸다. 이와 같은 점 덕분에 우리는 스스로 설계한 어려운 임무를 끝까지 해낼 수 있다는 자신감을 가졌다. 그와 동시에 우리는 둘 다 융통성이 있다. 우리는 만약 상황이 여의치 않으면 계획을 재조정할 준비도 했다.

그리고 우리는 다른 사람한테서 오는 압력에 저항하는 것을 잘했다. 예를 들어, 필립은 대학 시절에 (비인기 학문인)신학을 공부했다는 이유로 동료 집단으로부터 받는 압력에 저항한 적이 있다. 그리고 나는 대학에서 (당시 중국에서는 '수정론자'와 '쓸모없는 것'으로 간주된 언어인)러시아어를 제2외국어로 선택했다는 이유로 동료 집단으로부터 받는 압력에 저항했다. 사실 우리가 인종을 뛰어넘는 결혼을 했을 때, 우리는 이미 사회적 편견에 저항한 셈이었다. 우리의 이런 성격 및 특성에 근거하여 우리는 외부로부터 받는 압력을 조절할 수 있을 것이고, 한 언어만 사용되는 환경에서 삼중언어를 구사하는 아이를 키울 수 있을 것으로 내다봤다.

그러나 우리는 둘 다 아이를 키우는 과정에서 조심해야 할 필요가 있는 성격적 특성도 갖고 있었다. 예를 들어, 나는 인내심이 약간 부족한 편이고, 단기간에 결과가 나오기를 기대하는 편이다. 필립은 약간 지나친 자유방임주의자이고, 아이들이 원하는 대로 하도록 내버려 둘 수도 있었다. 따라서 우리 둘 다 아이를 키울 때 이런 경향에 빠지지 않도록 조심해야 할 필요가 있었다. 재미있는 사실은 실제로 아이를 키우는 과정에서 우리 둘 다 우리가 기대한 것과 정반대로 행동했다는 것이다. 이것은 아이를 키울 때 우리가 가진 성격상 조심해야 할 면이 밖으로 드러나지 않도록 의식적으로 노력해서 그렇게 된 것이 아닐까 한다.

5. 자녀를 삼중언어 구사자로 키우기 위한 잠재적 지원 저울질하기

(1) 같은 유산을 공유하고 있는 가족의 지원

우리에게 불리한 점 중 하나는, 우리가 같은 유산을 공유하고 있는 가족들로부터 아주 먼 곳에 살고 있고, 조부모님 또는 친척 중 아무도 우리와 가까운 곳에 살고 있지 않다는 점이다. 따라서 우리는 휴가나 방학 시간에 만나는 것을 제외하고는 (친척을 포함한)넓은 범위의 가족으로부터 지원을 자주 받을 수 없다는 사실을 인식해야 했다.

(2) 지역사회의 지원

우리가 계획을 세울 당시에 우리는 중서부 지역의 작은 마을에 살고 있었는데, 나는 그 지역의 어느 대학에서 학생들을 가르쳤고, 근처의 후터파 교도[15]와 미국 원주민 마을을 대상으로 연구 프로젝트를 진행하고 있었다. 우리가 사는 동네에서 우리는 우리의 계승어로 자녀를 키우는 데 필요한 언어적, 문화적 도움을 받을 수 없는 것이 분명했다. 그래서 우리의 미래의 자녀가 계승어와 계승문화를 더 많이 접할 기회가 있는 곳으로 이사해야 했다.

6. 같은 유산을 공유하는 나라로 여행할 가능성

우리는 자녀를 삼중언어 구사자로 키우는 과정에서 같은 유산을 공유하는 나라와 계승어를 사용하는 지역으로 여행을 떠나는 것을 아주 중요한 부분으로 여겼다. 우리의 직업상 1년에 평균 4개월간(여름과 겨울방학+봄방학) 화려하게 휴가를 보낼 수 있어서, 운 좋게도 모국으로 여행을 다닐 기회가 많았고, 아이들이 계승어와 계승문화에 푹 빠져 있을 기회가 많았다.

7. 아이 돌보기 계획

연구 결과에 따르면, 언어를 능숙하게 구사하기 위해서는 상당한 양의 시간 동안 해당 언어에 노출되어야 한다.[16] 부모인 우리는 아이들에게 계승어를 가르쳐 줄 수 있는 주요 입력원이기 때문에 우리는 충분한 시간 동안 아이들에게 부족함 없이 모국어 자원을 넣어 주어야 했다. 필립은 박사 논문을 쓰고 있었고, 집에서 머무르면서 아이를 돌볼 수 있었다. 나는 늦은 오후나 저녁에 수업시간을 잡고 필요에 따라 집에서 일하는 것으로 계획을 세웠다. 우리는 아이들에게 영어를 입력해 주려는 의도로 베이비시터를 고용했고, 많은 고등학생, 대학생들이 기분 좋게 그 일을 했다.

8. 우리의 목표와 아이들이 삼중언어를 얼마나 능숙하게 구사할 수 있을지에 대한 기대

우리는 아이들의 삼중언어에 대해 아이들이 선택된 세 언어 모두 네 가지 기본적인 언어 영역(듣기, 말하기, 읽고 쓰기)을 발달시키는 데 목표를 두었다. 그러나 우리의 현실을 고려해 볼 때 영어가 장차 아이들에게 가장 주요한 언어가 될 것은 알고 있었다. 우리 아이들은 영어로 말하는 환경에서 살고 학교에 다닐 것이기 때문에, 그들은 네 가지 언어 기술적인 측면에서, 아마도 영어를 계승어보다 더 능숙하게 구사할 것으로 예측할 수 있었다.

9. 삼중언어를 구사하는 아이로 키울 때 희생해야 할 점과 어려운 점

자녀를 삼중언어를 구사하는 아이로 키우면 많은 이점이 있기는 하지만, 독서와 관찰을 통해서 알게 된 사실은 그 과정에서 부모와 아이 모두 대가를 치러야 한다는 것이다. 우리는 환상을 갖고 있지 않았다. 자녀를 삼중언어를 구사하는 아이로 키우는 것은 우리에게 편안한 여행과는 거리가 멀 것이다. 그리고 인생에서 다른 많은 것과 마찬가지로 그 과정은 주고받는 거래가 될 것이라는 점도 이해했다.

자녀 양육의 책임을 지고 있는 보호자로서, 우리는 상당한 시간을 아이들과 함께 보내야 함을 알았다. 이 말은 우리가 개인 취미를 대폭 희생해야 함을 의미했다(예를 들어, 우리는 혼자 연극이나 영화를 볼 수 없고, 식당에도 혼자 갈 수 없을 것이고, 때로는 아이를 갖기 전에 우리가 했던 것을 포기해야 할 것이다.). 우리는 또한 아이들과 충분한 시간을 보내기 위해서 우리가 하고 있는 것이나 추구하는 것이 무엇이든 속도를 늦춰야 했다. 실제로 필립은 나중에 논문을 쓰는 속도를 눈에 띄게 줄였다. 그가 박사 학위를 마치는 데는 결국 11년이 걸렸다. 삼중언어를 구사하는 아이로 기르는 데 우리가 해야 할 '보이지 않는 일'(『보이지 않는 일 : 국제결혼으로 맺어진 가정에서 이중언어 사용, 언어 선택과 육아(*Invisible Work:*

Bilingualism, Language Choice and Childrearing in Intermarried Families)[17]의 저자 오키타 도시이에가 말한 것처럼)의 양은 아마 우리를 지치게 할 수도 있었다.

엎친 데 덮친 격으로 우리는 자녀를 삼중언어 구사자로 키우는 과정에서 부딪치게 될 많은 어려움도 이겨낼 준비를 해야 했다. 예를 들어, 우리는 아이들에게 남과 다른 언어로 말할 것이기 때문에 한 언어만 사용하는 환경에서 소외될 준비를 해야 했다. 우리는 장차 더 큰 사회로부터 받게 될 무시와 편견에도 대처해야 했다.

뿐만 아니라 우리는 아이들이 동시에 삼중언어를 구사하는 사람이 되기 위해 치러야 할 대가도 알고 있었다. 예를 들어, 아이들은 모국어 학습과 관련된 활동을 하기 위해 놀 시간을 희생해야 했다. 그들은 나중에 친구들의 비난도 이겨내야 했다.

우리는 아이들을 삼중언어 구사자로 키우기로 한 선택이 그들의 삶을 풍요롭게 하고 궁극적으로 더 행복한 사람으로 만들 수 있기를 바랐다. 인생에서 예측할 수 없는 다양한 일들이 일어나서 만약 우리가 계획을 세운 대로 일이 진행되지 않는다면 우리는 계획을 기꺼이 수정할 의향도 있었고, 심지어는 계획을 포기할 준비도 하고 있었다.

10. 아이들의 이름 정하기

이름에는 무엇이 담겨 있는가? 우리의 이름은 정체성에 있어서 매우 중요한 부분이다. 일생을 통해 우리의 이름은 우리와 밀접한 연관을 맺고, 우리 존재의 일부가 되고, 우리 이름이 무엇이냐가 우리 존재를 구체화한다. 따라서 이름 정하기는 어느 아이들에게나 똑같이 중요한 과정이다. 우리 아이들이 삼중언어를 구사하고 세 종류의 문화가 혼합된 삶을 살 것이기 때문에 우리가 고려해야 할 추가적인 요소가 많이 있었다.

우리 아이들이 하나 이상의 문화, 인종과 언어로 혼합되어 있기 때문에 우리는 아이들의 이름이 그들의 남다른 문화적, 인종적, 언어적 환경을 나타내고 반영하기를 원했다. 그와 동시에 우리는 아이들이 문화적, 언어적 관례에 따른 이름을 가지고 주변 환경 속에서 마음 편하게 지낼 수 있기를 원했다. 첫째를 임신했을 때, 의사가 정기적으로 하는 초음파 검사 결과를 보여 주면서 우리가 남자아이를 가진 것 같다고 했다. 우리는 아이의 문화유산과 앞으로 배울 세 언어를 잘 반영해 주는 이름을 찾기 시작했다. 필립과 나는 두 대륙(유럽과 아시아) 출신이기 때문에, 우리는 "헤로와 레안드로스"(*Hero and Leander*, 그리스 신화에서 유명한 두 명의 연인)의 레안드로스(*Leander*)가 좋을 것 같다고 생각했다. 왜냐하면 헬레스폰트('다르다넬스'라고도 알려진)의 한쪽은 아시아에 있고, 다른 한쪽은 유럽에 있기 때문이다. 우리는 첫째 아이의 이름을 영어로 레안더(*Leander*)라고 지었고, 프랑스어는 동의어 레안드레(*Léandre*)라고 지었다. 레안더의 발음이 프랑스어로는 리앙(理昂)에 가까웠는데, 그 뜻은 '이유, 다스릴 *reason*(理/*li*)'과 '활기찬, 활발한 *high-spirited*(昂/*áng*)이다. 우리는 리앙(理昂)을 그의 중국어 이름으로 정했다. 혹시 벌어질지도 모르는 일(딸을 가질 경우)에 대비해서, 우리는 소피(Sophie)라는 이름도 생각해 두었는데, 이 이름도 영어와 중국어 동의어가 쉬웠다. 둘째 아이를 가졌을 때, 우리는 태아의 성별을 몰랐다. 그래서 우리는 필립의 가운데 이름인 도미니크(*Dominique*)를 아이의 이름으로 하기로 했는데, 이것은 남자와 여자 모두에게 사용될 수 있는 이름이다. 게다가 이 이름은 영어로 남자아이에게 도미닉(*Dominic*), 여자아이에게 도미니크(*Dominique*)라는 이름으로 잘 어울릴 수 있었다. 우리는 아이의 중국 이름은 니커(*Ni-ke*, 昵可)로 정했는데, 이 이름은 도미니크의 뒷부분과 발음이 유사했다. 중국 이름은 '가까운(*close*, 昵/*ni*)'과 '사랑스러운(可/*kě*)'을 의미했다. 우리는 공식문서에서는 레안드레(*Léandre*)와 도미니크(*Dominique*)를 사용했다.

11. 아이들의 국적 결정하기

우리 아이들은 미국에 태어났기 때문에 자동으로 미국 시민이 되었다. 스위스는 이중국적을 허용하므로, 우리는 아이들에게 스위스 국적을 주기로 했다. 중화인민공화국 정부는 복수국적을 허용하지 않고, 나는 미국 시민으로 이미 귀화한 상태였다. 따라서 우리 아이들은 중국 국적을 얻을 수 없었다. 이상적으로 말하자면 우리는 아이들이 중국 국적도 갖기를 바랐다. 우리는 국적이 아이들이 자신의 정체성을 인식하는 데 굉장히 중요한 역할을 한다는 것을 나중에 알게 되었다. 비록 아들들이 계승어를 말하는 데 아무 문제가 없고 같은 유산을 공유하는 국가(모국)들과 가까운 관계를 유지한다 하더라도, 그들은 자기가 중국인이라고 절대 주장하지 않을 것이다. 그러나 그들은 자기가 스위스인이라고 주장할 것은 확실하다. 나는 때때로 두 아들이 미국과 스위스에 있을 때 그들은 자기가 자격이 있음(entitlement)을 의식하고 있지만, 중국에 있을 때는 그런 것을 느끼지 못했음을 알고 있다. 나는 그들이 "우리 스위스인이⋯ 저 중국인들이⋯"라고 말하는 것을 들어본 적이 있다. 나는 이것이 그들의 국적과 관계가 있는지 없는지 궁금할 때가 있다(이에 대해서는 6장에서 더 자세히 이야기할 것이다.).

12. 우리의 계획을 넓은 범위의 가족과 다른 사람들에게 공표하기

우리 아이들이 동시에 세 언어를 배우면서 자라도록 하는 행동 계획의 초안을 짜고 난 뒤, 우리는 이 소식을 우리의 (친척을 포함한)대가족들에게 알리기로 했다. 우리는 대가족 구성원들도 계획한 대로 하기 위해 준비해야 한다고 확신했다. 우리는 이 결정에 대해 가족들로부터 만장일치의 지원을 받았다. 모든 조부모님과 친척은 이것이 아주 훌륭한 생각이라고 했고, 우리의 계획에 덩달아 흥분했다. 우리는 이 계획을 우리의 친구들, 직장동료, 그리고 지인들에게도 공표하기로 했다. 우리는 이렇게 공표하는 것이 많은 의문을 유발할 수도 있을 것이라고 예상했고, 그것은 사실로 드러났다. 많은 이들이 박수를 보내 주었지만, 어떤 이들은 궁금해 했고, 몇몇은 우리의 계획이 실현 가능한 것인지 회의적인 반응을 보이기도 했다. 우리는 계획을 조기에 공표했기 때문에 계획을 실천하기 위해 더 잘 준비할 수 있다는 것을 깨달았다.

13. 모국어 학습 도구 준비하기

아이들을 삼중언어 구사자로 키우는 과정을 이행하기 위해 우리는 모국어 학습 도구를 준비하기 시작했다. 가끔은 모국어 학습에 필요한 책을 구하는 데 시간이 오래 걸리기도 했다. 필립과 나는 프랑스어와 중국어로 된 아이들의 책을 사기 위해 좋은 방법이 없는지 조사하기 시작했다. 우리는 또 미래의 아이들을 위해 프랑스어와 중국어로 된 오디오와 비디오 자료도 찾아보았다. 프랑스어로 된 비디오 테이프와 CD는 미국의 일반 마켓에서는 구할 수 없어서 캐나다의 마켓을 뒤지기 시작했는데, 거기에서 프랑스, 스위스 또는 벨기에보다도 더 편리하고 더 싼 가격에 살 수 있었다. 나는 중국어 교재를 중국에서 직접 구입하기보다는 미국 동부 해안에 인접해 있는 중국책 창고에서 주문하는 것이 더 편리하다는 것도 발견했다.

아이들이 태어나기 전에 모국어 학습 교재를 준비해 놓은 덕분에 삼중언어를 구사하는 아이로 기르는 과정이 한결 수월해졌다. 우리는 이 학습 교재들을 연구할 시간이 있었고, 다른 여러 단계에서 우리가 어떤 책을 읽어 줄지 미리 분류해 둘 수 있었다. 레안드레가 병원에서 집으로 온 바로 첫날밤, 필립은 준비해 둔 프랑스어 책을 들고 아이에게 읽어 주기 시작했다. 아이가 집중할 수 있게 되자마자 나는 벽에 있는 화려한 중국 그림과 인쇄물을 가리키기 시작했다. 모국어 학습 교재를 미리 준비해 놓는 것은 일종의 심리적 준비로서, 이것은 실제적인 의미에서 우리가 준비하는 것을 돕는 효과가 있었다.

우리는 아이들이 태어나기 전에 아이를 기르기 위한 계획을 논의하는 것에 관해서라면 할 수 있는 것은 다 했다. '우리가 계획을 밀고 나갈 수 있을까? 우리가 계획을 수정해야 할까? 계획을 실행에 옮기는 데 어떤 어려움이 있을까? 우리의 육아법에 대해 외부 세계는 어떻게 반응할까?' 이 질문에 대한 대답은 3, 4, 5장에 나와 있다.

자녀를 다중언어를 구사하는 아이로 키우려고 계획 하는 부모에게

자녀를 대신하여 부모가 내린 다른 여러 중요한 결정과 같이 언어에 대해 내린 결정은 자녀의 발전에 큰 영향을 미칠 것이고, 부모의 도움을 받아 경험한 것들은 그들의 삶에 의미심장한 표시를 남길 것이다. 그러므로 부모들은 육아 계획에 대해 서로 충분한 시간 동안 생각하고 논의하는 것이 매우 중요하다.[18] 우리는 자녀가 태어나기 전에 육아 계획에 대해 의견을 나누는 것이 매우 유용함을 경험을 통해 확인할 수 있었다. 다음 내용은 부모들이 생각해 보아야 할 참고사항과 제안들이다.

1. 부모 자신의 상황에 적합한 결정 내리기

어떻게 하면 자녀를 다중언어 구사자로 키울 수 있는지, 부모들이 어디에서 통찰력을 얻고 지도를 받을 수 있는지에 대한 주제를 놓고, 독자 여러분은 도움을 요청하지도 않은 주변 사람들로부터 충고를 들을 뿐만 아니라 전문가들로부터도 늘 충고를 들을 것이다. 다른 사람들에게 무엇이 도움이 되는지 아는 것은, 우리가 앞으로 무슨 일이 일어날지 예측할 수 있게 해주고 우리가 미리 준비되고 불필요한 '실수'를 저지르지 않도록 도와준다. 그러나 모든 가족은 저마다 다르고, 모든 아이도 저마다 다르다. 한 사람의 상황을 평가하고 그의 가족의 이익, 특히 그의 자녀에게 최선이 되는 결정을 내리면 결국에는 좋은 결과를 보게 될 것이다. 나는 이디스 하딩-에슈와 필립 릴리가 한 말에 동의한다. "이러니저러니 해도 결정은 당신이 내리는 것이다. 아니면 적어도 그렇게 되어야만 한다. 아웃사이더—가족이든 권위 있는 전문가이든간에—가 당신에게 이러쿵저러쿵하지 못하도록 해라. 기억하라. 당신이 가장 잘 안다는 사실을."[19]

2. 여행을 시작하기 전, 자기 자신에게 "왜"라고 자주 물어보기

자녀를 다중언어 구사자로 키우는 여행을 떠나기 전, 먼저 왜 그렇게 하기를 원하는지 스스로에게 물어보는 것이 중요하다. 그와 같은 과정을 통해 당신은 자신의 진정한 의도를 파악할 수 있을 것이다. 자신에게 더 어려운 질문을 던지면 던질수록 당신은 아마 자신의 동기를 더 분명하게 알게 될 것이고, 자신이 내린 결정에 대해 더 확신을 가질 것이다.

자녀를 다중언어를 구사하는 아이로 키울지의 여부를 두고 자주, 폭넓게 그리고 초기부터 의논하는 것은, 다문화, 다인종 가족에게 훨씬 더 중요한 의미가 있을 것이다. 왜냐하면 그런 가족의 부모들은 근본적으로 다른 자녀 양육 신념을 갖고 있을 수 있기 때문이다. 따라서 상호 간에 동의할 수 있는 육아법을 선택하기 위해 더 많은 시간 동안 토론과 협의를 해야 할 수도 있다. 우리는 의사소통 부족 때문(으로 추정되는)에 두 인종으로 이뤄진 부부가 이혼하는 경우를 목격했다. 훗날 그 부부는 만약 그들이 육아법에 대해 자주 대화를 나누고 아이의 언어 문제를 놓고 부부가 함께 중요한 결정을 내렸다면 이혼하지 않았을 수도 있었다고 우리에게 따로 털어놓았다.

3. 당신의 현실 평가

당신이 만약 자녀를 하나 이상의 언어를 구사하는 아이로 키우기로 했다면, 이제는 부모로서 자신을 평가하고, 자신의 환경과 자신이 의지할 수 있는 지원을 평가하는 것을 통해 세워둔 계획이 실현될 수 있는지 아는 것이 중요하다. 당신이 탁월한 계획을 세웠다고 하더라도 만약 당신이 계획을 실현할 수 있을 만큼 상황이 도와주지 않는다면, 당신은 아마 실망하고 낙심한 채 포기해 버릴 것이기 때문이다.

(1) 자기 자신 평가하기

첫째로 그리고 가장 중요한 것은, 부모는 자기 자신을 살펴보아야 한다는 것이다. 자신을 이해하는 것은 부모가 자녀를 하나 이상의 언어를 구사하는 아이로 성공적으로 키우는 데 도움이 된다. 부모가 자신에 대해 점검해 보아야 하는 세 가지 중요한 요소가 있는데, 부모의 언어 능력, 부모의 성격, 자녀를 다중언어 구사자로 키우기 위해 희생을 각오한 부모의 의지이다.

① 부모의 언어 능력

만약 부모가 아이들에게 언어를 입력해 주는 주요 입력원이라면, 부모가 언어를 얼마만큼 능숙하게 구사할 수 있느냐가 아이의 언어 능숙도에 큰 영향을 미칠 것이다. 따라서 부모가 자신의 언어 능력을 평가하는 것은 대단히 중요하다고 할 수 있다. 내 말의 의미는, 부모의 계승어 실력이 낮은 수준에 머물러 있다면(때때로 부모가 교육을 제대로 받지 못하면 이런 결과가 나타나기도 한다.) 그 부모는 아이에게 언어를 전수해서는 안 된다는 뜻이 아니다. 그들은 그렇게 할 권리가 충분히 있다. 사실 많은 이민자 부모들은 그들의 특별한 개인적 그리고 가족적인 필요에 따라 그렇게 한다. 예를 들어, 내가 재직 중인 대학의 관리인들 가운데 한 사람이 나에게 그의 부모가 모국에서 초등학교밖에 나오지 못했기 때문에 그는 '기초 수준의' 스페인어밖에 하지 못한다고 했다. 만약 부모가 아이들이 자신의 언어 수준을 뛰어넘기를 바란다면 추가적인 지원과 입력이 필요할 수밖에 없다.

② 성격

부모 자신의 성격을 주의 깊게 살펴보면 부모는 자기가 누구인지 이해할 수 있게 되고, 자녀를 하나 이상의 언어를 구사하는 아이로 키우는 과정에서 얻게 될 수도 있는 어떤 기질을 피할 수 있게 된다. 예를 들어, 나는 참을성이 부족한 편이고 결과를 당장 보기 원하는 성격이다. 비록 이런 성격을 하룻밤에 바꿀 수는 없겠지만, 이것을 알고 있다는 사실 덕분에 나는 아이들과 모국어를 배우는 활동을 할 때 아이들과 상호반응을 하는 데 큰 도움을 받았다. 나는 어려운 일, 즉 모국어 독해와 작문과 같은 것에 마음의 준비를 할 수 있었고, 또는 나는 때때로 하던 행동을 멈출 수 있었고, 그럼으로써 화를 내거나 실망하지 않을 수 있었다.

③ 희생하려는 의지

자녀를 하나 이상의 언어를 구사하는 아이로 키우는 데는 결심뿐만 아니라 희생이 필요하다. 부모는 자신에게 정말 의지가 있는지, 필요하다면 희생도 감수할 수 있는지 자기 자신에게 물어보아야 한다. 비(非)네이티브 환경에서 자녀를 하나 이상의 언어를 구사하는 아이로 키울 때, 부모는 자녀와 매일 충분한 시간 동안 소통을 해주어야 하기 때문이다. 부모는 자신이 정말 이런 것을 감당할 준비가 되어 있는지 스스로에게 질문해야 한다. 개인적으로 나는 '모든 것을 한꺼번에 가지다(having-it-all)'라는 생각을 받아들이지 않는다. 나는 인생에서 '주고받는' 접근법을 선호한다. 만약 자녀를 다국어 구사자로 키우기로 했다면, 가치 있는 이유라고 믿은 것을 위해 대가를 치뤄야 할 필요가 있다.

(2) 당신의 지원 능력 평가하기

자녀에게 어떤 종류의 도움을 줄 수 있을지 파악해 보면, 당신은 자신의 상황을 실제적으로 그려볼 수 있고, 그에 따라 당신은 자녀를 어떻게 양육할 것인지 계획을 세울 수 있다.

당신이 고려해야 하는 첫 번째 종류의 지원 능력은 당신의 (친척을 포함한)대가족이 당신을 도와줄 수 있는지의 여부다. 만약 그들이 지속적으로 도와줄 수 없다면 대안이 될 계획을 빨리 세워야 한다. 앞에서 이야기한 것처럼, 우리의 넓은 범위의 가족은 우리와 멀리 떨어져서 살고 있고, 따라서 우리를 자주 도와줄 수 없었다. 우리가 계획을 세우는 동안 우리(부모)는 자녀를 양육할 책임을 짊어지고, 우리 자신이 자녀들에게 계승어를 전수해 줄 수 있는 주요 입력원이 되기로 했다.

당신이 살펴보아야 할 두 번째 종류의 지원 능력은 하나 이상의 언어로 자녀를 키우는 데 잠재적으로 당신을 도와줄 수 있는 공동체를 가졌는지의 여부다. 같은 유산을 공유하는 공동체는 당신에게 힘을 북돋아 줄 수 있다. 당신은 그곳에서 당신을 이해하고 같은 신념을 가진 사람을 만날 수 있을 것이다. 뿐만 아니라 당신의 아이들이 그곳에서 같은 계승어를 구사하는 친구를 발견할 수도 있다.

계승어를 구사할 수 있는 육아 도우미들이나 재정지원(예를 들어, 어떤 정부기관이나 에이전시에서는 외국에 사는 자국민들에게 계승어 학교 입학을 재정적으로 지원해 주기도 한다.)같이 당신이 찾아보아야 하는 다른 종류의 지원도 있다.[20] 또 하나 이상의 언어를 구사하는 자녀를 키우고 있거나 그럴 계획이 있는 부모들은 온라인을 통해서도 도움을 받을 수 있다.[21]

4. 가족 간 의사소통 시스템을 빨리 결정하라

아이가 태어나기 전에 가족 간 의사소통 시스템을 결정하는 것은 세 가지 면에서 이점을 가진다. 첫째, 부모는 그들이 내린 선택의 긍정적인 면과 부정적인 면을 충분히 숙고할 시간이 생기고, 아이에게 직접적인 영향을 주지 않으면서도 그들이 원하는 만큼 계획을 수정할 시간도 생긴다. 둘째, 부모가 아이들에게 이야기하려고 선택한 언어 시스템은 한 번 익숙해지면 쉽게 변하지 않을 것이다. 따라서 일단 의사소통 시스템에 대한 계획이 제자리에 자리 잡게 해두면, 빠른 시일 안에 계획한 것을 달성해 내는 데 도움이 될 것이다. 마지막으로, 당신이 사용하기로 한 의사소통 시스템은 당신이 계획한 것을 이루기 위해 사용할 중요한 도구이다. 나는 크리스티나 보스마크(Christina Bosemark, 다중언어를 구사하는 어린이 협회 Multilingual Children's Association의 설립자)가 비유로 한 말을 좋아한다. "최고 수준으로 훈련을 받은 운동선수라 할지라도 발에 맞지 않는 신발을 신고 마라톤을 완주할 수 없다. 그리고 장기적인 안목으로 볼 때 당신이 신발을 편하게 신을 수 없다면 당신이 받은 모든 훈련도 도움이 되지 않을 것이다."[22] 지속적인 의사소통 시스템 없이 자녀를 하나 이상의 언어를 구사하는 아이로 키우는 것은 그들의 완전한 잠재력을 실현하는 데 도움이 되지 않을 것이다.

5. 당신의 목표와 기대치 정하기

아이들이 계승어를 배울 수 있도록 목표와 기대치를 정하는 것은 당신이 투자할 필요가 있는 노력과 자원을 결정하는 데 도움이 된다. 부모가 자녀를 하나 이상의 언어를 구사하도록 키우기 원하는 이유는 여러 가지다. 어떤 부모는 종교적인 이유로 자녀가 계승어를 알기 원한다(나는 자녀가 토라를 읽을 수 있도록 히브리어를 가르치는 유대인 부모 몇몇을 알고 있다.). 경제적인 이유로 자녀가 계승어를 알기 원하는 부모들도 있다(우리 아이들의 한 중국인 친구의 부모는 아이가 커서 중국에서 일하기를 원하기 때문에 중국어를 배우도록 하고 있다.). 그밖에 세대 사이의 의사소통을 이유로 자녀가 계승어를 알기 원하는 부모도 있다(앞에서 이야기한 관리인의 부모가 바로 이 경우다.). 이유를 분명히 하고 현실적인 목표와 기대치를 설정하면 부모가 더 집중해서 노력을 기울일 수 있고, 그들이 기대할 수 있는 것을 알게 될 때에도 덜 실망하고 덜 좌절하게 된다.

6. 박식한 사람 되기

자녀를 하나 이상의 언어를 구사하는 아이로 키우는 것을 포함하여 오늘날 부모들이 이용할 수 있는 육아 정보는 무척 많다. 그중 어떤 것들은 연구자와 전문가들이 제공하는 것이고, 또 다른 것들은 자녀를 하나 이상의 언어를 구사하도록 키우고 있는 부모들이 경험을 통해 알려 주는 것이다. 부모들이 물어보고 싶은 것이 있을 때, 그리고 어떻게 해야 할지 모를 때에는 전문가의 충고와 다른 부모의 경험을 참고하면 정보를 얻을 수 있고 자신감도 가질 수 있다.

독서를 통해 도움을 얻을 수는 있지만, 책은 우리를 헷갈리게 만들기도 한다. 비판적인 태도로 전문가를 포함한 다른 사람들의 의견을 읽는 것이 중요하다. 비판적인 태도로 읽는다는 것은 아무도(전문가조차도) 당신의 가족이 처해 있는 독특한 상황을 다 알 수 없다는 것을 의미한다. 다른 이들의 성공담이나 실패담은 당신에게 참고사항일 뿐이다. 당신은 자신이 처해 있는 상황을 분석해야 하고, 스스로 결정을 내려야 한다.

이밖에 자녀를 하나 이상의 언어를 구사하는 키운 경험을 가진 사람들과 이야기를 나누는 것도 도움이 된다. 많은 부모가 쓴 참고서와 읽을 거리에는 이와 같은 방법이 효과적이라고 쓰여 있다. 그러나 우리가 경험한 바로는, 다른 사람들과 이야기하면 때때로 의욕을 상실하는 경우도 생긴다. 만약 우리가 헝가리인 이웃(1장 참고)의 말을 마음에 담아 두었다면, 우리는 삼중언어를 구사하는 아이를 키우려는 희망을 접었을 것이다. 언제나 다음과 같은 사실을 마음속에 잘 간직해 두어야 한다. 다른 사람들의 성공담으로 우리를 격려하자. 그러나 다른 이들의 좌절이 우리의 계획을 망치게 하지는 말자. 우리는 그들과 다르다!

7. 당신의 의도 공표하기

앞으로 부모가 될 사람들은 좀처럼 그들의 육아 계획을 (친척을 포함한)넓은 범위의 가족이나 친구, 지인들에게 공표하지 않는다. 그러나 공표하면 자녀를 다중언어를 구사하는 아이로 키울 계획을 세운 부모에게 이득이 될 수 있다. 첫째, 다양한 의견을 들을 수 있기 때문에 당신이 계획을 실천으로 옮기기 전에 다른 이들이 어떻게 말하는지를 들어보고, 다양한 견해(어떤 견해는 불쾌하게 들릴 수도 있지만)에 대해 준비를 해둘 수 있을 것이다. 둘째, (친척을 포함한)넓은 범위의 가족에게 이런 계획을 알리는 것은 언제나 바람직하다. 그들이 당신의 계획에 동의하고 도와준다면, 당신은 훨씬 더 순조롭게 계획을 실행에 옮길 수 있기 때문이다. 만약 그들이 당신의 계획에 반대한다면 당신은 적어도 그들을 설득할 시간이 있고, 당신 편으로 만들 시간을 갖게 되는 셈이다. (친척을 포함한)넓은 범위의 가족에게 계획을 실행하기 전에 알려 주면 주변의 많은 가족과 친족들로부터 받을지도 모르는 스트레스와 마찰을 피할 수 있다. 만약 그들이 당신의 육아계획에 반대하지 않고 함께하는 편에 선다면 당신은 계획을 실행에 옮기는 데 탄력을 받게 될 것이다.

8. 아이의 이름을 정하는 것은 사소한 문제가 아니다

아이의 이름은 종종 부모가 아이에게 바라는 것을 상징적으로 보여 준다. 그러나 아이들이 사회의 구성원이 되어 편안하게 살 수 있도록 아이들에게 이름을 지어 줄 때 (소리나 의미를 통해서)우연하고 불행한 함축을 피하기 위해 부모는 문화 규범을 조사해야 한다.[23] 프랑스어를 사용하는 환경에서는 *Connor*(또는 *Conor*)라고 불리는 것이 영어를 사용하는 환경에서보다 아이에게 훨씬 더 힘들 수 있다. 왜냐하면 *Connor*는 *Connard*와 비슷하게 들리는데, 이 단어는 프랑스어로 저속하고 모욕적인 뜻이기 때문이다.

과거를 돌이켜 보면, 우리는 두 아이의 이름을 선택한 것을 두고 약간 후회하는 마음이 든다. 우리는 도미니크와 레안드레의 공식 이름이 미국에서는 가끔 여자 이름으로 오해를 살 수 있다는 것을 뒤늦게 알았다. 예를 들어, 지역 축구팀 등록을 맡은 한 사람이 최근에 이메일로 우리가 실수로 도미니크를 여자팀에 등록하지 않은 것인지 물어보았다. 우리 두 아이는 나이가 들면서 이런 종류의 실수 때문에 가끔 짜증을 내기도 했다. 하지만 운 좋게도 이런 일들이 그들의 자아상을 해치지는 않은 것으로 판명되었다.

내 이름 샤오-레이(Xiao-lei)는 중국인이 아닌 사람들에게 남자 이름으로 오해를 사곤 한다. 그리고 내 남편 필립의 이름도 미국인들은 종종 여자 이름이라고 생각한다. 이런 일들은 재미있는 것이고, 가끔은 우리 삶에 즐거운 에피소드를 더해 주기도 한다. 예를 들어, 미국에서 나는 종종 비아그라 광고를 받고, 필립은 종종 무료 팬티스타킹과 생리대를 우편으로 받는다. 우리는 성인이기 때문에 이런 사건을 당해도 낄낄거리며 웃어넘길 수 있다. 그러나 아이들에게는 즐거운 일이 아닐 것이다. 따라서 부모들은 아이들의 이름을 정하기 전에 신중해야 한다. 언어 및 문화와 관련이 있는 원어민의 조언이 도움될 것이다.

남다르고 이국적이기까지 한 이름은 흥미로울지는 모르나, 불필요한 골치 아픈 일을 야기할 수도 있다. 예를 들어, 나는 내 문화적 정체성을 보존하기 위해서 이름을 표준 영어식 이름으로 바꾸지 않았다. 그 결과, 나는 불편한 일을 많이 감수해야 했다. 중국인이 아닌 사람들은 일반적으로 내 이름을 어떻게 발음하는지 모른다. 예를 들어, 상점에서 물건을 고르거나 유명한 레스토랑에서 줄을 서서 기다릴 때와 같이 이름이 크게 불리는 공공장소에서 이름을 부르는 동안 한동안 침묵이 흐를 때면 나는 이제 내 차례가 된 것인 줄 안다. 왜냐하면 대부분의 사람들은 힌트를 주지 않으면 내 이름을 어떻게 발음해야 할지 몰라 곤혹스러워 하기 때문이다. 나는 예전에는 내 이름의 의미를 사람들에게 열정적으로 설명해 주곤 했지만, 요즘에는 사람들에게 내 이름을 어떻게 발음하고 그것이 무슨 의미인지를 설명해야 한다는 사실에 조금 지쳤다. 최근에 나는 이 '문제'를 해결할 방법을 하나 발견했다. 컨퍼런스에 참석하는 동안 나는 내 이름표에 샬렛(Chalet)을 넣어 사람들이 내 이름을 발음할 수 있도록 했고, 그 의미를 알려 주기 위해 그 단어 옆에 작은 꽃을 넣었다.[24]

어떤 나라에는 아이들의 이름을 짓는 것에 관한 법률이 있다. 예를 들어, 프랑스에서는 1993년까지도 모든 이름이 공식 리스트에서 선정되어야 했다. 심지어 오늘날까지도 검사는 새로 탄생한 이름을 거절한다. 스위스는 부모들이 네 개의 공식 언어 가운데 전통적인 스위스 이름을 선택할 수 있도록 도와주는 공식 소책자를 가지고 있다. 원칙적으로 말하면, 아이의 이름 짓기는 부모의 권리이자 특권이다. 만약 어떤 사람이 자신의 문화적, 인종적 그리고 민족적 정체성을 강하게 인식하고, 그에 따라 아이 이름을 짓기를 원한다면, 어떤 개인이나 국가도 그들의 개인적 선택에 간섭해서는 안 된다. 나의 경우를 다시 한 번 예로 든다면, 만약 내가 끈질기게 견뎌야만 할 성가신 일(사람들에게 내 이름을 어떻게 발음하는지를 알려 주고, 이름이 무슨 뜻인지를 설명하는 일)과 내 이름을 영어화해서 캘리포니아 출신의 내 삼촌이 나를 처음 만났을 때 추천해 준 이름인 셜리(*Shirley*) 가운데 하나를 선택해야 한다면 나는 분명 전자를 선택할 것이다.

그러나 내가 중국어 이름을 간직하기로 한 내 결정과 나와는 다른 환경에서 자라게 될 내 아이들의 이름을 짓는 것은 완전히 다른 문제다. 그러므로 나는 아이들의 이름을 지을 때 그들이 자랄 환경을 고려해야만 했고, 나는 '이상한' 이름 때문에 그들이 친구들에게 놀림을 당하는 것은 절대로 원하지 않았다. 부모가 하나 이상의 언어와 문화를 가진 아이들의 이름을 짓는 데 두 가지 요소, 즉 수용 가능성과 문화유산을 고려하는 것이 합리적인 접근방법일 것이다. 사카모토 미츠요의 연구에 따르면,[25] 캐나다인-일본인 부모는 아이들에게 쉽게 영어화할 수 있는 이름이나 쉽게 발음할 수 있는 이름을 지어 준다는 것이다. 예를 들어, 카린(Karin)은 영어 이름 카렌(Karen)과 비슷하고, 유키(Yuki)와 아이(Ai)는 짧고 발음하기도 쉽다. 이처럼 이민자 부모가 자녀의 이름을 짓는 것에는 그들의 아이들이 사회에 더 잘 수용되기를 바라는 것과 아이들의 문화적 정체성을 보존하고자 하는 부모의 바람을 잘 반영하고 있다.

 **요약**

계획을 세우는 것과 의논하는 것은 미래의 부모에게 자녀를 하나 이상의 언어를 구사하는 사람으로 키우는 여행에서 중요한 역할을 한다. 초기 단계에 부모가 해야 하는 결정과 육아법 선택은 자녀의 발전에 영향을 미칠 것이므로, 아이가 이 세상에 등장하기 전에 부부가 함께 신중하게 생각하고 의논해야 한다.

미래의 부모는 처한 환경에 근거하여 자녀를 하나 이상의 언어를 구사하는 사람으로 키우려는 계획에 관해 토론하고 근본적인 질문을 많이 던져야 한다. 만약 부모가 아이들에게 계승어를 전수해 주기로 했다면, 앞으로 부모가 될 사람들은 먼저 자기 자신의 동기를 점검해 볼 필요가 있다. 만약 부모의 동기가 아이들에게 최고의 유익을 가져다 주는 것에 초점이 맞추어졌다면, 그들은 이 여행을 올바른 방향으로 떠날 수 있을 것이다. 미래의 부모는 효과적인 계승어 입력을 아이들에게 해 줄 수 있는지의 여부뿐만 아니라 그들 자신의 언어 능력과 성격을 살펴보아서, 자신들이 정말로 이 험난한 역경이 기다리고 있는 임무를 수행해 낼 수 있는지 확인해 보아야 한다. 실현 가능한 목표와 기대치를 설정하고 부모와 아이 둘 다 지불해야만 하는 잠재 가치를 이해하는 것은 부모들이 역경을 만나기 전에 더 잘 준비될 수 있도록 도와주고, 얼마나 노력을 해야 하는지 그리고 투자해야 할 자원과 노력이 무엇인지 결정할 수 있도록 도와준다.

자녀를 다중언어 구사자로 기르는 과정을 촉진하기 위해 가족들이 어떤 의사소통 시스템을 채택할지, 부모와 아이가 친척을 포함한 넓은 범위의 가족과 같은 유산을 공유하는 공동체로부터 어떤 종류의 지원을 기대할 수 있는지, 아이들이 계승문화를 보존하도록 도와주고 주어진 환경 속에서 편안함을 느낄 수 있도록 이름을 어떻게 지을 것인지 등 구체적인 계획이 논의되고 결정되어야 한다.

이밖에 유익한 전문가의 충고와 다른 부모의 경험을 비판적인 태도로 경청하면, 부모들은 자신이 처해 있는 상황을 평가하는 것과 가족에게 최선이 되는 선택을 내리는 데 도움을 얻을 수 있다.

　인생은 예측할 수 없으므로 계획을 세운다고 해서 현실화된다고 장담할 수 없지만, 앞으로 부모가 될 사람들에게 방향을 제시해 줄 수는 있다. 3, 4, 5장에서는 우리가 세운 계획이 우리 가족의 여행 가운데 첫 11년 동안 어떻게 삼중언어를 구사하는 두 아이를 키우는 데 도움을 주었는지 살펴볼 것이다.

1. Sheeber, L., Biglan, A. and Metzler, C.W. (2002) Promoting effective parenting practices. In L. Jason and D.S. Glenwick (eds) *Innovative Strategies for Promoting Health and Mental Health across the Life Span* (pp.63-84). New York: Springer.
Anderson, K.L. (2007) Engaging theories in family communication: Multiple perspectives. *Journal of Language and Social Psychology* 26 (1), 91-92.
Auerbach, A.B. (1968) *Parents Learning Through Discussion: Principles and Practices of Parent Group Education*. New York: John Wiley & Sons.
Block, J.H., Block, J. and Morrison, A. (1981) Parental agreement-disagreement on childrearing orientations and gender-related personality correlates in children. *Child Development* 52 (3), 965-974.

2. Foeman, A. and Nance, T. (2002) Building new cultures, reframing old images: Success strategies of interracial couples. *Howard Journal of Communications* 13 (3), 237-249.

3. Mar, J.B. (1988) Chinese Caucasian interracial parenting and ethnic identity. *Abstracts International* 49 (5), 1278.

4. Barron-Hauwaert, S. (2004) *Language Strategies for Bilingual Families:The One-Parent-One-Language Approach*. Clevedon: Multilingual Matters.

5. Bhatia, T.K. and Ritchie, W.C. (1999) The bilingual child: Some issues and perspectives. In W.C. Ritchie and T.K. Bhatia (eds) *Handbook of Child Language Acquisition* (pp.569-643). New York: Academic Press.

6. Goodz, N.S. (1989) Parental language mixing in bilingual families. *Infant Mental Health Journal* 10, 25-44.

7. Ronjat, J. (1913) *Le développement du langage observé chez un enfant bilingue [The Development of Language Observed with a Bilingual Child]*. Paris: Champion.
Leopold, W.F. (1939) *Speech Development of a Bilingual Child: A Linguist's Record*. Evanston, IL: The Northwestern University Press.
Bain, B and Yu, A. (1980) Cognitive consequences of raising children bilingually: 'One-parent-one language'. *Canadian Journal of Psychology* 34, 304-313.
Hoffmann, C. (1985) Language acquisition in two trilingual children. *Journal of Multilingual and Multicultural Development* 6, 479-495.
Meisel, J.M. (1990) *Two First Languages? Early Grammatical Development in Bilingual Children*. Dordrecht: Foris.
Saunders, G. (1988) *Bilingual Children: From Birth to Teens*. Clevedon: Multilingual Matters.

8. Brenton, A. (1978) *Le bilinguisme. Une approche économique [Bilingualism. An economic approach]*. Montréal: C.D. Howe Institute.
Carliner, G. (1976) Returns to education for Blacks, Anglos and five Spanish Groups.

The Journal of Human Resources 11 (2), 172-184.

Hocevar, T. (1975) Equilibria in linguistic minority markets. *Kykols* 28 (2), 337-357.

9. Halliwell, J. (1999) Language and trade. In A. Breton (ed.) *Exploring the Economics of Language*. Ottawa, Ontario: Department of Cultural Heritage.

10. Lindholm-Leary, K. (2000) *Biliteracy for a Global Society: An Ideal Book on Dual Language Acquisition*. Washington, DC: National Clearinghouse for Bilingual Education.

11. Titone, R. (1994) Bilingual education and the development of metalinguistic abilities: A research project. *International Journal of Psycholinguistics* 10 (1), 5-14.

Eviatar, Z. and Ibraham, R. (2000) Bilingual is a bilingual does: Metalinguistic abilities of Arab-speaking children. *Applied Psycholinguistics* 21, 451-471.

12. Bialystok, E. (2007) Cognitive effects of bilingualism: How linguistic experience leads to cognitive change: *The International Journal of Bilingual Education & Bilingualism* 10 (3), 210-223.

Robinson, D.W. (1998) The Cognitive, academic, and attitudinal benefits of early language learning. In M. Met (ed.) *Early Language Learning*. Glenview, IL: Scott Foreman-Addison Wesley.

13. Srivastava, B. (1991) Creativity and linguistic proficiency. *Psycho-Lingua* 21 (2), 105-109.

Corbett, L.H. (1991) Effect of bilingualism on humor and creativity. *Dissertation Abstracts International* 52 (4), 1307-1308.

Ricciardelli, L.A. (1992) Creativity and bilingualism. *Journal of Creative Behavior* 26 (4), 242-254.

Okoh, N. (1980) Bilingualism and divergent thinking among Nigerian and Welsh school children. *Journal of Social Psychology* 110 (2), 163-170.

14. Mechelli, A. (2004) Being bilingual boosts brain power. *Nature* 431, 757.

15. 서문의 미주 9번 참조.

16. Patterson, J.L. and Pearson, B.Z. (2004) Bilingual lexical development: Influences, contexts, and process. In B.A. Goldstein (ed.) *Bilingual Language Development and Disorder in Spanish-English Speaker* (pp.77-104). Baltimore, MD: Paul H. Brookes.

Pearson, B.Z., Fernández, S.C. and Lewedeg, V. (1997) Relations of input factors to lexical learning by bilingual infants. *Applied Psycholinguistics* 18 (1), 41-58.

Vigil, D.C., Hodges, J. and Klee, T. (2005) Quantity and quality of parental language input to late-talking toddlers during play. *Child Language Teaching & Therapy* 21 (2), 107-122.

17. Okita, T. (2002) *Invisible Work: Bilingualism, Language Choice and Childrearing in Intermarried Families*. Amsterdam: Benjamins.

18. Baker, C. (2007) *A Parents' and Teachers' Guide to Bilingualism* (pp.9-10). Clevedon: Multilingual Matters.

19. Harding-Esch, E. and Riley, P. (2003) *The Bilingual Family : A Handbook for Parents* (p.87) Cambridge, UK: The Cambridge University Press.

20. 예를 들어, 프랑스 국민은 해외에 사는 그들의 자녀가 프랑스 학교에 다니기 위한 장학금을 신청할 수 있다. http://www.consulfrance-newyork.org/article.php3?id_article=432#sommaire_2

21. 하나 이상의 언어를 구사하는 자녀를 키우는 부모를 위해 몇몇 웹사이트에서는 도움이 될 만한 정보를 제공하고 있다.

http://www.multilingualicing.com
http://www.cal.org/about/index.html
http://www.linguistlist.org/ask-ling/biling/html
http://parents.berkeley.edu
http://www.bilingualbabies.org

22. Bosemark, C. (2006) *Raising Bilingual Children: The Best Parenting Methods.* http://ezinearticles.com/?Raising-Bilingual-Children:-The-Most-Successful-Methods&id=247587

23. Harding-Esch, E. and Riley, P. (2003) *The Bilingual Family: A Handbook for Parents* (p.155) Cambridge, UK: The Cambridge University Press.

24. 내 이름에서 xiao는 '이른 아침'을, Lei는 '꽃눈'을 의미한다.

25. Sakamoto, M. (2000) Raising bilingual and trilingual children: Japanese Immigrant parents' child-rearing experiences (p.32). Doctoral Dissertation. University of Toronto.

Chapter 3

가정학습 기간(Home Years) [1]

이 장에서는 우리가 아이들이 출생 후부터 세 살과 네 살이 될 때까지 세 언어를 동시에 배우고 발전시키는 것을 돕는 과정을 이야기할 것이다. 그 과정 속에는 초기에 삼중언어를 구사하는 환경이 자리 잡도록 하기 위해 우리가 사용했던 특별한 전략들, 우리가 직면했던 어려움들, 그리고 우리가 그 어려운 상황에 어떻게 대처했는지 등이 포함된다. 또한 아이의 초기 삼중언어 구사력 발달과 정체성 발달의 특징에 초점을 맞추었다. 우리의 경험과 연구 문헌에 비추어 아이가 아직 어릴 때 삼중언어를 구사하는 아이의 언어와 정체성 발달을 어떻게 도울 수 있는지에 대한 조언이 이 장 마지막에 나온다.

가정학습 기간을 위한 전략

1995년, 레안드레가 태어났다. 다른 첫째 아이들과 마찬가지로, 그는 부모로부터 큰 기쁨과 흥분을 가져다 주면서 이 세상에서 환영받았다. 그러나 다른 첫째 아이들과는 달리 레안드레는 이 세상에 들어오자마자 엄마로부터는 중국어로, 아빠로부터는 프랑스어로, 의사와 간호사, 방문객들로부터는 영어로 환영인사를 받았다. 2년 뒤, 레안드레의 남동생 도미니크가 그를 둘러싼 사람들에 의해 같은 방식으로 환영받았다. 예외가 있다면 도미니크는 프랑스어로 자신을 반겨 주는 형이 있다는 것이었다. 그후에 두 아이는 삼중언어를 구사하는 여행을 떠났다.

1. 삼중언어를 구사하는 환경 만들기

(1) 모국어 입력 극대화하기

이상적인 삼중언어 환경이라면 우리 아이들은 프랑스어, 중국어, 영어 각 언어에 균형 잡힌 비율로 똑같이 노출되어야 했다. 1장에서 이야기한 것처럼, 실제로 이렇게 하는 것은 거의 불가능하다. 레안드레와 도미니크는 영어 사용자가 월등히 많은 환경(미국)에서 살았다. 따라서 영어는 아이들에게 필수불가결하게 (주요 입력원이 아빠인)프랑스어와 (주요 입력원이 엄마인)중국어보다 큰 영향을 주었다. 자녀를 하나 이상의 언어를 구사하도록 성공적으로 키워낸 다른 부모들의 경험과[2] 우리 자신의 관찰을 통해서 깨달은 점은 레안드레와 도미니크의 부모의 언어는 만약 의도적으로 아이의 언어 환경을 '조절'해 주지 않는다면 기회를 갖지 못할 것이라는 사실이었다.

두 아이가 프랑스어와 중국어를 성공적으로 배울 가능성을 극대화하기 위해, 우리는 아이들을 집에 두고, 아이들이 프랑스어와 중국어로 의사소통 패턴을 확립하기 전에는 영어를 사용하는 어린이집에 보내지 않기로 했다. 다른 말로 하면, 그들 엄마의 언어와 아빠의 언어가 확립될 수 있게 하려고 우리는 고의적으로 아이들이 영어에 노출되는 것을 '제한'한 것이다. 우리는 레안드레가 네 살이 될 때까지, 도미니크는 세 살이 될 때까지 어린이집에 보내지 않았다. 이 가정학습 기간에 두 부모는 자녀를 양육할 책임을 나눠 가졌다. 우리는 운 좋게도 근무 시간을 융통성 있게 사용할 수 있었다. 나는 주 2회 저녁 수업에서 학생들을 가르쳤고, 대부분의 시간 동안 집에서 일할 수 있었다. 필립은 박사 논문을 쓰고 있었고, 아이들이 일어나기 전에 먼저 일어나서 읽고 쓰는 방식으로 스케줄을 조정했다.

우리가 아이들이 어릴 때 영어를 사용하는 보육시설에 보내지 않는 방법을 통해 영어에 노출되는 것을 억제하려고 했지만, 아이들은 영어를 사용하는 환경에 살고 있기 때문에 그들은 자연스럽게 영어를 흡수하고 있었다. 게다가 부모들은 서로 영어로 대화했다. 따라서 아이들은 매일매일 영어를 들을 기회가 있었다. 우리 아이의 인생에서 두 번째 해부터 우리는 네이티브 영어를 구사하는 고등학생과 대학생을 고용하여 아이들과 1주일에 한두 번씩(한 번에 한두 시간씩) 놀게 했다. 레안드레가 2세 1개월이었을 때 그는 한 대학 교수에 의해 고용되었는데, 그 대학 교수는 자기 학생들이 영어를 가르치는 기술을 개발하는 실험의 대상으로 그를 선택한 것이었다. 레안드레는 45차례 참석했고, 매번 한 시간 정도 걸렸다. 그 시간 동안 네이티브 영어를 구사하는 두 명의 여대생들(그들의 전공은 언어와 말하기였다.)이 교수의 지도를 받아 그녀들이 개발한 개인교습 계획에 따라 영어를 사용하면서 레안드레와 함께 놀아 주었다. 그 교수는 단면 거울을 통해 자신의 학생들이 레안드레와 대화하는 것을 관찰하였고, 관찰이 끝난 뒤에는 매번 그녀들에게 피드백을 해주었다.

표 3.1은 가정학습 기간에 레안드레와 도미니크가 대체로 계승어에서 더 반응적인 입력(그들은 다른 사람들로부터 직접 말을 들었다.)을 받고, 영어에서 더 수동적인 입력(그들은 다른 사람들로부터 직접 말을 들은 것이 아니라 다른 사람들 사이의 대화, 텔레비전 또는 비디오 카세트의 대화를 '엿듣는' 방법으로 입력받았다.)을 받은 것을 보여 주고 있다.

나는 두 아이가 어린 나이에 계승어에 최대한 노출되도록 우리 부부가 노력한 덕분에 그들의 엄마 아빠의 언어가 확실한 기초 위에 세워졌다고 믿는다. 4장과 5장에서 살펴볼 것처럼, 이런 방법으로 아이들은 나중에 삼중언어 발달에 열매를 맺게 된다.

(2) 의사소통 시스템 확립하기

자녀를 하나 이상의 언어를 구사하는 아이로 성공적으로 길러낸 부모는 성공으로 가는 중요한 첫걸음은 초기에 부모와 아이들 사이에 일

표 3.1 아이들이 세 언어에 노출된 비율(생후 3, 4년까지)

	레안드레				도미니크		
	0-1세	1-2세	2-3세	3-4세	0-1세	1-2세	2-3세
프랑스어							
Interactive	37%	36%	34%	31%	38%	38%	39%
Passive	3%	4%	6%	8%	4%	4%	3%
중국어							
Interactive	35%	33%	30%	28%	33%	29%	27%
Passive	3%	5%	5%	6%	3%	5%	4%
영어							
Interactive	2%	4%	7%	11%	3%	5%	13%
Passive	20%	18%	18%	16%	19%	19%	14%
총계	100%	100%	100%	100%	100%	100%	100%

* 정확하게 세 언어에 노출된 비율을 기록하는 것은 불가능하다. 언어에 노출된 것을 일반화하기 위해, 나는 아이들의 가정학습 기간(레안드레는 4년, 도미니크는 3년) 중 매 달 자연스럽게 녹화된 비디오 자료에서 한 시간을 임의로 선택했다. 이 표에서 볼 수 있는 데이터는 레안드레는 총 48시간, 도미니크는 총 36시간 동안 계산된 것이다.

관된 의사소통 시스템을 세우는 것이라고 만장일치로 말한다.[3] 우리도 아이들의 가정학습 기간에 이것을 우선순위로 삼았다.

① 부모-아이 의사소통

우리 아이들이 태어난 이래, 우리는 한 부모-한 언어 원칙을 예외 없이 지켜왔다. 이 말은 필립은 아이들에게 프랑스어로만 말하고 나는 중국어로만 말하며, 우리 부부는 서로 영어로만 이야기하는 것을 의미한다. 우리가 영어를 말하는 환경에 살고 있기 때문에 다른 사람들은 당연히 아이들에게 영어로 이야기했다.

'Hé Māma shūo zhōng wén/和妈妈说中文, parle fraçais avec papa, and speak English to others(엄마와 중국어로, 아빠와 프랑스어로, 다른 사람들과는 영어로 이야기하기)'는 우리 가족의 언어 좌우명이자 '정책'이었다. 이 의사소통 방식은 실제로 우리 아이들에게 꽤 자연스럽게 다가왔다. 왜냐하면 그들은 그야말로 이런 언어 환경에서 태어났고, 사회화되었던 것이다. 11년 동안 우리가 녹화 및 녹음한 테이프와 관찰 기록을 살펴보면, 레안드레와 도미니크가 이것을 힘들어했다는 증거는 전혀 찾아볼 수 없다. 그들은 단순하게 이 의사소통 패턴을 삶의 한 부분으로 받아들였던 것이다.

이렇게 부모-아이 의사소통 시스템이 확립된 뒤 우리 아이들은 습관적으로 엄마에게 중국어로, 아빠에게 프랑스어로 대답했다. 어떤 때는 단순히 한 부모를 언급하는 것만으로도 아이들은 그 부모와 의사소통을 할 때 사용한 언어로 반응했다. 다음은 도미니크가 그렇게 반응한 경우다.

사례 3.1
도미니크(26개월)는 욕실에서 변기(화장실) 사용 훈련을 받고 있는 중이다.

엄   마 : Nǐ zhēn néng gàn, nǐ zì jǐ huìshàng cè suǒ le.
(你真能干, 你自己会上厕所了. 너 정말 대단하구나. 혼자 화장실에도 갈 수 있구나.)
Jiào bà ba lái kàn hǎo bù hǎo?
(叫爸爸来看好不好? 아빠 불러서 한 번 보라고 할까?)

도미니크 : Je fais caca.(나 지금 똥을 누고 있어요.)
[변기를 쳐다본다.] Grosse crotte.(큰 똥 덩어리)

위 사례는 어떤 특별한 의사소통 패턴이 지속적으로 유지될 때 아이는 자연스럽게 언어에 따라 다른 패턴으로 대답하는 습관을 갖게 됨을 보여 준다. 도미니크가 사례 3.1에서 보여 준 것처럼, 내가 그의 아빠를 언급하자마자 그는 프랑스어로 이야기하기 시작했다.

② 형제 간 의사 소통

레안드레와 도미니크는 세 언어를 사용하는 세상에 태어났기 때문에 아빠와 엄마와 주변 사람들과 무슨 언어로 이야기할지에 대해서는 문자 그대로 선택권이 없었다. 그러나 그들은 형제 간에 무슨 언어로 이야기할지에 대해서는 선택권이 있었다. 과거의 연구 결과와 하나 이상의 언어를 구사하는 자녀를 키운 부모들의 일화에 따르면, 형제 자매는 서로 간에 그들이 주어진 환경에서 지배적인 언어를 선택한다고 한다.[4] 원칙적으로 볼 때, 레안드레와 도미니크는 서로 이야기할 때 영어를 사용할 수도 있었다. 그러나 그들은 프랑스어를 선택했다. 이 형제 간의 의사소통 패턴은 아마 그들의 초기 언어 환경 때문일 것이다. 즉 우리는 초기에 그들이 영어에 노출되는 것을 의도적으로 제한했고, 집에서 프랑스어와 중국어를 강조했다. 그들의 모국어가 프랑스어와 중국어이기 때문에, 그들은 주어진 옵션에서 영어를 배제해 버렸다. 따라서 그들에게 주어진 선택은 중국어와 프랑스어, 또는 두 언어를 섞는 것이었다. 재미있는 사실은 도미니크가 태어난 날부터 레안드레는 그에게 프랑스어로 이야기했다는 점이다. 도미니크는 그가 말을 하기 시작했을 때 단지 그의 형을 '따라'했고, 그렇게 해서 프랑스어를 사용했을 뿐이다. 가정학습 기간에 우리가 기록(비디오와 노트 둘 다)한 것에 의하면, 레안드레가 도미니크에게 중국어로 말하려고 했던 적은 단 두 차례뿐이었다. 한 번은 레안드레(3세 7개월)가 내 말을 따라해서 도미니크에게 무엇을 하고 있는지 (흉내 내어)물어보려고 했다. 또 한 번은 레안드레(4세 1개월)가 37일간 나와 함께 중국을 방문하고 돌아오자마자 도미니크에게 중국어로 이야기하려고 했다. 그렇지만 도미니크가 중국어로 이야기하기를 계속 거부했기 때문에 그는 결국 프랑스어를 사용하고 말았다. 우리의 기록에 의하면, 도미니크는 레안드레에게 한 번도 중국어로 이야기한 적이 없었다.

지난 시간을 되돌아보면, 두 형제가 프랑스어로 이야기하는 것은 우연히 일어난 사건이 아니다. 가정학습 기간에 만들어놓은 비디오 자료와 노트를 조심스럽게 분석한 뒤, 나는 왜 레안드레와 도미니크가 (아빠의 언어인)프랑스어를 둘 사이의 언어로 선택했는지 여섯 가지 설명 가능한 이유를 찾아보았다.

두 형제가 서로에게 '아빠의 언어'로 이야기를 하는 여섯 가지 설명 가능한 이유
- 그들이 아빠와 함께 보낸 양질의 시간(역자주 : 일반적으로 퇴근 후에 자녀와 함께 보내는 시간이라는 뜻으로 사용된다.)의 양이 더 길다.
- 아이들이 아빠와 함께 경험한 재미있는 활동
- 말이 많은 아빠
- 아빠와 아이들 사이에 느끼는 같은 성별 유대감
- 프랑스어를 사용할 때 긍정적인 경험을 한 것
- 큰아들(형)의 영향

첫째, 필립은 가정학습 기간에 상당한 양의 양질의 시간을 아이들과 보냈다. 양질의 시간이라는 말은, 필립은 아이들과 노는 동안 아이들에게 100% 주의를 기울였다는 의미다. 나 자신은 아이들의 인생의 첫 2년 동안 그들에게 100% 주의를 기울였지만, 시간이 흐르고 나서 그들과 함께 있을 때 내 집중력은 100% 아래로 내려갔다. 나는 이런 종류의 반응을 주변 반응(peripheral interaction)이라고 부르는데, 이것은 아이들이 내 주위에 있을 때 나는 다른 일을 하고 있고 그들에게 부분적인 주의만 기울인다는 뜻이다. 결과적으로, 필립이 아이들과 함께 더 오랫동안 양질의 시간을 보냈던 것이 형제들이 언어를 선택한 데에 영향을 미쳤을 것이다.

둘째, 필립은 자주 아이들과 함께 해롭지 않은 아이들의 몸싸움 게임(rough and tumble games), 프렌치 라임(french rhymes), 농담하기, 기차나 블록과 레고와 같이 뭔가를 만들어 세울 수 있는 장난감으로 놀기, 다른 종류의 게임들과 재미있는 대화(playful talks) 등 재미있는 놀이를 함께했다. 어린아이들에게 이런 활동은 매력적이었고, 이 놀이를 하면서 프랑스어는 자연스럽게 반응하는 가운데 사용되었다. 내 남편과 비교하면 나는 아이들과 함께할 때 보살피는 것에 신경을 많이 쓴 편이었다. 나는 아이들에게 음식, 위생과 행동에 관한 소재에 대해 더 많이 이야기했다. 비록 이런 것들이 부모로서 중요한 것이지만, 어린아이들은 이런 것들이 게임이나 놀이시간만큼 재미있지는 않았을 것이다.

셋째, 필립은 가정학습 기간에 아이들과 함께할 때 말을 매우 많이 했다. 그는 한 시간에 나보다 평균 31%나 더 많은 단어를 말했다.[5] 말이 많은 아빠는 두 아들이 서로 의사소통을 하는 언어로 프랑스어를 선택하게 된 또 다른 이유일 것이다. 연구자들은 말을 많이 하는 부모가 말을 많이 하는 자녀를 갖게 되는 경향이 있음을 발견했다.[6] 레안드레(2세 4개월)가 스위스를 방문했을 때, 그(그의 아빠의 조부모들의 손님들은 그를 작은 '수다쟁이'라고 불렀다.)는 정말 인기를 독차지했다.

넷째, 아빠-아들의 '유대감'과 영향력도 두 형제가 언어를 선택하는 데 중요한 역할을 했을 것이다. 아빠는 아들들에게 영향력 있는 존재임이 밝혀졌다.[7] 뿐만 아니라 최근에 발표된 여러 연구 결과에 따르면 아빠는 아이들의 언어 발달에 중요한 역할을 한다.[8] 특히 아이가 두 살에서 세 살 사이일 때, 아이의 언어 발달에 엄마보다 아빠가 더 큰 영향을 미치는 경향이 있다.[9]

다섯째, 가정학습 기간에 아이들이 프랑스어를 사용할 때 긍정적인 경험을 한 것도 아이들의 언어 선택에 기여했을 것이다. 사람들은 때때로 프랑스어를 하는 이 두 조그만 아이들에게 칭찬해 주고 감탄해 마지않는다. 그러나 아이들은 중국어로 이야기할 때 같은 종류의 피드백을 받지는 못한다. 왜냐하면 미국과 유럽에서 사람들은 대부분 그들이 무슨 언어를 말하고 있는지 모르기 때문이다.

마지막으로, 큰아들(형)이 형제 간 의사소통 패턴을 '도입'하는 데 중요한 역할을 했다. 마달레나 크루즈-페레이라는 그녀의 가장 나이 많은 자녀가 형제 자매들 사이에 디폴트 랭귀지(default language, 역자주 : 기본 사용언어)로 포르투갈어를 사용하기 시작했고, 어린 자녀들이 그녀를 따라했다고 말했다.[10] 이와 비슷하게, 레안드레는 처음부터 도미니크에게 프랑스어로 이야기했고, 도미니크는 그것을 따라했다.

가정학습 기간에 두 형제 사이에 언어소통 패턴이 성립되었고(다른 말로 하면, 일단 습관이 형성되었고), 그들은 단순히 그것을 따랐다. 요즘에도 두 형제는 서로 프랑스어로 이야기한다. 이와 같은 형제 간 의사소통 패턴은 필립과 그의 여동생 사이에 있었던 일을 떠올리게 한다. 비록 그들은 프랑스와 프랑스어를 사용하는 스위스에 살았지만 그들이 어렸을 때 대부분의 시간을 그들과 함께 보낸 그들의 엄마는 오직 스위스에서 쓰는 독일어로 그들과 대화했다. 지금까지도 두 남매는 스위스에서 쓰는 독일어로 이야기를 나누고 있다.

③ 손님들과의 의사소통

이디스 하딩-에슈와 필립 릴리는 손님과 의사소통을 하기 위해 하나 이상의 언어를 사용하는 가족들이 공통으로 사용하는 네 가지 전략을 제시했다.[11]

손님(외부인)과 의사소통을 하기 위해 사용되는 전략들

전략 1 : 손님이 방문해 있는 동안 가족 구성원 모두 손님이 사용하는 언어로 전환한다.
전략 2 : 가족 구성원끼리는 예전 방식으로 대화를 하고, 손님에게 직접 말을 할 때만 손님의 언어를 사용한다.
전략 3 : 가족 구성원끼리는 서로에게 이야기할 때 예전 방식을 사용한다. 그렇지만 손님이 대화의 일부가 될 때, 손님의 언어로 전환한다.
전략 4 : 가족 구성원 중 하나 또는 모두가 손님을 위해 동시통역을 한다.

필립과 나는 손님이 자리에 있을 때 두 번째 의사소통 전략을 사용하기로 했다. 즉 아이들에게 필립은 예전처럼 프랑스어로 말하고 나는 중국어로 말하고, 영어를 말하는 손님에게는 우리가 영어로 전환하는 것이다. 물론 우리의 의사소통 스타일에는 사회적인 결과가 따른다는 것을 알고 있었다. 그렇게 하면 영어로 대화하는 손님에게 무례한 것처럼 보일 수 있었다. 그러나 우리의 손님 모두 다 우리 가족의 의사소통 스타일을 받아들였다. 사실 이것은 종종 재미있는 대화를 이끌어내기도 했다. 어떤 연구자들은 우리가 한 방법, 즉 한 부모-한 언어 정책이 언어 사용에서 사회적으로 비자연적인 상태를 만들어 낼 수 있고, 아이들이 언어를 적절하게 사용하지 못하도록 할 수 있다고 주장한 바 있다.[12] 그러나 나는 우리 아이들에게서 이런 문제점을 발견하지 못했다. 초기에는 우리가 먼저 시범을 보여 주었고, 그러자 레안드레와 도미니크도 다른 사람이 있을 때 이 의사소통 전략을 사용하기 시작했다. 그들이 어렸을 때 비디오로 녹화해 둔 자료와 관찰 노트를 살펴보면서 우리는 레안드레와 도미니크가 처음에는 손님과 영어로 이야기하는 것을 꺼렸다(특히 그들이 두 살이 되었을 때)는 사실을 발견했다. 그렇지만 얼마 뒤, 그들은 손님과 영어로 이야기하고 우리와는 모국어로 이야기하는 것을 꽤 잘해 냈다.

레안드레가 약 네 살, 도미니크가 약 두 살이었을 무렵, 나는 위에 적은 세 번째 전략을 시도해 보았다. 즉 나는 다른 사람들과 함께 있을 때 아이들에게 계속 중국어로 이야기하는 전략을 사용했다. 만약 자리에 있는 모든 사람(손님들과 우리 가족들)에게 요구사항이나 특별한 말을 해야 할 때면, 나는 레안드레와 도미니크를 포함한 모두에게 영어로 이야기하기 시작했다. 예를 들어, 나는 "Listen everyone, lunch is ready(여러분, 잘 들으세요. 점심이 준비되었어요)."라고 말했다. 내가 모든 사람들에게 영어로 말했을 때 레안드레와 도미니크는 처음에 굉장히 언짢아했다. 한 번은 아이들의 친구 헨릭이 자리에 있을 때 내가 도미니크에게 영어로 식사 전에 손을 씻으라고 말하자 도미니크는 거의 울 뻔했다. 재미있는 사실은 다른 사람들과 함께 있을 때 우리가 영어로 아이들에게 이야기하면 아이들은 그것을 혼을 내는 것이나 뭔가 정상적이지 않은 일이 일어났다고 여겼다는 점이다. 자녀를 하나 이상의 언어를 구사하는 아이로 키운 다른 부모들도 이와 똑같은 경험을 했다.[13]

우리의 친척을 포함한 다른 프랑스어, 중국어 원어민과 이야기할 때, 아이들은 단순히 한 부모-한 언어 원칙에 따라 말한다. 즉 그들은 누가 프랑스어로 이야기를 걸면 프랑스어로 대답하고, 누가 중국어로 이야기를 걸면 중국어로 대답했다. 어쩌다 프랑스어를 능숙하게 구사하지 못하는 사람이 그들에게 프랑스어로 이야기하려고 하면, 레안드레와 도미니크는 그 사람과 프랑스어로 대화하기를 거부했다. 그들은 중국어를 능숙하게 구사하지 못하는 사람에게도 비슷하게 반응했다.

2. 삼중언어 구사자가 될 기회 극대화하기

집 안팎에서 같은 언어에 노출된 아이들과 다르게, 가정학습 기간에 레안드레와 도미니크는 문자 그대로 프랑스어를 유일하게 입력해 줄 수 있는 아빠와 중국어를 유일하게 입력해 줄 수 있는 엄마를 가졌을 뿐이었다. 필립과 내가 우리 각자의 언어 커뮤니티를 대표하는 책임을 다하기 위해 전력을 기울였음에도 불구하고, 아이들에게 제공해 준 입력은 충분치 못했다. 그래서 우리는 우리 아이들이 계승어를 성공적으로 배울 수 있도록 보장하기 위해 아래에 기술된 것과 같은 전략을 채택했다.

(1) 일상생활 속에서 책 읽어 주기

레안드레와 도미니크가 태어난 첫날부터 필립과 나는 매일 교대로 주로 잠자리에 들 때 아이들에게 책을 읽어 주었다. 아이들의 어휘력과 문맥 이해력을 높이기 위해 우리는 우화, 아이들을 위한 짧은 동화, 과학책과 스토리 위드 라임(stories with rhymes, 역자주 : 운율을 살려 읽는 이야기책)과 같이 다양한 장르의 프랑스책과 중국책을 읽어 주었다. 우리는 영어를 구사하는 고등학생과 대학생을 고용하여 아이들에게 영어책도 읽어 주었다.

우리가 아이들에게 이야기를 읽어 줄 때, 우리는 연구문헌에 제시된 적이 있는 즉각적인 대화(immediate talk)와 비(非)즉각적인 대화(non-immediate talk) 방식을 사용했다.[14] 즉각적인 대화는 읽어 주는 본문에서 그림이나 단어와 밀접하게 관련된 대화를 의미한다. 예를 들어, 레안드레가 아이들이 배우는 중국어 어휘책에 나와 있는 큰 사과에 주목하게 할 때, 나는 "kàn kan nà ge dà píng guǒ/看看那个大苹果(저기 큰 사과 좀 봐)."라고 말했다. 비즉각적인 대화는 어른이 개인의 경험, 언급, 일반적 지식에 대한 질문들을 기억하기 위한 도약판으로서 또는 추론을 이끌고 예측을 하기 위한 도약판으로서 텍스트나 글을 사용하는 대화를 말한다. 예를 들어, 『Sān Ge Hǎo Péng Yǒu/三个好朋友(세 명의 친구들)』라는 제목의 중국어책을 읽고 있을 때, 나는 다음과 같이 도미니크(3세 11개월)와 이야기를 나눴다.

사례 3.2

엄 마 : Wèi shén me xiǎo tù zi dào xuě dì lǐ qù?
(为什么小兔子到雪地里去? 작은 토끼가 왜 눈 속으로 뛰어갔을까?)

도미니크 : Qù zhǎo chī de dōng xi. (去找吃的东西. 먹을 거 찾으러 갔어요.)

엄 마 : Duì le. Tā yǒu mei yǒu hé bié rén fēn le chī?
(对了. 它有没有和别人分了吃? 맞았어. 토끼가 먹을 것을 다른 토끼들에게 나눠 주었을까?)

도미니크 : Yǒu. (有. 예)

엄 마 : Nǐ yào bu yào hé gēge fēn dōng xi chī?
(你要不要和哥哥分东西吃? 너는 형에게 먹을 것을 나눠 줄 거니?)

도미니크 : Bú yào.(不要. 아니요.)

엄 마 : Wèi shén me?(为什么? 왜?)

도미니크 : Gēge ná wǒ de Lego ; gēge bù gěi wǒ tā de wán jù.
(哥哥拿我的 Lego ; 哥哥不给我他的玩具. 형은 내 장난감을 가지고 가고, 자기 장난감은 못 갖고 놀게 해요.)

엄　　마 : Kě shì rú guǒ nǐ gěi gēge nǐ de wán jù, tā jiù huì gěi nǐ tā de wán jù.
(可是如果你给哥哥你的玩具, 他就会给你他的玩具. 그렇지만 만약 네가 형에게 장난감을 주면, 형도 너에게 장난감을 줄 거야.)

도미니크 : Gēge dà, dà gēge ràng xiǎo dìdi.
(哥哥大, 大哥哥让小弟弟. 형은 나이가 많잖아요. 형이 동생한테 양보해야죠.)

엄　　마 : Xiǎo hēi tù bǐ xiǎo huáng tù dà ma? Xiǎo hēi tù kě néng bǐ xiǎo huáng tù xiǎo. Kě shì tā hái shì gěi xiǎo huáng tù tā de luó bo.
(小黑兔比小黄兔大吗? 小黑兔可能比小黄兔小. 可是它还是给小黄兔它的萝卜. 검정 토끼는 노란 토끼보다 나이가 많을까? 아마 검정 토끼가 더 어릴 거야. 그렇지만 검정 토끼는 노란 토끼에게 당근을 나눠 준단다.)

이 대화에서 나는 비즉각적 대화법을 사용하여 책에서 시작하여 그가 나눠 주는 행동에 이르기까지 도미니크와 대화를 연장했다. 연구자들이 발표한 바에 의하면, 사례 3.2에서 볼 수 있는 것처럼 책을 읽으면서 비즉각적인 대화를 나누면 어린아이들의 언어와 인지적인 (지적인) 발달을 도울 수 있다고 한다. 책을 읽는 것은 지금 이 자리를 뛰어넘는 복잡한 언어를 사용할 풍성한 기회이다. 책을 읽는 동안 구두로 반응하는 것은 나중에 학교에서 사용하게 될 언어의 발달과 인지적 기술을 신장시킨다. 따라서 더 많은 광범위한 주제의 책과 함께 비즉각적인 대화를 더 많이 하면 할수록, 아이들이 장래에 학업 성적에서 성공을 거둘 가능성이 더 커진다고 할 수 있다.

(2) 자기의 어릴 적 이야기 말하기

어른과 어린아이 사이에 매일 벌어지는 대화의 화제는 대체로 현재 일어나는 일에 제한되는 경향이 있다. 아이들에게 과거와 미래의 일을 이야기할 기회를 제공하기 위해 우리는 아이들을 재울 때와 식사 시간에 우리 부부가 어렸을 때 이야기를 자주 하는 편이다. 우리는 또한 아이들이 개인 이야기를 하도록 권한다. 다음 사례는 이 점을 잘 보여 주고 있다(레안드레는 4세 3개월, 도미니크는 2세 2개월).

사례 3.3
레안드레와 도미니크는 잠을 자기 위해 침대에 누웠다.

레안드레 : [Climbed to his bunk bed] Māma, gěi wǒ jiǎng nǐ xiǎo shí hòu de gù shi. [그의 이층 침대에 올라가서] (妈妈, 给我讲你小时候的故事. 엄마, 엄마 어릴 때 이야기 해주세요.)

엄　마 : Ràng wǒ xiǎng xiang.(让我想想. 잠깐만, 생각해 볼게.)
Hěn jiǔ yǐ qián, dāng wǒ shì xiǎo hái zi de shí hòu, wǒ hěn tiáo pí. Yǒu shí hou wài pó jiào wǒ shuā yá, wǒ jiǎ zhuāng bǎ shuǐ lóng tóu kāi zhe. Dào wǔ nián jí de shí hòu, wǒ de yá fā yán, wǒ de liǎn zhǒng de xiàng ge dà qì qiú. (很久以前, 当我是小孩子的时候, 我很调皮. 有时候外婆叫我刷牙, 我假装把水龙头开着. 到五年级的时候, 我的牙发炎, 我的脸肿的像个大气球. 옛날에 말이야, 엄마가 어린이였을 때, 엄마는 개구쟁이였어. 한 번은 외할머니가 엄마에게 양치를 하라고 했는데, 나는 수도꼭지를 틀어놓고 양치를 한 척했어. 5학년 때, 내 이빨에 염증이 생겼고, 얼굴이 풍선처럼 부었어.)

레안드레 : Nǐ tiáo pí. Wǒ shuā yá.
(你调皮. 我刷牙. 엄마는 개구장이. 나는 양치하는데.)

도미니크 : Wǒ yě shuā yá, wǒ tīng huà.
(我也刷牙, 我听话. 나도 양치해요. 나는 말 잘 들어요.)

엄　마 : Nǐ yào shi xiàn zài hǎo hǎo shuā yá, jiāng lái nǐ de yá chǐ jiù bú huì yǒu wèn tí.(你要是现在好好刷牙, 将来你的牙齿就不会有问题. 지금 양치질을 잘하면, 나중에 너희들의 이빨에 아무 문제가 안 생길 거야.)

아동 언어 연구자들은 사례 3.3과 같이 과거의 경험이나 미래에 일어날 일을 이야기하는 것을 통해 어린아이의 언어와 나레이션을 하는 능력이 발달하도록 도와줄 수 있다고 말했다.[15] 이런 대화들은 어린아이들이 문맥에서 떼어놓은(decontextualized, 현재 일어나지 않는—

nonpresent) 사건과 행동에 대해 어떻게 이야기하는지 알도록 도와준다. 사례 3.3에서 나는 과거에 일어난 일을 어떻게 묘사하는지 시범을 보였고, (예를 들면, Hĕn jiǔ yĭ qián/很久以前 : 오래전에, dāng wǒ shì xiǎo hái zi de shí hòu,/当我是小孩子的时候 : 내가 어렸을 때), 미래에 일어날 일을 어떻게 묘사하는지에 대해서 시범을 보였다(예를 들면, jiāng lái nǐ de yá chǐ jiù bú huì yǒu wèn tí/将来你的牙齿就不会有问题 : 나중에 너희 치아에 아무 문제가 안 생길 거야). 뿐만 아니라 개인 이야기를 아이들에게 말해 줌으로써 아이들이 어휘력을 늘리는 것을 돕고 우리의 과거를 이해할 수 있게 해주었다.

(3) 아이들의 이야기 받아쓰기

가정학습 기간에 아이들의 어휘력을 늘리고 의사소통과 문맥이해력을 증진할 또 다른 방법은 아이들에게 그들 자신의 이야기를 해달라고 요청을 하고, 우리는 그것을 받아 적은 뒤 아이들에게 다시 읽어 주는 것이다. 이런 방법을 통해 우리는 여러 가지 목적을 달성할 수 있었다. 첫째, 우리는 아이들의 계승어가 얼마나 발전했는지 관찰할 수 있었다. 둘째, 우리는 받아 적은 것을 아이들에게 다시 읽어 줄 때 계승어 사용을 시범으로 보여 주었다. 셋째, 우리는 그들의 인지적 또는 감정적 상태를 알게 되었다. 사례 3.4는 레안드레(3세 3개월)가 한 이야기를 받아적은 것이다.

사례 3.4

Jíe kè shì xiǎo hái zi. Tā tiáo pí. Tā ná dāo zi. Tā shā le kǒng lóng. Bù hǎo. Tā shā le hǎo duō hǎo duō de kǒng lóng.
杰克是小孩子. 他调皮. 他拿刀子. 他杀了恐龙. 不好. 他杀了好多好多的恐龙.
잭은 어린아이다. 그는 개구쟁이다. 그는 칼을 갖고 있다. 그는 공룡을 죽였다. 나쁘다. 그는 아주 많은 공룡을 죽였다.

레안드레가 한 이야기를 받아 적은 뒤, 나는 그가 한 이야기의 핵심을 파악하고, 이야기가 더 자연스럽게 흘러가도록 (더 나은 어휘와 문법, 스타일을 포함해서)몇 가지 요소를 추가해서 아이에게 읽어 주었다.

사례 3.5

Jié kè shì yí ge xiǎo nán háir. Tā hěn tiáo pí, yīn wéi tā wán dāo zi. Tā xiān shā sǐ le yì zhī kǒng lóng. Rán hòu tā shā sǐ le hǎo duō kǒng lóng.
杰克是一个小男孩儿. 他很调皮, 因为他玩刀子. 他先杀死了恐龙. 然后他杀死了好多恐龙.
잭은 작은 소년이다. 그는 칼을 갖고 놀기 때문에 아주 개구쟁이다. 그는 먼저 공룡한 마리를 죽였고, 그다음에 많은 공룡을 죽였다.

나는 이렇게 받아쓰기를 통해서 레안드레와 도미니크에게 즉흥적인 대화보다 더 초점을 맞춘 추가적인 계승어 입력을 받을 기회가 생기는 것을 발견했다.

(4) 풍부한 인쇄물로 둘러싸인 환경 만들어 주기

연구 결과에 따르면 풍부한 인쇄물로 둘러싸인 환경은 어린아이들의 언어, 읽고 쓰는 능력 발달과 학업적인 면에서 성공을 거두는 데 도움이 된다고 한다.[16] 다른 여러 언어로 이뤄진 풍부한 인쇄물로 둘러싸인 환경은 하나 이상의 언어를 배우는 아이에게 훨씬 더 중요하다. 아이들의 인생 초기 동안, 우리는 두 아이가 풍부한 인쇄물로 둘러싸인 삼중언어 환경에 노출될 수 있게 해주려고 노력했다. 예를 들어, 나는 중국어와 프랑스어, 영어 단어가 있는 그림과 포스터를 벽에 걸었다. 우리는 마루에 알파벳 문자가 그려져 있는 카페트를 깔았다. 우리는 두 아이에게 중국어와 프랑스어, 영어로 된 책 속에서 헤엄칠 수 있게 해주었다.

중국어, 프랑스어, 영어로 된 인쇄물에 일찍부터 노출되는 것은 분명 두 아이가 어린 나이에 그것들에 '민감해'지게 하였다. 예를 들어, 7 개월과 한 살 반 사이에, 레안드레는 포켓 크기의 프랑스어 그림책 『빼르 꺄스또르의 그림책(*L'imagier du Père Castor*)』을 어디를 가든지 늘 들고 다녔고, 책에 나온 것과 비슷한 것을 볼 때면 그림, 글자, 단어를 가리켰다. 그는 또한 13개월이 되었을 때, K-마트에서 글자 'K'와 같이 가게 표시를 보고 인식한 모든 글자를 가리켰다. 13개월일 때는 몬트리올의 차이나타운에서 中/zhōng(중간)과 人/rén(사람) 같은 중국어 글자를 가리켰다.

(5) 어린이 노래 듣고 부르기

어린아이들에게 음악은 그들과 함께할 수 있는 재미있고 유익한 방법이다. 우리는 가정학습 기간에 레안드레와 도미니크가 프랑스와 중국의 어린이 음악을 많이 접할 수 있도록 해주었다. 차를 타고 여행을 갈 때나 낮잠을 자기 위해 아이들이 누웠을 때, 우리는 아이들에게 음악을 틀거나 노래를 불러 주었다. 예를 들어, 도미니크는 유명한 스위스-프랑스 가수 앙리 데(Henri-Dès)에 의해 녹음된 프랑스어 노랫말과 중국 만화 원숭이 왕(The Monkey King)의 악보를 보면서 중국어 노랫말을 많이 외웠다. 이들 노래에 나오는 단어들은 도미니크가 만약 노래를 몰랐다면 알 기회가 없었을 많은 어휘를 습득할 수 있게 해주었다.

 ## 힘들었던 순간과 그 상황에 대처한 방법

아이들이 어렸을 때 우리는 많은 어려움에 부딪쳤다. 나는 여기서 가장 힘들었던 때에 관해 이야기하고, 그 상황을 어떻게 극복했는지 설명할 것이다.

1. 언어 행성에 혼자 있는 것

다른 원어민이 주위에 없는 환경에서 아이들에게 계승어를 전수하기란 쉽지 않다. 아이들을 낳고 얼마 후, 우리는 지속해서 언어 및 문화적인 도움을 줄 수 있는 중국어, 프랑스어 원어민이 없다는 사실을 알았다. 우리는 이 언어 행성에 혼자인 듯한 느낌이 자주 들었다. 예를 들어, 필립은 아기와 어린아이들에 대한 프랑스어 어휘를 만들기 위해 특별한 노력을 해야 했다. 만약 그가 프랑스어를 구사하는 배우자와 결혼했거나 프랑스어가 사용되는 환경에 살았다면 그런 단어들은 자연스럽게 배울 수 있었을 것이다. 다시 말하면, 그는 다른 여러 언어 참고 자료로부터 도움을 받을 수도 있었다는 뜻이다. 나의 경우도 필립의 경우와 비슷했는데, 나도 아기와 어린아이와 관계 있는 중국어 단어와 표현에 대해 자신이 없는 문제에 봉착하게 되었다.

이런 상황에서 우리는 우리의 '언어적 외로움'에서 발생하는 추가적인 스트레스를 받지 않기 위해, 영어에 의지해 버리는 쉬운 길을 택할수도 있었다. 그러나 우리는 적극적으로 배우는 방법을 통해서 우리의 모국어의 한계를 극복하기 위해 노력했다. 필립은 아기와 육아에 관한 어휘에 대해서 프랑스 여자와 프랑스어로 말하는 벨기에 여자로부터 점검을 받기 위해 노력했다. 그는 또 프랑스어 어휘를 늘리기 위해 그의 어머니에게 프랑스어로 된 아기와 육아서적을 보내 달라고 요청하기도 했다. 나는 아기와 어린아이와 관계 있는 어휘에 대해 중국 여자로부터 조언을 받았다. 그리고 아이의 성장에 대해 설명해 놓은 중국어 책을 읽기 시작했다. 결과적으로 우리는 자신의 모국어 어휘를 늘릴 수 있었다.

2. 모국어 실력이 떨어지는 문제

미국에서 몇 년 동안 살다 보니 우리는 매일 프랑스어와 중국어 원어민을 만나지 못하게 되었고, 우리의 모국어는 녹이 슬기 시작했다.

나는 아이를 갖기 전 부모님과 전화를 할 때, 중국어로 이야기할 때 편안함을 느끼는 데 5분씩 걸리곤 했던 것이 지금도 기억이 난다. 이따금 내가 중국에서 막 미국으로 온 사람과 이야기를 할 때, 나는 옛날에나 썼을 법한 단어나 문구를 사용했고, 어떤 경우에는 그들이 하는 신조어를 잘 이해할 수 없었다. 예를 들어 나는 xià hǎi/下海(문자적 의미로 '바다에 가다'를 뜻하고, '새로운' 의미는 '사업을 하다'는 뜻이다.), hǎi guī/海龟(문자적 의미로 '바다거북'을 뜻하고, 요즘에는 '海归 : 외국에서 고향으로 돌아오다'라는 의미로 사용된다.) 같은 문구의 새로운 의미를 이해하지 못해 애를 먹었다. 우리의 모국어 실력 저하는 자연스러운 현상일지라도 우리의 모국어를 자손들에게 전수하려고 노력하는 우리에게는 명백한 도전이었다.

우리는 모국어 수준을 끌어올리기 위해 신문을 읽기 시작했고, 위성 및 케이블 텔레비전 프로그램을 시청하고, 모국어로 진행되는 라디오 쇼를 듣기 시작했다. 또한 우리는 더 자주 모국어 사용자와 이야기할 기회를 만들려고 노력했다. 의식적으로 노력한 결과, 우리는 다시 모국어에 자신감이 생겼다. 솔직히 말해 우리 부부는 아이들이 우리의 모국어를 유지하는 데 도움을 준 것에 대해 감사해야 한다.

3. 새로운 단어 만들기

많은 독자에게, 의사소통을 하기 위해서 한 사람의 모국어 단어를 발명하는 것이 우습게 들릴지도 모른다. 어떤 이들은 한 언어를 고집하기 위해 새로운 단어를 만드는 것은 쓸데없는 짓이자 인위적인 일이라고 생각하고, 이런 방법은 의사소통을 실패로 이끈다고 믿는다.[17] 나도 한 언어의 '순수성'을 유지하기 위해 단어를 발명하는 것이 좋은 언어교육 전략은 아니라는 의견에 동의하지만, 내 경험상 언어 규칙에 따라 가끔 새로운 단어를 만들어 내는 것은 어린아이들이 그들의 계승어로 의사소통 습관을 형성하고 있는 동안에 이득이 될 수도 있다(비록 이런 방법은 아이들이 나이를 먹으면 재검토될 필요가 있기는 하지만 말이다. 5장을 참조하기 바란다.).

우리 아이들이 아직 어렸을 때, 나는 중국과 미국의 생활방식의 차이 때문에 영어표현의 중국어 동의어를 찾지 못했던 적이 자주 있었다. 어떤 경우에는 내가 의도적으로 중국어 단어를 일부 '발명해 내지' 않았다면, 내가 사용했을지도 모르는 단어 대부분은 영어나 영어식으로 된 외국어 단어였을 것이다. 왜냐하면 중국어에는(적어도 내가 중국에서 살 때까지만 해도) 그런 단어들이 없었기 때문이었다. 따라서 나는 우리 아이들이 의사소통 습관을 형성하는 동안에는 중국어 단어를 가능한 한 많이 쓰도록 장려하기 위해 중국어 단어를 발명해야 했다. 예를 들어, 나는 피자를 yìdàlì miàn bǐng/意大利面饼(이탈리안 파이)[18]으로, 스파게티를 yìdàlì miàn tiáo/意大利面条(이탈리안 면)로, 라비올리(Ravioli)를 yìdàlì miàn jiǎo zi/意大利饺子(이탈리안 물만두)로, 시리얼을 mài piàn/麦片(납작한 보리)으로 발명해 냈다. 나는 네이티브 중국인들이 내 '발명품들'을 이해할 수 있을 거라고 확신했다. 사실, 외국어 단어가 중국어화 된 현상은 중국에서 흔히 볼 수 있다. 외국어 단어는 종종 (fǎ guó hóng jiǔ/法国红酒－프랑스산 레드와인－과 같이)의미에 맞게 또는 (fěn sī/粉丝(fans), gǔ gē/谷歌(구글), bó kè/博客(블로그), bō kè/播客(팟캐스트podcast : 인터넷망을 통해 다양한 콘텐츠를 제공하는 서비스)와 같이) 소리에 맞게 중국어로 '발명'된다.

우리의 관찰에 기초하면 어린아이들이 계승어로 의사소통 시스템을 형성하는 단계에 있을 때, 부모는 자신의 계승어를 할 수 있는 한 많이 사용할 필요가 있는 것 같다. 계승어를 사용하는 원어민들이 그 발명품을 이해하는 한, 때로는 어떤 단어나 문구를 발명해 내는 고생을 하더라도 말이다. 내가 어떤 단어와 문구를 발명해 내는 목적은 아이들이 진정으로 사회화하여 계승어를 사용하는 습관을 갖게 하는 데 있다. 이 방법이 아이들에게 잘 먹혔던 것은 분명하다. 요즘 레안드레와

도미니크는 늘 영어 단어를 사용하는 모험을 하기 전에 중국어로 동의
어가 있는지 찾아보기 위해 노력한다. 그들은 중국어 단어를 모를 때,
"Zhōng wén zěn me shuō…?/中文怎么说…?(중국어로 어떻게 말해요?)"
라고 물어보는 습관도 형성되어 있다.

내가 처한 상황과 비교해 볼 때 필립은 우리 아이들과 대화를 할 때
새로운 단어를 만드는 것에 대해 고민할 필요가 별로 없다. 왜냐하면
표준 프랑스어는 신조어(새 언어와 표현을 발명하는 것)에 우려를 표하고
있기 때문이다.

4. 언어 감시활동

가정학습 기간에 우리가 아이들과 대화를 할 때, 우리는 '언어 감시
자'가 된 것 같은 느낌이 자주 들었다. 우리는 아이들이 말하는 거의 모
든 단어와 문장에서 실수를 발견해 내려고 끊임없이 주의를 기울였다.

우리는 가끔 매일의 대화를, 심지어 서로 꾸짖는 것조차도, 언어 교
습과 수업으로 바꾸는 것이 불편하다고 느꼈다. 그러나 이것은 우리 아
이들이 제대로 시작할 수 있게 하기 위해서 마땅히 치러야 하는 대가였
다. 그리고 '꾸짖는' 것에 관하여 이야기한다면, 훌륭한 언어 수업은 긴
장감을 마법같이 공중에 흩어져 사라져버리게 했다! 초기에 우리가 한
것을 되돌아보면, 우리는 이런 종류의 반응이 아이들에게 전혀 해를 끼
치지 않았다고 느낀다. 우리 아이들은 이런 종류의 대화 스타일을 그저
자기 삶의 일부로 받아들였다.

5. 가족 간 대화에서 소외당한 것처럼 느끼는 것

한 부모가 다른 한 부모의 모국어를 모를 때 가족 간의 대화가 난관
에 봉착할 수 있다. 이 같은 상황이 벌어지면, 한 부모가 아이들에게 이
야기할 때 다른 한 부모는 가족 간 대화에서 소외당하는 것처럼 느낄
수 있다.[19]

우리의 경우, 필립은 두 아이가 태어나기 전에 중국어를 전혀 몰랐다. 나는 대학에서 프랑스어를 배우기는 했지만, 어떤 사람이 아기와 어린아이들에게 프랑스어로 말하는 것을 들어본 적이 한 번도 없었고, 우리 아이들이 태어나기 전에는 프랑스어를 거의 이해하지 못했다. 이 시점에서 우리는 난관에 봉착한 것이다. 우리 모두가 어떻게 함께 대화할 수 있을까? 레안드레가 한 살 때, 필립과 나는 상대방이 아기에게 뭐라고 하는지 알아듣지 못할까봐 약간 걱정했다. 대화의 흐름뿐만 아니라 표정, 손짓, 몸짓과 목소리톤과 같이 다른 의사소통 채널의 도움을 받아 우리는 그럭저럭 가족끼리 대화를 해나갈 수 있었다. 그러나 일부 오해가 생긴 것은 분명했다. 그렇지만 시간이 흘러감에 따라 서로의 언어를 매일 접하다 보니 우리도 모르는 새 언어 실력이 늘었다. 레안드레가 말을 할 때가 되자 필립과 나는 서로의 언어에서 대화의 요점을 파악할 수 있었다. 우리는 서로의 언어로 대화할 수 있다는 사실을 발견하고는 깜짝 놀랐다. 우리 둘 다 서로의 언어 능력이 놀랄 만큼 향상되었던 것이다. 도미니크가 태어날 무렵, 우리는 가족 간 대화를 나눌 때 (서로의 언어를 사용해서)수다를 꽤 잘 떨었다.

6. 성별을 반영한 언어 입력

레안드레는 초기에 대부분 젊은 여자들과 대화를 많이 했다. 앞에서 이야기했듯이 그는 두 명의 여대생에게서 특별한 영어 수업을 받았다. 그 결과, 초기 단계에서 레안드레는 영어를 말할 때 두 명의 여대생 선생님처럼 높은 음조를 사용하는 경향이 있었다. 언어 모델은 분명히 중요한 역할을 한다. 스테판 앤더슨(Staffan Andersson)과 함께 『두 언어와 함께 자라기(Growing Up with Two Languages)』를 저술한 우나 커닝헌 앤더슨(Una Cunninghan-Andersson)은 그녀 자신은 스웨덴에 사는 그녀의 아이들에게 유일한 영어 모델이었고, 그래서 그녀의 아이들은 약간 '여자 같은' 영어를 배우게 되었다고 말했다.[20] 마달레나 크루즈-페레이라[21]가 말한 사례가 이것과 유사하다. 한 포르투갈 친구가 그녀에게 지적하기를, 그녀의 세 살 난 아들 미애크(Miaek)가 '여자애'같이 말한다는 것이었다. 나도 내 아이들의 초기 중국어에서 이와 비슷한 면이 있음을 발견했다. 레안드레와 도미니크는 여자같이 중국어를 하는 경향이 있고, 일반적인 중국 남자라면 그렇게 하지 않았을 법한 나의 억양을 배우고 단어를 선택했다.

따라서 하나의 모델로부터 입력을 받고 있는 아이들은 더 넓은 범위의 사람들과 접촉하는 것이 좋다. 레안드레가 세 살 반, 도미니크가 약한 살 반이었을 때, 우리는 영어를 말하는 남자 고등학생을 베이비시터로 고용해서 아이들이 다른 스타일의 영어를 접하게 해주었다. 나는 또 아이들에게 (중국인 남자가 읽는)어린이용 이야기 테이프를 들려 주었다. 필립은 아이들을 놀이 모임에 데리고 갔는데, 아이들은 거기서 네이티브 프랑스어를 구사하는 엄마와 대화를 나눌 기회를 가졌다.

7. 가청도(可聽度)와 가시성(可視性) 문제

어떤 학자들은 (어떤 화자가 무슨 말을 하는지 들을 수 있는)가청도는 말하는 사람과 듣는 사람 사이에 함께 구축되는 것이라고 말했다. 그것은 종종 말하는 사람과 듣는 사람 모두에게 협력을 요구한다. (인종 혹은 어떤 사람이 어떻게 생겼는지 볼 수 있는) 가시성은 이 공동의 건축에 중요한 역할을 한다.[22] 어떤 화자는 권위적이고 유능하고 정당한 면에 있어서 남들보다 더 상상력이 풍부하다. 한 사람의 인종과 민족성이 사람들이 그들의 언어가 진짜임(authenticity)을 어떻게 인식할지 결정하는 것은 분명하다. 내 친구 가운데 하나는 캘리포니아에서 온 4세대 중국계 미국인이다. 그는 다른 교육받은 미국인이 영어를 하는 것처럼 영어를 구사한다. 비록 더 잘하지는 않더라도 말이다. 그러나 그녀는 아시아인처럼 생겼기 때문에 사람들로부터 어느 나라에서 왔는지에 대해 자주 질문을 받는다. 그것은 바로 그녀의 '억양' 때문이다. 분명한 사실은 내 친구가 아시아인처럼 생겼기 때문에 그녀의 말을 듣는 사람 중 많은 이들이 그녀가 실제로 갖고 있지 않은 억양을 듣게 되는 것이다.

때때로 레안드레와 도미니크의 외모(사람들은 종종 레안드레가 그의 아빠를 닮았고—백인이라는 의미—, 도미니크는 나를 닮았다고—아시아인이라는 의미— 말한다.)는 낯선 사람들이 그들의 언어 능력에 대해 반응을 촉발하는 역할을 한다. 예를 들어, 레안드레가 네 살 무렵 나와 함께 처음으로 중국을 방문했을 때 우리는 지나가는 사람들의 눈길을 자주 끌었다. 사람들은 이따금 휘파람을 불면서 "여기 꼬마 외국인 좀 봐."라고 했다. 때때로 사람들은 멈춰 서서 그를 빤히 쳐다보기도 했다. 레안드레가 갖고 있는 육체적 특징도 다른 사람들이 그 아이가 구사하는 중국어가 제대로 된 중국어인지 아닌지 판단하는 데 영향을 미치는 것 같았다. 어떤 사람들은 레안드레가 중국어를 할 줄 모른다고 그냥 단정지어 버렸다. 다른 사람들은 아이의 중국어에서 이상한 억양이 있는 것 같다고 주장했다. 어떤 중국인 친구들은 심지어 그의 중국어에서 틀린 점을 발견했다(중국에 사는 그들의 네 살짜리 아이도 똑같은 실수를 저지른다는 것을 잊어버린 채).

한 번은 도미니크가 아기였을 때 필립은 슈퍼마켓에서 계산대 쪽에서 줄을 서서 기다리고 있었다. 어느 여자가 도미니크를 보고 웃음을 짓더니 내 남편에게 자기도 한국인 아기를 입양했다고 말을 했다. 겉으로 보기에 악의가 없는 이런 말은 사람들은 일반적으로 사람의 외모에 대해 편견을 가지고 있음을 보여 준다. 나는 그녀의 다음 질문이 아마 "이 아이는 영어를 할 줄 알아요?"일 것이라고 상상할 수 있다. 물론 당시 도미니크는 너무 어려서 그녀가 그렇게 질문할 수는 없었다. 도미니크가 어렸을 때 실제로 사람들은 나에게 그가 영어를 할 수 있는지, 미국에서 태어났는지 자주 물어보았다.

초기 언어 발달의 하이라이트

레안드레와 도미니크가 그들의 삼중언어 구사력을 어떻게 발달시켰는지에 대해, 특히 그들이 어렸을 때 그들의 계승어 구사력에 대해 독자 여러분이 전반적인 그림을 그릴 수 있도록 나는 그들의 언어 발달 특징 가운데 다섯 가지 영역에 초점을 맞추어 설명하려고 한다. 다섯 가지 영역에는 말소리(음운론), 단어들(어휘), 문법(문장과 언어 규칙), 언어 사용(화용론, 話用論), 언어 인식(초超 언어 능력)이 포함된다.

1. 말소리(speech sound)

(1) 초기 옹알이(cooing)와 옹알이(babbling)

초기 옹알이는 아이들이 행복하고 만족한 것처럼 보일 때 내는 모음과 유사한 소리이다. 레안드레는 4주 때 초기 옹알이를 하기 시작했고, 도미니크는 5주 때 시작했다.[23] 아빠 또는 엄마 쪽에서 언어 특수적인(language-specific) 초기 옹알이를 보여 주는 증거는 발견되지 않았다.[24]

옹알이는 '바바바(bababa)'와 '마마마(mamama)'와 같이 자음과 모음이 섞인 소리를 반복하는 것이다. 레안드레가 옹알이(ba, ma, ga)를 시작한 것은 생후 4개월째였고, 도미니크가 옹알이(ba, ga)를 시작한 것도 그 나이 무렵이었다.[25] 어떤 연구자들은 이중언어를 구사하는 아기의 옹알이는 언어 특수적이라고 주장한다.[26] 예를 들어, 어느 연구 결과에 따르면 프랑스어와 영어의 이중언어를 구사하는 아기는 옹알이를 하는 기간에 차별화된 언어 시스템을 개발한다고 한다.[27] 그러나 레안드레와 도미니크의 옹알이가 언어 특수적이라는 확실한 증거는 없다. 아이들은 아빠와 엄마가 한 것과 똑같은 자음과 모음 조합 세트를 사용했다.[28]

(2) 중국어의 성조

중국어는 성조가 있는 언어다. 성조가 한 단어의 의미를 결정한다. 표준 중국어(보통화)에는 네 가지 성조가 있다. 높고 길게 발음하는 것(1성), 중간에서 올라가는 것(2성), 떨어졌다가 살짝 올라가는 것(3성), 가장 높은 음에서 떨어지는 것(4성)이 그것이다. 예를 들어, ma는 성조와 함께 의미가 달라진다. mā/妈는 높고 길게 발음하는 것(1성)이고, '어머니'라는 뜻이다. má/吗는 중간에서 올라가는 성조(2성)를 가지고 있고, 의문조사로 사용된다. mǎ/马는 떨어졌다가 살짝 올라가는 성조(3성)이고, '말'을 의미한다. 그리고 mà/骂는 가장 높은 음에서 떨어지는 성조(4성)이고, '꾸짖다'라는 뜻이다.

레안드레와 도미니크가 중국어와 프랑스어, 영어를 동시에 습득한 것은 그들이 중국어 성조를 습득하는 것에 영향을 미치지 않은 것으로 보인다. 두 아이가 이 단계에서 중국어 성조에 대해 어떤 문제점을 보인 증거가 없다는 것은 놀랄 만한 일이 아니다.[29] 연구 결과에 따르면, 중국어의 성조는 탄력성이 그 특징이다. 하나의 언어만 사용하는 환경 아래 중국어를 제1언어로 배우는 중국 아이들은 좀처럼 성조를 틀리지 않는다. 어떤 형태의 언어 손상을 보인 중국 아이들조차도 성조는 음운론 습득 과정 동안 손상을 입지 않았다[30](그러나 나중의 변화에 대해서는 4장과 5장을 참조하기 바란다.).

(3) 프랑스어에서 발음 단순화 및 변경

1세 2개월부터 두 살 반이 될 때까지 레안드레는 몇몇 프랑스어 단어의 발음을 단순화하거나 바꿨다. 예를 들어, 그는 dentifrice(치약)을 doméfice로, camion(트럭)을 camémé로, guitare(기타)를 tane로, manger(먹다)를 manga로 계속 발음했다. 언어 학자 엘렌 비알리스토크(Ellen Bialystok)는 이런 특이한 형태의 단순화 또는 변경은 어떤 아이들이 그들의 발달 목록(repertoire) 너머에 있는 문제를 풀기 위해 사용하는 전략일지도 모른다고 했다.[31] 그러나 도미니크는 프랑스어를 할 때 이와 같은 음운론적 단순화를 전혀 보이지 않았다.

(4) 중국어에서 손짓 대체

레안드레는 자신의 한계를 보완하기 위해 프랑스어에서는 단순화라는 방법을 사용했지만, 어려운 중국어 발음에 대처하기 위해서는 손짓을 사용했다. 예를 들어, 레안드레는 shuā yá/刷牙(양치질하다)라는 단어를 발음하는 것을 대체하기 위해 입 앞에서 오른손을 이리저리 움직였다. 이 단어는 그에게 발음하기 어려워 보였던 것이다. 도미니크는 가끔씩 이 전략을 사용했다.

(5) 억양

사람들은 종종 다른 사람들의 억양을 듣고 판단한다.[32] 하나 이상의 언어가 동시에 발달하는 아이들에게 억양은 종종 다른 사람들의 주의를 끄는 영역이다. 프랑스어, 중국어, 영어의 원어민들은 레안드레와 도미니크 둘 다 대부분의 시간 동안 원어민 수준으로 언어를 구사한다고 여겼다. 세 언어의 원어민들은 아이들의 억양에 뚜렷한 반응을 보이지 않았다(앞에서 이야기했던 몇 명의 중국인들이 레안드레가 중국어를 할 때 억양이 있다고 말한 적이 있긴 하지만). 사실 아이들(또는 우리 부모들)은 그들이 원어민같이 언어를 구사하는 것 때문에 자주 칭찬을 받는다.

2. 단어들(Words)

(1) 단어 이해력과 단어 생산력

단어 이해력은 아이들이 이해하는 단어들을 의미하고, 단어 생산력은 그들이 사용하는 단어들을 의미한다.[33] 아이들의 단어 이해력을 결정하는 데 사용되는 기준은 어른들에 의해 요구를 받거나 지시를 받은 뒤에 그들이 적극적인 반응을 보이는 것이다(예를 들어, 행동을 취하거나 고개를 돌리고 웃는 것 등). 단어 생산력을 결정하는 데 사용되는 기준은 아이들이 단어를 적극적으로 사용하는 것이다.

생후 4개월이 되자 레안드레는 lait(우유), lune(달), pomme(사과)와 같은 프랑스어 단어와 mén/门(문), xióng bǎo bao/熊宝宝(테디베어), wáwa/娃娃(인형), píng guǒ/苹果(사과)와 같은 중국어 단어를 처음으로 이해할 수 있었다. 생후 10개월이 되자 레안드레는 dēng/灯(등), qiú/球(공), tiào/跳(점프하다), dǎ kāi/打开(열다), shù/树(나무), bú yaò/不要(원하지 않다), tài yáng/太阳(태양), yuè liang/月亮(달), jìng zi/镜子(거울), gù shi/故事(이야기), huā/花(꽃)와 같은 중국어 단어를 처음으로 사용할 수 있었다. 레안드레는 생후 11개월이 되자 pomme(사과), chat(고양이), bateau(보트) 같은 프랑스어 단어를 처음으로 사용했다.

도미니크는 생후 5개월이 되자 처음으로 pomme(사과), lait(우유)와 같은 프랑스어 단어를 이해했고, 생후 4개월 때 처음으로 nǎi/奶(우유), píng guǒ/苹果(사과)와 같은 중국어 단어를 이해했다. 도미니크는 생후 12개월 때 chat(고양이), porte(문)와 같은 프랑스어 단어와 qì qiú/气球(풍선), xiào/笑(웃다), píng guǒ/苹果(사과), miàn bāo/面包(빵), nǎi/奶(우유), chī/吃(먹다), kàn/看(보다)과 같은 중국어 단어를 사용할 수 있었다.

(2) 단어 분출

1세 7개월과 1세 10개월 사이에 레안드레는 중국어와 프랑스어 단어를 갑자기 많이 사용하기 시작했다. 이 기간에 그는 204개의 새로운 중국어 단어와 118개의 새로운 프랑스어 단어를 그의 어휘목록에 추가했다. 레안드레가 영어 원어민과 대화를 나눈 것은 2세 1개월부터였는데(전에는 그가 주로 부모가 매일 대화를 나누는 것, 영어를 말하는 손님, 텔레비전, 카세트 테이프와 가게에서 손님들이 하는 말 등을 '도청'하는 것을 통해서 영어를 받아들였다는 점을 기억하자.), 2세 11개월부터 그의 영어 어휘력이 갑

자기 증가하기 시작했다. 어떤 연구자들은 이런 현상을 '단어 분출(word spurt)' 또는 '어휘 분출(vocabulary spurt)'이라고 부른다.[34] 반면, 도미니크의 어휘력은 매우 느리게 향상했고, 레안드레의 경우와 같은 어휘 분출현상도 일어나지 않았다.

(3) 단어 혼합

1장에서 이야기했듯이 단어 혼합은 하나 이상의 언어가 의사소통에 관계되자마자 나타나는 공통적인 현상이다. 가정학습 기간에 레안드레와 도미니크의 언어 혼합은 네 가지 상황에 제한되었다. 첫째, 그들은 모국어에 존재하지 않는 단어들(특히, 상점 이름 또는 브랜드 이름)을 혼합했다(Wal-Mart, Target, Mrs. Green's—유기농 가게 이름, Lego, tartine—쨈 바른 빵 한 조각 또는 다른 소스를 빵 위에 올린 것—와 같이). 둘째, 그들은 특정 물체가 다른 언어로 어떻게 불리는지 누군가에게 알려 주기 위해 단어를 혼합했다. 예를 들어, 레안드레는 그의 아빠에게 wáwa/娃娃(인형)는 엄마가 중국어로 말해 주었다고 아빠에게 알려 주었다(1장 사례 1.3 참고). 셋째, 두 아이는 우리가 예전에 사용한 표현을 듣고 단어를 혼합한 표현을 사용했다. 필립과 나는 공공장소에서 난처한 상황을 피하려고 프랑스어 또는 중국어 단어를 사용한 적이 있다. 예를 들어, 우리는 중국어 단어 dà biàn/大便(대변)과 xiǎo biàn/小便(오줌)을 돌려서 말하고 싶을 때 사용했다. 마지막으로, 아이들은 특정 언어에서 구체적인 단어를 모르기 때문에 단어를 혼합했다. 1장의 사례 1.5에 나온 것처럼, 레안드레(3세 7개월)는 중국어로 '코트(coat)'를 어떻게 말하는지 몰랐다. 그래서 그는 단어 mián ǎo/棉袄를 대신하는 단어로 parka를 사용하였다.

가정학습 기간에 두 아이가 세 언어를 최소한으로 혼합한 현상을 주목하면 재미있는 현상을 발견할 수 있다. 비율적으로 볼 때, 대부분의 혼합은 위에서 언급한 상황 가운데 첫 세 종류의 상황에서 발생한다. 네 번째 상황은 가정학습 기간에 두 아이에게 1% 미만에 해당했다. 가정학습 기간에 단어 혼합이 최소한도로 발생한 것은 우리가 의식적으로 노력했기 때문일 것이다. 필립과 나는 우리 아이들의 모델이었고, 우리는 가정학습 기간에 아이들과 대화를 할 때 중국어나 프랑스어에 동의어가 없는 몇몇 단어를 제외하고는 영어를 섞지 않도록 굉장히 주의를 기울였다(비록 우리는 다른 중국어 또는 프랑스어 원어민과 대화를 할 때 영어를 섞기는 하지만). 그러나 다른 연구자들은 이렇게 말했다. "나이가 어릴 때 언어를 혼합하는 경우가 적은 이유는 어린이가 아직 세 언어의 시스템을 완전히 습득하지 못했기 때문일 수 있다. 따라서 아이는 언어를 혼합하기 위한 충분한 '지식 베이스'를 갖지 못한 것이다."(더 자세한 내용은 4장, 5장을 찾아보자.)[35]

3. 문법(Grammar)

(1) 언어의 복잡성

평균 발화(發話) 길이(MLU : Mean Length of Utterance)는 각 문장 속에 포함된 낱말이나 형태소(가장 작은 의미 있는 문법 단위)의 수를 평균으로 나타낸 것이다.[36] MLU는 아이의 유아기 언어 발달의 복잡성을 측정하는 지표로 사용된다.[37] 비록 어떤 연구자들은 한 아이의 MLU가 4.0을 넘어설 때는 신뢰도가 떨어진다고 믿고 있기는 하지만 말이다. MLU가 얼마나 정확하게 아이들의 언어의 복잡성을 측정하는지에 대한 의문이 최근에 제기되고 있지만,[38] 이것은 여전히 아이들의 언어 발달을 개념화하는 데 도움을 주고 있다.[39] 표 3.2는 세 언어에서 레안드레의 한 살부터 네 살 때까지의 MLU와 도미니크의 한 살부터 세 살 때까지의 MLU를 요약한 것이다(레안드레가 도미니크보다 한 살 늦게 학교에 간 것에 유의하라.).

표 3.2에서 관찰된 것과 같이 레안드레와 도미니크의 중국어와 프랑스어 MLU는 첫 3년 동안 비슷하게 발전하는 경향을 보였다. 가장 흥미

표 3.2 평균발화길이(MLU)*

나이	레안드레			도미니크		
	중국어	프랑스어	영어	중국어	프랑스어	영어
1-2세	1.0-2.0	1.0-2.0	N/A**	1.0-2.0	1.0-2.0	N/A
2-3세	3.0-4.0	4.0-5.0	3.0-4.0	3.0-4.0	4.0-5.0	3.0-4.0
3-4세	4.0-6.0+	5.0-6.0+	4.0-4.5	4.0-6.0+	5.0-5.5+	5.0-6.0+

* 두 아이가 생후 두 살이 될 때까지, 영어는 거의 수동적 또는 주변적이었다(표 3.1을 보라). 이들은 프랑스어나 중국어로 다른 사람들과 이야기할 때처럼 적극적으로 영어로 하는 대화에 참여하려고 하지 않았다. 따라서, 나는 그들의 영어 MLU를 보여 줄 만큼 충분한 자료를 갖고 있지 않다. 도미니크의 가정학습 기간은 레안드레보다 1년 적다. 세 살부터 네 살 때까지 도미니크는 레안드레보다 MLU가 높았다. 이 현상은 아마 그가 영어를 사용하는 어린이집을 다녔고, 영어로 말할 기회가 더 많았기 때문으로 보인다. 처음에는 영어를 더 잘했던 것이 나중에 그들이 학교에 다닐 때는 똑같아져 버린 현상이 흥미롭다.

** N/A= 적용 불가 수치.

로운 사실은 두 아이는 초기에 영어를 거의 수동적으로 입력받았지만, 그들의 영어 MLU는 영어만 구사할 수 있는 아이들과 비교할 때 비슷한 수준을 보였다는 점이다. 이 현상을 설명할 수 있는 이유는 여러 가지가 있다. 첫째, 레안드레는 45 인텐시브(intensive) 1대1 영어수업을 들었다. 인텐시브 성인 모델은 레안드레의 영어에 대단히 중요한 역할을 했다. 도미니크는 레안드레보다 영어에 더 많이 노출되었는데, 이것은 그의 영어 베이비시터가 그와 더 많은 시간을 보냈고, 도미니크가 더 많이 자기에게 관심을 가져 달라고 요구했기 때문이다. 둘째, 그들은 영어를 주요 언어로 사용하는 환경에 살았다. 마지막으로, 그들의 두 개의 모국어(중국어와 프랑스어)는 비록 다르기는 하지만 영어를 배우는 기초 과정을 확립하는 데 도움이 되었다.

(2) 프랑스어의 여성 형용사

도미니크가 초기에 문법적으로 실수한 것에는 프랑스어의 형용사에 대하여 지나치게 규칙을 확장하는 것이 포함된다. 프랑스어에서 대부분의 형용사는 성별과 숫자에 일치한다. 여성 형용사는 주로 끝에 'e'를 붙인다. 예를 들어, grand는 여성형 단어를 수식할 때는 grande가 된다. 대부분의 형용사에서 이 규칙을 적용하면 마지막 자음이 발음되는데, 이것은 남성형에서는 보통 발음되지 않는다. 도미니크는 자연스럽게 'e'를 추가하는 규칙을 적용하였으나 그가 잘 알고 있는 형용사의 자음 't'를 그가 잘 모르는 형용사에 추가했다. 예를 들어, 그는 petit/petite(작은)을 알고서 gentile을 여성형으로 만들어서 gentille라고 하는 대신 자기가 스스로 만든 여성형 형태 'gentite'가 맞을 거라고 착각하고, 'Maman est gentite(엄마는 친절하다)'와 같은 문장을 만들곤 했다. 또 다른 예로, 레안드레는 pointue(날카로운) 대신에 pointute라고 했다. 레안드레는 처음에 이런 종류의 실수를 저지르지 않았다. 그러나 도미니크로부터 영향을 받아 그는 동생의 발명품 몇 가지를 받아들였다.

(3) 프랑스어 인칭대명사

레안드레는 두 살이 될 때까지 프랑스어 1인칭 대명사 je를 사용하여 '나는 앉는다'라는 개념을 표현하는 데 애를 먹었다. 예를 들어, 레안드레는 "je veux m'asseoir(나는 자리에 앉고 싶어요)."라고 하지 않고 "veux t'asseoir"라고 했다. 이 현상은 아마 그가 장남이기 때문에 일어나는 것일지도 모른다. 그는 거의 2년 동안 혼자였던 것이다. 레안드레는 그의 아빠를 제외하면 그에게 주어진 프랑스어 환경에서 다른 사람이 아무도 없었다. 그의 아빠가 그에게 자리에 앉고 싶은지 물어보면, 그는 "Tu veux t'asseoir?"라고 말했다. 즉 레안드레는 이것을 모델로 사용한 것이다. 재미있는 사실은 도미니크가 태어난 지 두세 달만에 레안드레는 1인칭 대명사와 재귀대명사를 정확하게 말할 수 있었다는 것이다. 레안드레는 중국어에서는 이런 문제에 부딪히지 않았다. 그 이유는 나는 중국어로 '나는 앉는다' 또는 '너는 앉는다'는 말을 할 때 그냥 '앉는다(坐下)'고 하면 되었기 때문이다. 문맥상 누가 앉는 것인지 명확했다. 레안드레는 같은 나이에 영어에서 이런 문제에 부딪치지 않았다. 아마 그것은 그가 영어로 다른 사람들과 적극적으로 대화할 필요가 없었기 때문일 것이다. 그가 다른 사람들과 영어로 적극적으로 대화할 필요가 생겼을 때에는, 그는 이미 '나'와 '너'에 대한 문제를 프랑스어로 이해하고 난 뒤였다.

도미니크는 주어진 환경에서 모델이 되어 줄 사람이 있었기 때문에 같은 실수를 하지 않은 것으로 보인다.

(4) 프랑스어 불규칙 동사

가정학습 기간에 레안드레와 도미니크 둘 다 불규칙 복수형을 잘못 사용하는 경향이 있었다. 예를 들어, 그들은 세 번째 복수형에서 croire를 잘못 동사 활용해서, '그들은 믿는다'라는 문장을 'ils croient'라고 하지 않고 'ils croivent'라고 했다.

(5) 중국어 양사(量词)

양사는 중국어에 있는 특징 중 하나다. 예를 들어, 많은 양의 사탕을 가리킬 때 'five candies'라고 하지 않는다(역자주 : 저자는 영어의 five candies를 중국어로 wǔ tang/五糖이라고 하면 틀린 표현이라고 말하는 것이다.). 대신에 숫자(다섯, 五)와 명사(사탕, 糖) 사이에 양사(어떤 이들은 '단위 단어measure word'라고도 부른다.)인 kuài/块를 삽입하여 wǔ kuài táng/五块糖이라고 해야 한다. 중국어에서 일반적으로 사용되는 양사는 178개에 이른다.[40]

일반적으로, 각각의 사물이나 동물은 특별한 양사가 필요하다. 그러나 교사와 같이 교육을 받은 사람들 사이에서도 다른 양사 대신에

gè/个(개)를 사용하는 경향이 있다.[41] 그럼에도 불구하고 보편적으로 사용되는 양사 gè/个를 지나치게 많이 사용하고 그것이 거의 모든 명사에 동시에 사용되어도 좋다고 하는 것은 성인 언어에서 '격식을 갖추지 못하고', '부적절하고' 또는 '언어적으로 세련되지 못하다'고 간주한다. 연구자들은 중국어를 사용하는 환경에 있는 아이들은 매우 어린 나이부터도 양사에 대한 기초 구문론적 성질(예를 들면, 순서와 구문 구조)을 잘 이해하고 있다고 말한다. 예를 들어, 언어 학자 메리 에르바흐(Mary Erbaugh)는 두 살에서 세 살의 아이는 그들이 누군가로부터 말을 해 보라는 요구를 받을 때면 언제나 어른들만큼 정확하게 양사를 사용할 수 있다고 발표했다.[42] 다른 연구자들은 네 살 정도의 아이들은 수량화된 명사 구문에 필요한 양사를 알고 있을 뿐만 아니라 수량화된 명사 구문을 구성하는 주요 요소의 정확한 순서도 알고 있다고 말한다.[43] 중국의 아이는 처음에 일반 양사 个(개)를 배우고, 문장에서 그것을 '플레이스 홀더(place holder, 역자주 : 가주어, 진주어 관계에서 사용되는 it과 같이 문장 속에 필요한 요소이긴 하지만 그 자체의 뜻은 없는 것)'로 사용한다.[44] 많은 연구자는 아이들이 여섯 살 또는 일곱 살까지도 자주 个를 명사 대부분에 사용하고, 약 열 개의 특별한 양사만 제대로 활용할 수 있다고 주장한다. 예를 들어, 장난감 차에 liàng/辆(대)을 사용하고 강아지에 zhī/只(마리)를 사용하는 대신, 아이들은 gè/个(개)를 때때로 사용하여, yí gè xiǎo chē che/一个小车车(작은 차 한 개)와 yí gè xiǎo gǒu gou/一个小狗狗(작은 개 한 개)라고 말한다.[45]

중국어를 모국어로 사용하는 다른 어린이들처럼 레안드레와 도미니크는 동물과 사람, 사물을 묘사할 때 대부분 个를 사용했다. 재미있는 사실은 비록 레안드레와 도미니크가 구문록적 플레이스 홀더로서 양사를 잘못 사용한 적은 없지만, 둘 다 양사가 필요하지 않은 '일(日)', '년(年)'과 같은 단어를 묘사하기 위해 양사의 규칙을 확대했다는 점이다. 예를 들어, 도미니크(2세 11개월)는 생일까지 5일이 남았다고 말하기 위해서 정확한 표현인 'wǔ tiān/五天'이라고 하지 않고 'hái yǒu wǔ gè tiān/还有五个天'이라고 했다. 레안드레(3세 4개월)는 'míng nián/明年'이라고 하지 않고 'xià gè nián/下个年'이라고 했다. 두 아이 모두 양사를 확대 사용하는 실수를 저질렀지만 그것에도 규칙이 있었다. 이 사실을 통해 두 아이 모두 양사의 규칙에 신경을 쓰고 있고, 그것을 적용하려고 노력했다는 것을 알 수 있다. 이것은 영어를 사용하는 아이들이 불규칙 동사에 과거형으로 공통접미사 –ed를 지나치게 확장한 것, 즉 took를 taked라고 하고 went를 goed라고 한 것을 떠올리게 한다.

4. 언어 사용(Language use)

(1) 대화 스타일

① 퀴즈-스타일 대화

사람들의 대화 스타일은 그들의 문화 및 언어 환경에 영향을 받는다. 연구 결과에 따르면, 중국 성인은 질문할 때 마음속에 이미 선택해 둔 대답을 갖고 있고, 아이들이 이미 정해 놓은 대답을 정확하게 말할 때까지 계속 질문하는 경향이 있다. 이런 대화 스타일을 '퀴즈-스타일 대화'라고 부른다.[46] 아이들이 어렸을 때는 나도 이런 대화 스타일로 아이들과 자주 대화를 나눴다. 아래는 내가 한 질문 가운데 몇 개를 추린 것이다.

중국어로 하는 퀴즈 스타일 대화

. Dāng bié rén gēn nǐ dǎ zhāo hu de shí hou, nǐ zěn me shuō?(当别人跟你打招呼的时候, 你怎么说? 네가 다른 사람과 인사를 할 때, 너는 뭐라고 말하니?)

. Dāng nǐ guò mǎ lù de shí hou, nǐ zěn me zuò?(当你过马路的时候, 你怎么做? 길을 건널 때 어떻게 해야 하지?)

. Zài gōng zhòng chǎng hé, nǐ bù néng zuò shén me?(在公众场合, 你不能做什么?

공중 장소에서는 무엇을 하면 안 될까?)

. Zài chī fàn zhī qián, nǐ yīng gāi zěn me zuò?(在吃饭之前, 你应该怎么做? 밥을 먹기 전에 꼭 해야 하는 것이 무엇일까?)

재미있는 사실은 레안드레와 도미니크는 나에게 중국어로 이야기할 때 "Māma, rú guǒ wǒ zài lóu xià jiào nǐ, nǐ zěn me zuò?/妈妈, 如果我在楼下叫你, 你怎么做?(엄마, 내가 만약 아래층에서 엄마를 부르면, 엄마는 어떻게 할 거예요?)"처럼 이런 대화 스타일을 그대로 따라했다는 것이다.

② 중국어로 하는 '아기 대화'와 프랑스어로 하는 '어른 대화'

연구자들은 중산층 북아메리카인과 유럽인 부모들은 아기와 아이들에게 말할 때 간단한 문장, 높은 음조, 과장된 억양을 사용하는 경향이 있다고 말한다. 이런 종류의 말투 변화(speech modification)를 마더리즈(motherses), 파더리즈(fatherese), 패런티즈(parentese) 또는 아기 대화(baby talk)라고 부른다.[47] 나는 우리 아이들에게 이야기할 때 필립이 프랑스어를 할 때(11%)보다 더 자주 이런 종류의 간단한 중국어를(67%) 사용한다(재미있는 사실은 필립은 그의 문화적 육아 방식을 채택하지 않았다는 점이다.).[48] 결과적으로, 우리 두 아이는 프랑스어는 좀 더 어른처럼 말하고, 중국어는 좀 더 아기처럼 말하게 되었다.

(2) 주변 환경에 맞게 언어 사용하기

레안드레와 도미니크가 이례적으로 프랑스어와 중국어를 사용하는 언어 환경에 살고 있기 때문에(대부분의 중국어와 프랑스어를 구사하는 어린이들이 처한 전형적인 언어 환경이 아니라는 의미다.) 그들은 대화의 흐름 안에서 적절하게 언어를 사용하는 방법을 배울 기회와 경험이 부족했다. 다음 사례는 이 점을 잘 보여 주고 있다.

어느 날 스위스 바젤(Basel)에서 트램(tram, 전차)을 탔을 때, 몸이 약한 노부인 한 명이 일어서서 레안드레(3세 4개월)에게 자리를 양보해 주었다. 레안드레는 "Merci(감사합니다)."라고 말하는 대신, 동생 도미니크에게 이렇게 외쳤다. "Eh, Dominique, regarde la petite vieille qui m'a donné son siège(도미니크, 나에게 자리 양보해 주는 나이 많은 할머니 좀 봐)." 순수한 언어 관점에서 보면 레안드레는 프랑스어 단어와 문법을 정확하게 사용했을 뿐만 아니라 그의 프랑스어 실력은 아마 프랑스어를 사용하는 환경에 사는 친구들의 수준을 넘어섰을 것이다. 예를 들어, 그는 3세 4개월의 나이에 벌써 복합문장 'la petite vieille qui'를 사용할 수 있었다. 그러나 어휘와 언어 구조를 아는 것과 주변 환경과 맥락에 맞게 그것들을 적절하게 사용하는 것은 별개의 이야기다. 이 경우, 레안드레는 언어를 적절하게 사용하지 못했다. 그는 나이 많은 여성을 'petite vieille'라고 부르는 것이 매우 무례한 표현이라는 것을 몰랐다(비록 'la petite vieille'가 그의 아빠가 그에게 읽어 준 이야기와 동화 속에서 적절하게 사용되고 있다고 하더라도). 그는 그 상황에서는 'la dame'가 적절한 표현이라는 것을 몰랐다.

두 아이가 언어 사용에 대한 지식이 부족했던 또 다른 예로, 둘 다 프랑스어 vous(2인칭 존칭, 당신)와 tu(2인칭 일반형, 너)를 적절하게 사용해서 상대방의 호칭을 부르지 못한 것을 들 수 있다. 예를 들어, 도미니크는 프랑스어를 사용하는 60대 손님을 처음 만났을 때 그분을 tu라고 불렀다. 프랑스어를 구사하는 사람들은 일반적으로 vous와 tu를 어떻게 사용하는지에 대해 민감한 편이다. 두 단어를 잘못 사용하면 가끔 문제가 벌어지기도 한다. 스테판 클라크(Stephen Clarke)가 유머러스하게 지적한 것처럼, tu를 잘못 사용하면 어떤 사람이 "어이, 아가씨, 죽여 주는데!"라고 말한 것과 같이 실제로 공격을 유발할 수도 있다.[49] 레안드레와 도미니크가 어렸기 때문에 그들은 이런 실수를 저질러도 용서받을 수 있었다. 두 아이는 또 중국어로 공식적인 표현이자 존칭인 'nín/您

'(2인칭 존칭, 당신)'과 격식을 따질 필요가 없는 사이에 사용되는 표현인 'nǐ/你(2인칭 일반형, 너)'를 사용할 때도 비슷한 실수를 저질렀다(5장에서 더 깊이 이야기할 것이다.).

5. 언어 인식(Languafge awareness)

하나 이상의 언어를 할 수 있는 아이들은 하나의 언어만 할 줄 아는 아이들보다 더 빨리 그들이 할 수 있는 언어의 여러 측면을 깨닫는 능력이 발달하는 경향이 있다고 연구자들이 밝혔다.[50] 약 2세부터 3세까지 한 사람-한 언어 방식으로 양육된 많은 어린이는 그들의 언어(들)에 관해 이야기할 수 있을 것이다.[51] 다음은 몇 가지 사례다.

(1) 그들이 말하고 있는 언어의 이름 말하기

레안드레와 도미니크 둘 다 어릴 때부터 말하고 있는 언어의 이름을 말할 수 있었다. 예를 들어, 한 살 반 무렵, 레안드레는 이미 손님에게 자신이 프랑스어, 중국어, 영어를 할 수 있다고 말할 수 있었다. 그 (2세 2개월)의 영어 선생님—대학생 중 하나—과 세 번째 인터액티브 (interactive) 수업 때, 레안드레는 한 시간 수업하는 동안 그의 언어(프랑스어와 중국어)의 이름을 34번 불렀다. 예를 들어, 그는 선생님에게 "중국어로는요, 우리는 이걸 qì chē(汽车)라고 불러요. 프랑스어로는요, 우리는 이걸 camion(트럭)이라고 불러요."라고 말했다. 3세 4개월 때 레안드레는 그의 베이비시터 오지(Ozzie, 고등학생)와 놀았는데, 그는 한 시간 동안 오지에게 영어 단어의 프랑스어와 중국어 동의어를 41번 말했다. 다음의 예가 당시 상황을 잘 보여 주고 있다.

사례 3.6
레안드레가 음식 아이템의 플라스틱 모형을 갖고 놀고 있었다.

오   지 : [레안드레에게 플라스틱 토마토를 건넨다.]

레 안 드 레 : Thank you(고마워요).

오   지 : You are welcome(고맙긴!).

레 안 드 레 : In French, it's *merci*. In English, it's *thank you*. In Chinese, it's *xiè xie*/谢谢 (프랑스어로 '고마워'는 '*merci*'예요. 영어는 '*thank you*'이고, 중국어로는 '*xiè xie*/谢谢'라고 해요).

(2) 글쓰기 시스템을 포함한 타 언어에 대한 호기심

레안드레와 도미니크 둘 다 아주 어렸을 때부터 다른 언어에 대해 민감하고 호기심이 많았다. 예를 들어, 도미니크(2세 1개월)는 어린이 전용 극장에서 우리 뒤에 앉아 있는 두 명의 러시아인이 대화하는 것을 듣고, 그들이 무슨 언어로 이야기하고 있는지 나에게 물어본 적이 있다. 극장에 있던 시간 내내 도미니크는 공연을 보기보다는 두 사람이 말하고 있는 언어가 무엇인지에 모든 관심을 집중하고 있던 것처럼 보였다(러시아인들은 공연을 보는 내내 잡담했다.).

덧붙이자면 두 아이는 우리가 분명하게 가르쳐 주지 않아도 관찰을 통해 일찍부터 글쓰기 시스템의 차이를 알아챘다. 어느 날 나는 레안드레와 도미니크가 연필로 그들의 침대와 벽에 휘갈겨 쓴 것을 발견하고 깜짝 놀랐다(처음에는 화가 좀 났던 것 같다.). 나는 레안드레(3세 4개월)에게 지금 뭘 하고 있는지 물어보았다. 그는 글씨를 쓰고 있다고 대답했다. 그는 어떤 글씨는 중국어이고, 어떤 글씨는 프랑스어라고 나에게 말했다. 재미있는 사실은 중국어로 여겨지는 글자는 더 그림 같았고, 프랑스어로 여겨지는 글자는 더 알파벳 같은 모양이었다는 점이다.

(3) 비네이티브 스피커(비모국어 사용자)에 대한 민감함

사람들(특히 우리 손님 중 일부)은 때때로 '엉터리' 프랑스어로 레안드레와 도미니크에게 말을 걸면서 친근함을 보이려고 노력한다. 그러나 아이들로부터 대답을 들은 사람은 아무도 없다.

두 아이가 어렸을 때, 그들은 세 언어 모두 모국어 사용자와 비모국어 사용자를 구별할 수 있었다. 그들은 비모국어 사용자를 피해 다니고 모국어 사용자에게 더 가까이 가려고 하는 경향이 있었다. 예를 들어, 프랑스에서 두 명의 교환 교사가 우리를 방문했을 때, 레안드레는 그들과 프랑스어로 이야기하는 데 푹 빠져버렸다. 그는 내 중국인 친구들에게도 같은 반응을 보였다. 그러나 프랑스어 또는 중국어를 하는 비모국어 사용자인 손님이 그들에게 언어실력을 '과시하려고' 하면, 레안드레와 도미니크는 프랑스어나 중국어로 절대 대답해 주지 않았다. 도미니크(2세 11개월)는 손님 한 명이 프랑스어를 너무 못한다고 말하기까지 했다. 뿐만 아니라 두 아이는 억양에 굉장히 민감한 반응을 보였다. 예를 들어, 그들은 내가 프랑스어로 이야기하려고 할 때면 내 억양이 이상하다며 자주 비웃었다. 그들은 또 다른 사람들의 억양을 잘 흉내 냈다. 도미니크는 (레안드레보다 더 잘)브리튼인과 스코틀랜드인, 아일랜드인, 오스트레일리아인, 이탈리아인, 스페인인, 인디언과 미국 남부의 억양을 매우 잘 흉내 낼 수 있었다.

(4) 언어 비교하기

두 아이들은 종종 언어를 비교했다. 예를 들어, 1세 9개월 때 도미니크는 qiú/球가 영어로 ball이고, diàn shì/电视가 영어로 television이라고 말했다. 레안드레(2세 1개월)는 기차에서 나는 소리는 중국어 의성어로 hōng lōng hōng lōng/轰隆轰隆인데, 이것은 영어의 choo choo와 다르다고 말했다.

(5) 언어로 농담하기

레안드레가 농담을 할 수 있다는 증거를 처음 발견한 것은 그가 2세 2개월 때였고, 도미니크는 2세 5개월 때였다. 예를 들어, 이 장 앞부분에서 이야기했던 것처럼, 레안드레는 한동안 프랑스어 dentifrice를 doméfice로 단순화했다. 이 단어를 잘 발음할 수 있게 될 때, 즉 2세 6개월이 지나자 그는 그것에 대해 이따금 농담하곤 했다. 그 사례를 소개해 본다(2세 7개월 때).

사례 3.7

아 빠 : Léandre, mets du dentifrice sur ta brosse à dents.
(레안드레야, 칫솔에 치약 발라야지.)
레안드레 : Doméfice. [얼굴에 능글맞은 웃음을 띄며]
아 빠 : Doméfice? [레안드레를 흉내 낸다.]
Petit coquin!(꼬마 악당!)
레안드레 : Doméfice.

한편, 레안드레와 도미니크는 어릴 적부터 억양을 사용해서 농담을 잘했다. 그들은 종종 프랑스인들이 (진한 프랑스어 억양을 넣은 채)영어를 하는 것을 흉내 냈다. 도미니크가 좋아하는 중국어 억양 중에는 재키 찬(홍콩의 유명한 영화배우)의 그것도 있었다.

레안드레와 도미니크가 어릴 때 나타난 이런 종류의 언어 인식과 민감성은 어린 시절 하나 이상의 언어를 배운 아이들에게 공통으로 나타나는 현상이다.[52]

가정학습 기간에 정체성 발달에서 주목해야 할 점

레안드레와 도미니크는 다른 많은 아이와 다른 언어 환경 속에 살았을 뿐만 아니라 두 인종(백인과 아시아인)이 섞인 아이들이었다. 이 (두 인종이 섞이고 삼중언어를 사용하는)독특한 경험이 가정학습 기간에 그들의 초기 정체성 발달에 어떤 영향을 주었을까? 이번에 나는 집중을 요구하는 몇 가지 부분에 관해 이야기하려고 한다(6장에서 아이들의 정체성 발달에 대해 더 깊이 논할 것이다.).

연구자들의 설명에 의하면, 유아기 동안 아이들의 자의식(정체성의 최초 단계)이 종종 이름, 외모, 소유와 매일의 행동과 같이 관찰할 수 있는 특징에 제한된다고 한다.[53] 그러나 세 살 반이 될 때까지 그들은 '나는 행복해요'와 같이 심리학적 특징을 인식한 것과 그들 자신에 대한 보편적 이해도 보여 주었다.[54] 레안드레와 도미니크의 자아 발달은 연구 문헌에 묘사된 것과 비슷한 경로를 밟았다.

1. 두 인종이 섞인 정체성

연구자들이 발표한 바로는, 소수의 사람이 사용하는 언어를 사용하는 아이의 외모가 사회의 주류 그룹과 눈에 띄게 다를 때, 어떤 아이들은 주류 사회의 기준에 할 수 있는 한 순응하는 방법으로 그들의 특징이 최소한으로 알려지기 위하여 노력한다. 순응의 한 방법은 소수의 사람이 사용하는 그들의 언어를 가급적 사용하지 않는 것이다.[55] 어떤 연구자들은 두 인종이 섞인 사람들은 피부색이 양다리를 걸치고 있기 때문에 그들의 경계선에 서 있는 피부색으로 인해 눈에 띄게 된다고 말했다. 따라서 두 인종이 섞인 사람들은 제한된 문화 맥락 속에서 선택해야 한다. 그리고 그들의 자아 이해는 그들의 피부색보다 다른 사람들이 그들을 인식하는 방식에 의해 더 크게 영향을 받는다.[56]

레안드레와 도미니크는 종종 다른 사람들(예를 들어, 손님과 친척들)과 대화를 할 때 자신이 절반은 중국인, 절반은 스위스인인 것을 자연스럽게 드러냈다. 그들에게 중국인과 스위스인이라는 단어는 그들의 인종(아시아인과 백인)을 의미한다. 두 아이는 그들의 인종 범주를 뿌리 깊게 이해하고 있는 것 같다. 그들이 사람들에 의해 직간접적으로 다른 사람들과 다르다는 이야기를 들을 수 있는, 인종적으로 민감한 환경에 살고 있음을 일찍부터 인식하였으므로, 우리는 아이들에게 약간의 '면역조치'를 취하는 것이 필요하다고 생각했다. 나는 그들에게 같은 옷을 입혀 주기 시작했다. 그들이 똑같은 옷을 입고 나가면 "너희들 쌍둥이니? 왜 똑같은 옷을 입어?"와 같이 많은 질문을 끌어낼 것이었다. 그렇게 하는 목적은 레안드레와 도미니크가 어릴 때부터 사람들에게 주목받는 것에 익숙해지도록 하는 것과 그들이 남과 다름을 알게 하려는 것이었다. 돌이켜보면 나는 내 전략이 통했다고 생각한다. 아이들이 유치원에 갈 때가 되면 그들은 반 친구들 몇몇이 하는 질문을 꽤나 기다렸다는 듯 잘 처리해 낼 것이었다(도미니크가 특히 더 그럴 것이다. 그는 레안드레보다 더 아시아인같이 생겼기 때문이다.).

2. 자신의 모국어에 대한 느낌

앞에서 이야기한 것처럼 레안드레와 도미니크 둘 다 (베이비시터를 제외한)영어를 말하는 사람보다 프랑스어와 중국어를 말하는 사람에게 더 강한 애착을 느꼈다.

언어 학자 수잔 로메인(Suzanne Romaine)에 따르면, 어린아이들은 때때로 한 사람-한 언어 원칙에 따라, 그들의 경험에 근거하여 누가 무슨 언어를 말하는가에 대한 그들의 기대를 지나치게 일반화한다.[57] 레안드레와 도미니크는 아빠와 주로 프랑스어로 의사소통하고 엄마와 중국어로 이야기하기 때문에 그들은 이 언어들을 자기가 '소유한' 언어로 간주하였고, 종종 그 언어를 사용하는 다른 사람들을 이상하게 여겼다.

한 사람-한 언어 의사소통 시스템에 익숙한 아이들이 그들의 모국어를 말하려고 노력하는 사람들에 대해 편견을 갖는 것을 흔히 볼 수 있다. 그들은 자신의 모국어에 대해 소유욕이 매우 강하다. 그들은 때때로 자기가 그 언어를 말하는 유일한 사람이라고 생각한다. 레안드레와 도미니크는 종종 뉴욕에서 사람들이 하는 말을 엿듣기도 하는데, 다른 사람들이 프랑스어나 중국어를 하는 것을 듣고 얼굴을 서로 마주 보더니 "뭐야, 저 사람들이 우리가 쓰는 언어를 하잖아!"라면서 인상을 썼다. 뿐만 아니라 레안드레와 도미니크는 종종 프랑스어나 중국어에 서투른 사람을 놀리곤 했다. 그들의 언어유희(verbal play)에서 그들은 이따금 영어 억양이 진하게 배인 프랑스어 구사자를 연기해 내곤 했다. 친구들이 그들에게 프랑스어로 말을 하려고 하면, 그들은 영어로만 대답하거나 "au revoir(안녕)!"라고 짧게 말하면서 대화를 그만두곤 했다. 재미있는 사실은 그럼에도 불구하고 프랑스어나 중국어를 모국어로 하는 사람이 그들에게 말을 걸면, 그들은 무슨 문제가 있었느냐는 듯 잘 대답했다는 점이다. 때때로 그들은 아주 기뻐하면서 대답하기까지 했다.

이 현상은 레안드레와 도미니크에게만 일어나는 것은 절대 아니다. 사실, 하나 이상의 언어를 할 줄 아는 많은 아이들도 같은 경험을 공유하고 있다. 예를 들면 프랑스 심리학자 줄르 롱자(Jules Ronjat)의 아들 루이스(Louis)는 프랑스어와 독일어를 할 줄 아는 이중언어 구사자인데, 그에게 '불완전한' 프랑스어나 독일어로 말을 걸면 그는 기분 나빠한다.[58] 오스트레일리아의 언어 학자 조지 선더스(George Saunders)는 이중언어를 구사하는 아이들이 있는데, 그들은 독일어나 영어를 모국어로 하지 않는 사람들과는 거의 대화하지 않는다.[59] 이와 유사한 경우로 미국인 심리언어 학자 워너 레오폴드(Werner Leopold)의 딸 힐데가르드(Hildegarde)는 독일어와 영어를 할 줄 아는 이중언어 구사자인데, 그녀는 '결함이 있는' 독일어 구사자를 종종 비난했다.[60] 이런 사례들을 접하다보니 내가 중국의 대학교에서 프랑스어를 배울 때 프랑스어를 하는 두 아이들에게 '거절'당한 경험이 생각났다. 나는 캠퍼스에서 두 명의 프랑스 아이들을 보았다(한 명은 5살쯤, 다른 한 명은 7살쯤). 나는 아이들이 내 억양과 문법에 신경 쓰지 않을 것으로 생각했고, 그래서 내 프랑스어를 연습할 좋은 기회라고 생각했다. 나는 그들에게 다가가서 프랑스어로 말하려고 했다. 몇 분간 혼자 '독백'을 한 뒤(나는 그들에게 이름과 그들이 무엇을 하고 있는지 물어보려고 했지만, 그들은 한마디도 대답하지 않았다.), 그들은 내가 마치 푼수인 양 바라보기만 했다. 아마 그 아이들이 옳았을 것이다. 왜냐하면 나는 그들의 언어학적인 규칙(Linguistic normality)을 위반했기 때문이다.

3. 비밀 언어와 뒷담화

레안드레와 도니미크는 그들이 누구에게 말을 하는지에 따라 사람들이 있을 때 프랑스어 또는 중국어를 비밀 언어로 사용했다. 예를 들어, 도미니크는 2세 8개월 때 (영어로 이야기하는 손님 앞에서)나에게 중국어로 "그녀의 코 안에 bí shǐ/鼻屎(코딱지)가 있어요."라고 말했다. 도미니크가 이 말을 영어로 하지 않아서 얼마나 다행인지 모른다.

나는 일찍부터 레안드레와 도미니크 둘 다 한 부모에게 다른 부모의 '이야기'를 하고, 또는 한 부모에게 다른 부모에 대해 불평하는 경향이 있는 것도 알아챘다. 예를 들어, 도미니크는 내가 자기에게 한 것이 마음에 들지 않으면(예를 들어, 그에게 양치질하라고 잔소리를 하는 것) 자기 아빠에게 가서 "Maman, m'agace(엄마가 짜증을 내고 있어)."라고 불평했다. 이와 비슷한 경우로, 그는 나에게 아빠에 대해 불평하기도 했다. "Bà ba bù hǎo/爸爸不好(아빠 나빠)."

두 아이 모두 그들이 '뒷담화' 하고 있는 부모가 누구인가에 따라 프랑스어나 중국어를 사용했다. 예를 들어, 한 번은 도미니크가 한 남자가 웅크리고 앉아 볼일을 보고 있을 때 그의 엉덩이의 일부를 보았다. 그리고 그는 나에게 중국어로 큰 소리로 저 남자가 자기 엉덩이를 보여주고 있다고 말했다(다행스럽게도 그 남자는 중국어를 몰랐다.). 우리는 중국어나 프랑스어를 사용하는 유럽 지역에 있을 때 두 아이가 이렇게 '뒷담화를 하는' 행동에 대해 꽤 골머리를 앓았다. 왜냐하면 우리 아이들은 미국에서 살던 것에 익숙해져서, 그들이 그들 자신의 모국어(비밀 언어)로 '뒷담화'를 함부로 해도 아무도 알아듣지 못할 거라고 착각하고 있었기 때문이었다.

4. 다른 사람들과의 사회적 관계

우리가 취한 방법(가정학습 기간에 아이들을 집에 두고 영어에 노출되는 것을 제한한 것) 가운데 덜 긍정적인 면이 있다면 그것은 레안드레가 미국 사회의 기준에 잘 어울리게 행동하는 것은 아니었다는 점이다. 예를 들어, 한 남자 손님이 손을 들고 "Gimme five(하이파이브! – 파이팅이라는 뜻)!"라고 말을 하자 레안드레는 영문을 몰라 그를 멍하니 바라보기만 했다. 보통의 미국 아이었다면 자연스럽게 자기의 손바닥을 펴고 손님의 손바닥과 마주쳤을 것이다(이에 대해 4장과 5장에서 더 이야기할 것이다.).

💡 아이들이 어린 시절부터 삼중언어를 구사할 수 있도록 도와주려면

우리의 육아법과 연구 문헌에 근거하여, 나는 아이들이 어릴 때부터 삼중언어를 구사하는 것과 정체성 발달을 도울 수 있는 몇 가지 방법을 제안하고자 한다. 하지만 내가 이제 하려고 하는 제안에는 아직 논쟁의 여지가 있는 부분도 있다. 나의 목적은 아이들이 어릴 때 부모가 내린 어떤 선택이 가지고 올 수도 있는 발달적인 결과를 보여 주기 위함이다. 우리가 취한 실천방법과 경험을 쓴 글을 읽고, 부모들은 그들만의 독특한 육아 현실과 환경에 근거하여 어떤 전략이 아이들에게 효과적일지 결정할 수 있을 것이다. 뿐만 아니라 아이들이 아직 어릴 때 사용하는 것이 좋다고 내가 제안한 것들 중 어떤 것은 아이들이 나이를 먹으면서 바뀔 수도 있다(4장과 5장을 보라.).

1. 일찍 시작하고 꾸준히 해나가는 것의 중요성

아이들이 레안드레와 도미니크처럼 주로 부모와 함께 상호반응하면서 계승어를 배울 때, 초기에는 다음의 세 가지 원칙에 따르는 것이 도움된다.

계승어 습득을 보장하는 세 가지 원칙
- 가능한 한 빨리 모국어에 노출시켜라.

- 가능한 한 빨리 한 부모-한 언어 방식을 실천하라.
- 의사소통 시스템을 지속하라.

우리의 경험이 보여 주듯이 우리는 가족 의사소통 시스템(아빠는 아이들에게 프랑스어로만 이야기하고, 엄마는 중국어로만, 그리고 다른 사람들과 영어로만 이야기하는 시스템)을 아이들이 태어난 첫날부터 시작했다. 아이들이 문자 그대로 태어나자마자 이런 의사소통 시스템에 들어왔기 때문에 우리는 이런 방식이 아이들에게 자연스럽게 받아들여졌음을 알게 되었다. 만약 이 과정을 늦게 시작한다면 부모들은 아이들로부터 저항을 받게 될 것이다. 내가 아는 어떤 엄마는 아들이 여섯 살이 되어서야 계승어로 아들에게 대화하기 시작했다(그때 아들은 이미 그의 엄마와 영어로 이야기하는 데 익숙해져 있는 상태였다.). 그 엄마는 아들에게 계승어로 이야기하는 데 상당히 애를 먹었고, 좌절 끝에 결국 포기하고 말았다. 늦게 시작하면 무조건 실패한다는 의미로 이렇게 말하는 것이 아니다. 내 말은 일찍 시작하면 부모와 아이들 모두 쉽게 해나갈 수 있다는 뜻이다. 의사소통 습관이 이미 형성되었다면, 그것을 바꾸기가 상당히 어렵다.

레안드레와 도미니크의 경험을 통해서도 아이들과 의사소통을 할 때 계승어를 지속해서 사용하는 것이 중요하다는 것을 알 수 있다. 부모는 아이들의 언어 모델이다. 만약 부모가 계승어를 사용하는 것을 좋아한다고 분명하게 이야기한다면 아이들은 부모의 의견을 따를 것이다.[61] 만약 출판된 문헌에서 자녀를 하나 이상의 언어를 구사하는 아이로 키우는 모든 경우를 살펴본다면, 우리는 부모가 얼마나 일관성 있게 계승어 사용을 지속하는지 아닌지가 성공에 이르는 핵심 열쇠임을 알 수 있을 것이다.

뿐만 아니라 (우리가 레안드레와 했던 것 같이)첫째 아이와 함께 의사소통 패턴을 확립하는 것도 매우 중요하다. 일단 패턴이 확립되면, 다음에 태어날 아이와도 패턴이 잘 유지될 것이다.[62] 둘째 아들 도미니크가 태어났을 때 가족 의사소통 패턴은 잘 확립되어 있었다. 그러므로 그 아이는 자연스럽게 그 시스템에 들어올 수 있었다.

2. 계승어 입력을 관찰하는 것의 중요성

만약 부모가 아이들에게 계승어를 입력해 주는 주요 원천이라면, 부모가 아이들의 계승어 환경을 가까이서 관찰하는 것이 중요하다. 다음은 부모들이 고려해야 할 몇 가지 사항들이다.

(1) 삼중언어 입력의 양과 질 관찰하기

어린 시절 아이들에게 계승어를 적당량 공급해 주고 계승어와 접촉하게 해주는 것은 아이들이 그것을 성공적으로 배우기 위한 결정적인 조건이다. 그러므로 부모들은 아이들이 얼마나 오랜 시간 동안 계승어에 노출되는지 관찰하는 것이 필요하다. 우리가 처한 상황에서는(영어를 사용하는 환경에서는), 아이들이 프랑스어와 중국어보다 영어에 더 많이 노출되는 것은 불을 보듯 뻔했다. 따라서 아이들이 모국어와 접촉할 시간을 극대화하기 위해 학교에 보내지 않은 것 외에도 그들과 함께 있는 시간을 극대화하기 위해 노력했다. 이 말은 문자 그대로 아이들이 어렸을 때 우리가 가는 곳이 어디든지 그들을 데리고 갔다는 뜻이다. 예를 들어, 우리는 모든 사교 장소에 아이들을 데리고 갔고, 일과 육아를 결합하려고 노력했으며, 그들을 데리고 컨퍼런스와 회의에 참석했다. 많은 부모가 우리가 한 것처럼 할 수 없다는 것은 잘 안다. 내 말의 요지는 아이들과 최대한 많은 양의 시간 동안 함께하는 것이 중요하다는 것이다. 아이들이 어릴 때 그들에게 더 많은 시간 동안 계승어와 접촉하게 해줄수록 그들이 계승어를 성공적으로 배울 가능성이 그만큼 더 커진다. 뿐만 아니라 연구자들은 아이들이 어릴 때 집에서 부모들과 많은 시간을 보낼 때 아이들에게 전반에 걸쳐 유익함을 밝혀냈다.[63] 이 단계를 되돌아보면 나는 우리가 아이들과 함께 보낸 시간의 양이 초기 의사소통 패턴을 확립하는 데 결정적인 역할을 했다고 진심으로 믿는다. 우리가 했던 방법이 많은 사람들에게 극단적인 것처럼 비쳐질지도 모른다. 그러나 영어가 이렇게 어디에나 존재하고 다른 언어를 지배하는 상황에서 우리가 취한 '조치'는 상황을 고려할 때 반드시 필요했다.

그러나 언어와 접촉하는 시간의 양만 중요한 것이 아니다. 아이들이 부모로부터 받아들이는 입력이 얼마나 양질의 것인지도 그들이 언어를 배우는 데 중요한 요소이다.[64] 삼중언어를 구사하는 아이들에게, 특히 계승어를 매우 제한된 입력만 받는 아이들에게 입력의 질은 무엇보다 중요하다. 다른 사람들이(어른과 친구들같이) 추가적인 입력과 도움을 제공할 수 있는 문화적, 언어적 사회에 사는 아이들과는 달리, 입력이 주로 한 부모에게서 오는 아이들은 만약 부모가 자신이 자녀에게 무엇을 말하고 있는지 의도적으로 관찰하지 않으면 손해를 보게 될 것이다. 따라서 부모는 자녀가 계승어를 더 많이 접촉할 기회를 만들어 주어야 한다.

부모가 양질의 계승어를 확실하게 입력해 주는 한 가지 방법은 식사시간에 나누는 대화를 통해서이다. 연구 결과에 따르면, 식사시간은 부모가 아이들과 수다를 떨 수 있는, 매우 효과적이자 양질의 시간이다. 연구자들의 설명에 따르면, 아이들은 식사시간에 우연히 대화를 나누는 과정에서 평소에 잘 접하지 못했던 단어를 종종 접하게 되는데, 대부분의 시간 동안 이 단어의 의미에 어울리는 전후 맥락과 관련된 정보가 존재한다.[65] 따라서 부모들은 식사시간에 자녀에게 모국어로 이야기해야 하고, 아이들에게 그날 하루가 어땠는지, 그날 무엇을 했는지, 내일은 무엇을 할 것인지 등을 물어보아야 한다.

뿐만 아니라 어떤 계승어는 특별히 가르쳐야 하는 특징을 가지고 있다. 중국어의 양사가 하나의 예다. 우리 아이들은 중국어를 사용하는 환경에서 사는 상대방과 같은 종류의 입력을 받는 언어 환경에 살고 있지 않으므로, 나는 그들과 매일 대화를 나누는 동안 의도적으로 '가르쳤다.' 예를 들어, 길고 가늘고 원통형이고 유연한 특성—밧줄이나 뱀, 바지나 물고기같이 개체와 관계되고 공유되는 영속적이거나 타고난 특성—을 가진 물체를 셀 때 쓰는 양사 tiáo/条와 같이, 어떤 양사는 일반 규칙으로 배울 수 있다. Tiáo/条는 이런 특성을 고르고, 이 개체들을 한 세트로 묶는다. 아이들은 일반적으로 이 개념을 쉽게 이해할 수 있다. 그러나 일반 규칙으로 이해할 수 없는 양사도 있다. 예를 들어, 양(量)을 세는 양사 bēi/杯는 영속적 또는 타고난 개체[66]—물, 모래, 밀가루 등—와 관계되거나 공유되는 어떤 특성을 보이지 않는다. 이것은 단지 이런 개체들의 양을 나타낼 뿐이다. 따라서 아이들에게 이런 종류의 양사를 반드시 정확하게 가르쳐야 한다. 어떤 사람들은 언어란 반드시 자연스럽게 매일의 대화 가운데 배워야 한다고 주장할지도 모른다. 나도 그 말에 동의한다. 그렇지만 그렇게 하는 것이 불가능할 때 부모 쪽에서 의도적으로 노력하는 것이 대단히 중요하다. 부모가 아이를 직접 가르치는 것은 아이들의 언어 발달을 촉진한다는 연구 결과도 나와 있다.[67]

(2) 고쳐 주어야 할 실수와 고쳐 주면 안 되는 실수 분간하기

아이들은 하나의 언어만 구사하든 이중 혹은 삼중언어를 구사하든 관계 없이 어릴 때 언어를 배우는 과정에서 실수를 저지르게 마련이다. 아이들이 저지른 실수는 우리에게 그들이 어떻게 언어를 배우는지,[68] 그들이 어떻게 이용 가능한 언어 목록을 사용하여 문제를 해결했는지를 이해할 수 있는 창을 제공해 준다. 게다가 아이들이 저지른 어떤 실수들은 실제로 그들의 언어적 한계보다는 그들이 인지적으로 발달하고 있음을 반영한다. 예를 들어, 영어를 구사하는 세 살 무렵의 아이들은 took라고 하지 않고 taked라고 말하고 went라고 하지 않고 goed라고 말하는 것과 같이 전형적인 실수를 저지르는데, 이것은 아이들이 영어의 과거 시제 규칙을 알기 시작했다는 것을 의미한다. 이런 현상은 그들이 인지적으로 발달하고 있다는 것을 보여 준다. 대부분의 어린이는 보통 이런 실수들을 영어권 환경에 계속 사는 한 나중에 나이가 들면서 '알아서 고친다.' 발달 심리학자들은 대체적으로 부모와 교사들에게 이런 종류의 실수는 고쳐 주지 말라고 충고한다.

그러나 레안드레와 도미니크와 같이 삼중언어를 구사하는 아이들에게는 계승어를 입력받을 수 있는 통로가 주로 한 사람(아빠 또는 엄마)으로 제한되어 있고, 주변에 있는 다른 사람이 그들에게 적절한 언어 형태를 '보여 줄' 것 같지도 않다. 따라서 부모는 어떤 종류의 실수가 교정해 줄 필요가 있고 어떤 종류의 실수가 필요하지 않은지 구별할 줄 알아야 한다. 나는 아이들의 발달 한계나 발전을 입증하는 실수는 교정해 주면 안 되고, 반대로 발달적 측면 이외의 것에 관계된 실수는 점검 받아야 하고 가능한 한 빨리 '교정'되어야 한다고 생각한다. 예를 들어, 레안드레가 dentifrice(치약)라고 하지 않고 doméfice라고 한 것 같은 음운론적 단순화 실수는 교정해 줄 필요가 없다. 왜냐하면 다른 많은 아이들도 음운론적 능력과 성숙도가 발달하기 전에 같은 종류의 음운론적(발음) 단순화 실수를 저지르기 때문이다. 이런 종류의 실수는 당시에는 그들의 발달 능력을 넘어버린 문제를 아이가 해결하는 방법의 하나로 여길 수 있다. 그렇지만 도미니크가 chuān wà zi/穿袜子(양말을 신다)라고 하지 않고 fàng wà zi/放袜子(문자적으로 해석하면 '양말을 내려놓다'라는 뜻)라고 한 것 같은 다른 실수들은 점검받고 고쳐 주어야 한다. 내가 초기부터 그의 실수를 고쳐 주지 않은 것 때문에 그는 이 두 단어 fàng/放과 chuān/穿를 잘못 사용하는 습관이 들었다. 질문을 받으면 자기가 실수를 한 것을 깨닫기는 했지만, 그는 지금까지도 그런 실수하는 습관을 고치지 못했다. 우리가 아이들의 실수를 고칠 때, 우리는 그렇게 하는 것이 단순히 형태를 고쳐 주는 것을 반복하는 것에 그치는 것이 아니라 아이들에게 문맥에서 형태가 정확히 어떻게 사용되는지 보여 주는 것임을 기억하기 바란다. 사례 3.8은 레안드레가 3세 7개월일 때 그가 사용한 중국어 양사를 내가 어떻게 '고쳐 주려고' 했는지 보여 준다.

사례 3.8
레안드레가 크레용으로 그림을 그리고 있다.

레안드레 : Nǐ kàn wǒ yǒu yí ge[69] jú huáng yán sè. Nǐ kàn wǒ yǒu liǎng ge
jú huáng yán sè. (你看我有一个橘黄颜色. 你看我有两个橘黄颜
色. 이것 좀 보세요. 나는 한 개의 오렌지색이 있어요. 이것 좀 보세요.
나는 두 개의 오렌지색이 있어요.)

엄   마 : Liǎng zhǒng yán sè, duì. Nǎ liǎng zhǒng yán sè?
(两种颜色, 对. 哪两种颜色? 두 종류의 색깔이라고 해야 맞는 말이
야. 무슨 두 종류의 색깔인데?)

레안드레 : Hái yǒu liǎng gè shén me?(还有两个什么? 두 개 더 뭐라고요?)

엄   마 : Shén me?(什么? 뭐라고?)

레안드레 : Hái yǒu liǎng gè zǐ hóng. (还有两个紫红. 두 개의 자홍색이 있어요.)

엄   마 : Hái yǒu liǎng zhǒng zǐ hóng yán sè.
(还有两种紫红颜色. 두 종류의 자홍색이 있구나.)
Ràng wǒ lái kànkan hé zi lǐ yǒu jǐ zhǒng yán sè.
(让我来看看盒子里有几种颜色. 상자 안에 몇 종류의 색깔이 있는
지 한 번 보자.)
Yǒu sān zhǒng hóng yán sè.
(有三种红颜色. 빨간색이 세 종류가 있네.)
Yǒu yī zhǒng lán yán sè. (有一种蓝颜色. 남색이 한 종류가 있고.)
Yǒu liǎng zhǒng lǜ yán sè. (有两种绿颜色. 녹색이 두 종류 있네.)
Nǐ shǔ shǔ kàn nǐ de hé zi lǐ yǒu duō shǎo zhǒng yán sè?
(你数数看你的盒子里有多少种颜色? 상자 안에 색깔이 몇 종류 있
는지 한 번 세어볼래?)

이 예에서, 나는 레안드레가 잘못 말했다고 하면서 그가 양사를 잘
못 말한 실수를 직접 고쳐 주지 않았다. 대신 나는 그가 말한 것을 liǎng
zhǒng yán sè/两种颜色(두 종류의 색깔)라고 고쳐 주면서, 색깔에 사용
하는 정확한 양사 zhǒng/种을 모델로 사용하려고 했다. 나는 또 정확

한 양사를 다시 사용해서 Nǎ liǎng zhǒng yán sè/ 哪两种颜色?(무슨 두 종류의 색깔인데?)라고 그에게 곧바로 물어보았다. 종합해 보면, 나는 대화를 하면서 양사 种을 강조하기 위해 여덟 번 반복 사용했다. 레안드레는 내가 자기에게 단지 이야기하는 것으로 생각했을 것이다. 내 목적은 양사를 쓰는 법을 본보기로 보여 주는 데 있었다. 언어 특수적인 측면에서 잘못된 것을 일찍 교정해 주는 것이 나중에 큰 차이를 낳는다는 것을 경험을 통해 배웠다. 비디오 자료를 다시 찾아보면, 레안드레가 네 살 때까지 그리고 도미니크가 세 살 때까지, 아이들은 내가 '고쳐 주었던' 널리 사용되는 다섯 개의 중국어 양사(kuài/块, zhī/只, zhāng/张, jiàn/件, tiáo/条)를 내가 고쳐 주지 않은 다섯 개의 양사(pǐ/匹, suǒ/所, tóu/头, tuán/团, wǎn/碗)보다 더 올바르게 사용하는 경향이 있음을 발견했다. 그들은 후자에 대해서는 gè/个를 쓰거나 아니면 부정확하게 사용하는 경향을 보였다.

(3) 문장의 전후 맥락 안에서 언어를 가르치기

부모들은 전후 맥락 안에서 계승어를 가르치고, 아이들의 즉각적인 관심을 끌어낼 기회를 갖기를 원할 것이다. 그러나 이런 방식으로는 아이들이 계속해서 재미를 느끼지 못할 것이다. 언어 학자 폴 블룸(Paul Bloom)은 그의 책 『아이들은 어떻게 단어의 의미를 배울까?(*How Children Learn the Meaning of Words?*)』에서 그는 형용사 hot과 동사 hit과 같은 단어들은 물질세계를 관찰하는 것과 아이들을 둘러싸고 있는 사람들이 의도적으로 한 행동에 주의를 기울이는 것을 통해 배울 수 있다고 명확하게 지적했다. 그러나 한정사(the, some, each)와 접속사(but, although, because)와 같은 몇몇 단어들은 문장의 전후 맥락 속에서 듣고 그것이 무엇을 의미하는지 이해하기 위해 언어의 전후 맥락을 사용해서 배울 수 있다. 블룸과 다른 연구자들은 전후 맥락을 통해 한 단어를 배울 수 있는 최고의 방법은 다른 사람과 대화할 때 사용되는 용법을 듣는 것을 통해서라고 말한다. 그들은 대화에 풍부한 초언어적 전후 맥락이 있고, 화자는 종종 청취자의 지식의 정도에까지 민감성을 가지며, 청취자는 질문할 수 있다고 믿는다. 사람들은, 특히 미개한 사회에서 문자를 사용하기 이전의 아이들과 좀 더 큰 아이들과 어른들은 이런 방식으로 많은 단어를 배울 수 있는 것 같다.[70]

그러나 레안드레와 도미니크처럼 계승어 입력이 제한된 아이들은 다른 사람들 사이에 이 언어가 어떻게 사용되고 있는지 관찰할 기회가 부족했다. 따라서 주변에 더 넓은 언어 커뮤니티를 가진 아이들보다 더 전후 맥락을 이해해야 했다. 아이들과 매일 상호작용을 하는 가운데 부모들은 이와 같은 전후 맥락을 이해하는 능력을 모방할 방법을 찾아야 한다. 그렇게 하는 방법 가운데 하나는 아이들이 시작한 것을 기초로 하여 그것을 자세히 설명하는 것이다. 사례 3.9에서 나는 레안드레(3세 7개월)와 함께 구체적인 실천 방법을 자세히 설명했다.

사례 3.9
레안드레와 도미니크가 부엌 테이블에서 그림을 그리고 있다.

레안드레 : Zhè lǐ yǒu xuè/xuě. (这里有血/雪. 여기에 피/눈[71]을 그렸어요.)
엄   마 : Shén me yán sè de? Shì hóng yán sè de xuè, hái shì bái yán sè de xuě? (什么颜色的? 是红颜色的血, 还是白颜色的雪? 무슨 색인데? 빨간 피를 말하는 거니, 아니면 흰 눈을 말하는 거니?)
Shì nǐ bí zi lǐ chū lái de xuè, hái shì wài mián xià de xuě?
(是你鼻子里出来的血, 还是外面下的雪? 네 코에서 나오는 피야, 아니면 밖에서 내리는 눈이야?)
Nǐ de bí zi lǐ chū lái de xuè shì zǐ hóng de.
(你的鼻子里出来的血是紫红的. 네 코에서 나오는 피는 자홍색이야.)
레안드레 : Xuè, xuè shì zǐ hóng de.(血, 血是紫红的. 피예요, 피는 자홍색이에요.)

이 사례에서 나는 레안드레에게 전후 맥락 안에서 중국어 단어 xuě/雪와 xuè/血의 차이점과 의미를 설명할 기회를 포착했다. 이렇게 대화를 한 후, 나는 두 단어를 정확하게 사용하는 방법을 그가 아는지 확인하기 위해 여러 차례 후속 대화를 나눴다.

전후 맥락 속에서 언어를 가르칠 수 있는 다른 방법은 언어 게임을 통한 방법이다. 부모들은 아이들에게 언어를 '가르치기' 위해 그들을 게임에 참여하게 할 수 있다. 다음은 아이들이 어렸을 때 필립이 그들과 함께 놀았던 언어 게임의 좋은 예다.

사례 3.10
La preuve que j'ai seulement neuf doigts(내 손가락이 아홉 개뿐인 증거)

[그의 손가락을 가리키면서 말한다.]
Mon Premier(My first finger, 내 첫째 손가락)
Mon deuxième(My second finger, 내 둘째 손가락)
Mon troisième(My thirdd finger, 내 셋째 손가락)
Mon quatrième(My fourth finger, 내 넷째 손가락)
Mon cinquième(My fifth finger, 내 다섯째 손가락)
Mon sixième(My sixth finger, 내 여섯째 손가락)
Mon septième(My seventh finger, 내 일곱째 손가락)
Mon huitième(My eighth finger, 내 여덟째 손가락)
Mon neuvième(My nineth finger, 내 아홉째 손가락)

이 게임에서 언어 교육은 현재진행중이다. 예를 들어, '둘째'를 다른 방식으로 두 번(deuxième와 second) 세면서 아이들은 '둘째'를 말할 수 있는 두 가지 방법을 즐겁고 재미있게 배울 수 있다. 만약 당신이 둘째와 셋째 손가락을 deuxième와 second로 센다면, 아홉 개의 손가락 게임(Nine finegers)이 끝난다. 아이들은 이 게임을 무척 좋아했다. 아이들은 지금도 필립과 이 게임을 한다. 부모들은 아이들의 관심을 끌 수 있는 이런 게임을 개발하거나 찾아내야 한다.

3. 복수의 입력 자원을 제공하는 것의 중요성

(1) 유아의 읽고 쓰기 능력(Early Literacy)

연구자들이 발표한 바로는, 아이들에게 어릴 적부터 책을 읽어 주면 그들의 언어 발달에 도움이 되고, 어릴 적 경험과 나중에 학업에서 성공을 거두는 것 사이에는 상호 관계가 있다고 한다.[72] 따라서 아이들이 아주 어린 나이 때부터 책을 읽어 주어도 해롭지 않다. 레안드레와 도미니크 같은 아이들처럼 언어 입력이 제한되면, 독서와 같은 어릴 적 읽고 쓰기 능력은 그들의 언어 발달에서 훨씬 더 중요한 측면이 된다. 그들이 매일 부모와 대화를 나누어도 들어볼 수 없는 새로운 어휘는 바로 책을 통해서 만나볼 수 있다.

그러나 독서는 쓰여진 단어를 큰 소리로 읽는 것에 국한되지 않는다. 어떤 연구자들에 따르면,[73] 독서는 학교에서 나중에 사용될 기술과 사실을 가르치는 기회로 사용될 수 있고, 상상 속의 세계를 탐험하는 기회로 이용될 수도 있다. 이야기는 환상을 창조할 수 있는 도약대가 될 수 있고, 지금 당장 일어나지 않은 것, 과거의 경험, 예측과 추론에 대해 말할 수 있는 출발점이다. 독서는 또한 아직 유치원에 다닐 나이가 되지 않은 아이에게 다른 많은 상황으로부터 제공받는 것보다 복잡한 대화를 할 기회를 더 많이 제공한다. 다음은 아이들이 어릴 때 무슨 책을 어떻게 읽어 주어야 할지에 대한 권고사항이다.

① 다양한 책을 읽어 주라

연구 결과에 따르면, 특별한 타입의 그림책은 특별한 스타일의 대화와 강력한 상호반응을 불러일으킨다.[74] 예를 들어, 장 드 탕플(Jeanne De Temple)은 자신의 연구 논문에서 엄마들은 『*The Very Hungry Caterpillar*』를 읽을 때보다 『*What Next, Baby Bear!*』를 읽을 때 더 다양한 스타일로 대화한다고 기술했다.[75] 우리 아이들의 가정학습 기간에 필립과 나는 모든 종류의 책(픽션과 논픽션 모두)을 그들에게 읽어 주려고 노력했다. 두 아이는 다양한 장르의 책을 읽음으로써 다양한 어휘와 의사소통 스타일을 배웠다. 그들이 책에서 들은 단어와 구절은 책을 읽지 않았다면 그들이 우리와 매일 대화를 할 때 결코 사용되지 않았을 것이었다. 그러므로 부모들은 아이들이 어릴 때 매일매일 다양한 장르의 책을 읽어 주기 위해 추가적인 노력을 기울여야 한다.

② 독서 활동 중에 사용된 대화

독서는 '지금 바로 이곳' 너머에 있는 복잡한 언어를 사용할 수 있도록 기회를 충분히 제공해 준다. 독서를 하는 동안의 언어 상호작용(Verbal Interaction)은 아이들이 의사소통을 능숙하게 하기 위해 필요한 무더기(a cluster of)의 언어 기교의 발달을 촉진한다. 내가 이 장 앞부분에서 언급했듯이, '지금 바로 이곳'에 집중하는 대화(예를 들면 '이 사과를 보렴.'), 즉 즉각적인 대화는 아이들의 나중에 글을 읽고 쓰는 능력과 강한 연결고리를 보여 주지 못한다. 그러나 비즉각적인 대화―삽화로 지금 당장 눈에 보이지 않는 것에 대한 대화―는 대체로 길게 말하는 것과 레이블링(labeling, 역자주 : 사람이나 행위, 사건 등에 부정적인 꼬리표를 붙임으로써 그 대상을 일탈화하는 의미부여 활동 또는 개인에게 부과하는 특정한 위치를 말하며 대중의 의사를 포함하기 때문에 낙인과 같은 의미를 지니는 것) 또는 즉각적인 대화에 주로 포함되는 예-아니오 식의 질문보다 더 복잡하고 까다로운 언어를 포함한다. 연구 결과에 따르면, 부모의 비즉각적인 대화와 아이들의 향후 글을 읽고 쓰는 능력 사이에는 강한 연결고리가 있다. 드 탕플의 연구에서 유치원에 다닐 나이가 아직 안 된 자녀나 유치원에 다니는 자녀에게 책을 읽어 주는 동안 즉각적인 대화를 높은 비율로 사용한 엄마들은 자녀가 유치원에서 측정한 쓰기 능력치가 낮게 나왔다. 책을 읽어 주는 동안 자녀에게 즉각적인 대화를 적은 비율로 사용한 엄마들은 자녀가 이 측정치를 높게 받은 편이었다. 사례 3.2

는 자녀와 비즉각적인 대화를 나눈 좋은 방법 가운데 하나다.

(2) 언어를 가르치기 위해 가상놀이하기

많은 연구 결과에 따르면, 부모가 아이들과 가상놀이를 함께할 때, 그 부모는 엄마가 아기를 돌볼 때나 노동자가 빌딩을 지을 때와 같이 본질적으로 어떤 행동의 전형적인 행동과 대화를 모형화 하는 것을 통하여 역할 놀이를 '가르치는' 것이다.[76] 부모와 아이들은 함께 놀 때 서로에게 영향―일종의 피드백 루프(loop)―을 끼친다. 부모와의 대화와 놀이는 단순히 아이들의 대화와 놀이에 영향을 주는 것에 그치지 않는다. 아이들이 언어를 더 잘 이해하고, 더 많이 이야기하고, 더 많이 가상 놀이를 할 때, 아이들의 부모는 더욱 연속적인 대화를 하고, 놀이에 대해 더 확장하는 질문을 하고, 가상 대화와 놀이를 더 많이 하는데, 그것은 다시 아이들이 더 많이 가상 대화와 놀이를 하도록 북돋아 준다.[77] 제인 카츠(Jane Kats)의 연구에서 인용한 다음 사례에서,[78] 세 살짜리 아이 티나(Tina)는 엄마와 함께 가상 놀이를 하고 있다. 이 놀이에서 엄마는 '지금 바로 이곳'을 뛰어넘는 언어학적 변화로 아이를 이끌고 있다.

사례 3.11

> 엄마 : 그녀는 세 병의 우유를 마시고 있어. 그녀는 배가 많이 고팠던 게 분명해. 저것 봐. 그녀는 너보다 더 많이 마시고 있어. 그리고 너는 진짜 많이 마셨어.
> 티나 : 예, 그녀는 아마….
> 엄마 : 너는 지금 그녀에게 트림을 시켜 줘야 해. 그녀가 배가 아프기 전에 말이야. 너가 트림 시켜 줄 거야?
> 티나 : 약간 더 남았어요.
> 엄마 : 좋아. 내 생각에는 네가 그녀를 트림시켜 줘야 할 것 같은데. 그러면 너는 그녀를 쉽게 해줄 수 있을 거야.
> 티나 : 지금 그녀가 그렇게 할 수 있어요?

엄마 : 그녀는 트림을 해야 해.

티나 : 아니에요. 그녀는, 그녀는, 그녀는 진짜가 아니에요.

엄마 : 그렇지만 그녀는 가상 놀이에서 존재해. 그러니까 너는 가상 트림을 하게 해야 해.

티나 : 아니에요. 엄마가 해요.

엄마 : 좋아. 너가 그녀의 등을 토닥거려 주렴. 내가 가상 트림을 시켜 줄게. [티나가 등을 토닥거려 주고, 엄마가 트림을 한다.]

티나 : 야호! [엄마가 웃는다]

카츠는 아기가 태어나서 세네 살이 될 때까지 가상 대화를 더 많이 하면 아이의 언어 발달과 유아기의 읽고 쓰기 능력이 발달하는 데 도움이 되는 것을 알았다. 도움이 되는 분야에는 유치원에서 이뤄지는 공식적 정의 작업(formal definition task)을 더 잘 표현(performance)하는 것과 수용적인(receptive) 어휘 테스트, 신생(emergent) 읽고 쓰기 과제와 이야기 전개(내러티브)가 있다. 이처럼 가상놀이는 언어 사회화적으로 효과가 있는 대화로서, 자녀를 이끌기 원하는 부모에게 이상적인 기회를 제공할 것이다.

4. 언어와 생각과 경험 사이의 관계

언어 발달을 주제로 토론할 때, 사람들은 종종 주제를 언어 자체로 제한해 버리는 것 같다. 비록 언어가 우리의 더 큰 정신 구조의 중요한 부분이기는 하지만, 그것은 사실 정신 구조의 일부분에 지나지 않는다. 언어와 인식 사이에는 상호관계가 존재하고, 아이에게 인생 초기는 관계를 맺어 주는 시기다.[79] 언어는 때때로 관계 연결을 위한 도구가 된다. 예를 들어, 연구자들은 아이들이 행동을 이해하자마자 '떨어진다 (fall down)'와 같은 이동 동사를 금방 배우는 것을 발견했다.[80] 이와 비슷한 경우로, 다른 연구자들은 아이들이 개념을 이해하였을 때 '없어지다 (all gone)'와 같이 사라지는 것과 관계된 용어를 사용하기 시작하는 것을 발견했다.[81] 이와 같이 우리가 아이들이 계승어를 배우는 것을 돕고 있는 시간은 한편으로는 아이들의 지적 발전을 도와주고 있다고 볼 수도 있는데, 이것을 위해 자극을 해주는 환경과 경험이 필요하다. 아이들에게 단어의 의미를 배우는 것은 그들의 언어 경험, 즉 그들의 세상에 대한 지식과 밀접한 관련이 있다.[82]

풍부한 경험은 아이들에게 자기 생각을 표현할 기회를 제공한다. 아이들이 다양한 경험을 하면 할수록, 부모들은 아이들이 자기가 한 경험을 묘사하도록 도와주는 언어를 더 잘 사용할 가능성이 커진다. 부모는 아이를 (슈퍼마켓, 은행, 약국을 방문하는 것같이)많은 활동에 참여하게 하고, 아이에게 이런 활동과 관계된 단어와 개념을 설명해 주는 방법을 통해 아이의 어휘력을 신장시킬 수 있다고 한다.[83] 해외여행을 갔다 온 뒤, 또는 박물관이나 어린이 연극을 보고 온 뒤, 우리는 두 아이가 질문을 더 많이 하고, 따라서 우리에게 계승어로 그들이 한 경험에 대해 이야기할 기회가 생긴다는 것을 깨달았다. 이런 대화에서 사용되는 어휘들은 우리가 일상생활 가운데 사용하는 어휘의 범주 바깥에 있던 것이었다.

뿐만 아니라 세 언어를 습득하는 것—특히 언어가 서로 크게 다를 때—은 아이들이 세상을 다양하게 인식하게 할 가능성을 내포한다. 인류학자 에드워드 사피르(Edward Sapir)와 벤자민 홀프(Benjamin Whorf)가 제시한 언어 상대성 가설에 의하면, 우리의 언어는 우리가 세상을 인식하는 방식에 영향을 준다고 한다.[84] 예를 들어, 프랑스어와 중국어에서 단어 빵은 아이들이 매일 경험하는 것에 따라 다른 정신적 이미지/개념을 촉발할 것이다. 즉 프랑스 또는 유럽에서 살고 프랑스어를 말하는 아이는 중국에서 살고 중국어를 말하는 아이와 빵을 다르게 인식하고 있을 것이다. 유럽에서 살고 프랑스어를 말하는 아이에게 빵은 여러 모양, 감촉, 색깔과 맛으로 이뤄져 있다. 중국 아이에게 빵은 찐 번(bun)을 뜻한다. 그러므로 미국에서 사는 레안드레와 도미니크에게 프랑스어와 중국어로 빵이라는 단어를 사용할 때(미국에서 빵은 종종 비닐에 사각형 모양으로 담겨 있다.), 아이들에게 경험을 제공함을 통해(즉 우리가 일부러 아이들을 위해 다양한 종류의 빵을 사서, 빵들에 대해 이야기하는 것) 아이들이 (프랑스어로 baguette, boule, pain du pays 또는 pain paysan, 중국어로 mán tou/馒头, bāo zi/包子와 같은)차이점에 주목하게 하는 것이 좋다.

사회심리학자 로저 브라운(Roger Brown)은 어른들이 아이들에게 이야기할 때 사용하는 특별한 단어는 아이들의 인식 구조에 영향을 미친다고 말했다.[85] 예를 들어, 아이가 나무를 가리키고 "저게 뭐야?"라고 할 때, "메이플 스토리 나무야."라고 대답할지 그냥 "나무야."라고 대답할지는 어른에게 달려 있다. 부모가 "참나무야.", "메이플 스토리 나무야.", "층층나무야."라고 대답해 주는 아이들은 부모가 단지 "나무야."라고만 대답해 주는 아이들보다 나무에 대해 더 다양화된 정신적 범주가 발달할 것이다. 부모가 제공하는 단어는 '개념을 형성하는 초대장'의 기능을 한다. 따라서 부모는 타겟(target)으로 삼은 계승어에서 다른 단어를 사용할 때, 단어를 뛰어넘어서 다를지도 모르는(예를 들어, 중국과 유럽에서 빵의 개념이 다른 것처럼) 개념을 설명해 주기를 원한다. 이 추가적인 단계는 삼중언어를 구사하는 아이들이 단어를 사용할 때 다양한 개념을 확립하는 데 도움이 될 것이고, 결과적으로 그들이 탁월한 지적 발전을 이루도록 도울 것이다.

5. 언어와 제스처와의 관계

단어는 우리가 의사소통하기 위해 사용하는 유일한 채널이 아니다. 손짓, 몸짓, 표정같이 다른 비언어적 행동도 우리의 의사소통 시스템의 필수적인 부분이다. 심지어 어떤 사람들은 의사소통에서 우리의 메시지 대부분은 비언어적 채널을 통해 전달된다고 주장하기도 했다.[86] 약 20년 전쯤 특별한 타입의 비언어적 의사소통—손짓—이 많은 연구자로부터 주목받았다. 말을 동반한 자연스러운 손짓은 다음과 같은 기능을 수행한다고 말하는 연구자 수가 점점 더 많아지고 있다.

손짓의 기능

. 아이들의 문제 해결 능력을 평가하는 창문.[87]
. 아이의 말에 나타나지 않은 잠재 지식과 아이가 얼마나 배울 준비가 되어 있는지를 탐지해 내는 지표.[88]
. 아이들이 과학적 개념을 말로 표현할 수 있기 전에 그것을 표현하는 방법.[89]
. 아이들이 단어로 옮기지 못한 개념을 표현하는 수단.[90]
. 정보를 기억해 내는 연상기호 장치.[91]

만약 연구 결과가 제시한 것과 같이 손짓이 중요하다면, 하나 이상의 언어를 구사하는 아이를 키우는 부모들은 이 의사소통 양식을 이용할 수 있을 것이다.

첫째, 아이들이 한 언어로 자기 의사를 충분히 표현할 수 있기 전에 부모는 손짓을 사용하도록 권할 수 있다. 아이들이 손짓을 사용하도록 권할 때 얻을 수 있는 이점 중 하나는 아이들이 단어를 몰라도 좌절하지 않는다는 점이다. 언어의 제약 때문에 의사소통을 그만두는 대신 아이들은 손짓을 통해 자기 생각을 전달할 방법을 갖게 될 것이다. 아이들이 단어를 사용하는 것보다 손짓을 사용하도록 권하면 그들이 게을러지고 단어를 사용하지 않을까 염려하는 부모가 있을지도 모른다. 그러나 실제 연구 결과는 이와 다르게 나타났다. 예를 들어, 발달 심리학자 린다 아크레돌로(Lynda Acredolo)와 수잔 굿윈(Susan Goodwyn)이 발표한 연구에 따르면, 언어를 사용하기 이전의 아기가 자신의 필요와 희망 사항을 표현할 일련의 제스처를 배울 때 그 아기는 말을 할 수 있기 전에 제스처를 사용할 수 있도록 훈련받지 못한 친구들보다 덜 좌절하게 되고 언어를 더 잘 습득할 수 있게 된다[92](그러나 최근의 발표된 연구에 의하면, 부모가 아기에게 베이비 사인—baby sign, 역자주 : 아직 말을 하지 못하는 아기와 의사소통을 하기 위하여 서로 주고받는 몸짓이나 표정 따위의 신호, 국립국어원 '신어' 자료집—을 사용하도록 가르칠 때 주의해야 한다고 한다.)[93]. 어린아이들에게 제스처를 사용하라고 권할 때 얻을 수 있는 또 다른 이점은 아이들이 어떻게 표현해야 하는지 모르는 단어나 개념이 무엇인지 부모가 파악할 기회를 갖는다는 점이다. 예를 들어, 레안드레는 중국어 단어 jiǎn dāo/剪刀(가위)를 말할 수 있기 전에는 단어의 의미를 표현하기 위해 검지와 중지를 벌렸다 좁히곤 했다. 그의 제스처를 통해서 나는 그가 중국어로 가위를 뭐라고 부르는지 모르고 있다는 단서를 쥐게 되었다. 그 결과, 나는 그에게 jiǎn dāo/剪刀(가위)를 어떻게 말하는지 시범을 보여 줄 기회를 갖게 되었다.

둘째, 모든 문화는 특별한 공동체에서 온 사람들이 인식할 수 있는 일련의 제스처를 갖고 있다(이런 타입의 제스처는 상징적 또는 관습적 제스처라고 불린다.). 상징은 한 언어를 배우는 데 매우 중요한 부분이다. 한 언어/문화의 관습적 제스처를 어떻게 사용하는지를 알면 말하는 사람이 더 '진짜'같이 보인다. 부모는 자신이 직접 관습적 제스처를 사용하고 아이들에게 그것을 가리켜 보여서, 아이들에게 그것을 의도적으로 알려 줄 필요가 있다. 필립은 레안드레와 도미니크에게 눈꺼풀을 약간 낮게 까는 Mon œil(설마!)과 같은 프랑스어 제스처를 많이 보여 주었다. 나는 코 위를 검지로 긁어서(guā bí zi/刮鼻子) 중국어로 '부끄러움'을 상징하는 제스처를 아이들에게 보여 주었다.

셋째, 아이들에게 제스처를 사용하도록 격려하면 부모는 아이들이 알지도 모르는 암시된 정보를 이해할 수 있도록 도와주는 효과를 얻을 수 있다. 예를 들어, 최근 발표된 연구 결과에 따르면 새로운 임무를 배울 때 아이들에게 일부러 제스처를 사용하라고 요구하면 그들의 내포된 지식을 꺼낼 수 있고 잘 배우도록 이끌 수 있다고 한다.[94] 게다가 최근의 또 다른 연구 결과에 따르면 제스처와 말하기를 통해 가르치는 것이 구어 요소(spoken component)만 가르치는 것보다 더 효과적이라고 한다.[95]

6. 가족 간 의사소통의 중요성

만약 부모 둘 다 세 언어를 이해한다면 그것은 삼중언어를 구사하는 가족에게 이상적인 환경일 것이다. 그러나 인생이 언제나 바라는 대로 되지는 않을 것이다. 가족 중 부모가 서로의 계승어를 구사하지 못할 때 모든 식구가 한자리에 모여 어떻게 가족 간 의사소통을 할 수 있을까?

이 장 앞부분에서 나는 한 부모-한 언어 방법을 사용하는 가족 가운데 한 부모가 때때로 가족 간 의사소통에서 소외감을 느끼기도 한다고 말했다. 배우자의 계승어를 잘하지 못하는 데서 좌절감을 느끼고, 이렇게 아이들과 배우자가 나누는 대화에 참여할 수 없게 되면 가족 간 의사소통에 정말로 문제가 생겨버린다.[96] 어떤 사람들은 심지어 이런 종류의 가족 의사소통 구조는 가족 단합(integration)에 해롭다고 인식하기도 한다.[97] 그러나 나는 만약 부모가 다른 가족 의사소통 전략을 탐구하려는 의지를 갖고 있다면, 이런 의사소통 과정에서 생기는 어려움을 극복할 수 있다고 믿는다.

예를 들어, 필립이 아이들과 내가 이야기하고 있는 것을 이해할 수 없을 때(평소처럼 저녁 식사 시간에 테이블에 앉아 있을 때 등), 아래 예문과 같이 나는 종종 아이들에게 자기가 하고 있는 말을 아빠에게 프랑스어로 반복하거나 전달해 주라고 부탁한다.

사례 3.12
레안드레(3세10개월)가 중국의 사원같이 생긴 큰 레고 장난감을 받았다.

레안드레 : Māma, nà ge Lego de fáng zi, nà ge fáng zi hé sūn wù kōng diàn
yǐng lǐ yí yàng de.
(妈妈, 那个Lego的房子, 那个房子和孙悟空电影里一样的. **엄마,
저 레고 집이요, 저 집은 손오공 영화에서 본 거랑 똑같아요.**)

엄　　마 : Duì, hǎo xiàng shì yí yàng de. Kě shì nà ge bú jiào fáng zi, nà ge
jiào gōng diàn.(对, 好像是一样的. 可是那个不叫房子, 那个叫宫殿.

맞아, 똑같은 것 같네. 그런데 저건 집이 아니라 궁전이라고 불러야 해.)

Gào sù bàba nǐ gāng cái shuō de huà.

(告诉爸爸你刚才说的话. 아빠한테 네가 방금 한 말 알려 주렴.)

레안드레 : Le singe dans le film, il a un bâton. Il saute. Il vole. Mon nouveau jouet Lego ressemble à la maison.

(영화에 원숭이가 나오는데요, 원숭이는 막대기를 가졌어요. 원숭이는 점프할 수 있어요. 그 원숭이는 날 수 있어요. 나의 새 레고 장난감은 그 집과 비슷해요.)

엄　마 : (To father) Do you know the DVD my parents gave to Léandre and Dominique? It is what he tried to tell you. The temple in that DVD looks like tje Lego building. Monkey King is a popular character in one of the Chinese classics.

(아빠에게) (내 부모님이 레안드레와 도미니크에게 준 DVD 알아요? 레안드레가 당신에게 하려고 한 말이 그 DVD예요. 그 DVD에 나오는 사원이 레고 빌딩하고 비슷해요. 원숭이 왕은 중국 고전 중 하나에 등장하는 유명한 캐릭터예요.)

어떤 사람들에게는 이런 종류의 가족 의사소통이 성가실지도 모른다. 나에게는 다음과 같은 이점이 있다. 언어 및 사회 인지적 관점에서 보면, 사례 3.12는 그런 환경에 있는 한 아이가 다른 언어로 같은 정보를 다르게 표현한 것이다(정확하게 번역만 한 것이 아니다.). 예를 들어, 중국어로, 레안드레는 레고 빌딩과 자신이 본 중국 영화에서 나오는 빌딩의 비슷한 점을 표현했다. 그는 메시지를 아빠에게 전달할 때 아빠가 전후 맥락을 이해할 수 있도록 돕기 위해 "원숭이는 지팡이를 가지고 있고 점프도 하고 날 수 있어요."와 같이 구체적인 사항을 추가해야 했다. 가족 간 의사소통 관점에서 보면 이런 경험은 다른 문화적 배경 출신의 부모들에게 자신의 문화를 상대방에게 알려 줄 기회를 제공한다(예를 들어, 나는 필립에게 "원숭이 왕은 중국 고전 중 하나에 등장하는 유명한 캐릭터죠."라고 알려 주었다.).

이처럼 부모는 힘든 상황을 아이들이 인지적, 언어적, 사회적으로 발달할 수 있도록 해주는 기회로 바꿀 수 있다. 부모는 아이의 발달 초기에 이런 가족 의사소통 스타일을 시작하는 것이 좋다. 사실 우리 두 아이는 얼마 뒤에 자기가 말을 할 때 한 사람이 이해하지 못한 것을 눈치를 챘고, 그다음부터 가족 간에 대화를 나눌 때 메시지를 각 부모에게 전달하는 것을 자연스럽게 배웠다.

7. 아이들의 정체성 발달을 돕는 것의 중요성

삼중언어를 구사하는 어린아이가 그들의 세 언어를 발전시킬 때, 그들은 자신의 정체성도 발전시키는 것이다. 결국에는 그들의 삼중언어를 구사하는 경험은 그들이 자신을 어떻게 인식하는지에 대해 근본적인 영향을 미칠 것이다. 삼중언어를 구사한 경험이 어떻게 아이들의 자아 인식에 영향을 미쳤는지에 대한 연구는 거의 이뤄지지 않았다. 그렇지만 심리학자 수잔 하터(Susan Harter)에 따르면, 아이들의 자아 인식은 성장 과정에서 네 가지 중요한 기능을 한다. 이것은 자기에게 일어나는 일을 이해할 수 있게 돕는다(예 : 옆집에 사는 어린이는 항상 나와 놀이를 해. 나는 매력이 있는 게 틀림없어.). 이것은 다른 사람들이 호의적으로 반응하는 행동에 그들이 참여하도록 동기부여 한다(예 : 내가 세 언어를 말할 수 있다면, 다른 아이들이 나를 보고 감탄할 거야.). 이것은 사건에 대한 그들의 반응에 영향을 준다(예 : 나는 중국어로 이것을 뭐라고 표현해야 할지 모를 때 정말 힘이 쭉 빠져.). 이것은 그들이 되고 싶어하는 장래의 자기 모습 여러 가지를 상상하게 해준다(예 : 나는 훌륭한 작가가 되고 싶어.). 일단 그들이 특별한 미래의 자기 모습을 진지하게 바라보기 시작하면, 그것은 그들이 자신의 목적에 맞는 선택을 내릴 수 있도록 도와준다(예 : 만약 내가 훌륭한 작가가 되려면, 나는 글을 더 잘 써야 할 거야.).[98] 많은 심리학자들은 인간은 긍정적인 자부심을 느끼고 유지하기 위하여 자신을 능력 있고 매력 있고 가치 있는 인간이라고 생각하는 기본적인 필요가 있다고 믿는다.[99] 그러나 한편으로는 실패를 계속 경험한 아이는 부정적인 자아상을 발전시킬 수 있다고 보여 준다는 연구 결과도 있다.[100] 그러므로 다른 언어 환경을 가진 어린이가 긍정적인 자아상을 발전시키도록 도와주는 중요한 방법 한 가지는 그들의 언어 습득 과정에서 긍정적인 경험을 하도록 해주는 것이다. 아이들은 언어를 배울 때 실수하는 것을—때때로 큰 실수를 하는 것을— 피할 수 없다. 그들이 세 언어를 배우면서 경험한 것은 또한 자아 인식을 발전시켜 가는 과정이기도 하다. 부모는 부정적이기보다는 긍정적인 태도를 보여야 한다. 이 장의 앞부분에서 한 이야기를 떠올려 보자. 나는 도미니크가 'gentille(친절한)'이라고 하지 않고 여성형을 추측해서 'gentite'라고 하는 경향이 있다고 말했다. 그 단어를 똑바로 사용하지 못한다고 아이를 꾸짖는 대신, 필립은 그에게 긍정적인 생각을 불어넣어 주려고 노력했다. 어느 날 도미니크가 정확하게 "Maman est gentile(엄마는 친절해요)."라고 말하자 필립은 그에게 "훌륭해, 도미니크. 너 'gentille'라고 말했구나."라고 칭찬했다. 도미니크는 자기가 똑바로 말을 할 수 있어서 자랑스러워했음이 분명했다. 이와 같이 격려는 삼중언어를 구사하는 아이가 어린 시절에 자신감과 적극적인 자기 이미지를 갖게 해주는 최고의 방법이다.

 ## 요약

아이들의 삶에서 생후 몇 년 동안은 자녀가 다른 언어로 의사소통 시스템을 확립하도록 부모가 도와줄 수 있는 최고의 시기다. 이 시기의 목표는 아이들이 계승어를 배우고 발전시키는 데 확고한 기초를 세울 기회를 갖도록 환경적 지원을 해주는 것이다. 이 과정을 실현하는 데 몇 가지 요소가 결정적인 역할을 한다.

첫째, 아이들은 가능한 한 일찍 계승어를 접해야 한다. 그래야 그들은 자기 주위에서 들리는 언어에 좀 더 수월하게 적응할 수 있을 것이다. 둘째, 지속적인 언어 시스템에서 아이들과 의사소통을 하는 것이 도움이 된다. 그리고 아이들이 들리는 언어로 반응하고 의사소통을 하는 습관을 갖도록 하는 것이 도움이 된다. 셋째, 계승어를 배우는 아이는 보통 부모를 통해서만 언어 입력을 받을 수 있기 때문에, 부모는 가능한 한 많은 시간을 아이들과 함께해서 아이들이 계승어를 충분히 접할 수 있게 해주어야 한다. 넷째, 자기 이야기 말하기, 책 읽어 주기, 비즉각적인 대화와 가상 놀이와 같은 활동은 아이들의 계승어를 폭넓게 경험하게 해주는 중요한 요소이다. 다섯째, 아이들이 일상생활에서 만날 기회가 없는 어떤 어려운 언어의 특징은 전후 맥락을 고려하여 의도적으로 배우게 할 필요가 있다. 여섯째, 부모는 아이들에게 자연스럽고 관습적인 손짓을 이용해서 자기 의사를 표현할 수 있도록 격려해 주어야 한다. 마지막으로, 부모들은 아이들이 계승어를 배울 때 긍정적인 경험을 하게 해서 아이들의 정체성이 건강하게 발달하도록 해주어야 한다.

적절하게 전략을 수립하고 지원을 받는다면 부모는 아이들의 미래의 다중언어 발달과 정체성 발달을 위해 그들이 기초를 착실히 쌓을 수 있도록 도울 수 있을 것이다.

1. '가정학습 기간(The Home Years')은 우리 아이들이 어떤 종류의 학교에 다니기 전 기간을 뜻한다. 이 기간 동안, 아이들은 집에서 두 부모 중 한 명의 보살핌 아래에 있었고, 때때로 영어를 말하는 베이비시터와 시간을 보냈다. 가정학습 기간의 길이는 두 아이가 서로 다르다. 어린이집에 다니기 전, 레안드레는 집에서 4년을 보냈고, 도미니크는 집에서 3년을 보냈다.

2. Hoffmann, C. (1985) Language acquisition in two trilingual children. *Journal of Multilingualism and Multicultural Development* 6, 479-495.

   Saunders, G. (1988) *Bilingual Children: From Birth to Teens*. Clevedon: Multilingual Matters.

3. Ronjat. J. (1913) *Le développement du langage observé chez un enfant bilingue*. Paris: Champion.

   Saunders, G. (1988) *Bilingual Children: From Birth to Teens*. Clevedon: Multilingual Matters.

   Leopold, W.F. (1939) *Speech Development of a Bilingual Child: A Linguist's Record*. Evanston, IL: The Northwestern University Press.

4. Cruz-Ferreira, M. (2006) *Three is a Crowd? Acquiring Portuguese in a Trilingual Environment* (pp.240-243). Clevedon: Multilingual Matters.

   Cunningham-Andersson, U. and Andersson, S. (1999) *Growing up with Two Languages*. New York: Routledge.

   Saunders, G. (1988) *Bilingual Children: From Birth to Teens*. Clevedon: Multilingual Matters.

5. 데이터는 가정학습 기간에 임의로 12시간의 비디오 테이프를 샘플로 선정한 것을 근거로 계산 및 분석된 것이다.

6. Huttenlocher, J., Haight, W., Bryk, A., Seltzer, M. and Lyon, T. (1991) Early vocabulary growth: Relation to language input and gender. *Developmental Psychology* 27, 236-248.

7. Hamilton, M.L. (1977) *Father's Influence on Children*. Chicago, IL: Nelson-Hall.

   Blatt, J.A. (2007) Father's role in supporting his son's developing awareness of self: *Infant Observation* 10 (2), 173-182.

8. Tamis-LeMonda, C.S.,Shannon, J.D., Cabrera, N. and Lamb, M.E. (2004) Resident fathers and mothers at play with their 2- and 3-year-olds: Contributions to language and cognitive development. *Child Development* 75, 1806-1820.

   Abkarian, G.G. and Dworkin, J.P. (2003) Fathers' speech to their children: Perfect pitch or Tin ear? *Fathering* 1 (1), 27-50.

9. Pancsofar, N, and Vernon-Feagans, L. (2006) Mother and father language input to young children: Contributions to later language development. *Journal of Applied Developmental Psychology* 27 (6), 571-587.

   Tamis-LeMonda, C.S., Shannon, J.D., Cabrera, N. and Lamb, M.E. (2004)

Resident fathers and mothers at play with their 2- and 3-year-olds: Contributions to language and cognitive development. *Child Development* 75, 1806-1820.

10. Cruz-Ferreira, M. (2006) *Three is a Crowd? Acquiring Portuguese in a Trilingual Environment* (pp.240-243). Clevedon: Multilingual Matters.

11. Harding-Esch, E. and Riley, P. (2003) *The Bilingual Family: A Handbook for Parents* (p.87). Cambridge: The Cambridge University Press.

12. Bhatia, T.K. and Ritchie, W.C. (1999) The bilingual child: Some issues and perspectives. In W.C. Ritchie and T.K. Bhatia (eds) *Handbook of Child Language Acquisition* (pp.569-643). New York: Academic Press.

13. Saunders, G. (1988) *Bilingual Children: From Birth to Teens*. Clevedon: Multilingual Matters.

14. DeTemple, J.M. (2001) Parents and children reading books together. In D.K. Dickinson and P.O. Tabors (eds) *Beginning Literary with Language: Young Children Learning at Home and School* (pp.31-51). Baltimore, MD: Paul H. Brookes.

15. Cote, L.R. (2001) Language opportunities during mealtimes in preschool classrooms. In D.K. Dickinson and P.O. Tabors (eds) *Beginning Literary with Language: Young Children Learning at Home and School* (pp.205-221). Baltimore, MD: Paul H. Brookes.

16. Clay, M.M. (2000) *Becoming Literate. The Construction of Inner Control*. Portsmouth: Heinemann.

17. Cruz-Ferreira, M. (2006) *Three is a Crowd? Acquiring Portuguese in a Trilingual Environment* (pp.240-243). Clevedon: Multilingual Matters.

18. 나중에 우리는 批萨(pī sà) 또는 比萨(bǐ sà)를 사용하기 시작했다. 이 단어를 중국 신문에서 읽었기 때문이다. 우리가 몇 년 전에 중국에 갔을 때, 우리는 pī sà bǐng/批萨饼 또는 pī sà bǐng /比萨饼이라는 단어가 쓰여 있는 피자 가게를 발견했다. 우리는 이제 피자를 말할 때 이 새 단어들을 사용하기 시작했다.

19. Cunningham-Andersson, U. and Andersson, S. (1999) *Growing up with Two Languages*. New York: Routledge.

20. Cunningham-Andersson, U. and Andersson, S. (1999) *Growing up with Two Languages*. New York: Routledge.

21. Cruz-Ferreira, M. (2006) *Three is a Crowd? Acquiring Portuguese in a Trilingual Environment*. Clevedon: Multilingual Matters.

22. Miller, J. (2004) Identity and language use: The Politics of speaking ESL in schools. In A. Pavlenko and A. Blackledge (eds) *Negotiation of Identities in Multilingual Context*. Clevedon: Multilingual Matters.

23. 영어를 하는 아기는 일반적으로 약 6주에서 8주가 되었을 때 초기 옹알이를 시작한다. Hoff, E. (2005) *Language Development* (3rd edn). Belmont, CA: Thomson Wadsworth 참조.

24. 이 정보는 비디오 자료 중 24시간을 임의로 선택하여, 아이들이 1살일 때 (매달 2시간씩)분석한 것에 기초한다.

25. 영어를 하는 어린이는 일반적으로 약 4개월에서 8개월 사이에 옹알이를 시작한

다. Berk, L.E. (2006) *Child Development*. Boston, MA: Allyn & Bacon 참조.
Bialystok, E. (2004) *Bilingualism in Development: Language*, Literacy and Cognition. Cambridge: Cambridge University Press.
Tabor, P.O. (1997) *One Child, Two Languages*. Baltimore, MD: Paul. H. Brookes.

26. Bialystok, E. (2001) *Bilingualism in Development: Language, Literacy and cognition*. Cambridge: Cambridge University Press.

27. Poulin-Dubois, D. and Goodz, N.S. (2002) Language differentiation in bilingual infants: Evidence from babbling. In J. Cenoz and F. Genesee (eds) *Trends in Bilingual Acquisition* (pp.95-106). Amsterdam: John Benjamins.

28. 이 정보는 초기 옹알이를 관찰하기 위해 사용한 것과 똑같은 비디오 자료를 분석한 뒤 결정된 것이다(본 장 미주 24 참고).

29. 이 정보는 레안드레를 찍은 비디오 자료 48시간과 도미니크를 찍은 비디오 자료 36시간을 근거로 한 것이다(레안드레는 4년 동안 매달 한 시간씩, 도미니크는 3년 동안 매달 한 시간씩).

30. Zhu, H. (2002) *Phonological Development in Specific Contexts: Studies of Chinese-Speaking Children*. Clevedon: Multilingual Matters.

31. Bialystok, E. (2004) *Bilingualism in Development: Language, Literacy and cognition*. Cambridge: Cambridge University Press.

32. Caldas, S.J. (2006) *Raising Bilingual-Biliterate Children in Monolingual Cultures*. Clevedon: Multilingual Matters.

33. 아이들은 일반적으로 10개월에서 15개월 사이에 첫 단어를 말한다(가장 보편적인 경우는 12개월 말 무렵이다.). Benedict, H. (1979) Early lexical development: Comprehension and production. *Journal of Child Language* 6, pp. 183-200 참조.
Fenson, L., Dale, P.S., Reznick, J.S., Bates, E., Thal, D.J. and Pethick, S.J. (1994) Variability in early communicative development. *Monographs of the Society for Research in Child Development* 59 (Serial No. 242)
Huttenlocher, J. and Smiley, P. (1987) Early word meanings: The case of object names. *Cognitive Psychology* 19, 63-89. 16개월까지 하나의 언어만 할 줄 아는 아이는 보통 191개의 단어를 이해하고 평균적으로 64개의 단어를 말한다. Bates, E., Dale, P.S. and Thal, D.J. (1995) Individual differences and their implications for theories of language development. In P. Fletcher and B. MacWhinney (eds) *Handbook of Language* (pp.96-151). Oxford: Basil Blackwell 참조.

34. Benedict, H. (1979) Early lexical development: Comprehension and production. *Journal of Child Language* 6, 183-200.
Nelson, K. (1973) Structure and strategy in learning to talk. *Monographs of the Society for Research Child Development* 38 (149).
Goldfield, B.A. and Reznick, J.S. (1990) Early lexical acquisition: Rate, content and the vocabulary spurt. *Journal of Child Language* 17, 171-183.

35. Hoffmann, C. and Stavans, A. (2007) The evolution of trilingual codeswitchinig from infancy to school age: The shaping of trilingual competence through dynamic language dominance. *International Journal of Bilingualism* 11 (1), 55-72.

36. 만약 독자들이 형태소의 개수를 세고 MLU를 계산하는 규칙에 관심이 있다면, Brown, R. (1973) *A First Language: The Early Stages*. Cambridge, MA:Harvard University Press.를 참고하기 바란다.

37. Blake, J., Quartaro, G. and Onorati, S. (1993) Evaluating quantitative measures of grammatical complexity in spontaneous speech samples. *Journal of Child Language* 20, 139-152.

38. Cruz-Ferreira, M. (2006) *Three is a Crowd? Acquiring Portuguese in a Trilingual Environment*. Clevedon: Multilingual Matters.

39. Owens, R.E. (2005) *Language Development: An Introduction*. New York:Pearson Education. Crystal, D. (1986) *Listen to Your Child*. Harmondsworth: Penguin.

40. Jiao, F. (2002) *A Chinese-English Dictionary of Measure Words*. Beijing: Sinolingua.

41. Erbaugh, M.S. (1992) The acquisition of Mandarin. In D.I. Slobin (ed.) *The Crosslinguistic Study of Language Acquisition* (Vol.3, pp.373-455). Hillsdale, NJ: Lawrence Erlbaum.

42. Erbaugh, M.S. (1986) Taking stock: The development of Chinese noun classifiers historically and in young children. In C.G. Craig (ed.) *Noun Classes and Categorization* (pp.399-436). Amsterdam: John Benjamins.

43. Chien, Y.C., Lust, B. and Chiang, C.P. (2003) Chinese children's comprehension of count-classifiers and mass-classifiers. *Journal of East Asian Linguistics* 12 (2), 91-120.

44. Fang, F.X. (1985) An experiment on the use of classifiers by 4- to 6-year-olds. *Acta Psychological Sinica* 17, 384-392.
    Hu, Q. (1993) The acquisition of Chinese classifiers by young Mandarin-speaking children. Doctoral Dissertation, Boston University.

45. Fang, F.X. (1985) An experiment on the use of classifiers by 4- to 6-year-olds. *Acta Psychological Sinica* 17, 384-392.
    Hu, Q. (1993) The acquisition of Chinese classifiers by young Mandarin-speaking-children. Doctoral Dissertation, Boston University.
    Loke, K.K. (1991) A semantic analysis of young children's use of Mandarin shape classifiers. In A. Kwan-Terry (ed.) *Child Language Development in Singapore and Malaysia* (pp.98-116). Singapore: Singapore University Press.
    Ying, H. C., Chen, G.P., Song, Z.G., Shao, W.M. and Guo, Y. (1983) Characteristics of 4- to 7-year-olds in mastering classifiers. *Information on Psychological Science* 26, 24-32.

46. Erbaugh, M.S. (1992) The acquisition of Mandarin. In D.I. Slobin (ed.) *The Crosslinguistic Study of Language Acquisition* (Vol.3, pp.373-455). Hillsdale, NJ: Lawrence Erlbaum.

47. Newport, E., Gleitman, A. and Gleitman, L., (1977) Mother I'd rather do it myself: Some effects and non-effects of maternal speech style. In C. Snow and C. Ferguson (eds) *Talking to Children: Language Input and Acquisition*. New York: Cambridge University Press.

48. 본 장 미주 24번과 같은 데이터를 사용했다.

49. Clarke, S. (2006) *Talk to the Snail: Ten Commandments for Understanding the French* (pp. 104-107). London: Black Swan.

50. Galambos, S.J. and Goldin-Meadow, S. (1990) The effects of learning two languages on metalinguistic awareness. *Cognition* 34, 1-56.
    Taeschner, T. (1983) *The Sun is Feminine. A Study on Language Acquisition in Bilingual Children*. Berlin: Springer-Verlag.

51. Cunningham-Andersson, U. and Andersson, S. (1999) *Growing up with Two Languages*. New York: Routledge.

52. Cruz-Ferreira, M. (2006) *Three is a Crowd? Acquiring Portuguese in a Trilingual Environment*. Clevedon: Multilingual Matters.
    Genesee, F. (2006) Bilingual first language acquisition in perspective. In P. McCardle and E. Hoff (eds) *Childhood Bilingualism: Research on Infancy Through School Age*. Clevedon: Multilingual Matters.
    Saunders, G. (1988) *Bilingual Children: From Birth to Teens*. Clevedon: Multilingual Matters.

53. Harter S. (1996) Teacher and classmate influence on scholastic motivation, self-esteem, and level of voice in adolescents. In J. Juvonen and K. Wentzel (eds) *Social Motivation: Understanding Children's School Adjustment*. New York: Cambridge University Press.

54. Eder, R.A. and Mangelsdorf, S.C. (1997) The emotional basis of early personality development: Implications for the emergent self-concept. In R. Hogan, J. Johnson amd S. Briggs (Eds) *Handbook of Personality Psychology* (pp. 209-240). Orlando, FL: Academic Press.

55. Yamamoto, M. (2001) *Language Use in Interlingual Families: A Japanese-English Sociolinguistic Study*. Clevedon: Multilingual Matters.

56. Brunsma, D.L. and Rockquemore, K.A. (2001) The new color complex:Appearance and biracial identity. *Identity: An International Journal of Theory and Research* 1 (3), 225-246.

57. Romaine, S. (1995) *Bilingualism*. Malden, MA: Blackwell.

58. Ronjat, J. (1913) *Le développement du langage observé chez un enfant bilingue*. Paris: Champion.

59. Saunders, G. (1988) *Bilingual Children: From Birth to Teens*. Clevedon: Multilingual Matters.

60. Leopold, W.F. (1939) *Speech Development of a Bilingual Child: A Linguist's Record*. Evanston, IL: The Northwestern University Press.

61. Kasuya, H. (1997) Sociolinguistic aspects of language choice in English/Japanese bilingual children. Unpublished doctoral dissertation: Harvard University.

62. Baker, C. (2007) *A Parents' and Teachers' Guide to Bilingualism* (3rd edn). Clevedon: Multilingual Matters.

63. Belsky, J. (1992) Consequences of childcare for children's development:

A deconstructionist view. In A. Booth (Ed.) *Child Care in the 1990s: Trends and Consequences* (pp.83-85) Hillsdale, NJ: Erlbaum.

Belsky, J. (2001) Emanuel Miller lecture: Developmental risks (still) associated with early child care. *Journal of Child Psychology and Psychiatry* 32, 845-859.

Lamb, M.E., Sternberg, K.J. and Prodromidis, M. (1992) Nonmaternal care and the security of infant-mother attachment: Reanalysis of the data. *Infant Behavior and Development* 15, 71-83.

NICHD(National Institute for Child Health and Development) Early Child Care Research Network (1997) The effects of infant child care on infant-mother attachment security: Results of the NICHD Study of Early Child Care. *Child Development* 68, 860-879.

NICHD(National Institute for Child Health and Development) Early Child Care Research Network (1999) Child care and mother-child interaction in the first 3 years of life. *Developmental Psychology* 35, 1399-1413.

NICHD(National Institute for Child Health and Development) Early Child Care Research Network (2002) Child-care structure, process, outcome: Direct and indirect effects of child-care quality on young children's development. *Psychological Science* 13, 199-206.

NICHD(National Institute for Child Health and Development) Early Child Care Research Network (2003) Des amount of time spent in child care predict socioemotional adjustment during the transition to kindergarten? *Child Development* 74, 976-1005.

64. Quay, S. (2001) Managing linguistic boundaries in early trilingual development. In J. Cenoz and F. Genesee (eds) *Trends in Bilingual Acquisition* (pp. 149-199). Amsterdam: John Benjamins.

Quay, S. (2008) Dinner conversation with a trilingual two-year old: Language socialization in a multilingual context. *First Language 28* (1), 5-23.

65. Beals, D.E. and Tabors, P.O. (1995) Arboretum, bureaucratic, and carbohydrates: Preschooler's exposure to rare vocabulary at home. *First Language* 15, 57-76.

66. Chien, Y.C., Lust, B. and Chiang, C.P. (2003) Chinese children's comprehension of count-classifiers and mass-classifiers. *Journal of East Asian Linguistics* 12 (2), 91-120.

67. Harris, M. (1992) *Language Experience and Early Language Development: From Input to Uptake*. Hove: Erlbaum.

68. Bialystok, E. (2004) *Bilingualism in Development: Language, Literacy and Cognition*. Cambridge: Cambridge University Press.

69. 중국어에서 색깔을 나타내는 정확한 양사 중 하나는 个(gè)가 아니라 种(zhŏng) 임에 유의하라.

70. Bloom, P. (2000) *How Children Learn the Meaning of Words*. Cambridge, MA: The MIT Press.

Nagy, W.E. and Herman, P.A. (1987) Breadth and depth of vocabulary knowledge: Implications for acquisition and instruction. In M.G. McKeown and M.E. Curtis (eds) *The Nature of Vocabulary Acquisition*. Hillsdale, NJ: Erlbaum.

71. 레안드레는 단어 xuè/血 (피)와 xuě/雪(눈)을 비슷하게 발음했다.

72. Bialystok, E. (2004) *Bilingualism in Development: Language, Literacy and Cognition*. Cambridge: Cambridge: University Press.

Neuman, S.B., Copple, C. and Bredekamp, S. (2000) *Learning to Read and Write: Developmentally Appropriate Practices for Young Children*. Washington, DC: National Association for the Education of Young Children.

Ramey, C.T. and Ramey, S.L. (1999) *Right from Birth: Building Your Child's Foundation for Life*. New York: Goddard Press.

Gopnik, A., Meltzoff, A.N. and Kuhl, P.K. (2000) *The Scientist in the Crib*. New York: Harper Perennial.

73. DeTemple, J.M. (2001) Parents and children reading books together. In D.K. Dickson and P.O. Tabors (eds) *Beginning Literary with Language: Young Children Learning at Home and School* (pp.31-51). Baltimore, MA: Paul H. Brookes.

74. Brobst, K., Boehm, A., Flecken, E., Gordon, N., Schlichting, K. and Wagenberg, L. (1993) The relationship between book genre and parent questions during parent / child storybook reading. Paper presented at the Second Annual National Heard Start Conference, Washington, DC.

Pellegrini, A.D., Perlmutter, J., Galda, L. and Brody, G. (1990) Joint reading between black Head Start children and their mothers. *Child Development* 61, 443-453.

75. De Temple, J.M. (2001) Parents and children reading books together. In D.K. Dickson and P.O. Tabors (eds) *Beginning Literary with Language: Young Children Learning at Home and School* (pp.31-51). Baltimore, MA: Paul H. Brookes.

76. Garvey, C. (1990) *Play*. Cambridge, MA: Harvard University Press.

77. Kavanaugh, R.D., Whittington, S. and Cerbone, M.J. (1983) Mothers' use of fantasy in speech to young children. *Journal of Child Language* 10 (1), 45-55.

Tamis-LeMonda, C. and Bornstein, M. (1994) Specificity in mother-toddler language play relations across the second year. *Developmental Psychology* 30 (2), 283-292.

78. Katz, J.R. (2001) Playing at Home: The talk of pretend play. In D.K. Dickinson and P.O. Tabors (eds) *Beginning Literary with Language: Young Children Learning at Home and School* (pp.53-73). Baltimore, MA: Paul H. Brookes.

79. Bredekamp, S. (ed.) (1987) *Developmentally Appropriate Practice in Early Childhood Programs Serving Children from Birth through Age 8*. Washington, DC: National Association for the Education of Young Children.

80. Tomasello, M. and Farrar, M.J. (1984) Cognitive bases of lexical development: Object permanence and relational words. *Journal of Child Language* 11, 477-493.

81. Gopnik, A. and Meltzoff, A.N. (1986) Relations between semantic and cognitive development on the one-word stage. The specificity hypothesis. *Child Development* 57, 1040-1053.

82. Arnberg, L. (1987) *Raising Children Bilingually: The Pre-School Years*. Clevedon:

Multilingual Matters.

83. Arnberg, L. (1987) *Raising Children Bilingually: The Pre-School Years.* Clevedon: Multilingual Matters.

84. Sapir, E. (1949) *Selected Writings.* Berkeley, CA: University of California Press. Whorf, B.L. (1956) *Language, Thought, and Reality.* Cambridge, MA: The MIT Press.

85. Brown, R. (1958a) How Shall a thing be called? *Psychological Review* 65, 14-21. Brown, R. (1958b) *Words and Thing: An Introduction to Languages.* New York: Free Press.

86. Mehrabian, A. (1981) *Silent Messages.* Belmont, CA: Wadsworth.

87. Church, B. and Goldin-Meadow, S. (1986) The mismatch between gesture and speech as an index of transitional knowledge. *Cognition* 23, 43-71.
Garber, P. (1997) Using gesture and speech to index planning in a problem-solving task: A comparative study of adults and children explaining the Tower of Hanoi Puzzle. Unpublished doctoral dissertation, University of Chicago.
Perry, M., Church, B. and Goldin-Meadow, S. (1992) Is gesture-speech mismatch a general index of transitional knowledge? *Cognitive Development* 7, 109-122.
Perry, M. and Elder, A.D. (1996) Knowledge in transition: Adults developing understanding of a principle of physical casualty. *Cognitive Development* 12, 131-157.
Schwartz, D.L. and Black, J.B. (1996) Shutting between depictive models an abstract rules: Introduction and fallback. *Cognitive Science* 20, 457-497.

88. Alibali, M., Bassok, M., Solomon, K.O., Syc, S.E. and Goldin-Meadow, S. (1999) Illuminating mental representations through speech and gesture. *Psychological Science* 10, 327-333.
Alibali, M. and Goldin-Meadow, S. (1993) Gesture and speech mismatch and mechanism of learning: What the hands reveal about a child's state of mind. *Cognitive Psychology* 25, 468-523.
Church, B. (1999) Using gesture and speech to capture transitions. *Cognitive Development* 14, 313-342.
Goldin-Meadow, S., Alibali, M. and Church, B. (1993) Transitions in concept acquisition: Using the hand to read the mind. *Psychological Review* 100, 279-297.
Perry, M., Church, B. and Goldin-Meadow, S. (1992) Is gesture-speech mismatch a general index of transitional knowledge? *Cognitive Development* 7, 109-122.
Wang, X.L., Bernas, R. and Eberhard, P. (2001) Effects of teachers' verbal and nonverbal scaffolding on everyday classroom performances of students with Down Syndrome. *International Journal of Early Years Education* 9, 71-80.

89. Roth, W.M. and Welzel, M. (2001) From activity to gestures and scientific language. *Journal of Research in Science Teaching* 38, 103-136.

90. Singer, M.A. and Goldin-Meadow, S. (2003) Children learn when their teacher's gestures and speech differ. *Psychological Science* 16 (2), 85-89.

Wang, X.L. and Eberhard, P. (2006) Helping second language learners construct meaning through hand gestures. *The International Journal of Learning* 12 (3), 227-236.

91. Kelly, S.D. and Church, B. (1998) A Comparison between children's and adults' ability to detect conceptual information conveyed through representational gestures. *Child Development* 69, 85-93.

92. Acredolo, L. and Goodwyn, S. (1996) *Baby Signs: How to Talk with Your Baby Before Your Baby Can Talk*. Chicago: Contemporary Books.
Moore, B., Acredolo, L. and Goodwyn, S. (2001) Symbolic gesturing and joint attention: Partners in facilitating verbal development. Paper presented at the Biennial Meetings of the Society for Research in Child Development, Minneapolis.

93. Johnston, J.C., Durieux-Smith, A. and Bloom, K. (2005) Teaching gestural signs to infants to advance child development: A review of the evidence. *First Language* 25, 235-251.

94. Broader, S.C., Cook, S.W., Mitchell, Z. and Goldin-Meadow, S. (2007) Making children gesture bring out implicit knowledge and leads to learning. *Journal of Experimental Psychology* 136 (4), 539-550.

95. Nicoladis, E. (2007) The effect of bilingualism on the use of manual gestures. *Applied Psycholinguistics* 28 (3), 441-454.

96. Harding-Esch, E. and Riley, P. (2003) *The Bilingual Family: A Handbook for Parents*. Cambridge: The Cambridge University Press.

97. Zierer, E. (1977) Experiences in the bilingual education of a child of pre-school age. *IRAL* 15, 143-149.

98. Harter, S. (1999) *The Construction of Self*. New York: Guilford Press.

99. Covington, M.V. (1992) *Making the Grade: A Self-Worth Perspective on Motivation and School Reform*. Cambridge: Cambridge University Press.
Deci, E.L. and Ryan, R.M. (1992) The initiation and regulation of intrinsically motivated learning and achievement. In A.K. Boggiano and T.S. Pittman (eds) *Achievement and Motivation: A Social-Developmental Perspective*. Cambridge: Cambridge University Press.

100. Urdan, T. (2004) Predictors of academic self-handicapping and achievement: Examining achievement goals, classroom goal structures, and culture. *Journal of Educational Psychology* 96, 251-264.
Wolters, C.A. (2003) Regulation of motivation: Evaluating an underemphasized aspect of self-regulated learning. *Educational Psychologist* 38, 189-205.

Chapter 4

가정에서 어린이집과
유치원으로 옮겨 가는 과도기[1]

이 장의 내용은 아이들이 가정 환경에서 학교 환경으로 옮겨 가서 잘 적응할 수 있도록 돕기 위해 사용한 전략에 대한 것이다. 나는 특별히 우리가 어떻게 모국어와 영어 사이에서 아이들이 균형을 유지할 수 있도록 도왔는지에 대해 이야기할 것이다. 그리고 이 과도기 동안 마주하게 될 새로운 도전과 그것에 대처하기 위해 취한 방법들이 소개되어 있다. 삼중언어를 사용하던 환경의 변화가 아이들에게 어떤 영향을 주는지 보여 주기 위해 도미니크와 레안드레의 삼중언어와 정체성 발달에 초점을 맞추었다. 마지막으로, 가정에서 학교로 옮겨 가는 과도기에 아이들의 삼중언어와 정체성 발달을 어떻게 지원할 수 있는지 구체적인 방법을 제시하였다.

새 언어 환경에 대처하기 위한 전략들

아이를 학교에 처음 보내는 일은 부모와 아이 모두에게 큰 사건이다. 다른 부모와 마찬가지로, 우리도 아이를 처음 어린이집과 유치원에 보낼 때 설레기도 하고 동시에 걱정도 되었다. 그렇지만 대부분의 부모와는 달리 우리에게는 걱정해야 할 것이 하나 더 있었는데, 그것은 바로 레안드레와 도미니크는 거의 모든 시간 동안 부모가 전적으로 그들을 돌보아 주었던 가정 환경에서 자라났던 것이다. 우리는 아이들이 새 학교의 언어적 및 사회적 환경에 어떻게 대처해 나갈지, 그리고 친구들이 레안드레와 도미니크가 다른 언어를 말하는 것을 발견할 때 어떻게 반응할지 궁금했다.

레안드레가 거의 네 살이 되었을 때 우리는 그를 처음으로 사설 어린이집에 보냈다. 그날은 정말 우리 모두에게 대단한 하루였다. 우리는 일찍 일어나서 특별한 아침 식사를 했다. 레안드레는 자기가 좋아하는 텔레토비 가방을 메고 태어나서 처음으로 학교에 갔다. 그는 처음에는 불안해 했지만(우리가 떠난 뒤 그는 잠시 울었다.), 곧 새 환경에 적응했다. 그해, 레안드레는 평일에 세 시간을 사설 어린이집에서 보냈다. 이듬해, 그는 우리의 공립학교 구역에 있는 유치원에 들어갔고, 월요일부터 금요일까지 매일 여섯 시간을 그곳에서 보냈다.

도미니크는 세 살 때 다른 사설 어린이집에 등록했다. 그는 별 어려움 없이 학교 환경에 바로 적응했다. 그럴 수 있었던 가장 큰 이유는 그가 매일 우리와 함께 레안드레를 배웅하고 마중 나가는 여행을 다녀서 학교 환경을 잘 알고 있었기 때문이었다. 도미니크는 2년 동안 사설 어린이집에 다녔고, 그후 형과 같은 유치원에 등록했다.

가정학습 기간의 목표가 아이들이 계승어의 기초를 확실히 다져두는 것이었다면 아이들이 유치원에 다니는 기간의 목표는 그들의 모국어와 영어가 적절하게 균형을 유지하도록 하는 것이었다. 우리 아이들이 영어를 말하는 환경에서 살고 있기 때문에 영어가 그들에게 더 큰 영향력을 끼치는 것을 피할 수는 없었다. 다중언어를 사용하는 가정에서 흔히 일어나듯이, 아이가 처해 있는 환경에서 지배적인 언어(우리 아이들에게는 영어)는 그들이 학교에 들어가고 난 뒤부터 우위를 차지하는 경향이 있다. 제1장을 기억해 보라. 우리의 헝가리인 이웃은 우리 아이들이 학교에 가자마자 중국어와 프랑스어를 버리고 영어로 돌아설 것이라고 예언했다. 만약 우리가 주어진 상황에서 특별한 전략을 준비해두지 않았다면, 그리고 그 전략을 부지런히 이행하지 않았다면, 아마 그녀의 예언은 적중했을 것이다.

연구자들이 쓴 어느 연구 결과에 따르면,[2] 해외에서 터키어를 배우는 아이들과 터키에서 사는 아이들을 비교해 볼 때, 두 그룹의 아이들의 모국어(터키어) 발달은 다섯 살까지는 대략 비슷했다. 그러나 그들이 학교에 다닌 뒤부터, 해외에 사는 아이들은 터키에 사는 아이들보다 모국어(터키어) 수준이 훨씬 떨어졌다. 그뿐만 아니라 해외에 사는 아이들은 터키에 사는 친구들의 모국어를 결코 따라잡지 못했다.

이와 같은 연구 결과와 우리가 직접 한 관찰을 바탕으로 우리는 자녀가 모국어를 성공적으로 보존할 수 있느냐의 여부는 새로운 도전에 대처하기 위해 우리가 사용할 전략에 달려 있음을 분명히 인식했다. 이제부터 나는 이 과도기에서 모국어와 영어 사이에서 균형을 이루기 위하여 우리가 채택한 효과적인 전략들에 대해 자세히 이야기할 것이다.

1. 모국어 사용을 부드럽게 고집하기

레안드레와 도미니크는 가정학습 기간에는 거의 언제나 모국어에 둘러싸였었다. 두 아이는 영어보다 모국어의 상호작용 입력을 훨씬 더 많이 받았다(3장의 표 3.1 참조). 하지만 그들이 세 언어를 배우는 상황은 어린이집과 유치원에 입학한 뒤부터 변하기 시작했다. 두 아이는 어린이집에서 매일 세 시간 동안 직접적으로 영어의 상호작용에 노출되었다. 그리고 나중에는 유치원에서 영어를 말하는 아이와 놀이 약속(play dates, 역자주 : 아이들이 함께 놀 수 있도록 부모가 정한 약속)을 한 것 같은 또 다른 상호작용에 노출되었을 뿐만 아니라 여섯 시간 동안 영어의 직접적인 상호작용에 노출되어야 했다.

순전히 영어를 접하게 된 양만으로도 모국어의 존재 자체에 실제적인 위협이 되기 시작했다. 두 아이—특히 도미니크—는 모국어에 영어를 섞기 시작했다(프랑스어를 쓸 때보다는 중국어를 쓸 때 더 자주). 이 현상을 발견하자마자 우리는 아이들이 모국어로 자기 생각을 표현해야 한다고 부드럽게 '고집을 부렸다.' 다음에 나오는 사례는 도미니크(3세 6개월)가 나와 중국어로 대화할 때 영어 단어 ballon을 사용하지 않도록 내가 어떻게 도와주었는지를 보여 준다.

사례 4.1

도미니크 : Wǒ jīn tiān zài xué xiào wán ballon.
(我今天在学校玩 ballon. 나 오늘 학교에서 ballon놀이 했어요.)

엄   마 : Nǐ jīn tiān wán shén me le?
(你今天玩什么了? 오늘 뭐하고 놀았다고?)

도미니크 : ballon이요.

엄   마 : Nǐ wán shén me?(你玩什么? 뭐하고 놀았다고?)

도미니크 : Ba…

엄   마 : O, nǐ jīn tiān wán qì qiú le.
(哦, 你今天玩气球了. 아, 너 오늘 풍선놀이 했구나.)

도미니크 : Duì. (对. 예.)

엄   마 : Shén me yàng de qì qiú?(什么样的气球? 어떤 풍선인데?)

도미니크 : Huáng yán sè de. (黄颜色的. 노란색색이요.)

엄   마 : Huáng yán sè de qì qiú. (黄颜色的气球. 노란색 풍선이구나.)
Huáng yán sè shì nǐ zuì xǐ huan de yán sè. Zhè jiù shì nǐ wèi
shén me xǐ huan huáng yán sè de qì qiú.
(黄颜色是你最喜欢的. 这就是你为什么喜欢黄颜色的气球. 노란
색은 네가 제일 좋아하는 색이잖아. 그러니까 네가 노란색 풍선을 제일
좋아하지.)

이 사례에서 나는 도미니크가 영어 단어 ballon을 쓰지 않고 중국어 단어 qì qiú/气球를 사용하도록 전략적으로 유도했다. 나는 그에게 단어를 반복해서 말해 보라고 요구하지 않았다. 그 대신 "你玩什么?(뭐하고 놀았다고?)"라는 질문을 시작했다. 나는 질문을 반복했고, 도미니크가 중국어 단어 qì qiú/气球를 생각해 내기를 원했다. 그가 중국어 단어를 잊어버렸음을 깨닫고(사실 나는 그가 이 단어를 잊어버린 것을 알아차

리고 상당히 놀랐다. 왜냐하면 이 단어는 그가 말을 할 수 있게 되자마자 사용했던 단어였기 때문이다.). 나는 "O, nǐ jīn tiān wán qì qiú le(哦, 你今天玩气球了.아, 너 오늘 풍선놀이 했구나)."라고 말해서 그가 단어를 다시 기억할 수 있도록 도와주었다. 단어 qì qiú/气球를 강조해서 설명하기 위해, 나는 "Shén me yàng de qì qiú?(什么样的气球? 어떤 풍선인데?)"라고 말하면서 이 단어를 반복해서 말했다. 도미니크가 풍선을 묘사하기 위해 색깔(Huáng yán sè de/黄颜色的, 노란색)을 사용했지만, 여전히 단어 qì qiú/气球를 사용하려고 하지 않는 것을 발견하고, 나는 단어를 한 번 더 사용해서 "Huáng yán sè shì nǐ zuì xǐ huan de yán sè. Zhè jiù shì nǐ wèi shén me xǐ huan huáng yán sè de qì qiú(黄颜色是你最喜欢的. 这就是你为什么喜欢黄颜色的气球. 노란색은 네가 제일 좋아하는 색이잖아. 그러니까 네가 노란색 풍선을 제일 좋아하지)."라고 말했다. 나의 의도적인 대화는 이렇게 도미니크가 qì qiú/气球를 자기 입으로 말할 때까지 계속되었다.

동시에 두 언어를 배우면서 자란 자기 자신의 경험과 관찰에 기초하여 필립은 집에서 학교로 옮겨 가는 과도기가 부모에게 모국어를 고수하는 데 매우 중요한 시기임을 잘 알았다. 따라서 아이들이 프랑스어로 대화를 나누는 동안 영어 단어를 섞어 말하면, 필립은 "Comment?(뭐라고?)" 또는 "Qu'est-ce que tu as dit?(뭐라고 말했지?)"와 같이 말했다. 이처럼 부드럽게 기억을 상기시켜 주면 아이들은 프랑스어 단어 또는 표현을 써야 한다는 것을 깨달았다. 아이들이 프랑스어 단어나 구문을 어떻게 말해야 하는지 모를 때, 필립은 가끔 "Ah! Tu veux dire…(아, 네가 하고 싶은 말은…)"이라고 말하면서 아이들이 모르는 프랑스어 단어나 구문을 알려 주기도 했다.

우리는 아이들이 이런 대화 스타일에 어떤 불만이 있는지 발견하지 못했다. 사실 이런 상황에서 우리가 아이들과 나눈 대화는 더 풍성하고 더 긴 편이었다(우리는 네 배 많은 어휘를 사용했고, 두 배 많은 시간을 보냈다.).[3]

아이들에게 모국어를 사용하라고 부드럽게 '고집'을 피우기는 했지만, 그럼에도 불구하고 우리는 두 가지 중요한 점을 잊지 않으려고 애를 썼다. 첫째, 우리는 모국어 대화를 할 때 아이들이 영어 단어를 섞는 것을 허용하기도 했다. 그 경우는 한 언어와 다른 언어를 구별하기 위해, 모국어에 동의어가 없는 말을 표현하기 위해, 어휘 간격을 메우기 위해, 또는 (강조, 인용, 저항, 나레이션 하는 것과 같은)의사소통 효과를 얻기 위해서 혼합할 때이다. 둘째, 아이들이 우리와 대화를 할 때 잘못 말한 것을 고쳐 주기 위해 아이들이 하고 있는 말을 끊어서 기분 나쁘게 만들지 않기로 다짐했다. 우리는 그렇게 하면 아이들이 말하려고 한 것을 말하지 않고 움츠러들게 되고, 결국에는 의사소통이 완전히 단절된다고 생각했다.

2. 아이들이 질문하는 습관을 갖도록 도와주기

아이들이 모국어를 가능한 한 많이 사용하게 하려고 우리는 아이들이 질문하는 습관을 갖도록 도와주었다. 아이들이 모국어 단어나 구문으로 어떻게 말해야 할지 모를 때 "중국어/프랑스어로 뭐라고 이야기해요?"라고 질문하는 것을 말한다. 내 친구 중 하나에게 이 전략에 대해 이야기했을 때 그녀는 내게 이렇게 물었다. "아이들이 늘 이런 식으로 질문해야 할 때 너는 이런 대화가 부자연스럽게 느껴지지는 않니?" 나는 그녀에게 실제로 해보면(특히 일찍 시작한다면) 이것은 전혀 문제가 되지 않는다고 설명해 주었다. 아이들은 부모와 매일 상호작용하면서 의사소통 스타일을 배운다. 모든 가족 그리고 모든 문화는 저마다 의사소통하는 법이 다르다. 아이들은 대화 스타일을 포함하여 자신의 언어 환경에 매우 유연하게 적응할 수 있다. 우리들과 같은 가족에서 아이들은 모국어로 단어를 모를 때 먼저 질문하는 것을 배운다. 돌이켜 생각해 보면, 이 전략은 아이들이 모국어를 먼저 사용해 보려 하지 않고 단어를 대체하기 위해 영어를 사용하는 현상이 나타나지 않게 하는 역할을 했다. 아래에 나오는 대화는 아이들이 중국어 단어와 구문을 모를 때 질문하는 습관을 갖도록 하는 과정을 자세히 보여 준다.

사례 4.2
레안드레(4세 3개월)

레안드레 : Māma, Oliver de mā ma kāi le <u>coffee shop</u>.
(妈妈, Oliver的妈妈开了 <u>coffee shop</u>. 엄마, 올리버-Oliver-의 엄마가 <u>coffee shop</u>을 열었어요.)

엄　　마 : O, nǐ de péng yǒu de mā ma kāi le yì jiā <u>kā fēi diàn</u>.
(噢, 你的朋友的妈妈开了一家<u>咖啡店</u>. 아, 네 친구의 엄마가 커피숍을 열었구나.)

Zhōng wén jiào <u>kā fēi diàn</u>. Rú guǒ nǐ shuō bié de rén jiā tīng bù dǒng. (中文叫<u>咖啡店</u>. 如果你说别的人家听不懂. 중국어로는 카페이디엔咖啡店이라고 해. 만약 네가 다르게 말하면, 사람들은 못 알아들을 거야.)

Xià cì rú guǒ nǐ bù zhī dào, nǐ kě yǐ wèn mā ma. Nǐ kě yǐ shuō "mā ma zhōng wén zěn me shuō?" hǎo ma?
(下次如果你不知道, 你可以问妈妈. 你可以说 "妈妈, 中文怎么说?", 好吗? 다음 번에 만약 네가 모르는 말이 나오면, 엄마한테 물어봐도 돼. "엄마, 중국어로 어떻게 말해요?"라고 물어보면 된단다. 알겠지?)

레안드레 : Hǎo. (好. 예)

사례 4.2에서 볼 수 있듯이 대화는 꽤 자연스럽게 진행되었다. 레안드레에게 이것은 엄마와 일상적인 대화를 나누는 것에 불과했지만 나에게 이것은 '가르칠 수 있는' 기회였다. 나는 그가 중국어 단어를 모를 때 어떻게 질문하는지를 보여 주었고, 어떻게 중국어로 커피숍(kā fēi diàn,咖啡店)을 말하는지 시범을 보여 주었다. 지금까지도 두 아들은 이렇게 질문하는 습관을 갖고 있다.

필립은 아이들에게 이 전략을 그대로 실시하지 않았지만, 아이들은 프랑스어 단어나 표현을 모를 때 자연스럽게 이 스타일을 '빌려 와서'

"Comment est-ce qu'on dit…en français?(프랑스어로…어떻게 말해요?)"라고 말했다. 한 부모에 의해 사용된 전략이 종종 다른 부모와의 상호작용에도 전달된다는 사실이 흥미롭다.

3. 모국어로 아이들이 학교에서 경험한 것을 묘사하는 것 돕기

가정학습 기간에는 모국어로 우리 아이들과 대화를 나누는 것이 상대적으로 쉬웠는데 그것은 그들의 일상생활 속에서 무엇이 일어났는지 우리가 잘 알고 있었기 때문이었다. 그러나 상황이 달라졌다. 아이들이 학교에 가고 매일 새로운 것을 접하게 된 것이다. 우리는 아이들과 같은 자리에 있지 않았고, 그래서 그들의 경험을 모국어로 표현할 수 없었다. 게다가 아이들은 학교에서 경험한 것을 묘사하기 위해 사용되었을 모국어 어휘를 접해 보지도 않았다. 따라서 그들이 학교에서 경험한 것을 묘사하기 위해 프랑스어나 중국어가 아니라 영어를 사용하는 것이 당연했다. 만약 우리가 학교에서 사용하는 어휘를 아이들에게 모국어로 미리 가르쳐 주지 않았더라면 그런 일이 일어날 것을 알았고, 그래서 우리는 아이들이 학교생활과 관련된 모국어 어휘를 더 잘 배울 수 있도록 여러 가지 다른 전략을 사용하기 시작했다.

필립은 학교 환경을 묘사하고 있는 코너가 있는 프랑스 어린이 책(『Le Petit Nicolas』와 같은 것)과 BD's(bandes dessinées – Titesu와 같은 만화책)을 읽어 주기 시작했다. 이런 책들을 통해 레안드레와 도미니크는 학교와 관련이 있는 프랑스어 단어와 표현을 많이 배웠다. 더 나아가 필립은 아이들에게 프랑스어로 자신이 경험한 학교생활을 이야기해 주었다. 이 전략을 사용한 결과, 레안드레와 도미니크는 자신의 학교생활에 대해 이야기할 수 있는 프랑스어 어휘를 충분히 배웠다.

나는 미국의 어린아이들을 위한 학교 환경을 잘 알고 있어서(나는 직업상 학교를 자주 방문한다.) 어린이집과 유치원의 일과에 대해서도 잘 알았다. 아이들이 학교에서 돌아올 때 나는 이렇게 말하곤 했다. "Wǒ cāi nǐ jīn tiān zài xué xiào zuò le zhè xiē shì/我猜你今天在学校做了这些事(오늘 학교에서 네가 무슨 일을 했는지 엄마가 한 번 맞춰 볼게)." 이것은 아이들에게 학교에서 경험한 것에 대해 이야기하도록 해서 중국어 어휘력을 늘리는 훌륭한 방법이었다.

우리는 또한 아이들이 학교에서 한 것을 그림으로 그리게 했고, 그 그림을 아이들과 함께 보았다. 우리는 이 과정 동안 아이들이 그림을 설명하는 것을 도와주면서 모국어 어휘를 가르쳐 주었다.

4. 학교 언어와 모국어를 연결하기

비록 학교에서 경험한 것이 결코 집에서 경험한 것과 정확하게 연결되거나 대체될 수는 없지만, 우리는 영어 발달과 모국어 발달을 상대적으로 균형을 맞춰 주기 위해 학교에서 하는 활동 일부를 집에서도 따라 하려고 노력했다. 예를 들면 미국의 어린이집과 유치원에는 '쇼앤드텔(show and tell)'이라고 하는 유명한 활동이 있다. 아이들은 학교로 아이템을 갖고 가서 다른 아이들에게 그것에 대해 설명해야 한다. 우리 아이들이 학교에서 이 활동을 하고 돌아온 뒤면 언제나(교사들은 활동 전 또는 이후에 늘 집으로 쪽지를 보내 준다.) 우리는 모국어로 아이들에게 자신이 보여 준 아이템을 설명해 보라고 하고 학교에서 일어났던 일에 대해 이야기해 보라고 한다. 아래는 아이들이 학교에서 사용했을 것 같은 영어 단어와 연결해 주기 위해 내가 어떻게 중국어 단어를 가르쳐 주려고 노력했는지에 대한 예문이다. 나는 대개 그날 학교에서 무엇을 했는지 질문하면서 대화를 시작한다. 아이들은 종종 "쇼앤드텔을 했어요."라고 간단하게 말한다. 그러면 나는 아이들이 더 이야기하도록 '압력'을 넣어 그들이 학교에 가져간 아이템에 대해 그들이 뭐라고 설명했는지 물어본다. 그들은 몇 마디 단어만 말하고 더 말하지 않는 편이다. 아이들이 쇼앤드텔에서 뭐라고 말했는지 나에게 이야기하게 하려고 나는 가끔 엉뚱한 말을 한다. 아이들이 실제로는 화석에 대해 이야기한 것을 알고 있지만 "너 오늘은 거북이에 대해 이야기했네."와 같이 이야기하는 것처럼 말이다. 그다음, 나는 중국어를 사용해서 아이들이 한 말을 다른 말로 바꿔서 설명하거나 그 아이템을 어떻게 묘사하는지 실제 행동을 보여 준다. 사례 4.3을 통해 구체적으로 어떻게 했는지 살펴보자.

사례4.3
레안드레(5세 2개월)

엄 마 : Nǐ jīn tiān zài xué xiào lǐ gàn shén me le?
(你今天在学校里干什么了? 너 오늘 학교에서 뭐 했어?)

레안드레 : Wǒ mén show and tell. (我们 show and tell. 쇼앤드텔 했어요.)

엄 마 : O, nǐ gěi nǐ de péng yǒu kàn nǐ dài qù de dōng xi. Nǐ dài shén me
dōng xi dào xué xiào? (噢, 你给你的朋友看你带去的东西. 你带
什么东西到学校? 아, 네가 오늘 가지고 간 물건을 친구들에게 보여
주었구나. 학교에 뭐 가지고 갔어?)

레안드레 : Shell.(조개껍질이요.)

엄 마 : Bèi ké. Nǐ gēn tā men jiǎng shén me?
(贝壳. 你跟他们讲什么? 조개껍질말이구나. 친구들에게 뭐라고 이야기했어?)

레안드레 : Tā shì bái de. (它是白的. 이것은 흰색이라고 했어요.)

엄 마 : Nǐ shì bu shì gào sù tā men nǐ de bèi ké shì zài diàn lǐ mǎi de?
(你是不是告诉他们你的贝壳是在店里买的?(네 조개껍질은 가게
에서 산 거라고 친구들에게 이야기해 주었니?—사실 나는 그가 롱 아
일랜드의 해변에서 주운 것임을알고 있었다.)

레안드레 : Méi yǒu. Wǒ gào sù tā men wǒ zài cháng dǎo jiǎn de.
(没有我告诉他.们我在长岛捡的. 아니요. 롱아일랜드에서 주운 거
라고 알려 줬어요.)

엄 마 : Rán hòu nǐ shuō shén me le?
(然后你说什么了? 그 다음에는 뭐라고 말했니?)

레안드레 : Wǒ wàng jì le.(我忘记了. 잊어버렸어요.)

엄 마 : O, nǐ shuō : "Wǒ yào gào sù nǐ men zhè ge bèi ké de gù shì. Wǒ
shì zài gēn bàba hé dìdi zài cháng dǎo yóu yǒng de shí hòu zài shā
tān shàng jiǎn dào de. Zhè ge bèi ké shì bái sè de. Shàng mian yǒu
zōng sè de huā wén. Wǒ kě yǐ yòng tā lái wā shā zi. Wǒ yě kě yǐ
yòng tā lái zhuāng shuǐ. Wǒ xǐ huan wǒ de bèi ké."

(噢, 你说 ： "我要告诉你们这个贝壳的故事. 我是在跟爸爸和弟
弟在长岛游泳的时候在沙滩上捡到的. 这个贝壳是白色的, 上面
有棕色的花纹. 我可以用它来挖沙子. 我也可以用它来装水. 我喜
欢我的贝壳. " 너는 "너희들에게 내 조개껍데기 이야기를 해줄게. 나
는 아빠와 동생과 함께 롱아일랜드에서 수영을 할 때 모래밭에서 이걸
주웠어. 이 조개껍데기는 흰색이야. 위에는 갈색 무늬가 있어. 나는 이
걸로 모래를 팔 수 있고, 물을 담을 수도 있어. 나는 내 조개껍데기를 좋
아해."라고 이야기했지?)

천천히, 나는 아이들이 학교에서 경험한 쇼앤드텔에 잘 어울리는 중
국어 어휘를 알려 주었다. 그와 동시에 나는 또 나레이션(설명)에 포함
되어야 할 말을 중국어로 시범을 보여 주었다.

재미있는 사실은 아이들은 종종 자발적으로 필립에게 학교에서 일
어난 일을 말했다는 점이다. 이 사실을 설명할 수 있는 이유가 두 가지
있다. 하나는 내가 이미 학교에서 경험한 것을 그들에게 말하도록 했기
때문에 그들은 단지 프랑스어로 다시 한 번 말을 한 것이다. 다른 이유
는 필립이 프랑스어로 읽어 주거나 이야기를 해준 학교생활이 아이들
이 경험한 것과 비슷했기 때문이다. 이렇게 해서 그들은 대화할 때 사
용할 수 있는 프랑스어 어휘를 더 많이 습득하였다.

5. 학교에서 사용하는 언어를 읽고 쓰는 능력과 모국어를 읽고 쓰는 능력 일치시키기

우리 아이들은 어린이집과 유치원에서 점점 유아기의 영어를 읽고
쓰는 능력(Early Literacy)이 생겼다. 그때까지는 우리가 의도적으로 노력
한 덕분에 아이들이 유아기의 모국어를 읽고 쓰는 능력이 영어를 능가
했다. 그러나 만약 우리가 계속 노력하지 않는다면 모국어 능력이 영어
에 머지않아 뒤처질 것을 알았다. 우리는 아이들의 이제 막 배우기 시
작한 영어를 읽고 쓰는 능력과 모국어의 같은 능력을 일치시키기 위해
몇 가지 조치를 취했다.

(1) 문맥에서 떼어놓은 언어(Decontextualized language)를 사용하는 질문을 하다

우리 아이들이 지금보다 어렸을 때, 그들의 대화는 주로 즉각적이고 물리적인 맥락에 기반을 두고 있었다(예를 들어, "엄마, 여기에 쿠키 넣어 주세요."). 이런 종류의 언어를 맥락과 관련 있는 언어(contextualized language)라고 한다. 아이들이 어린이집과 유치원에 들어갔기 때문에 그들은 더 복잡한 경험을 했다. 그들은 지금 바로 이곳 너머에 있는 자신의 경험을 묘사하기 위해 더 문맥에서 떼어놓은 언어를 사용할 필요가 생겼다. 그들은 '우리는 오늘 학교에서 숨바꼭질하고 놀았다.' 또는 '우리는 내일 브롱스 동물원에 갈 것이다.'와 같은 생각을 표현할 수 있기를 원했다. 발달 심리학자들은 문맥에서 떼어놓은 언어는 아이들이 나중에 우수한 학업 성적을 거두기 위해서 꼭 필요한 요소라고 믿는다.

우리는 아이들의 영어가 문맥에서 떼어놓은 언어로 발달하는 것에 대해서는 걱정하지 않았다. 그들에게는 어린이집과 유치원에서 많은 기회가 주어지기 때문이다. 그러나 우리는 아이들이 어떻게 학교에서 배운 문맥에서 떼어놓은 언어를 모국어와 연결할 수 있을지 걱정이 되었다. 비록 우리가 가정학습 기간에 아이들에게 이야기를 읽어 줄 때 비즉각적인 대화와 같이 문맥에서 떼어놓은 언어를 사용하긴 했지만(3장 참고), 우리는 그것을 더 많이 사용할 필요가 있었다. 아이들의 모국어가 문맥에서 떼어놓은 언어로 발달하도록 매일 그들과 대화를 나눌 때 이야깃거리를 많이 만들어 낸 것 외에, 모국어 읽고 쓰기를 좋은 기회로 삼았다. 우리는 매일 아이들과 책을 읽었지만, 그들과 대화하는 방식은 바꿨다. 3장의 사례 3.2를 떠올려 보자. 나는 중국 어린이들이 보는 책 『Sān Ge Hǎo Péng You/三个好朋友(세 명의 친구)』의 본문과 그림을 도미니크와 레안드레가 서로 물건을 나누어 주지 않는 행동을 두고 이야기하기 위한 출발점으로 사용했다. 이 기간에 우리가 사용한 새로운 전략은 우리가 함께 읽은 책에 기반을 두고 끊임없이 질문한 것을 통해 아이들의 반응을 더 끌어내는 데 초점을 맞추는 것이었다. 아래 사례에서 이 과정을 구체적으로 설명해 놓았다.

사례 4.4

엄마는 중국 이야기 Xiǎo Māo Diào Yú/小猫钓鱼(작은 고양이가 낚시를 한
다.)를 레안드레(5세 2개월)에게 읽어 주고 있다.

엄　　마 : Xiǎo māo wèi shén me méi yǒu diào dào yú?
　　　　　　(小猫为什么没有钓到鱼? 고양이는 왜 낚시를 하지 않지?)

레안드레 : Yīn wéi tā wán. (因为它玩. 고양이는 놀고 있으니까요.)

엄　　마 : Wán shén me?(玩什么? 뭐하고 노는데?)

레안드레 : Hú dié hé huā, hái yǒu··· (蝴蝶和花, 还有···나비랑 꽃이랑, 또···)

엄　　마 : Xiǎo māo yǒu mei yǒu zhuān xīn diào yú? Tā shì bu shì sān xīn
　　　　　　èr yì? (小猫有没有专心钓鱼?它是不是三心二意? 고양이가 낚시
　　　　　　에 집중하고 있니? 고양이는 자기 일을 대충 하고 있니?)

레안드레 : Bù. (不. 아뇨)

엄　　마 : Zài jiǎng jiǎng. (再讲讲. 좀 더 이야기 해 봐.)

레안드레 : Xiǎo māo bù zhuān xīn diào yú. Tā gàn bié de dōng xi. Tā kàn
　　　　　　dào hú dié lái le, tā jiù qù zhuō hú dié.
　　　　　　(小猫不专心钓鱼. 它干别的东西. 它看到蝴蝶来了, 它就去捉蝴
　　　　　　蝶. 고양이는 낚시에 집중하지 않아요. 다른 일하고 있어요. 고양이는
　　　　　　나비가 오면 잡으려고 해요.)

엄　　마 : Nǐ zài xué xiào lǐ yǒu mei yǒu zhuān xīn tīng lǎo shī jiǎng huà?
　　　　　　(你在学校里有没有专心听老师讲话? 너는 학교에서 선생님 말을
　　　　　　집중해서 듣고 있니?)

레안드레 : Wǒ tīng lǎo shī. Wǒ zhī dào lǎo shī shuō shén me.
　　　　　　(我听老师. 我知道老师说什么. 나는 선생님 말 잘 들어요. 나는 선
　　　　　　생님이 뭐라고 이야기하는지 알아요.)

엄　　마 : Hěn hǎo. Rú guǒ nǐ bù tīng lǎo shī jiǎng huì zěn me yàng ne?
　　　　　　(很好. 如果你不听老师讲会怎么样呢?(잘했어. 만약 선생님 말을
　　　　　　듣지 않으면, 어떻게 되지?)

이 대화에서 나는 질문을 던졌고 레안드레가 대답하게 했다. 레안
드레가 처음에는 짧게 대답한 것에 주목하라. 내가 그에게 더 자세히

이야기하라고 재촉하자 그는 더 복잡한 말로 대답했다.

(2) 모국어에서 아이들의 인쇄물에 대한 지식 늘리기

가정학습 기간에는 우리는 모국어로 이야기를 읽어 줄 때 아이들이 그것을 듣게 하는 것에 주력했다. 아이들이 어린이집과 유치원에 들어가고 난 뒤 우리는 아이들에게 책을 읽어 줄 때 의도적으로 아이들이 인쇄된 것을 더 많이 접하게 했다. 예를 들어, 나는 레안드레에게 중국어 글자 yú/魚 또는 鱼(물고기)를 가리키면서 중국어 글자의 윗부분은 물고기 머리같이 생겼고, 가운데 부분은 비늘이 있는 물고기의 몸체같이 생겼고, 아랫부분은 물고기의 꼬리같이 생겼다는 것을 보여 주었다.

우리가 집에서 모국어로 책을 읽어 줄 때 아이들에게 인쇄된 것을 관찰할 기회를 주었을 뿐만 아니라 그들에게 다른 방식으로 모국어를 '읽을' 기회를 제공했다. 예를 들어, 프랑스어 또는 중국어가 쓰여 있는 상자를 열기 전(상자 안에 장난감이 있는 경우가 종종 있다.), 아이들은 상자 바깥에 있는 글자들을 꼭 '읽어야' 했다. 물론 아이들은 매번 그렇게 할 수 있었던 것은 아니었다. 그렇지만 그들은 장난감 상자를 열기를 간절히 원했기 때문에 상자에 쓰여 있는 단어에 집중하라는 우리의 요구에 잘 따랐다.

(3) 중국어로 글씨 쓰는 법(handwriting) 가르쳐 주기

종이와 크레파스를 주면 대부분의 어린이는 자동으로 갈겨쓴다. 여러분은 레안드레가 어린이집에 가기 전(3장), 그 아이가 이미 벽과 침대에 휘갈겨 쓰는 식으로 프랑스어와 중국어 쓰기를 실험해 본 적이 있음을 기억할 것이다. 그가 자동으로 생산한 것(글씨)은 중국어와 프랑스어 글씨 시스템 사이의 차이와 글씨 쓰기의 과정을 기본적으로 이해하고 있음을 잘 보여 준다. 그러나 휘갈겨 쓰는 단계에서 인식할 수 있는 글씨를 쓰는 단계로 옮겨 가기 위해서는 분명 육체적 성숙뿐만 아니라 의식적인 노력도 필요하다. 연구 결과에 따르면, 글씨 쓰기는 만약 아이들이 연습할 기회가 충분히 주어지면 대개 직접 지도를 받지 않아도 향상될 수 있다.[4] 네 살 때, 레안드레와 도미니크 둘 다 어린이집에서 로마자 알파벳을 쓰는 법을 배웠다. 우리는 아이들이 영어를 배울 때 익힌 새 기술을 모국어 학습에도 적용시켰다. 프랑스어 쓰기는 그들이 영어를 쓰는 방법으로부터 직접적인 도움을 받았다(쉬웠다!). 따라서 그것에 관해서는 할 일이 별로 없었다. 그러나 나는 중국어로 글씨 쓰기 시스템이 어떻게 작용하는지 의도적으로 아이들에게 보여 주어야 했다. 중국어 글씨 쓰기는 획순을 강조하므로, 나는 아이들에게 yī/一(일), èr/二(이), sān/三(삼), kǒu/口(입), rén/人(사람), shān/山(산), shǒu/手(손)와 같이 매우 간단한 문자를 쓰는 법과 획순이 어떻게 되는지를 직접 보여 주기 시작했다. 나는 중국어 글씨 쓰기를 재미있는 방식으로 가르쳐 주었다. 예를 들어, 나는 중국인 만화가 펑탄화이(Peng Tan Huay)[5]가 쓴 책『Yǒu Qù De Hàn Zì/有趣的汉字(재미있는 한자)』를 아이들에게 먼저 보여 주었고, 글자 뒤에 숨겨진 이야기를 해주었다. 그다음 나는 획을 쓰는 법을 보여 주었고, 아이들이 연습해 보도록 격려해 주었다. 그들은 가끔 글씨를 쓰는 과정에 푹 빠져버렸고, 열심히 연습했다.

그밖에 우리는 레안드레와 도미니크가 글쓰기와 실제 생활에서 필요한 말 사이의 연결고리를 알도록 해주었다. 예를 들어, 어느 날 레안드레(4세 7개월)가 종이조각에 글자를 휘갈겨 쓰고 있었다. 나는 그에게 무엇을 하고 있는지 물었고, 그는 편지를 쓰고 있다고 대답했다. 나는 누구에게 쓰냐고 물었다. 그는 모른다고 대답했다. 나는 레안드레에게 외할아버지 외할머니도 그가 무엇을 하고 있는지 알 수 있도록 그분들께 편지를 보내면 어떨까라고 제안했다. 그는 내 제안에 굉장히 기뻐했고, 글씨를 좀 더 (휘갈겨서)썼다. 내가 레안드레에게 실시한 것을 비계

[6](飛階, 역자주 : 아동이나 초보자가 주어진 과제를 잘 수행할 수 있도록 유능한 성인이나 또래가 도움을 제공하는 지원의 기준이나 수준을 말한다. 수업에서 힌트를

주거나 암시를 주는 것은 비계를 설정하는 행위의 일종이라 할 수 있다.)라고 부르는데(아이의 능력에 따라 도움을 제공하고 조절해 주는 것), 이것은 아이들이 원하는 목표를 효과적으로 달성하도록 돕는다고 알려진 전략이다.

교육자들은 오랫동안 글씨 쓰기는 어린이집에 다니는 시기에 가르쳐서는 안 되고, 유치원에 다니는 시기에 매우 조심스럽게 가르쳐야 한다고 충고해 왔다. 일반적인 면에서 나도 이 말에 동의한다. 그렇지만 어린아이들이 글씨를 쓰는 목적을 알고 있고 의사소통에 필요한 전후 맥락 안에서 배울 때, 그들은 점차 이 과정 속으로 비계가 설정될(또는 도움을 받을) 것이다.

(4) 재미있는 읽을거리로 아이들에게 동기부여 하기

아이들이 어린이집과 유치원에 들어갈 때 그들은 모국어와 영어로 매우 익숙하게 읽을거리를 읽었다(우리는 고등학생과 대학생을 고용하여 영어로 된 책을 그들에게 읽어 주게 했고, 그들은 학교에서도 매일 책을 읽혔다.). 그러나 책을 읽히는 것과 스스로 책을 읽는 것은 다르다. 비록 전자가 후자를 돕기는 하지만.

어릴 적부터 아이들이 책을 읽는 것에(특히 그들의 모국어로 책을 읽는 것을) 동기를 부여하고 관심을 갖도록 유도하기 위해 우리는 어떤 종류의 읽을거리를 아이들이 스스로 읽게 해야 할지 결정해야 했다. 우리는 이 시기에 아이들이 프랑스어로 『탱탱(Tintin)』, 『아스테릭스(Astérix)』, 『띠떼프(Titeuf)』, 『르 샤(Le Chat)』와 중국어로 『싼마오(Sān Máo)/三毛 (The Three-Haired Boy 시리즈)』와 같은 만화책에 특히 관심이 있는 것을 발견했다. 이런 만화책에는 종종 재미있는 그림과 내용이 담겨 있다. 두 아이는 자발적으로 이것들을 읽었다. 아이들은 처음에는 그림만 보았다. 하지만 그다음부터는 그림 이상의 것을 발견하기를 원했다. 아이들은 모르는 단어가 나오면 무슨 뜻인지 우리에게 물어보았다. 이렇게 해서 우리는 아이들과 함께 만화책을 읽을 기회를 가졌다.

어떤 부모는 이런 종류의 책이 아이들에게 적합하지 않다며 걱정하기도 한다. 그러나 부모가 조심스럽게 지도해 주기만 한다면 이런 책도 문화와 언어에 대해 풍부한 정보를 제공해 줄 수 있다(5장에서 더 이야기할 것이다.). 게다가 아이들은(어리든 좀 더 나이가 들었든 관계 없이) 금방 이런 책에 빠져드는 경향이 있다. 그러므로 만화책은 아이들이 스스로 책을 읽도록 유도하는 '당근'으로 사용될 수 있다.

6. 미디어 과학기술 이용하기

텔레비전과 미디어 테크놀로지(과학기술)가 어린이에게 해로운지 해롭지 않은지에 대한 논쟁이 있다. 내 생각에는 그것은 아이들이 과학기술을 보고 사용하는 방식에 전적으로 달려 있다고 생각한다. 텔레비전과 다른 매체 프로그램을 베이비시터로 이용하는 것은 분명 이상적인 방법이 아니다. 왜냐하면 어린이들은 부모와 상호반응할 필요가 있기 때문이다. 그러나 만약 부모가 텔레비전과 대화형(interactive) CD와 같은 다른 멀티미디어 프로그램을 조심스럽게 선택한다면, 이것들은 아이들의 지적 및 언어 발달을 자극하기 위해 사용될 것이 분명하다.

아이들의 가정학습 기간에 우리는 아이들이 너무 많은 미디어 프로그램을 접하게 하지는 않았다. 우리는 아이들이 더 활동적인 방식으로 환경을 탐구하는 것이 필요하고, 우리와 직접 대화하는 것이 필요하다고 믿었다. 그러나 아이들이 가정 환경에서 공식적인 학교 환경으로 옮겨 가는 과도기 동안 우리는 미디어 과학기술을 많이 활용하였다. 우리는 아이들이 특히 어린이 텔레비전 프로그램, 비디오, 멀티미디어 대화형 CD로부터 많은 것을 배웠음을 발견했다. 당시 우리가 살던 곳에서는 프랑스어나 중국어로 된 어린이 전용 텔레비전 방송이 나오지 않았기 때문에 우리는 프랑스어와 중국어로 된 어린이용 비디오를 많이 사서 아이들이 매일 그것을 보게 했다. 우리는 가끔 그 비디오를 아이들과 같이 보았다. 다 보고 난 뒤, 우리는 언제나 아이들과 본 것에 관해 이야기를 나눴고, 어떤 단어나 그것과 관계된 개념을 강조했다. 나는 모국어 어휘가 풍부하게 되는 데 이것이 매우 좋은 방법임을 깨달았다. 우리가 산 프랑스어와 중국어로 된 많은 비디오는 유치원 환경과 관련이 있었고, 아이들은 자연스럽게 모국어로 상황에 맞는 어휘를 배울 수 있었다.

우리는 집에서 아이들에게 영어로 말하지 않기 때문에, 아이들이 영어 어휘력을 늘리는 차원에서 영어로 된 텔레비전 프로그램을 보게 했다. 우리는 가끔 아이들과 같이 그것을 보았고, 본 것에 대해 아이들과 모국어로 대화를 나누었다.

그밖에 우리는 아이들이 세 언어 모두 멀티미디어 대화형 CD[7]를 보며 놀게 했다. 종합해 보면, 우리의 지도와 관찰 아래, 미디어 과학기술은 아이들에게 풍성한 경험을 하게 해준 것을 알 수 있었다. 우리는 아이들이 자주 멀티미디어 프로그램에서 배운 모국어 어휘를 사용하는 것—우리가 그들에게 결코 가르쳐 주지 않은 것이다.—을 보고 깜짝 놀라곤 했다.

7. 아이들의 영어 발달을 다른 사람들과 나눈 대화를 통해 관찰하기

비록 우리는 아이들의 영어 실력에 자신이 있었지만, 아이들이 다른 여러 분야에 걸쳐 그들의 영어가 어떻게 발전했는지 관찰하고 싶었다. 아이들이 우리에게는 모국어로만 이야기하기 때문에 그들의 영어 발달을 평가하기가 어려웠다. 이 단계에서 아이들의 영어가 얼마나 발전했는지 알기 위한 최고의 방법은 그들이 영어를 말하는 다른 사람들과 이야기하는 것을 듣는 기회를 만드는 것이었다. 우리가 사용한 전략 중 하나는 어딘가에 갈 때 우리 차에 아이들의 친구를 초대해 태우고 그들이 영어로 대화를 나누는 것을 엿듣는 것이었다. 뿐만 아니라 우리는 아이들이 다른 아이들과 영어로 대화하는 것을 듣고서 그들의 발달 과정 가운데 다른 측면도 많이 배울 수 있었다.

새로운 난관과 그것에 대처하는 방법들

1. 영어로 말하고 싶은 유혹

많은 부모들은 아이들이 집에 와서 학교에서 일어난 일을 이야기하고 싶어하지 않을 때 우리와 똑같이 좌절감을 느낄 것이다. 어떤 부모들은 아이들이 학교에서 일어난 것에 대해 물어볼 때 아주 짧은 말로 대답하거나 아예 무대답인 것이 보통이라며 내게 불만을 털어놓았다. 우리 아이들은 학교에서 일어난 일을 우리에게 이야기하는 데 이것말고도 명백한 장애물이 존재했다. 그들은 학교에서 경험한 것을 우리에게 전달하는 데 다른 두 언어를 사용해야만 했던 것이다. 아이들이 모국어로 학교에서 경험한 것을 묘사하게 하려고 다양한 전략을 사용했음에도 우리는 여전히 그들과 학교생활에 대해 대화를 시작하는 데 대단한 성공을 거둔 것은 아니었다. 아이들이 유치원에 막 다니기 시작할 무렵에는 아이들이 학교에서 일어난 일에 대해 몇 마디 말이라도 입을 열게 하는 것은 마치 이를 뽑는 것같이 힘들었던 것이 기억난다.

이런 상황에 대처하기 위해 나는 앞에서 이야기한 전략 외에도 학교에서 아이들이 무엇을 했는지에 대해 끊임없이 대화를 시도했다. 아이들이 짧게 대답할 때 우리는 그 대답을 더 자세히 이야기할 수 있도록 도와주거나 더 이야기를 해보라고 부추겼다. 아이들이 우물쭈물할 때 우리는 모국어 어휘를 가르쳐 주었다. 아이들이 말을 멈출 때 우리는 질문을 더 많이 했다.

언젠가 한 번은 아이들과 중국어로 대화하면 시간이 너무 많이 걸리기 때문에 아이들과 영어로 이야기할까 하는 충동을 느꼈다. 하지만 나는 아이들에게 영어로 이야기하는 유혹을 뿌리칠 수 있을 만큼 우직하게 밀고 나갈 수 있어서 기쁘다.—이 노력은 결국 보상을 받았다.— 나는 바로 이와 같은 상황에서 안타깝게도 많은 부모가 현재 살고 있는 나라의 언어에 무릎을 꿇고 마는 것을 보았다.

2. 비(非)계승문화 가운데서 계승어 배우기

언어와 문화는 손을 잡고 함께 가는 존재다. 언어와 관계된 문화를 배우지 않고 언어만 배우는 것은 불완전하다. 미국에서 프랑스어를 말하면서 자란 지인 한 명이 어느 날 그가 처음으로 파리에 갔을 때 굉장히 불안했다고 말했다. 그는 실제로 프랑스어로 말하고 있을 때에도 마치 영어로 이야기하고 있는 것 같았다고 했다. 프랑스어로 이야기하더라도 미국인의 매너와 스타일로 하고 있었기 때문이었다. 내 지인은 원어민의 관습과 비언어적 행동의 미묘한 부분까지 마스터하지 못한 것이 분명했다. 비록 그가 겉으로 보기에 언어를 매우 잘하더라도 말이다.

미국에서 중국어와 프랑스어를 배우는 과정에서 우리 두 아들은 점점 더 많은 어려움을 겪어야 했다. 때때로 중국어와 프랑스어와 관계가 있는 모든 문화적 경험을 모방하는 것은 불가능했다. 1장에서 내가 이런 종류의 언어 학습 경험을 '간접 언어습득 현상'이라고 불렀던 것을 기억하기 바란다. 빵이라는 단어를 다시 예를 들면, 우리 아이들이 이 음식을 설명하기 위해 (baguette, boule, painpaysan과 같이)프랑스어와 (만터우饅头 또는 빠오즈包子와 같이)중국어로 사용된 다른 단어를 배우는 것은 상대적으로 쉬웠다. 그렇지만 중국과 유럽 문화에서 빵과 관계된 경험은 우리 아이들이 문화에 흡수되고 그 너머에 있는 것을 행동으로 옮기려면 의도적인 설명과 주의가 필요하다. 예를 들어, 유럽 대륙에서는 작은 빵 한 조각은 종종 음식을 먹기 위한 '도구'로 사용될 수 있다(샐러드를 앞으로 움직여서 포크 위에 얹는 용도). 반면, 이런 행동은 미국에서는 부적절한 것으로 간주한다. 또한 중국 문화에서 찐빵(steamed bread)은 그것과 관련이 있는 상징적 의미가 포함된다. 예를 들어, 빠오즈(包子, 야채, 고기, 해산물 등이 들어가 있는 찐빵의 일종)는 춘절에 종종 먹는 음식인데 이것은 더 많은 돈을 벌고 낭비하지 않는 희망을 상징한다.[8] 이 영역에 대한 명쾌한 설명과 배려 없이는 이런 종류의 문화적 세부사항을 우리 아이들이 알 수 없을 것이다. 그러므로 아이들이 계승어 단어 및 표현과 그것의 문화적 의미를 연결하도록 도와주면 언어와 문화 양쪽에 있어 더 진짜 소리를 낼 수 있도록 도와줄 것이다.

유럽과 중국을 여행한 것이 큰 도움이 되었다. 예를 들어, 레안드레는 그의 할머니(중국인)가 생선을 손도 대지 않고 통째로(머리, 눈, 뼈와 꼬리까지) 요리하는 것을 관찰하는 보기 드문 훌륭한 경험을 하였다. 왜 물고기가 조각으로 잘려서 요리되는 것이 아니라 통째로 요리되어야 하는지에 대해 깊은 대화가 이뤄진 덕분에 레안드레는 생선과 요리와 관계 있는 중국어 단어를 배웠을 뿐만 아니라 중국의 관습과 미신에 대해서도 알게 되었다. 이와 비슷한 경우로, 두 아이들은 할머니(스위스인)가 음식 준비하시는 것을 관찰하고 준비과정에 참여하고 대화를 나눔을 통해 다양한 재료를 사용하여 (17세기로 거슬러 올라간)전통 음식을 만드는 방법을 배웠다.

대대로 내려오는 전통 기념일을 기념하는 것도 우리 아이들이 계승문화와 계승어를 이해하는 데 도움을 주었다. 예를 들어, 우리는 설날, 단오절, 추석, 노엘, 성 니콜라스, 예수 공현 축일(역자주 : 동방 박사들이 아기 예수를 만나러 베들레헴을 찾는 것을 기리는 축일)과 부활절과 같이 우리의 문화 가운데 중요한 전통 축제 모두를 기념하기 시작했다. 이런 기념일 동안 우리는 그날에 대해 이야기하고 책을 읽어 주었고, 전통 기념일에 먹는 음식을 준비하고 그것과 관계 있는 전통행사에 참여하였다.

우리 아이들은 뉴욕에 살았던 덕분에 문화행사와 이벤트에 참여할 기회가 많았다. 뉴욕 시 박물관과 어린이 극장도 아이들에게 우리의 계승문화를 접할 수 있는 기회를 다량으로 제공해 주었다. 이런 경험들은 우리 아이들이 자신의 계승문화를 이해하는 데 큰 도움이 되었다.

3. 삼중언어 구사자에 대한 무지

1장에서 이야기한 것처럼 사람들은 삼중언어를 구사하는 아이들에 대해 저마다 다른 견해를 갖고 있다. 어떤 사람은 긍정적으로, 어떤 사람들은 부정적으로 생각하고 있다. 우리가 제일 힘들었던 때는 교사와 아동 발달 전문가들이 무지하다는 것을 깨달았을 때였다. 이것에 딱 들어맞는 예가 1장에서 묘사한 경우로, 도미니크를 특별 치료 프로그램에 등록시키려고 했던 언어 전문가에 대한 사건이 바로 그것이다. 그 사람은 도미니크가 삼중언어를 구사할 수 있다는 것과 입을 충분히 크게 벌리지 못한다는 것(아마 도미니크는 낯선 사람에게 말을 할 때 수줍어하기 때문에 그랬을 것이다.)을 근거로 그렇게 생각한 것이다.

우리는 또한 삼중언어를 구사하는 아이와 그 가족에 대해 이해가 부족한 교사들도 만났다. 예를 들어, 어느 부모-교사 회담에서, 어떤 교사 한 명이 아이에게 말하기와 책 읽어 주기의 중요성을 강조한 기사를 우리 앞에 내밀고는 우리가 집에서 아이들에게 오직 영어를 읽어 주고 영어로 말해야 한다고 제안한 적이 있다. 그런 제안에 놀란 나머지(나는 요즘에는 교사들이 더 잘 알고 있다고 믿을 만큼 순진했다.) 우리 아이들이 영어나 다른 부분에서 무슨 문제가 있는지 물어보았다. 그 교사는 앞뒤가 전혀 맞지 않는 말을 했다. 그녀가 그런 기사를 부모에게 권하는 것은 잘못이 아니지만, 우리 아이들에게 영어로만 읽어 주고 말하는 것이 그들의 향후 학업 성적을 보장하는 길이라고 장담하는 것은 잘못이었다.

4. 언어 편견

우리는 사람들에게 아이들이 영어뿐만 아니라 중국어와 프랑스어도 할 수 있다고 분명히 말했음에도 불구하고 그들의 프랑스어가 중국어보다 더 높이 평가받고 칭찬을 듣는 것을 발견했다(부분적인 이유는 미국과 유럽에 사는 많은 사람들이 중국어보다 프랑스어를 더 잘 알기 때문일 것이다.). 사람들은 우리 아이들이 중국어도 잘한다는 말을 들을 때조차 우리에게 "프랑스어는 정말 아름다운 언어야. 나도 말할 수 있으면 좋겠네."라거나 "당신 아이들이 프랑스어를 할 수 있다니, 대단하군요."와 같은 말을 할 때가 있다. 한 번은 내가 레안드레를 차로 마중하러 어린이집에 갔을 때, 그의 교사 중 한 명이 그날 수업시간에 다른 언어를 사용하도록 권유했다며 흥분조로 이야기했다. 그녀는 레안드레에게 프랑스어로 다른 친구들에게 말해 보라고 시켰다. 나는 그녀에게 레안드레에게 중국어로도 이야기해 보게 했는지 물어보았다. 그녀는 약간 당황한 표정을 지으며 "아니요."라고 대답했다.

프랑스어를 할 줄 안다고 칭찬을 듣고 중국어를 할 줄 알아도 주목을 덜 받는 것 외에도 우리 아이들은 또 원어민 중국인과 프랑스인들로부터 불공정한 평가를 받았다(가끔은 아이들이 입을 열기도 전에 말이다.). 예를 들어, 스위스의 어느 여름날, 우리는 필립의 친구와 그의 가족으로부터 저녁 식사 초대를 받았다. 필립의 친구가 우리 아이들을 처음 보고는 필립에게 그들이 프랑스어를 할 수 있는지 물어보았다. 필립은 "할 수 있다."고 대답했다. 그 친구는 즉시 그들은 분명 '이국적인' 프랑스어(진짜 프랑스어가 아니라는 의미)를 할 것이라고 말했다. 그는 나중에 두 아이의 프랑스어에 감탄했지만 말이다. 레안드레가 중국으로 처음 여행 갔을 때, 친구 중 몇몇은 레안드레가 대화를 거부하자 그가 중국어를 할 수 있는지 의문을 표한 적도 있었다. 레안드레에게 내 친구들은 어디까지나 이방인이었던 것이다.

5. 형제 자매의 영향

형제 자매는 서로의 언어 발달에 큰 영향을 미친다. 레안드레와 도미니크도 예외가 아니었다. 처음에는 레안드레가 도미니크에게 더 큰 영향을 미치는 편이었다. 하지만 시간이 흐르자 도미니크도 레안드레에게 영향을 미치기 시작했다. 예를 들어, 레안드레는 프랑스어로 technique de combat(전투 테크닉)라고 하지 않고 technique à se battre이라고 했다. 도미니크는 그의 형을 따라서 같은 종류의 실수를 했다. 이와 비슷한 사례로 도미니크는 "Wǒ méi yǒu gàn zhè jiàn shì/我没有干

这件事(내가 이렇게 한 거 아니에요)."이라고 하지 않고 "Wǒ méi yǒu nòng zhè ge/我没有弄这个."라고 했고, 레안드레는 그를 따라했다. 우리는 형제 자매의 영향에 대해 주의했다. 아이들이 이와 같은 잘못 말한 것을 듣자마자 우리는 즉시 두 아이에게 고쳐 주려고 했다. 우리도 가끔은 한 형제가 다른 형제에게 모국어로 정확하게 뭐라고 말하는지 보여 주라고 했다(그들은 이것을 게임이라고 생각했고, 우리와 함께 즐겁게 놀았다.).

6. 다른 사람들이 있는 곳에서 모국어 말하기

다른 사람들이 있는 장소에서 모국어를 말하는 것은 아이들이 어릴 때 문제 되지 않았다. 3장에서 이야기한 것처럼 그 당시에는 그렇게 하면 종종 우리의 손님들과 재미있는 대화가 벌어지곤 했다. 그렇지만 아이들이 한두 살씩 나이를 먹어갈수록 그렇게 하는 것이 마치 아이들이 다른 사람에 대해 이야기하는 것처럼 보여서, 때때로 그들을 불편하게 만들 수 있다는 것을 깨달았다. 예를 들어, 필립이 이웃사람과 잡담을 나누고 있었는데 아이들이 아빠에게 뭔가 말하려고 다가갔다. 아이들이 떠나자 이웃사람이 필립에게 걱정스레 물었다. "아이들이 나를 비웃은 건가요?" 또 한 번은 여자 손님 한 명이 마음에 깊은 상처를 입은 일이 있었다. 그녀는 도미니크에게 책을 사 주었는데, 도미니크가 나에게 중국어로 뭐라고 말을 했기 때문에 그가 그 책을 좋아하지 않는다고 생각했던 것이었다(그는 사실 중국어로 나에게 위층에 올라가서 놀아도 되느냐고 물어보았다.).

이런 오해가 생기지 않게 하려면 우리는 아이들이 방금 한 말을 다른 사람들에게 짧게 설명해 주어야 한다는 것을 깨달았다. 그렇게 하지 않을 때 우리는 단지 손님들에게 아이들이 방금 한 말이 그들과 상관이 없다고 간단히 설명해 주기도 했다.

7. 같은 언어 시스템을 공유하는 가족 찾기가 어려움

우리는 중국어 또는 프랑스어를 사용하는, 같은 언어 시스템을 공유하는 가족을 찾기 위해 부단히 노력했다. 우리는 중국어 또는 프랑스어를 구사하는, 같은 유산을 공유하는 가족을 둔 아이들이 계승어를 말하지 않아 자주 실망하곤 했다. 우리는 간혹 우리의 모국어(프랑스어 또는 중국어) 중 하나를 사용하는 가족들을 발견했다. 하지만 그 아이들을 우리 집으로 초대해서 놀거나 우리 아이들이 그 아이들 집에 놀러 갈 때, 그들은 언제나 다함께 영어로 이야기하고 말았다. 레안드레와 도미니크의 중국어를 사용하는 사촌들이 플로리다에서 방문해 왔을 때조차도 그들은 서로 영어로 이야기했다.

 ## 가정에서 학교까지 언어 발달의 하이라이트

이 섹션에서 나는 아이들의 언어 발달 특징 중 몇 가지에 초점을 맞춰 이야기할 것이다. 내가 이야기할 영역은 언어음(言語音 : 발음 기관에 의하여 조음(調音)되어 언어에 사용되는 소리. 분절성(分節性)을 가지지 않는 비명, 신음, 기침 소리 따위는 제외된다.), 단어, 문법, 언어 사용과 언어 인식이다.

1. 언어음

(1) 중국어 성조

중국 어린이의 언어 발달을 연구한 언어 학자들은 중국어를 사용하는 환경에서 자란 어린이들은 중국어를 배울 때 성조를 틀리는 실수를 거의 하지 않음을 발견했다[9](언어 학습 장애를 가진 어린이를 포함하여[10]). 3장에서 나는 레안드레와 도미니크 둘 다 가정학습 기간에 중국어 4성을 발음하는 데 거의 실수를 하지 않았다고 말한 바 있다. 그러나 그들이 어린이집과 유치원에서 대화형 영어에 더 많이 노출되자마자 그들

의 중국어 성조가 약간의 질적인 변화를 보이기 시작했다. 이해할 수
없을 정도로 심한 것은 아니지만, 특히 3성을 발음하는 데 문제의 징조
가 나타나기 시작했다. 원어민의 귀를 가진 사람에게 그들의 중국어는
약간 '외국인' 티가 났다. 재미있는 사실은 그들의 프랑스어는 중국어
성조에 어떤 눈에 띌 만한 영향을 주지 않았다는 점이다. 그러나 영어
는 영향을 주었다. 실제로 어떤 연구자들은 영어를 사용하는 환경에서
중국어를 배우는 어린이들은 중국어 성조가 특히 취약해진다고 주장하
기도 했다.[11]

(2) 프랑스어 연음

도미니크는 가끔 프랑스어 연음에서 실수를 했다(앞 단어의 마지막 자
음이 다음 단어의 첫 번째 모음과 함께 발음될 때). 예를 들어, 그는 'les gens
qui ont un chien(개를 갖고 있는 사람)'과 같은 문장에서 'qui ont'라고 말하
지 않고 'qui'z ont'라고 말하는 경향이 있었다. 그는 복수형을 만들 때
가장 흔히 추가하는 글자 's'를 마치 연음인 것처럼 발음하는 실수를 저
질렀다. 프랑스어를 사용하는 환경에서 자란 프랑스어를 하는 어린이
도 가끔 도미니크와 같은 실수를 저지른다.[12] 그러나 레안드레는 이런
실수를 저지르지 않았다.

2. 단어

(1) 단어 혼합

3장에서 한 이야기를 독자 여러분도 기억하겠지만 레안드레와 도미
니크는 가정학습 기간에 어쩔 수 없는 몇 가지 부분(상점 또는 브랜드 이
름, 의사소통 효과를 얻기 위해서, 강조하기 위해서, 강한 감정을 표현하기 위해서,
반복과 나레이션을 하기 위해서)을 제외하고는, 모국어와 영어 단어를 거의
혼합하지 않았다. 그러나 어린이집과 유치원 기간에 아이들이 집 밖의

학교 환경에서 점점 더 많은 시간을 보내게 되자 영어가 천천히 그들의 모국어 안으로 꿈틀꿈틀 기어들어왔다. 나는 아이들이 영어 단어를 섞지 않도록 도와주려고 애를 썼지만 그럼에도 두 아이 모두 중국어에 영어 단어를 섞어 쓰기 시작했다. 비록 섞어 쓰는 정도가 미미한 수준이었지만, 그들의 가정학습 기간과 비교할 때 나는 영어가 그들의 중국어에 미친 영향을 보고 깜짝 놀랐다(우리는 이 사실을 통해 우리가 아이들이 아직 어릴 때 영어를 사용하는 학교에 보내는 시기를 늦춘 결정이 옳았음을 알 수 있었다.).

필립은 프랑스어로 대화할 때 영어 단어를 섞는 것에 대해 좀 더 '엄격한' 태도를 유지했다. 결과적으로 두 아이는 중국어보다 프랑스어로 말할 때 영어를 훨씬 덜 섞었다.

재미있는 사실은 레안드레와 도미니크는 (가정학습 기간뿐만 아니라) 이 기간에 필립과 내가 만들어 낸 몇몇 중국어와 프랑스어의 완곡한 표현 또는 모국어 중 하나에 존재하지 않는 단어를 제외하고는 프랑스어에 중국어를 절대로 섞지 않았다. 그 반대도 마찬가지였다. 이것은 아마 아이들이 태어나면서부터 한 부모-한 언어 환경에서 자랐고, 그들이 이미 아빠와 프랑스어로, 엄마와 중국어로 대화하는 습관이 형성되었기 때문일 것이다.

(2) 한 단어를 아는 것과 그것을 정확하게 사용하는 것의 차이

과도기 동안, 두 아이는 한 단어에 대해 아는 것과 그것을 사용하는 것 사이에서 차이점을 보였다. 예를 들어, chuān yī fu/穿衣服(옷을 입다)라 하는 대신 fàng yī fu/放衣服(옷을 넣다)라고 하고, dài yǎn jìng/戴眼镜(안경을 쓰다)이라고 하는 대신 chuān yǎn jìng/穿眼镜(안경을 입다)이라고 하고, jiē gēge/接哥哥(형을 마중 나가다)라고 하는 대신 ná gēge/拿哥哥(형을 갖다)라고 하는 것과 같이, 비록 아이들이 동사를 정확하게 알고 있더라도 질문을 받을 때는 중국어로 계속해서 부정확한 동사를 사용했다. 내 생각에는 일단 아이들이 틀린 단어를 사용하는 습관이 형성되었다면, 설령 그들이 정확한 단어를 안다고 하더라도 틀린 단어를 계속 사용하는 경향이 있는 것 같다. 그들이 잘못된 중국어 단어를 선택하는 실수는 영어에 영향을 받았기 때문일 가능성도 있다. 예를 들면, 영어 단어 put을 중국어로 직역하면 放이고, 영어 숙어 pick up를 중국어로 직역하면 拿起來이다. 아이들은 단순히 영어를 빌려 와서 번역한 뒤 중국어 표현으로 사용하였을 것이다.

3. 문법

(1) 관계사절에서 프랑스어 동사 일치

도미니크는 프랑스어 관계사절에서 동사 활용을 잘못하는 실수를 자주 저질렀다. 그 규칙은 영어와 같이 선행사에 일치시키는 것이다. 영어는 동사를 활용할 때 변화가 적기 때문에 도미니크는 모든 사람에 대해서 하나의 형태로 동사를 남겨두는 경향이 있었다. 예를 들어, 그는 "c'est nous qui allons à la piscine(수영장에 가는 것은 우리에요)."라고 하는 대신 "c'est nous qui va à la piscine."라고 했다. 재미있는 사실은 프랑스어를 사용하는 환경에 사는 프랑스 아이도 이런 실수를 하는 것이 발견된다는 점이다.[13]

(2) 프랑스어 시제

시제에 대해서는, 도미니크는 때때로 단순과거 대신에 조건절을 사용했다. 예를 들면, "à l'école j'ai dû écrire(학교에서 나는 글을 써야 했다)."라고 하는 대신 "à l'école, j'aurais dû écrire."라고 한 것이다. 그러나 필립이 그의 말을 고쳐 준 뒤, 그는 말을 할 때 조건절의 형태 자체를 사용하지 않는 과잉수정을 할 정도로 지나치게 민감한 반응을 보였다.

4. 언어 사용

(1) 미국식 일상 대화체 스타일

우리가 아이들의 대화형 영어를 늦게 가르쳐 준 것을 고려하면 두 아이 모두 영어를 눈에 띄게 잘했지만, 영어를 사용하는 친구들과 비교할 때 그들은 종종 전형적인 미국식 일상 대화체 스타일(미국인이 말하는 방식)을 따르지는 않았다. 예를 들어, 그들은 친구들과 놀 때 결코 'you guys(너희들)', 'other kids(다른 애들)' 'it sucks(엿 같네)'와 같이 자주 사용되는 표현을 사용하지 않았다. 다른 아이들이 이런 일상 대화체 표현을 어떻게 사용하는지 관찰하는 동안, 이 기간에 내가 기록한 어떤 것에서도 레안드레와 도미니크는 이런 표현을 결코 사용한 것을 발견할 수 없었다(그러나 아이들이 초등학교에 가서 친구들과 더 많이 지낼 시간이 많아지자 이런 표현을 사용하기 시작했다.).

내가 추측하기로 이 기간에 아이들이 미국식 영어의 일상 대화체를 잘 쓰지 않은 큰 이유는, 그들은 우리로부터 어릴 때 영어를 수동적으로 입력받았고(내 남편과 나는 서로 영어로 대화했는데, 우리는 이런 표현을 쓰지 않았다.), 그들이 학교에 다닐 때 그들의 교사가 사용한 영어가 좀 더 격식 있는 편이었기 때문이다.

5. 언어 인식

가정에서 학교로 옮겨 가는 과도기에, 아이들은 다른 사람들의 억양에 대해 더 강한 목소리를 냈고, 언어로 더 창의적인 장난을 쳤다. 예를 들어, 레안드레와 도미니크는 그들의 아빠가 중국어 단어를 사용하려고 할 때 아빠의 억양을 자주 놀렸다. 그들은 일부러 아빠의 말투를 흉내내어 중국어를 말하면서 그를 놀렸다. 나 역시도 어떤 프랑스어 단어를 제대로 발음하지 못해서 아이들의 지속적인 놀림감이 되었다. 다음은 두 아이의 언어에 대한 인식과 민감성에 대한 사례이다.

(1) 언어유희

가장 재미있는 사실은 두 아이가 굉장히 재치있게 언어유희를 했다는 점이다. 그들은 자신의 언어 인식에 대한 발달을 보여 주는 많은 구절을 발명했다. 예를 들어, 그들은 크림 치즈(cream cheese)를 의미하는 fromage criminal(criminal cheese)을 만들어 낸 것같이, 혼합 언어 구절을 만들어서 농담을 했다. 그들이 한 이 언어유희에서 영어 'cream'은 프랑스어 'crime'과 비슷하게 발음되는데, 프랑스어 'crime'은 영어의 같은 어원 'crime'과 같은 의미를 갖고 있다. 프랑스어 억양으로 발음되는 'cream cheese'는 'crime cheese'로 이어지는데, 이것이 이번에는 fromage criminal로 바뀌어버린 것이다. 다른 관점에서 보면, 이 농담은 크림 치즈가 갖고 있는 거의 치명적인(criminal) 양의 지방에 대한 것이다. 또 다른 예는 도미니크가 발명한 violonisateur인데, 이것은 그가 바이올린을 너무 못 켜서 자신이 다른 사람들을(다른 사람들의 귀를) '범했다'는 것을 설명하기 위해 만든 것이다. 이 발명된 프랑스어 단어 violonisateur에서, 도미니크는 단어 violentizer(폭력을 행하는 사람)를 완성하기 위해 소리(violon과 violent)와 의미 teur 또는 ateur(무엇인가를 하는 어떤 사람)를 기가 막히게 조합하여 언어유희를 했다.

(2) 언어 사용에서 창의성

두 아이는 종종 정확하게 자기 생각을 어떻게 표현해야 할지 모를 때 모국어 표현을 만들어 냈다. 그들의 언어 발명은 그들이 각각의 모국어의 기본 규칙을 이해하고 있음을 반영했다. 예를 들어, 레안드레(4세 1개월)는 중국어로 "wǒ zuǐ hěn gān/我嘴很干(나는 목이 말라요. 문자적인 의미로 '내 목이 매우 건조하다.'는 뜻이다)."라는 말을 어떻게 하는지 몰랐다. 그는 그렇게 말하는 대신 "wǒ hěn yào hē/我很要喝(나는 물이 정말 마시고 싶어요)."라고 했다. 그가 한 말은 진짜 중국어는 아니다(적어도 교육을 받은 중국인의 귀에는 그렇게 들린다.). 그럼에도 불구하고 나는 그가 한 말을 잘 이해할 수 있었고, 의미가 통하도록 단어를 조합하는 그의 능력에 감탄했다.

가정에서 학교로 옮겨가는 과도기에 정체성 발달의 주목할 측면들

가정에서 학교로 옮겨 가는 과도기는 레안드레와 도미니크가 두 인종이 합쳐지고 삼중언어를 구사하는 자신을 어떻게 인식하는지, 그들의 대부분의 친구들(한 언어만 사용하는 백인)이 그들과 다른 새로운 언어와 사회 환경에서 그들이 자신의 두 인종이 합쳐지고 삼중언어를 구사하는 것을 어떻게 절충해 가는지에 대한 진정한 테스트였다. 이 섹션에서 나는 두 아이가 가정에서 학교로 옮겨 가는 과도기 동안 자아의식과 정체성 인식에서 주목할 만한 특징에 대해 이야기할 것이다.

1. 새 환경에 편안하게 적응하기

연구 결과에 따르면, 어린아이들이 (탁아소 같은)그룹으로 돌보아 주는 환경보다 집에서 부모(또는 일차 양육자 primary caretaker)와 함께 더 많은 시간을 보낼 때, 특별히 돌보아 주는 사람이 아이들의 필요에 주의를 기울이고 민감하고 반응을 해줄 때, 그들은 안정 애착(secure attatchment)이 발달하고, 그 결과, 새 환경에 더 잘 적응하는 경향이 있다.[14] 3장에서 이야기했듯이 레안드레는 태어나서 네 살이 될 때까지, 도미니크는 세 살이 될 때까지 오직 가정 환경에서 두 부모의 보살핌 아래 있었다. 가정 환경은 아이들의 모국어 습득과 발전을 도와주었을 뿐만 아니라 그들의 안정 애착이 형성되는 것에도 도움을 주었다.

그들은 어린이집과 유치원에서 다른 친구들과 어울리는 데 어려움을 거의 겪지 않았다. 두 아이 모두 새로운 사회적, 언어적 환경에 빨리 적응할 수 있었고, 친구를 쉽게 사귀었다.

뿐만 아니라 그들은 자기 자신을 편안한 마음으로 대했고, 삼중언어를 구사할 수 있다는 것과 인종이 섞인 자신의 존재를 자랑스러워했다. 우리는 그들이 어릴 적부터 그들의 두 인종이 섞인 것에 관해 이야기했기 때문에 레안드레와 도미니크는 종종 자기가 먼저 친구들에게 자기들이 절반은 중국인이고, 절반은 스위스인이고, 3개 국어를 할 수 있다고 밝히는 것을 보았다(그들이 말한 중국인과 스위스인이라는 개념은 국적이 아니라 인종을 의미했다.). 두 인종이 섞인 아이를 둘 가진 엄마인 도나 잭슨 나카자와(Donna Jackson Nakazawa)는 그녀의 책 『누가 나와 닮았어요? 다중언어를 구사하는 아이를 위한 부모 지침서(Does Anybody Else Look Like Me? A Parent's Guide to Raising Multiracial Children)』에서 부모가 인종이 섞인 자녀가 아직 어릴 때 인종과 관계된 사안을 두고 토론을 할 때 그들은 자신의 인종족 범주에 대해 대처할 준비를 더 잘 해둔 편이었다고 말했다.[15] 종합해 보면 두 아이는 어린이집과 유치원 환경에서 행복했다고 할 수 있다.

2. 계승문화에 대한 애착

3장에서 우리 아들들은 그들의 두 가지의 유산(중국어와 스위스어)과 언어 환경(삼중언어를 구사하는 것)을 이해하는 표징을 보여 주었다고 말했다. 그들이 어린이집과 유치원이라는 더 강력한 미국 문화 환경에 들어갔기 때문에 그들은 계승문화에 대해 더 강한 애착을 보이게 된 것 같았다.

그들은 자신의 스위스와 중국의 유산을 자랑스러워했다. 예를 들어, 그의 선생님이 나를 중국의 설날에 관해 이야기해 달라고 초대했을 때 도미니크는 아주 행복하게 내 옆에 앉아서 자기 반 친구들에게 나를 소개해 주었다. "이분은 우리 엄마야. 엄마는 중국인이야. 엄마는 중국의 설날에 대해 잘 알아." 두 아이는 또한 스위스와 중국에 대해 특별한 애착을 가졌다. 쇼핑할 때, 만약 스위스, 중국 또는 다른 나라에서 만들어진 것들(예를 들면 배낭, 볼펜, 초콜릿) 중에 골라야 한다면, 아이들은 자동으로 스위스제나 중국제를 골랐다. 두 아이가 자신의 계승문화에 이렇게 강한 애착(필립과 나 자신보다도 더 강한 애착)을 보이는 것을 관찰하는 건 매우 신이 나는 일이다. 짐작건대 그들의 중국어와 프랑스어가 거의 아는 바도 없고 가끔 방문하기만 할 뿐인 중국과 스위스에 대해 감정을 자극하는 연결 끈으로 작용했을 것이다.

3. 다른 언어로 다른 자신을 대표하기

어떤 연구자들은 하나 이상의 언어를 아는 화자는 그가 구사할 수 있는 각각의 언어 주위에서 조직된 자아를 다르게 대표한다고 말했다.[16] 레안드레와 도미니크 모두 그들의 구사하는 각각의 언어를 말할 때 다르게 대표하는 흔적을 보여 주기 시작했다. 그들 자신을 다르게 대표하는 현상은 그들의 말싸움에서 가장 뚜렷이 볼 수 있는 것 같다. 예를 들어, 레안드레와 도미니크는 자기에게 불공평하게 처리된 어떤 것에 대해 농담조로 불평하기 위해 "Tchô, monde cruel!(안녕, 잔인한 세상이여!—이것은 실제로 『띠폐프(*Titeuf*)』 코믹 시리즈의 제목 중 하나이다.)"라고 하는 것처럼, 프랑스어로 말싸움할 때 더 유머러스한 자아를 보여 주는 경향이 있었다. 그들은 "Zhè jiù shì wèi shén me nǐ bù néng zhè yàng zuò/这就是为什么你不能这样做(이래서 너는 이렇게 하면 안 돼)."와 같이 중국어로 말싸움할 때는 도덕적 느낌을 나누는 것을 좋아했다. 그들은 영어로 하는 말싸움에서는 "첫째… 그 다음은…"과 같이 좀 더 직선적이고 직설적인 자아를 보여 준 것 같다. 그들의 세 언어와 그 언어 안에서 그들이 사회화된 방식은 그들의 저마다 다른 언어적 자아에 공헌한 것처럼 보인다(필립은 좀 더 유머러스하다. 나는 좀 더 꼼꼼해지려는 편이다. 그리고 학교 교육은 종종 직선적이다.).

가정에서 학교로 옮겨가는 과도기에 삼중언어를 구사하는 아이들을 위한 제안

가정 환경에서 어린이집과 유치원 환경으로 옮겨 가는 과정은 어떤 아이에게도 도전적인 단계이다. 삼중언어를 구사하는 아이가 학교에서 사용되는 언어와 다른 모국어를 사용하는 경우, 그 아이는 더 큰 도전에 직면하기까지 한다. 우리의 경험은 효과적인 전략이 있다면 부모들이 아이들을 전환기 동안 효과적으로 지도할 수 있음을 보여 준다.

1. 선생님과 육아 전문가와 함께 일하기

(1) 선생님과의 의사소통

선생님은 아이들에게 특별한 힘을 가진 것 같다. 아이들은 선생님이 자기에게 바라는 것을 해내기 위해 있는 힘을 다하는 경향이 있지만, 정작 부모가 아이들에게 원하는 것은 반드시 그렇지 않다는 것을 부모는 증명할 수 있다. 따라서 선생님이 아이들의 계승어에 대해 어떤 태도를 가졌는지는 아이들이 자신의 모국어와 문화에 대해 어떤 감정을 갖게 되는지에 결정적인 역할을 한다. 선생님은 또한 교실 환경에서 다중언어를 하는 아이들의 발달에 도움을 주는 중요한 조력자이기도 하다. 안타깝게도 많은 선생님이 다중언어를 구사하는 것에 대해 잘 모른다. 그러므로 부모는 아이들과 함께 집에서 주도적으로 모국어를 연습해야 하고 선생님과 의사소통을 할 필요가 있다.[17] 또한 독자 여러분은 선생님에게 자녀의 가정과 문화적 경험을 교실에서 활용하는 것을 고려해 보라고 권할 수도 있다. 살고 있는 나라의 언어로 선생님과 의사소통을 할 수 없는 부모라면 선생님에게 편지를 쓰거나 통역가의 도움을 받아 선생님과 의사소통을 할 수 있을 것이다. 때때로 선생님이 당신의 가족이 사용하는 방법과 문화적 신념을 이해하는 데 시간이 좀 걸릴 수도 있다. 인내심을 갖고 지속하기 바란다.

그러나 나는 선생님과 직접 대립하는 것은 권하지 않는다. 가끔 당신이 정말 그렇게 할 필요가 있다고 느끼더라도 말이다. 인간의 어떠한 상호교류 과정에서도 직접적인 대립은 의사소통의 갑작스러운 단절을 초래할 것이다. 그런 상황은 아이에게나 부모에게 좋지 않을 것이다. 내 경험으로는, 만약 내가 선생님과 열린 마음과 솔직한 태도로 의사소통을 하면 그들은 언제나 마음을 연다. 예를 들어, 부모-교사 회담이 열린 동안 아이들의 유치원 선생님 중 한 명이 우리가 자녀에게 영어를 읽어 주고 말해야 한다고 주장했을 때, 나는 그녀에게 우리는 아이들의 생이 시작된 순간부터 우리의 모국어로 책을 읽어 주었고, 아이들의 영어와 다른 언어 습득을 위해 세심히 계획되고 신중하게 고려된 계획을 세워놓았다고 설명해 주었다. 얼마 뒤, 그 선생님은 우리가 아이들에게 책을 읽어 줄 뿐만 아니라 아이들이 다문화, 다중언어를 경험한 덕택에 많은 이점을 누리는 것 같고, 결과적으로 학업 성적을 포함하여 많은 영역에서 뛰어났음(5장에서 더 이야기할 것이다.)을 깨달은 것 같았다. 선생님에게 아이들의 필요를 알려 주고 아이들이 도움을 받을 방법을 구하는 것은 부모의 책임이다.

우리의 경험으로는 선생님이 아이들의 모국어를 높이 평가해 주면 아이들은 자신의 모국어를 지속적으로 사용하고자 하는 강한 의욕을 갖게 된다. 예를 들어, 도미니크가 다니던 어린이집의 원장은 프랑스어와 영어, 이중언어를 구사할 수 있었는데 그녀는 도미니크가 다른 언어를 말할 줄 아는 자신의 능력에 대해 특별히 자랑스럽게 느끼도록 해주었고, 덕택에 우리가 도미니크에게 바라던 길을 그 아이가 계속 걸어가는 데 많은 도움을 받았다.

(2) 육아 전문가와 함께 일하기

다중언어를 구사하는 아이들의 발달에 도움을 주는 또 다른 요소는 소아과 의사와 같은 육아 전문가로부터 받는 지원이다. 만약 당신이 다문화 출신 또는 다중언어를 사용하는 배경을 가졌거나 적어도 다중언어를 구사하는 것에 대해 알고 있는 육아 전문가를 찾을 수 있다면 그들은 당신의 다중언어를 구사하는 아이들에게 부가적인 도움을 줄 수 있을 것이다. 예를 들어, 우리 아들들의 소아과 의사는 그 자신이 다중언어를 구사할 수 있는 사람이었고, 우리 두 아이가 다중언어를 구사하는 경험을 매우 높게 평가해 주었다는 점에서 우리는 매우 운이 좋았다. 아이들이 매년 정기검진을 받는 동안, 그는 아이들이 세 언어를 말할 수 있는 자신의 능력에 대해 기분이 좋게 느끼도록 해주었다. 나는 아이들이 우리로부터 받은 칭찬보다 (그들에게 권위가 있는 인물인)이 소아과 의사로부터 받은 칭찬을 더 높이 평가하고 있다고 말할 수 있다.

2. 모국어를 사용하는 데 있어 아이들의 자신감 키우기

아이들이 어린이집과 유치원에 다니게 되자 그들은 자기가 학교에서 경험한 것을 모국어로 묘사할 기회가 늘어나면서 더 풍성한 경험을 할 수 있었다. 나는 이 장 앞부분에서 모국어로 아이들이 자기 생각을 표현하도록 성공적으로 도와준 전략을 여러분에게 소개했다. 부모는 자신의 역할이 아이들이 모국어로 자신을 표현하는 것을 도와주는 것에 있지, 아이들이 자기가 학교에서 경험한 것을 말하지 못하도록 하는 데 있지 않음을 기억해야 한다. 아이들은 때때로 모국어 어휘가 부족하거나 모국어로 실수를 하기 때문에, 부모는 아이들이 이 과정에 대해 긍정적으로 느끼도록 해주어야 한다. 다른 말로 하면 부모들은 아이들이 하는 말에 대해 비판적이기보다는 지원해 주는 태도를 보여야 한다는 것이다. 저명한 심리학자 에릭 에릭슨(Erik Eriksin)[18]은 아이들이 어린 나이에 부모와 다른 사람들과의 사회적 교류를 하는 가운데 경험한 것은 아이들의 자아 발달과 정체성 발달에 영향을 줄 수 있다고 오래전에 이야기한 바 있다. 만약 자기가 하고 있는 것에 성공을 경험하면 아이들은 자기 능력에 대해 자신감을 키우게 될 것이다. 반면, 만약 계속해서 실패를 경험하면 그들은 자기 능력에 대해 의문을 품게 될 것이다. 다음은 독자 여러분이 고려해야 할 몇 가지 제안들이다.

(1) 그림을 마음대로 그리는 것은 아이들이 자기 생각을 표현하는 데 도움이 된다

아이들이 학교에서 경험한 것을 설명할 때 모국어 어휘가 부족하면 여러분은 학교에서 무슨 일이 일어났는지 그림을 그려보라고 말해도 좋다. 만약 아이들이 혼자 그림을 그리고 싶어하지 않으면 여러분이 그들과 같이 그림을 그려도 좋다. 이렇게 하다 보면 여러분은 아이들에게 모국어 어휘를 공급해 줄 수도 있다. 이런 접근 방식을 통해 얻을 수 있는 이점은 아이들이 압박감을 느끼지 않는다는 점이다. 그림 그리기를 통해 여러분은 학교에서 일어난 일련의 사건을 이해할 수 있는 전후 맥락을 파악하게 되고, 아이들이 학교에서 경험한 것을 모국어로 더 잘 설명할 수 있도록 도와줄 수 있다. 우리 부부가 그렇게 해본 결과, 이 방법이 아이들이 말을 하도록 유도하는 데 매우 효과적인 것을 깨달았다. 우리 아이들은 이런 종류의 활동을 굉장히 즐거워했다.

(2) 언어 혼합에 반응하기

삼중언어를 구사하는 아이들이 모국어에 거주지에서 절대 다수의 사람이 사용하는 언어를 섞는 것은 자연스러운 현상이다. 그러나 모국어로 높은 수준의 의사소통 능력을 얻기 위해서 그들이 불필요한 혼합은 피하도록 도와주는 것도 대단히 중요하다. 부모들은 자녀가 단어를 언어학적 경계를 넘어 혼합하지 않도록 도와주는 기술을 마스터해야 한다. 그와 동시에 부모들은 언어 혼합 자체를 문제 삼아서 아이들이 대화할 때 기가 죽지 않게 해야 한다. 아이들이 거주지에서 절대 다수의 사람이 사용하는 언어와 모국어를 섞지 않도록 돕기 위한 방법으로 사례 4.1과 4.2를 참고하기 바란다. 이 사례들을 통해 여러분은 어떻게 해야 부모 자신과 자녀가 언어 교육을 자연스럽고 스트레스가 없으며 즐거운 경험의 일부로 만들 수 있는지에 대해 생각해 보게 될 것이다.

(3) 언어 실험 장려하기

언어 학습은 실험을 포함하고, 실험은 문법 규칙과 용법에 대한 추정을 테스트하는 것을 포함한다. 영어만 구사할 수 있는 어린아이들이 'took'라고 하는 대신 'taked'라고 말하여 단어 끝에 'ed'를 추가해서 불규칙 과거분사에 대해 실험을 하는 경향이 있는 것처럼, 삼중언어를 구사하는 아이들도 자신의 언어들로 실험할 것이고, 아마도 자신의 언어들로 실험할 가능성이 더 높을 것이다. 부모는 이런 언어 실험을 장려해 줄 필요가 있고, 아이들에게 그렇게 하지 말라고 말하는 대신 이것을 언어 학습의 기회로 사용해야 한다. 레안드레가 "wǒ zuǐ hěn gān/我嘴很干(나는 목이 말라요)."라고 하지 않고 "wǒ hěn yào hē /我很要喝(나는 물이 정말 마시고 싶어요)."라는 말을 발명해 낸 것을 기억해 보자. 그는 나에게 자신의 창조성을 칭찬할 좋은 기회와 그의 생각을 중국어로 더 진짜 같은 방식으로 표현할 좋은 기회를 제공해 주었다.

3. 부모의 모국어로 아이들에게 책을 읽어 줄 때 얻는 유익

이중언어 구사에 대해 연구하는 전문가 중 어떤 이들은, 우리가 자신의 감정과 전체적인 자아를 우리가 잘 사용하고 있는 언어(이 언어는 때때로 제1언어로 습득된 것이다.)를 통해 표현하고 있고, 아이들은 부모가 제대로 마스터하지 못한 언어로 이야기하면 부모에 대한 존경심을 잃을 수 있다고 생각한다.[19] 그러므로 부모들은 아이들이 학교 환경에서 사용하는 언어가 아닌 자기 생각을 잘 표현할 수 있다고 생각하는 언어로 자녀에게 책을 읽어 주는 것을 고려해 봐야 한다. 앞에서 언급했듯이, 새로 이민을 온 스페인어를 구사하는 어느 엄마는 아이가 다니는 학교 선생님에게 수도 없이 불려 가서 그녀가 비록 영어로 한마디도 제대로 하지 못함에도 불구하고 자녀에게 영어로 말하고 책을 읽어 주어야 한다는 말을 들었다. 그 엄마는 영어보다는 스페인어로 자녀에게 책을 훨씬 더 잘 읽어 줄 수 있음은 상상하기 어렵지 않다. 가장 중요한 사실은 아이에게는 분명 엄마가 영어보다 스페인어로 책을 읽어 주는 것이 더 좋을 것이라는 것이다.

비록 어떤 부모가 제2언어 또는 제3언어를 잘 구사할 수 있다고 해도(부모가 그 언어를 사용하는 지역에서 자라지 않았다면), 부모가 제2언어와 제3언어로 책을 읽어 주는 방식에는 분명 차이가 있을 것이다. 양질의 독서란 페이지에 인쇄된 글자를 단순히 읽기만 하는 것 이상의 것을 뜻하기 때문이다. 그것은 독서 시간 동안 그리고 그 이후에 부모가 독서와 대화를 통해 추론해 내는 것을 포함한다. 내가 우리 아이들에게 중국어로 읽어 줄 때 나는 중국이 사회주의국가가 된 세월을 반영하는 감정적인 측면을 이야기해 줄 수 있는데(아이들이 어렸을 때는 특히), 만약 그들에게 영어로 읽어 준다면 나로서는 불가능한 일일 것이다.

4. 미디어 과학기술 이용하기

대부분의 부모는 (텔레비전과 멀티미디어 게임과 같은)미디어 과학기술에 대해 다소 부정적인 태도를 보이는 것 같다. 연구 결과에 따르면, 텔레비전은 실제로 어린아이들에게 아주 해로운 영향을 미치는 것 같다. [20] 뿐만 아니라 아이들이 아주 어릴 때는 부모와 직접적인 상호교감이 더 필요한 것도 사실이다.

그러나 레안드레와 도미니크같이 부모로부터만 모국어 입력을 받을 수 있는 아이들에게는, 미디어 과학기술은 언어와 문화를 가르쳐 주는 중요한 부교재 역할을 할 수 있다. 미디어 과학기술은 또한 부모와 아이들에게 함께 이야기하고 놀 기회를 제공한다. 나는 두 개의 모국어와 영어에 있어 텔레비전과 대화형 멀티미디어 게임과 시간을 보내는 것을 통해 레안드레와 도미니크 둘 다 많은 단어와 표현을 배웠음을 보았다. 만약 잘 선택된다면, 이런 미디어는 아이들에게 새로운 학교 환경에서 필요한 경험과 어휘를 가르쳐 줄 수 있을 것이다. 그러므로 가정에서 학교로 옮겨 가는 과도기에 다중언어를 구사하는 아이가 부모로부터 적절하게 지도를 받으면서 이런 프로그램을 점차 접하게 되면 많은 이점을 누릴 수 있을 것이다.

5. 다른 인종이 섞인 자신에 대한 대화에 다른 인종이 섞인 아이들을 참여시키기

학교는 아마도 다른 인종이 섞인 아이가 남과 다르다는 이유로 친구들에게 왕따를 처음 당하는 장소일 것이다. 어떤 사람들은 인종에 관련된 문제에 대처하는 가장 좋은 전략은 그것을 아예 언급하지 않거나 화제로 삼지 않는 것이라고 믿는다(소위 말하는 컬러 블라인드color-blind 전략). 잭슨 나카자와(Jackson Nakazawa)의 설명에 따르면,[21] 이것은 바람직하지 못한 전략이다. 설령 부모가 그것에 대해 이야기하지 않더라도 다른 아이들이 학교에서 그렇게 할 것이기 때문이다. 많은 부모는 자녀가 친구들로부터 저속한 말을 듣고 상처를 입은 뒤에야 경고 신호를 받는다. 만약 이런 상황이 지속되면, 다른 인종이 섞인 자녀의 정체성 발달에 악영향을 미칠 것이다. 어린이집과 유치원 환경에서 친구들과 어울릴 때 인종 문제와 인종 차별에 아이들이 잘 대처하도록 해주는 최고의 방법은 가능한 한 초기에 인종을 둘러싼 문제에 관해 이야기하는 것이다. 나카자와는 이렇게 제안했다. "우리 아이들의 자아 성장을 촉진하는 것은 아이들 인생의 모든 문제에 관해 주의를 충분히 기울이고 열린 대화를 나누는 것을 포함한다.–삶의 모든 무대에서 그들의 감정, 그들의 필요, 그들의 발달에 주의를 기울이는 것이다." 우리의 경험에 의하면, 부모가 자녀들이 자신의 인종과 관련된 상황을 이해하도록 도울 때 아이들은 있는 그대로의 자신을 좋아하는 경향이 있다. 뿐만 아니라 그들은 친구들이 하는 이상하고 추잡하고 귀에 거슬리는 말에 더 잘 대처할 수 있을 것이다.

요약

아이들이 가정 환경 밖에서 더 많은 시간을 보내고 어린이집과 유치원 환경에 들어갈 때 부모가 이런 상황에 미리 사전대책을 강구해 놓지 않았다면 학교에서 대다수의 아이들이 사용하는 지배적인 언어가 점차 모국어를 대체할 것이다. 우리의 경험에 의하면, 아이에게 모국어와 학교에서 사용하는 언어 사이에 균형을 이루는 것은 전적으로 부모가 사용하는 전략이 어떠한가에 달려 있다.

우리 아이들이 모국어를 보존하도록 우리가 도와준 방법 중 성공을 거두었던 핵심 전략은 다음과 같다.

- 학교에서 경험한 것과 모국어를 연결하기
- 아이들이 학교에서 경험한 것을 모국어로 설명하도록 도와주기
- 아이들이 모국어 어휘나 표현능력이 부족할 때 질문하는 습관을 갖도록 도와주기
- '지금 바로 이곳'의 상황을 뛰어넘는 언어를 사용하게 하기
- 학교에서 사용하는 언어의 읽고 쓰기 능력과 모국어를 읽고 쓰는 능력 일치시키시기
- 재미있는 모국어 읽을거리를 선택해서 아이들이 읽도록 동기부여 하기
- 미디어 과학기술 이용하기
- 같은 유산을 공유하는 국가로 여행을 가고, 같은 유산을 공유하는 문화 활동에 아이들을 참여시키기

가정에서 학교로 옮겨 가는 과도기 동안, 학교에서 사용하는 언어는 때때로 대단히 강력한 위력을 지닌다. 그리고 아이와 부모는 학교에서 사용하는 언어에 주도권을 내주고 싶은 유혹을 느낄 수 있다. 이때

가 바로 부모의 인내심이 필요한 순간이다. 일단 부모가 자녀들이 거주 국가에서 대다수의 사람이 사용하는 (학교)언어 쪽으로 빠져들어도 좋다고 허락해 주면, 자녀를 모국어를 유지하는 쪽으로 되돌리는 것은 더욱 어려워질 것이다. 우리의 경험에 의하면, 아이들이 이 첫 번째 허들—가정에서 학교로 옮겨 가는 과도기—을 뛰어넘는 순간, 그들은 계승어를 보존하는 데 한걸음 더 가까이 다가간 것이다.

그러나 부모들도 모국어 사용을 고집하는 것에 조심해야 할 부분이 있다. 우리의 최종적 목표는 자녀들이 모국어로 의사소통하는 것을 돕는 것이지, 그렇게 하지 못하도록 방해하는 데 있지 않음을 우리 자신에게 일깨워 주어야 한다. 우리 아이들은 자신의 계승어를 유지하기 위한 여행길에서 모든 걸음마다 따뜻한 손길이 필요하다. 우리는 아이들이 모국어를 자신 있게 사용하도록 도와주어서 그들의 정체성이 건강하게 발달할 수 있도록 해주어야 한다. 그밖에 우리는 교사이나 육아 전문가와 같이 우리 아이들의 인생에 다른 중요한 조력자를 참여시킬 수 있다. 그들의 도움으로 우리는 아이들에게 지속적인 도움을 줄 수 있다.

가정 환경에서 학교 환경으로 옮겨 가는 과도기는 아이들이 모국어를 유지할 수 있을지 그렇지 않을지를 결정하는 아주 중요한 단계다. 강력한 도움을 받고 효과적인 전략을 사용하여 삼중언어를 구사하는 아이들은 새로운 언어 및 사회 환경에서 빛을 발할 수 있고, 학업 면에서 그리고 사회적으로 부담이 더 많은 기간인 초등학교 시기로 들어갈 준비를 할 수 있을 것이다.

1. 레안드레와 도미니크는 학교에 입학한 나이가 다르다. 레안드레는 어린이집에 4살에 들어갔고, 도미니크는 3살에 들어갔다.

2. Verhoeven, L. and Boeschoten, H. (1986) First language acquisition in a second language submersion environment. *Applied Psycholinguistic* 7, 241-256.

3. 이것은 아이들이 어린이집과 유치원에 다닌 시기에 녹화한 것 가운데, 레안드레는 24시간(2년 동안 매달 한 시간씩), 도미니크는 36시간(3년 동안 매달 한 시간씩)을 분석한 것에 근거하였다. 도미니크는 레안드레보다 어린이집을 1년 더 다녔기 때문에 더 긴 시간 동안 녹화된 자료를 사용하였다.

4. Ferrerio, E. and Teberosky, A. (1982) *Literacy Before Schooling*. Exeter, NH: Heinemann.

5. Peng, T.H. (1989) *Fun with Chinese Characters*. Hong Kong: Federal Publications.

6. Bruner, J. (1998) *The Culture of Education*. Cambridge, MA: Harvard University Press.

7. 예를 들면, 아이들이 좋아하는 것 중 하나는 러닝그라운드(the Learning-ground, Inc.)에서 제공하는 마이해피데이*(My Happy Day)* 대화형 CD 시리즈이다(http://www.learningground.com).

8. Wang, X.L. (2005) *Exploring the Meaning of Chinese New Year: Some Ideas for Teachers*. New Berns: Trafford.

9. Erbaugh, M.S. (1992) The acquisition of Mandarin. In D.I. Slobin (ed.) *The Crosslinguistic Study of Language Acquisition* (Vol. 3, pp.373-455). Hillsdale, NJ: Lawrence Erlbaum.

10. Zhu, H. (2002) *Phonological Development in Specific Contexts: Studies of Chinese-Speaking Children*. Clevedon: Multilingual Matters.

11. Erbaugh, M.S. (1992) The acquisition of Mandarin. In D.I. Slobin (ed.) T*he Crosslinguistic Study of Language Acquisition* (Vol. 3, p.408). Hillsdale, NJ: Lawrence Erlbaum.

12. Comments by Jean-Marc Dewaele in the review of the final draft (March 2008).

13. Comments by Jean-Marc Dewaele in the review of the final draft (March 2008).

14. NICHD(National Institute for Child Health and Development) Early Child Care Research Network (1997) The effects of infant childcare on infant-mother attachment security: Results of the NICHD study of early child care. *Child Development* 68, 860-879.

15. Nakazawa, D.J. (2003) *Does Anybody Else Look Like Me? A Parent's Guide to Raising Multiracial Children* (p.8). Cambridge, MA: Perseus.

16. Foster, R.P. (1996) The bilingual self: Duet in two voices. *Psychoanalytic Dialogue* 6, 99-121. Pavlenko, A. (2006) Bilingual selves. In A. Pavlenko (ed.) *Bilingual Minds: Emotional Experience, Expression and Representation* (pp.1-33).

Clevedon: Multilingual Matters.

Koven, M. (2007) *Selves in Two Languages: Bilinguals' verbal Enactments of Identity in French and Portuguese.* Amsterdam: John Benjamins.

17. 미국 교육성의 웹사이트 http://www.ed.gov/parents/academic/help/succeed/part8. html에서는 부모가 교사와 의사소통하고 함께 일하는 방법을 이해하도록 도와주고 있다.

18. Erikson, E.H. (1963) *Childhood and Society* (pp.251-258). New York: W.W. Norton.

19. Arnberg, L. (1987) R*aising Children Bilingually: The Preschool Years* (p.92). Clevedon: Multilingual Matters.

20. Christakis, D.A. and Zimmerman, J.A. (2007) Violent television viewing during preschool is associated with antisocial behavior during school age. *Pediatrics* 120, 993-999.

21. Nakazawa, D.J. (2003) *Does Anybody Else Look Like Me? A Parent's Guide to Raising Multiracial Children.* Cambridge, MA: Perseus.

Chapter 5

초등학교 시기[1]

이 장에서는 우리 아이들이 모국어를 읽고 쓰는 필수능력을 배양하도록 돕기 위해 우리가 사용한 일반 전략들과 영어가 압도적인 기세로 우리 아이들의 모국어 유지와 발전에 영향을 미치는 것에 대응하기 위해 사용한 효과적인 방법에 대해 초점을 맞춘다. 또한 이 시기에 우리가 부딪친 주요 난관들과 우리가 그것들을 극복한 방법에 관해 이야기할 것이다. 아이들의 정체성 발달뿐만 아니라 삼중언어 구사력이 발달하면서 나타나는 특징들이 강조되었다. 마지막으로 초등학교 시기에 어떻게 아이들의 모국어와 정체성 발달을 도울 수 있을지에 대한 제안을 실었다.

💡 모국어를 읽고 쓰는 능력 향상과 모국어 유지를 위한 전략

만약 아이들의 가정학습 기간에 우리의 목표가 그들이 모국어를 배우는 데 확고한 기초를 놓는 것이었고, 그들이 처음 학교에 입학하여 다니던 기간(어린이집과 유치원)의 목표가 그들의 모국어와 영어가 바람직한 균형을 이루도록 보장하는 것이었다면, 초등학교 시기의 우리의 목표는 그들이 모국어를 읽고 쓰는 필수능력을 갖추도록 돕고, 지속해서 그들의 모국어 발전을 촉진하는 것이었다. 우리의 경험을 통해, 부모 쪽에서 인내심을 가지는 것과 더불어 다음과 같은 전략을 사용하면 이 단계의 목표를 이루는 데 효과적이라는 것을 확인할 수 있다.

1. 모국어를 읽고 쓰는 필수능력 갖추기

3장과 4장에서 나는 우리 아이들 모국어를 말하는 능력을 키우기 위해 우리가 사용한 전략에 대해 의견을 나눴고, 독서와 글씨 쓰기 연습과 같이 그들이 기초 수준의 (신생의)모국어를 읽고 쓰는 능력을 키우기 위해 우리가 적용한 전략에 대해 간단히 언급했다. 이 장에서는 모국어를 읽고 쓰는 능력을 키우기는 데 있어 체계적이고 단호한 지원에 초점을 맞춘다.

이디스 하딩-에슈와 필립 릴리는 아이들이 모국어를 읽고 쓰는 능력을 갖추어야 하는 이유에 대해 다음과 같이 설명했다.[2]

모국어를 읽고 쓰는 능력을 키워야 하는 네 가지 이유
- 아이들이 모국의 문화에 참여할 수 있고, 모국어로 오리지널 문학을 읽을 수 있다.
- 아이들이 모국어의 여러 스타일과 다양성을 접하게 될 것이다.
- 모국어로 쓰인 것은 아이들에게 그들의 경험을 대표하고 다룰 수 있는 도구를 제공한다. 다양한 언어로 글을 읽으면, 아이들의 인식 기능이 더 높은 단계로 발달하는 데 지대한 역할을 한다.
- 읽고 쓰는 것은 아이들이 자신의 모국어를 유지하도록 도와줄 것이다.

자신의 자녀가 모국어를 읽고 쓰는 능력을 왜 마스터해야 하는지에 대해 의문을 갖는 부모는 거의 없을 것이다. 그러나 그들 중 많은 이들은 자녀가 모국어를 읽고 쓰는 능력을 집에서 습득해야 하는지 아니면 학교에서 습득해야 하는지, 자녀가 언제 정식으로 모국어를 읽고 쓰는 학습 과정을 시작해야 하는지, 자녀가 모국어를 읽고 쓰는 능력을 갖추고 난 뒤 어떤 결과를 얻기를 기대하는지, 그리고 이것을 실현하기 위한 효과적인 전략은 무엇인지 궁금해 할 것이다. 우리가 취한 방법은 이런 질문들에 약간의 빛을 비춰 줄 수 있을 것이다.

(1) 아이들이 모국어를 읽고 쓰는 능력을 집과 학교 중 어디에서 습득해야 할까?

우리 아이들을 모국어를 사용하는 학교에 보내야 할지 아니면 그들이 집에서 모국어를 읽고쓰는 정식 교육과정을 통해 배우게 해야 할지 고민하면서 우리는 당시 우리가 처한 상황에 근거하여 그들의 두 개의 모국어를 두고 개별적인 결정을 내렸다.

중국어를 읽고 쓰는 능력을 키우기 위해, 우리는 아이들을 주말에 하는 중국어 학교에 보내기로 했다.[3] 우리는 다음과 같은 이유로 이렇게 결정했다. 첫째, 중국어를 학교에서 공식적으로 배우는 것은 우리 아이들이 읽고 쓰는 필수능력을 갖추는 데, 필요한 문법적 특징을 체계적으로 배우는 데 도움이 되었다. 둘째, 언어를 배우는 환경은 가정과 학교가 달랐다. 학교의 사회적 환경에서 아이들은 교육학적으로 동기 부여된 상호작용에 익숙해질 수 있다. 이와 대조적으로 가정에서는 상호작용에 잠재된 다양한 목적을 알게 된다. 학교는 또한 특히 읽기와 쓰기를 가르치는 것과 관련된 체계적인 기능을 더 높은 수준으로 발전시키도록 해주는 훈련을 체계적으로 실시한다. 이와 대조적으로 가정에서는 말하기를 배우지 않고도 자연스럽게 습득할 수 있도록 가르친다.[4] 따라서 우리 아이들은 주말에 중국어 학교에 다니는 것을 통해 중국어를 성공적으로 읽고 쓰게 될 가능성이 더 높아졌다. 셋째, 부모가 예외적으로 결단력이 있고 교육학적인 지식이 많지 않다면 자기 자녀를 잘 가르치는 것은 일반적으로 더 어렵다.

이와 같은 이유 등으로 우리는 아이들을 프랑스어 학교에도 보내려고 노력했다. 그러나 그 학교들을 방문하고서 우리는 많은 현지의 프랑스 학교 또는 국제학교에서는 제1언어가 영어인 아이들을 대상으로 하고 있고, 우리 두 아이의 프랑스어 능력이 이런 학교에 다니고 있는 아이들보다 훨씬 앞서 가고 있다는 사실을 알게 되었다. 아이들을 이런 학교에 보내는 것은 우리의 목적에 맞지 않았다. 우리는 또 아이들을 프랑스어와 영어의 이중언어를 가르치는 사립학교에 보낼 생각도 했다. 그러나 사립학교의 학비는 우리에게 심각한 수준으로 재정 긴축을 요구할 만큼 비쌌다. 마침내 우리는 필립이 프랑스어 교보재 시리즈를 사용하여 아이들을 위해 홈스쿨을 하기로 결정을 내렸다.

지난 시절을 되돌아보면, 우리가 처한 특수한 상황에서 우리는 이렇게 한 것이 훌륭한 결정이었다고 자평한다. 초등학교 시기 동안 아이들은 악기 레슨과 축구 연습과 같이 다른 활동을 했고, 중국어 학교에 가는 것이 이미 아이들에게 귀중한 놀이 시간의 일부를 소비해 버린 꼴이 되었기 때문에, 우리는 아이들이 주말에 다른 학교(프랑스 학교)에 보내는 것으로 추가적인 부담을 지우는 것은 상상조차 할 수 없었다.

(2) 공식적인 읽고 쓰기 수업은 언제 시작하는 것은 적기일까?

일단 우리가 아이들을 주말에 중국어 학교에 보내고 프랑스어는 홈스쿨을 하는 결정에 이르렀다면, 우리가 판단해야 할 다음 문제는 그들을 언제 중국어 학교에 보내느냐 하는 것이었다. 우리는 두 가지 선택에 직면했다. 첫째, 우리는 그들이 1학년일 때 중국어 학교에 보내서 그들의 중국어와 영어를 읽고 쓰는 능력이 동시에 발전하게 할 수 있었다. 그러나 우리는 아이들이 여섯 살의 나이에 여전히 공립학교에서 공교육 환경에 적응 중인 점이 걱정되었다(예를 들면, 매일 해야 하는 숙제의 양이 늘어나고 있는 것 등). 주말에 그들을 중국어 학교에 보내면 이미 가득 차버린 그들의 일상에 또 다른 레벨의 부담을 지우는 것이었다. 그렇게 하지 않을 경우, 우리는 그들이 준비될 때까지 중국어 학교에 보내는 것을 연기할 수 있었다. 그러나 아이들이 언제 준비가 될지 결정하는 것도 어려운 일이었다. 어떤 아이가 주말에 다른 학교에 기꺼이 가려고 하겠냐는 말이다. 아이들과 지속적으로 '협상'을 한 뒤, 우리는 레안드레가 (표준 나이보다 세 살 늦은 나이인)9살이 되었을 때 로컬 중국어 학교에 보냈다. 왜냐하면, 그를 설득하는 데 오랜 시간이 걸렸기 때문이었다. 레안드레는 도미니크도 간다는 전제 아래 중국어 학교에 다니려고 했다. 이렇게 하여 도미니크는 (표준 나이보다 1년 늦은)7살 때 중국어 학교에 다니기 시작했고, 거기서 꽤 잘 적응해 나갔다. 우리는 아이들의 언어가 발전하는 것을 좀 더 쉽게 관찰하기 위해서, 그리고 레안드레에게 주말에 '일해야' 하는 사람이 가족 중에 자기만 있는 것이 아님을 느끼게 해주기 위해서 그들을 같은 반에 등록시켰다.

읽고 쓰기의 일반적인 발달 경로와 비교할 때, 우리 아이들(특히 레안드레)은 중국어를 읽고 쓰는 공식 교육을 약간 늦게 시작했다. 그러나 지나고 나서 보니, 그렇게 하면 얻을 수 있는 여러 가지 이점도 있었다.

첫째, 레안드레와 도미니크가 영어 학교에서 발달한 기본적인 학습 능력 덕분에 그들은 중국어 학교에서 수월하게 공부할 수 있었다. 예를 들어, 그들이 학교에서 배웠던 영어를 읽고 쓰는 능력은 그들이 병음(拼音, 중국어 한자의 발음을 돕기 위해 사용된 알파벳 표기 시스템)을 배우는 데 도움이 되었다. 그들에게 병음을 읽고 쓰는 것은 식은 죽 먹기나 다름없었다.

둘째, 아이들이 정규 영어 학교에서 발달시킨 학습 전략은 중국어 학교에서도 도움이 되었다. 예를 들어, 레안드레는 중국어 시험을 볼 때 다양한 전략을 사용할 수 있었다. 받아쓰기 시험을 볼 때 중국어 글자를 어떻게 쓰는지 잊어버렸다면, 그는 먼저 병음을 썼다(그래서 그는 소리를 기억할 수 있었다.). 그는 나중에 중국어 글자를 못 적은 문제로 다시 돌아와서 글자를 기억해 내려고 하거나 아니면 시험지의 다른 부분에서 그 글자를 찾아보았다. 그보다 어린 급우 중 많은 이들은 아직 이런 종류의 학습 전략을 개발해 내지는 못했다. 게다가 레안드레는 자기보다 어린 대부분의 급우보다 더 기꺼이 선생님들의 지시에 따를 수 있었다.

셋째, 우리 두 아이들은 영어 학교에서 적극적인 자기효능감(self-efficacy, 그들은 자기가 잘 해낼 줄 알았다.)을 가졌다. 아이들이 중국어 학교에 등록할 때까지 그들은 자기가 성공적인 학습자라고 분명하게 인식하고 있었다. 두 아이의 영어를 읽고 쓰는 능력은 학년 평균 이상이었다(그들의 교사가 작성한 서면 보고서, 학군 또는 뉴욕 주 표준 테스트 결과, 영재를 위한 인뷰 테스트 결과에 근거하였다.). 영어를 읽고 쓰는 것과 다른 영역에서 그들은 좋은 성적을 거두었기 때문에, 그들은 자신이 능력 있는 학습자라는 자신감을 가졌다. 도미니크(7세 8개월)는 직설적으로 이렇게 말했다. "나는 똑똑해. 만약 내가 중국어 읽고 쓰는 법을 모른다면 내가 열심히 공부하지 않아서 그런 거야…" 우리는 같은 중국어 반의 더 어린 급우들의 부모들과 대화를 나누면서 이런 아이들은 자신의 능력을 측정할 수 있는 기존에 거둔 성과가 없어서 훨씬 더 큰 어려움에 직면했다는 것을 알게 되었다.

마지막으로, 저학년 때는 나이가 좀 더 많은 어린이는 (단 몇 개월이라도)자기보다 어린아이들보다 더 잘한다는 것이 연구 결과로 밝혀졌다.[5] 게다가 나이가 많고 적은 아이들이 제2언어를 배우는 것을 비교한 연구 결과, 나이가 많은 어린이가 확연하게 우세를 보였다. 그들의 학습 과정은 나이가 어린아이들보다 더 빠르고 더 효과적이었다.[6]

나는 이 세 가지 요소 덕분에 레안드레와 도미니크가 중국어 학교에서 어린 급우들보다 더 성공적으로 배울 수 있었다고 믿는다. 그들은 약간 더 나이가 많았고, 일반적인 학습 전략을 마스터했고(영어 학교에 다닌 결과), 자신감을 느끼고 있었다.

(3) 아이들이 모국어를 읽고 쓰는 능력에 대해 어떤 실제적인 기대를 하고 있는가?

한 아이가 자신이 할 수 있는 세 가지 언어를 똑같이 잘 읽고 쓸 줄 알아야 '진정한' 삼중언어 구사자로 불릴 자격을 얻는다는 것이 널리 알려진 생각이다. 이상적으로 말하면, 이것이 최고의 상황일 것이다. 그러나 실제로는 삼중언어를 구사하는 어린이가 세 언어의 모든 면에서 똑같은 능력을 보유하고 있는 경우는 드물다. 1장에서 언급한 것처럼 삼중언어를 구사하는 아이는 남다른 언어 시스템을 갖고 있고, 그것과 관계된 남다른 경험을 하기 때문에 세 언어를 읽고 쓰는 면에서 저마다 다른 수준의 레벨을 보일 것이다. 우리 아이들이 주말마다 중국어 학교에 다니고 남편이 프랑스어 읽고 쓰기를 부지런히 가르쳐 주고 있음에도 그들이 모국어를 읽고 쓰는 능력은 영어의 그것을 뛰어넘는 것은 고사하고 따라가지도 못하는 수준이었다. 그들은 영어를 말하는 환경에서 학교에 다니고 있기 때문이다.

따라서 우리는 아이들이 모국어를 읽고 쓰는 능력을 습득하기를 기대하는 수준에 맞게 현실적이고 실현 가능한 목표를 설정해야 했다. 초등학교 시기에 아이들의 모국어를 읽고 쓰는 능력이 영어의 그것에 미치지 못함을 알았으므로 우리는 그들이 모국어를 읽고 쓰는 능력 중에 필수능력을 갖추는 데 목표를 두어야 했다. 바라는 것이 있다면, 나중에 기회가 더 많이 주어질 때 이런 능력은 모국어를 읽고 쓰는 데 성공을 거두는 촉진제가 되었으면 하는 것이다(예를 들어, 모국에서 공부하거나 살 때, 또는 모국어를 연구주제로 선택할 때 등). 따라서 우리는 그들이 모국어를 읽고 쓰는 능력을 갖추게 해주는 도구를 제공해 주고 싶었다. 이 말은 그들이 모국어를 영어만큼 유창하게 읽지 못할 수도 있고, 그들이 모국어를 영어만큼 잘 쓰지도 못할 수 있다는 뜻이다. 그렇지만 그들은 모국어로 읽고 쓰는 면에서 자신을 도와줄 (사전과 같은)자원을 활용할 줄은 알게 될 것이다.

(4) 모국어를 읽는 능력을 갖추기 위한 효과적인 전략

연구 결과에 의하면 아이들은 학교에 다니는 기간에 독서를 통해 배우는 단어량이 대화를 통해, 특히 자기와 대략 비슷한 단어량을 가지고 있는 어린이들과 나누는 대화를 통해 배우는 단어량보다 더 많다고 한다.[7] 비교적 독서량이 적고, 학교에 다닐 때만 책을 읽는 아이라도 1년에

50만 개의 단어를 읽을 것이고, 1년에 약 1만 개의 모르는 단어를 접하게 될 것이다. 어떤 연구자들은 성인이 대단히 많은 양—10만 개 이상—의 어휘를 배울 수 있는 유일한 방법은 독서라고 주장하기도 했다.[8] 따라서 아이들이 모국어로 많은 어휘량을 갖도록 돕는 가장 효과적인 방법은 아이들이 책을 읽게 하고, 책을 읽어 주고, 그들과 함께 읽는 것이다. 우리는 이렇게 하는 과정 중에 다음과 같은 전략들이 초등학교 시기에 아이들의 모국어 독해력을 향상하는 데 특별히 도움이 되었음을 밝힌다.

① 같은 책을 다른 언어로 읽어라

초등학교에 다니던 기간 동안, 우리 아이들은 재미있는 영어책을 많이 읽었다. J.K.롤링(Joanne Kathleen Rowling)이 쓴 『해리포터(*Harry Potter*)』 시리즈도 그중 하나였다. 예를 들어, 레안드레는 해리포터 제5권을 이틀도 안 되어서 다 읽었다. 아이들이 이 시리즈에 열광하자 우리는 중국어판과 프랑스어판을 아이들에게 소개해 줄 좋은 기회를 갖게 되었다. 처음에는 그들에게 읽어 주었고, 그다음에는 그들과 같이 읽었고, 마지막으로 그들이 직접 번역본을 읽어보도록 격려해 주었다. 아이들은 해리포터를 무척 좋아했기 때문에 모국어 버전으로 읽는 것은 힘든 일이 아니었다. 사실 아이들은 자발적으로 프랑스어판과 중국어판을 읽어보았고, 그들이 좋아하는 부분을 영어판과 비교해 보기도 했다.

같은 책을 다른 언어로 읽으면 좋은 점은 아이들이 같은 어휘와 표현을 세 개의 서로 다른 세트로 배울 기회를 갖는다는 점이다. 뿐만 아니라 번역본은 (어떤 언어이든 관계 없이)대개 한 언어를 평균 이상의(또는 높은) 수준으로 숙달한 사람에 의해 번역된 것이므로, 이 번역본을 통해 아이들은 분명 이점을 누릴 수 있다(비록 어떤 사람들은 번역본이 원본보다 결코 나을 수 없다고 믿기는 하지만 말이다. 나는 언어 사용이라는 측면에 한해서 이야기한 것이다.). 게다가 아이들이 영어로 책을 먼저 읽음에 따라 비록 아이들이 모든 단어를 다 알고 있던 것은 아니었지만 영어로 된 책을 먼저 읽은 것은 그들이 모국어로 같은 내용을 이해하는 데 도움을 두는 '목발'이 되었다.

② 아이들이 관심을 갖는 것을 통해 모국어로 된 책 읽기에 인센티브 지급하기

말하기와 비교하면 모국어를 읽는 것은 우리 아이들에게 쉬운 일은 아니었다. 아이들은 처음에는 이것을 심부름하는 것처럼 느꼈다. 그래서 우리는 아이들이 책을 읽도록 '꼬실' 전략들을 생각해야 했다. 우리는 아들들이 흥미를 느끼는 읽을거리가 있을 때 그들에게 모국어를 읽도록 동기부여 하기가 더 쉽다는 것을 알았다. 예를 들면, 두 아들 모두 Yu-Gi-Oh와 포켓몬 카드 게임에 관심이 많은 시기가 있었다. 그들은 몇 시간 동안이나 그것들을 모으고 분류하고 조사했다. 나는 그들에게 중국어로 된 카드를 사 주는 방법을 통해 그들이 중국어를 읽게 할 기회를 포착했다. 아이들은 이 카드에 아주 흥미를 느꼈기 때문에 자기 힘으로 카드에 쓰인 글자를 읽기 시작했고, 모르는 단어가 나오면 나에게 계속 물어보았다. 어느 날 나는 레안드레(8세 5개월)가 친구 헨릭에게 그들이 갖고 놀던 카드에 일본식 한자를 읽을 수 있다고 자랑하는 것을 보았다.

우리는 또한 모국어로 쓴 쪽지를 아이들에게 남겨서 그들이 간절히 원하는 것을 가지고 싶은 욕구를 활용하였다. 아래 사례는 필립이 두 아들에게 프랑스어를 읽어보라고 격려하고, 그래서 그들이 원하는 것을 얻게 되는 것을 보여 주고 있다.

사례 5.1
레안드레(8세 1개월)와 도미니크(6세 2개월). 어느 날 두 아들은 학교에서

집으로 돌아왔을 때, 필립이 남겨놓은 쪽지를 발견했다.

Léandre et Dominique, quand vous aurez fini vos devoirs, regardez dans la
théière sur la table basse au salon. Vous y trouverez un message.
(레안드레와 도미니크 : 오늘 학교 숙제를 다 한 뒤에, 거실에 있는 중국식 탁자 위
에 있는 찻잔 안을 열어보아라. 거기서 메시지를 찾을 수 있을 거야.)
Allez au premier. Dans ma chambre, ouvrez le pied droit de mon bureau.
Sur la première tablette, vous trouverez un second message.
(2층으로 올라 가라. 내 방에서, 내 책상 오른쪽에 있는 캐비닛을 열어라. 캐비닛
맨 위에서 너는 메시지를 하나 더 발견할 것이다.)
Demandez à votre mère de vous donner quelque chose que vous aimerez.
(엄마에게 재미있는 것 좀 달라고 부탁해라.)

휴일 활동은 아이들이 모국어를 읽게 하는 또 다른 미끼였다. 예를
들어, 할로윈 데이는 두 아이에게 큰 이벤트였다. 그들은 매년 학교에
서 열리는 퍼레이드에 무엇을 입고 갈 것인지 몇 개월 전부터 고민하는
등 이 이벤트를 위한 계획을 세웠다. 우리는 그들이 모국어를 읽게 하
는 방법을 통해서 그들의 열정을 이용할 수 있음을 알았다. 그들이 할
로윈 축제 준비 기간 동안(보통 8월 말에 시작했다.), 필립은 그들을 꼬셔
서 프랑스어로 된 것을 읽도록 하기 위해(캐나다 상점의 제품들에는 프랑스
어와 영어가 같이 적혀 있었기 때문에 언제나 우리를 실망하게 하지 않았다.) 가
능한 한 프랑스어로 된 모든 읽을거리를 찾았다. 예를 들어, 어느 해 나
는 도미니크에게 할로윈 가면과 복장을 사 주었다. 포장박스에는 프랑
스어로 할로윈 파티를 계획하기 위한 지침이 적혀 있었다. 필립은 레안
드레에게 패키지에 뭔가 굉장히 재미있는 것이 적혀 있고, 그것은 할로
윈에 대해 좋은 아이디어를 줄 것이라고 말했다. 다음은 필립과 레안드
레(8세 3개월) 사이에 벌어진 대화이다.

사례 5.2

아   빠 : Lis ça!(포장박스에 적혀 있는 걸 읽어 보렴.)

레안드레 : [읽기 시작한다.]

          Con-seils, Con-seils. [단어를 읽으려고 노력한다.] pour les fêtes

          d'Halloween(할로윈 파티 팁)

아   빠 : Conseils pour les fêtes d'Halloween. [단어 conseils를 발음하는

          것을 도와준다.]

레안드레 : Conseils pour les fêtes d'Halloween.

아   빠 : Bien, conseils.(잘했어, conseils.) Continue.(계속 해)

레안드레 : CHOISIS UN THÈME : Crée ta propre ambiance de fête!

          Laisse libre cours à ton imagination et transforme ta maison en

          chapiteau de cirque, en surboum de monstres, en cimetière surnaturel,

          en film historique ou en château de vampire. Tout est possible!

          (테마를 고르세요: 당신만의 독특한 파티 분위기를 만들어 보세요!

          당신의 상상력을 마음껏 펼쳐보세요. 당신의 집을 빅 탑 서커스 텐

          트-Big Top Circus Tent-, 괴물 바쉬, 으스스한 묘지, 역사영화 세트

          장이나 뱀파이어의 성으로 바꿔보세요. 가능성은 무한합니다!)

아   빠 : Tu sais ce que ça veut dire 'Laisse libre cours à ton imagination?'

          ('Laisse libre cours à ton imagination?'가 뭔지 알고 있니?)

레안드레 : Tu peux faire tout ce que tu imagines.

          (당신은 당신이 생각하는 것을 할 수 있다.)

아   빠 : Bien.(잘했어.) Continue!(계속 해!)

레안드레 : INVITE TES AMIS: Harmonise le style de tes invitations avec

          le thème de ta fête. Choisis des cartes déjà imprimées dans un

          magasin ou fabrique-les toi-même. Essaie de faire un clown ou

          une chauve-souris en papier, un loup sur lequel figurent tous les

          détails de la fête ou livre en personne ton invitation cachée dans

          une citrouill en plastique. Invite tes amis au moins deux semaines

          à l'avance.

          (당신의 친구를 초대하세요: 당신의 초대장 스타일을 당신의 파티의

          테마에 맞게 꾸미세요. 지역 상점에서 이용할 수 있는 이미 인쇄된 스

          타일 중에 선택하거나 당신이 직접 만들 수도 있습니다. 판지로 만든

          광대나 박쥐를 한 번 시도해 보세요. 손으로 직접 건넨 플라스틱 호박

안에 숨겨져 있는 특별한 메시지가 첨부된 파티 소품으로 만들어진 아이마스크-eyemask-를 만들어보세요. 당신의 친구들을 적어도 파티 2주 전에는 초대하세요!)

아   빠 : Bravo! Tu lis bien. Vas-y, ouvre le paquet et regarde ce qu'il y a dedans.(훌륭해! 잘 읽었어. 계속해서 포장박스를 열고 네가 원하는 것을 찾아 봐!)

우리는 아이들이 동기부여를 받으면 모국어를 읽으라는 우리의 요구에 따를 뿐만 아니라 시키지 않아도 읽는 것을 보았다. 예를 들어, 도미니크는 3학년 때 축구 애호가가 되었다. 그는 필립이 유럽에서 축구 뉴스를 다운로드 받는 것을 기다리는 동안 안절부절 못했다. 그래서 그는 자기 손으로 해결하기 위해 직접 온라인에 접속해서 최신 유럽 축구 뉴스를 읽었다. 그가 관심이 있는 것에 대해 프랑스어로 그렇게 잘 읽는 것을 보니 놀라웠다. 가정 환경에서 프랑스어를 배운 소년이 이렇게 술술 프랑스어를 읽을 수 있으리라고 누가 상상이라도 했을까.

③ 시기적절하게 모국어 독서를 장려하기
한편 우리는 만약 아이들의 삶에서 적절한 순간을 포착한다면 그들은 독서를 할 동기부여가 더 잘 되는 경향이 있음을 발견했다. 예를 들면, 레안드레는 서점에서 로렌스 옙(Laurence Yep)[9]의 『호랑이의 도제(The Tiger's Apprentice)』라는 책을 발견했는데, 이 책에서 저자는 원숭이 캐릭터를 중국의 고전 서유기('Xī Yóu Jì/西游记')에서 빌려 왔다.[10] 레안드레는 원숭이의 마법 지팡이에 매혹되었는데 그는 72가지 마법을 부릴 수 있었다. 나는 기회를 포착하고는 중국 어린이들이 읽는 서유기 버전으로 원숭이의 오리지널 이야기('Xī Yóu Jì/西游记')[11]를 읽어보게 하였고, 그의 생일에 중국인 조부모님이 선물해 주신 중국어 DVD[12]를 보면서 더 많이 배우도록 했다. 이것은 그 뒤로 몇 주에 걸쳐 레안드레가 중국어를 읽게 하는 매우 좋은 자극제였다.

이와 비슷한 경우로, 뉴욕의 차이나타운에서 고가구점을 방문하던 중 나는 청나라 시대에 만들어진 테이블을 하나 샀다. 돌아오는 길에 도미니크(8세 3개월)는 나에게 중국의 첫 왕조와 마지막 왕조의 이름을 알려 달라고 했다. 왜냐하면 그는 『데이 오브 드래곤 킹(*Day of the Dragon King*)』(메리 폽 오즈번-Mary Pope Osborne-의 매직 트리 하우스-Magic Tree Houses-시리즈 중 하나)[13]라는 책에서 진시황에 대해 읽어본 적이 있기 때문이었다. 나는 그에게 두 왕조의 이름은 비슷하게 발음이 되지만, 중국 최초의 왕조는 진조(Qín Cháo/秦朝, 진나라)로 발음이 되고, 마지막 왕조는 청조(Qīng Cháo/清朝, 청나라)로 발음이 된다고 알려 주었다. 만약 그가 중국 왕조의 역사에 관심이 있다면 그의 책 선반에서 그것에 대해 나와 있는 중국 어린이 책을 찾을 수 있을 거라고 말했다. 내가 예언한 대로(그가 관심이 있었기 때문에), 도미니크는 진나라에 대한 중국책들을 뒤적이기 시작했다. 그는 또한 중국 DVD들을 훑어보았고, 뮬란(Mulan)―진시황이 강제로 백성에게 만리장성을 짓게 하였던 진나라 시대의 실화를 바탕으로 한 애니메이션―의 중국어판도 보았다.

우리는 적절한 때와 기회를 잡아서 우리 아이들에게 책을 권하는 것은 그들이 모국어를 읽고 쓰는 능력이 발달하는 데 꽤 효과가 있다는 것을 깨달았다.

(5) 모국어로 글쓰기 능력 향상을 위한 효과적인 전략

레안드레와 도미니크에게 모국어를 읽는 것이 힘들었다고 한다면 모국어로 글쓰기를 하는 것은 더 큰 장애물이었다. 그들이 모국어로 글쓰기를 마스터하는 것을 돕는 과정에서 우리는 그들의 초등학교 시기 전체에 걸쳐 좋은 방법이 없는지 길을 찾아 헤맸고, 마침내 다음과 같은 효과적인 전략을 발견해 냈다.

① 아이들이 글쓰기의 힘을 발견하도록 도와주기

샤론 에드워드(Sharon Edward)와 다른 공저자들은 『당신의 자녀와 글을 쓰는 방법 : 탈관습적으로 창의력과 관습 가르치기(*Ways of Writing with Young Kid s: Teaching Creativity and Conventions Unconventionally*)』에서 글쓰기가 어떻게 아이들에게 힘을 불어넣어 주는지, 부모를 포함한 어른들이 어떻게 어린이들이 글쓰기 능력을 습득하도록 도와줄 수 있는지에 대해 통찰력 있는 견해를 피력한 바 있다.

"글쓰기를 통해 아이들은 그들이 가진 생각의 놀라운 힘과 어마어마한 매력을 발견한다. 그들은 언어가 비판적인 생각, 문제 해결, 정보 교환을 할 수 있는 언제나 가까이에 있는 도구임을 배운다. 글쓰기는 그들이 똑똑하고, 쓰인 언어를 사용하여 중요한 말을 할 수 있는 사려 깊은 개인들이라는 그들의 믿음을 굳게 한다. 그렇지만 아이들 혼자의 힘으로 작가로서 변치 않은 감각을 갖는 것은 쉽지 않다. 그들은 글로 표현된 의사소통의 잠재력을 풀기 위해 그들을 도와줄 수 있는 어른들이 필요하고, 그 어른들로부터 엄청나게 큰 도움을 받는다."[14]

아이들이 초등학교에 다니는 시기에, 우리는 지속적으로 다양한 방법을 사용해서 그들이 모국어 글쓰기가 가진 힘을 발견하도록 도와주었다. 우리는 가능한 한 그들에게 자주 생각과 감정을 단어에 불어넣으라고 조언했다. 예를 들어, 어느 날 도미니크(8세 2개월)는 나에게 화가 났다. 그 이유는 자기가 좋아하는 텔레비전 프로그램을 보고 싶을 때 내가 피아노 연습을 하라고 시켰기 때문이었다. 나는 그에게 나에 대한 감정을 표현하려면 (중국어로)적어두라고 말했다. 그는 기분이 몹시 상했기 때문에 주저하지 않고 내 제안을 받아들였다. 그는 (많은 실수와 함께)글을 적기 시작했고, 현 상황에서는 직접적인 대립을 피한 채 나와 대화를 하는 것이 더 좋은 방법이라는 것을 마침내 발견하였다. 비록 그가 쪽지에 중국어를 삐뚤빼뚤하게 썼고 문장이 실수투성이였지만, 나는 그 글의 핵심을 발견했다. 도미니크는 (글쓰기를 통해)자기 생각을 중국어로 효과적으로 표현할 방법을 하나 더 발견했기 때문에 어깨가 으쓱해진 것이 분명했다. 나는 그와 이야기할 기회를 이용했고, 그가 쪽지를 다시 적을 수 있게 도와주었다. 이와 같은 사례는 아이들이 쓰인 글의 힘을 이해할 수 있도록 매우 훌륭한 기회를 만들어 주었고, 그와 동시에 부모와 자녀 간에 더 깊이 대화할 수 있게 해주었다.

② 목적을 가지고 글쓰기를 배우기

특별한 목적을 가지고 글을 쓰는 것은 아이들이 흥미를 잃지 않도록 유지해 주는 열쇠와 같다. 아이들의 중국어 선생님은 종종 아이들에게 중국어 단어나 구절을 여러 차례 공책에 베껴오라고 시켰는데, 레안드레와 도미니크는 "우리가 왜 이렇게 써야 하는지 모르겠어."라고 말했다. 아이들이 지속적으로 흥미를 갖게 하려고, 나는 그들이 억지로 써야 하는 중국어 단어와 구절을 실제 생활에서 하는 활동과 연결하기 시작했다. 예를 들어, 어느 날 그들은 선생님으로부터 cān jiā/参加(참가하다)를 10번 연습장에 써오라는 숙제를 받았다. 나는 아이들에게 '参加(참가하다)'라는 구절을 문장 속에서 사용해 보라고 하여 숙제를 바꾸어 주었다. 그들은 최근에 한 활동이 무엇인지, 그들이 그것을 좋아했는지 등을 적을 수 있었다. 얼마 뒤 원래는 '지루했던' 숙제가 흥미로운 것으로 변했고, 결국 레안드레와 도미니크는 누가 '参加'를 넣어 최고의 문장을 만드는지 경쟁하는 것으로 상황이 바뀌어버렸다.

우리는 이메일과 닌텐도 DS와 위(Wii)와 같은 다른 멀티미디어 기기도 우리 아이들이 어떤 목적을 위해 글을 쓰게 하는 훌륭한 인센티브가 될 수 있음을 발견했다. 예를 들어, 그들은 서로에게 또는 자기 친구들에게 인스턴트 메시지를 보낼 수 있다. 아이들이 3학년이 되자 우리는 모국어로 이메일을 보내서 그들이 관심이 있는 어떤 것에 대해 알려 주기 시작했다. 아이들은 "메일이 도착했습니다."라는 메시지를 볼 때 언제나 메일을 열심히 열어보았고 또한 답장을 보내야 한다고 느꼈다. 비록 그들이 보낸 메시지가 종종 '불완전'했고 실수도 많았지만, 우리에게는 그들이 모국어로 글을 쓰는 것을 도와줄 기회가 생긴 것이다. 조금씩 조금씩 우리는 그들이 발전하고 있는 모습을 보았다.

③ 글쓰기를 돕기 위해 정확한 문법을 사용하도록 지도하라

아이들은 종종 부모와 매일 자연스럽게 대화하는 가운데 구어체 언어를 습득하곤 한다. 자연스러운 글쓰기가 아이들의 글쓰기 능력을 향상하는 데 도움이 되지만 어떤 면에서 보면 그들이 글쓰기를 능숙하게 잘하려면 문법을 정확하게 가르쳐 주는 것이 중요하다. 모국어로 글쓰기 능력이 향상하고 있는 아이들에게 정확한 문법 지도는 필수적이다. 연구 결과에 따르면 정확한 문법 지도는 제1언어 또는 제2언어 학습자가 언어를 효과적으로 배우는 데 도움을 준다.[15] 초등학교 시기 동안 아이들은 전반적인 규칙을 이해하는 능력이 발달한다.[16] 그러므로 그들이 구체적인 사례도 같이 배울 수 있다면 이 시기는 아마 그들에게 문법 규칙을 가르쳐 주는 데 이상적인 시기일 것이다.

우리가 경험한 바에 의하면 프랑스어와 중국어의 문법을 정확하게 가르치는 것은 우리 아이들의 모국어 글쓰기를 돕는 데 대단히 효과적이었다. 예를 들어, 프랑스어 동사 활용을 정확하게 알면 아이들은 프랑스어 작문을 할 때 실수를 덜 했다. 이와 비슷한 경우로, 중국어 문법을 정확하게 가르쳐 주면 (부사와 양사를 정확하게 사용하는 것과 같이)우리 아이들은 중국어 작문을 더 잘 해냈다.

2. 문화와 언어 관습 가르치기

초등학교 기간에 아이들이 모국어로 읽고 쓰는 기본 능력을 갖추도록 돕는 것 외에 우리는 또한 아이들이 성공적으로 모국어를 배울 때 필요한 문화적 및 언어적 능력을 형성하는 것을 돕는 것에도 초점을 맞추었다.

(1) 문화 속의 관습적 몸짓(제스처)

어떤 문화에는 특별한 관습적인 몸짓이나 상징적 표현이 있는데, 이것은 한 문화에서 한 그룹의 사람들에게만 사용되는 독특한 것으로, 종종 이것을 통해 한 그룹과 다른 그룹을 구별하기도 한다. 우리 아이들이 프랑스어와 중국어를 문화적, 언어적으로 잘 구사하게 하려고, 우리는 그들에게 우리의 유산 문화에서 가장 널리 사용되는 관습적 몸짓을 소개해 주려고 노력했다. 필립과 나는 할 수 있다면 언제나 프랑스어와 중국어 문화권에서 사용되는 관습적 몸짓을 보여 주기 시작했다. 아래는 그 사례 가운데 하나이다.

사례 5.3
도미니크(7세 7개월)

도미니크 : Gēgē bú gěi wǒ wán tā de kǎ piàn.
(哥哥不给我玩他的卡片. 형이 자기 카드를 못 갖고 놀게 해요.)
레안드레 : Shì wǒ de. (是我的. 내 거란 말이야.)
엄　　마 : Gēgē yào ràng dìdi. (哥哥要让弟弟. 형이 동생에게 양보해야지.)
Nǐ zhī dào yòng shén me yàng de shǒu shì lái biǎo dá zhè zhǒng xíng wéi ma?(你知道用什么样的手势来表达这种行为吗? 너는 어떤 손짓을 하면 이런 행동을 표현할 수 있는지 알고 있니?)
도미니크 : Bù zhī dào. (不知道. 몰라요.)
엄　　마 : [오른손 집게손가락으로 코 위 아래를 움직인다.] Guā bí zi.(刮鼻子. 부끄러워하다.)
도미니크 : [레안드레에게 이 손짓을 보여 주기 시작한다.]

이렇게 정확하게 시범을 보여 주면서 설명해 주는 것은 우리 아들들이 몸짓을 인식하는 데 도움을 주었고, 또한 그 몸짓을 모국어 대화에서 자연스럽게 사용할 수 있게 해주었다. 두 개의 모국어와 함께 관습적 몸짓을 사용함에 따라 레안드레와 도미니크는 점점 더 원어민같이 말하고 원어민처럼 보였다.

(2) 문화적 관습

어떤 문화적 관습은 사람들의 일상 대화에 깊이 뿌리박혀 있다. 이런 관습을 위반하면 원어민을 기분 나쁘게 만들기도 한다. 그러나 계승어를 해외에서 배운 어린이들은 종종 사람들이 의사소통할 때 반드시 따라야 하는 일부 문화적 관습을 모른다. 우리는 기회가 있을 때면 언제나 아이들에게 이런 관습들을 소개해 주려고 부지런히 노력했다. 예를 들어, 스위스에서(스위스에서 프랑스어를 사용하는 지역을 포함하여) 사람들은 볼에 세 번 키스하면서 서로 인사를 한다(첫 키스는 볼의 한 쪽, 그 다음 키스는 볼의 다른 쪽, 마지막 키스는 다시 첫 키스를 한 쪽에 한다.). 나는 이따금 제네바 공항이나 취리히 공항에서 사람들이 서로 인사하는 방식을 관찰하고, 그들이 네이티브 스위스인인지 아닌지를 구별할 수 있다. 네이티브 스위스인이 아닌 사람들은 세 번째 키스를 하는 것을 곧잘 잊어버리고, 세 번째 키스를 받을 때 놀라기도 한다.

이밖에 문화적 관습은 어떤 것에 대해 말하는 방식도 포함한다. 예를 들어, 저녁 식사를 하던 중 자리를 떠나야 할 때 사과하는 표현이 저마다 다르다. 미국에서는 "미안한데요, 지금 가야 할 것 같아요. 저녁 식사 즐겁게 하세요."와 같이 간단하게 말하면 된다. 하지만 중국 문화에서는 종종 "màn màn chī/慢慢吃" 또는 "màn màn yòng/慢慢用"과 같이 말한다(문자 그대로 번역하면 '천천히 드세요'라는 뜻이다.).

사람들의 상황, 나이 또는 성별에 따라 호칭하는 방식도 문화마다 다르다. 이 규칙을 모르면 무례한 말을 할 때가 있다. 예를 들어, 미국에서 사람들은 대체로 격식을 차리지 않는 편이다. 때때로 사람들은 처음 만났을 때에도 서로의 이름을 직접 부른다. 지나치게 격식을 차리는 것은 서로 거리감이 있다는 이야기이다. 그러나 중국과 유럽 일부 지역에서는 서로 만났을 때 어떤 명확한 동의가 없이 다짜고짜 이름을 부르는 것은 금기시되다시피 한다. 앞장에서 이야기한 것처럼, 어떤 사람(어른)을 잘 알기 전에 그를 프랑스어로 'tu'라고 부르면 안 된다. 언제나 'vous'라고 불러야 한다. 프랑스어를 말하는 일부 문화에서는 봉주르 Bonjour(안녕하세요)라고만 하는 것보다는 봉주르 마담/무씨유Bonjour Madame/Monsieur(안녕하세요, 부인/~씨)이라고 하면서 인사를 하는 것이 더 예의 바른 것으로 간주한다. 중국에서 아이들은 자기 부모나 어른의 이름을 절대로 직접 불러서는 안 된다. 이와 같은 의사소통 규칙은 우리가 의도적으로 가르쳐 주고 구체적으로 설명해 주지 않았다면 레안드레와 도미니크가 이해하기 어려웠을 것이다. 다음 사례를 보자.

사례 5.4
도미니크(8세 3개월)

도미니크 : Xiao-lei a dit ça. (샤오레이가 그렇게 말했어요.)
아   빠 : Xiao-lei a dit quoi? (샤오레이가 뭐라고 말했다고?)
엄   마 : Nì kě, nǐ bú yào jiào mā ma de míng zi. Nǐ bù néng jiào bǐ nǐ dà de rén de míng zi. Zài zhōng guó nǐ yào jiào tā men mā ma, ā yí, shū shu. (昵可, 你不要叫妈妈的名字. 你不能叫比你大的人的名字. 在中国, 你要叫他们妈妈, 阿姨, 叔叔. **도미니크, 너는 엄마의 이름을 직접 부르면 안 돼. 너는 너보다 나이 많은 사람의 이름을 부르면 안 돼. 중국에서 너는 그런 사람들을 엄마, 아줌마, 삼촌으로 불러야 해.)**

우리는 게임을 하거나 전형적으로 세팅된 환경을 만들어 주는 것과 같이 주어진 여러 상황에 따라 다양한 활동을 시도해서 아이들에게 문화 규칙을 이해할 기회를 제공하려고 했다. 예를 들면 다음과 같다.

사례 5.5
도미니크(6세 10개월)

엄   마 : Rú guǒ yǒu yí gè zhōng guó kè rén dào wǒ mēn jiā lái, nǐ kāi mén de shí hòu zěn me shuō?
(如果有一个中国客人到我们家来, 你开门的时候怎么说? **만약**

중국인 손님이 우리 집에 오면 너는 문을 열 때 뭐라고 말을 할 거니?)

도미니크 : Nǐ hǎo! (你好!안녕하세요!)

엄　　마 : Huān yíng nǐ dào wǒ jiā lái.

(欢迎你到我家来. 우리 집에 오신 걸 환영합니다.)

도미니크 : Nǐ hǎo! (你好!안녕하세요!)

엄　　마 : Rán hòu nǐ shuō shén me?

(然后你说什么? 그 다음에는 뭐라고 말하지?)

도미니크 : Jìn lái.(进来. 들어와.)

엄　　마 : Qǐng jìn lái.(请进来. 들어오세요.)

도미니크 : Qǐng jìn lái.(请进来. 들어오세요.)

엄　　마 : Kè rén jìn lái le yǐ hòu nǐ shuō shén me?

(客人进来了以后你说什么? 손님이 들어온 뒤, 너는 뭐라고 말해야 할까?)

도미니크 : Wǒ men wán. (我们玩. 우리 같이 놀아요.)

엄　　마 : Nǐ xiān yào wèn kè rén xiǎng hē huò zhě shì xiǎng chī shén me.
Zhè yàng bǐ jiào kè qi.

(你先要问客人想喝或者是想吃什么. 这样比较客气. 너는 먼저 손
님에게 뭘 마시고 싶은지 아니면 뭘 먹고 싶은지 물어봐야 해. 그래야
예의 바르게 손님을 대접하는 거란다.)

도미니크 : Nǐ hē shén me? (你喝什么? 뭐 마시고 싶어요?)

엄　　마 : Nǐ yě kě yǐ shuō : "Hē chá hái shì hē guǒ zhī?"

(你也可以说 : "喝茶还是喝果汁?""차나 과일주스 마실래요?"라
고 물어봐도 좋아.)

이와 같은 의도적인 문화 교육 덕택에 우리 아이들이 계승어를 사용
할 때 그들의 문화적인 '품행'을 더 많이 알게 되어서 우리는 대단히 만
족스러웠다.

(3) 저속한 표현

저속한 단어와 표현은 종종 남을 기분 나쁘게 만들 수 있다. 그런 표
현이 상대방으로 하여금 화가 나게 하거나 당혹스럽게 하기도 하지만,
그것은 어떤 언어에서도 빠질 수 없는 부분이다. '예의 바른' 사람들은

그런 표현을 사용하지 않으려고 노력하고 부모들은 자녀가 그것을 사용하지 못하게 하려고 애를 쓰지만 그것은 버젓이 존재하고 살아 있다. 외국어를 배우거나 외국을 방문하는 사람들에게 물어보면 그들이 가장 먼저 기억하는 것은 비속어일 것이다. 셰익스피어와 다른 저명한 작가들이 쓴 문학작품에서도 저속한 단어는 자주 등장한다. 어쩌면 나탈리 앤지어(Natalie Angier)가 한 말이 일리가 있을지도 모르겠다. 그녀는 이렇게 기록했다.

"초서(Geoffrey Chaucer)가 쓴 『켄터베리 이야기(*the Canterbury Tales*)』는 염치없이 추잡하고 세속적이다. 아직도 학생들에게 그것을 읽어야 한다고 추천하는 이유는 바로 그 때문일 것이다."[17]

그녀가 한 말은 인간의 의사소통과 심리에 저속한 언어가 갖는 힘을 잘 보여 주고 있다.

어떤 사람이 한 언어에서 널리 사용되는 저속한 단어들과 표현들을 이해하지 못한다면 우리는 그 사람이 언어학적으로 유능하다고 생각하지 않는다(물론 그 사람이 대화할 때 그런 표현을 사용하지 않으려고 선택한 것일 수도 있지만). 저속한 언어와 표현이 사용되는 프랑스어와 중국어 환경에 사는 아이들에게는 이런 단어와 표현을 아는 것은 어렵지 않다. 이와 비슷한 경우로 우리 아이들은 영어를 말하는 환경에 살고 있는데 그들은 학교에서 친구들로부터(특히 놀이터와 스쿨버스에서) 영어로 많은 저속한 단어들과 표현들을 배운다. 그들은 가끔 집에 돌아와서는 오늘 무엇무엇이라는 말을 들었고 친구들이 XXXX라고 말했다고 내게 속삭이기도 한다. 그들도 어떤 환경에서는 이런 단어들을 사용해서는 안 된다는 것을 잘 알고 있다. 그러나 우리 아이들은 다른 나라에서 계승어를 배우고 있고 주어진 환경에서 계승어를 들을 기회가 많지 않기 때문에 우리는 저속한 단어와 표현을 아는 것은 모국어를 배우는 데 꼭 필요하다고 확신했다. 우리가 사용한 방법은 많은 부모에게 논란의 여지가 있을 것이다. 그렇지만 우리는 다음과 같은 세 가지 이유 때문에 아이들이 초등학교에 다닐 때 계승어에서 저속한 단어와 표현을 설명해 주기 시작하는 것이 낫다고 생각했다.

첫째, 초등학교 시기의 아이들은 학교 선생님이 가까이 있지 않는 통학버스 안이나 학교에서 쉬는 시간에 학교 운동장에서 저속한 단어와 표현을 자주 사용한다. 따라서 우리가 그런 단어와 표현들이 모국어에도 존재한다는 것을 알려 주는 것이 그렇게 깜짝 놀랄 일은 아니다.

둘째, 초등학교 시기의 아이들은 어떤 단어와 표현이 어떤 상황에 적절하고 어떤 상황에는 그렇지 않은지 더 민감하게 알아챌 수 있다. 예를 들어, 우리 아이들은 학교에서 주워들은 저속한 단어들을 자기들끼리만 간직해 놓고 킥킥대려고 한다. 그렇지만 우리나 손님들 또는 그들의 선생님 앞에서는 그런 것들을 말하지 않았다. 우리는 아이들의 모국어로 저속한 단어와 표현에 관해 이야기해 주려고 그들이 초등학생이 될 때까지 기다렸는데, 그 이유는 아이들이 너무 어리면 저속한 단어와 표현의 의미를 완전히 이해하는 인식능력이 없고, 언제 그리고 어디서 그것을 써야(쓰지 말아야) 하는지 모르기 때문이었다. 언어 학자 존 맥워터(John McWhorter)는 그의 책 『바벨탑의 힘(*The Power of Babel*)』에서 이렇게 말했다.

"어린아이들은 사회통념에 어긋나는 물품목록의 의미를 이해하기 훨씬 전부터 그것을 암기할 것이다."[18]

셋째, 많은 연구 결과에 의하면, 저속한 언어는 근심과 스트레스를 완화해 주는 역할을 한다. 그것은 실제로 물리적 폭력이 발생할 가능성을 감소시킨다.[19]

마지막으로 가장 중요한 것은 저속한 단어와 표현은 어떤 언어든지 필수적인 부분이므로 부모들은 언어 사용과 문화적 차이에 대해 토론할 기회를 활용해야 한다는 점이다. 아래에 등장하는 사례는 부모가 저속한 언어와 표현을 통해 어떻게 하면 자녀가 언어의 기능을 이해하는 것을 도와줄 수 있는지 보여 준다.

사례 5.6

레안드레(8세 1개월)와 도미니크(6세 2개월)가 부엌에서 숙제를 하고 있다.

도미니크 : [갑자기 크게 웃는다.]

엄   마 : Yǒu shén me hǎo xiào de?(有什么好笑的?뭐가 그렇게 웃기니?)

도미니크 : Jīn tiān yǒu yí gè rén zài wǒ de bān shàng shuō "shit".

(今天有一个人在我的班上说"shit". 오늘 우리반에서 누가 "제기랄"이라고 말했거든요.)

엄   마 : Nǐ zhī dào tā wèi shén me yòng nà gè zì?

(你知道他为什么用那个字? 그가 왜 그런 단어를 썼는지 아니?)

도미니크 : Tā de qiān bǐ diào zài dì shàng.

(他的铅笔掉在地上. 그가 연필을 바닥에 떨어뜨렸거든요.)

엄   마 : Tā bǎ bǐ diào zài dì shāng, tā kě néng bù gāo xìng, suó yǐ tā jiù

yòng zhè ge zì lái biǎo dá tā de qíng xù.

(他把笔掉在地上, 他可能不高兴, 所以他就用这个字来表达他的

情绪. 그는 연필을 바닥에 떨어뜨려서 기분이 좋지 않았을 거야. 그래

서 그는 그 단어를 써서 자기 기분을 표현한 거야.)

도미니크 : Tā hěn cū lù. (他很粗鲁. 그는 너무 거칠게 말해요.)

엄   마 : Nǐ shuō de hěn duì. Tā bù yīng gāi zài gōng gòng chǎng hé yòng

zhè ge zì. (你说的很对. 他不应该在公共场合用这个字. 네가 한 말

은 정말 맞아. 그는 공공장소에서 그런 단어를 쓰면 안 되는 거였어.)

Nǐ zhī dào zhè ge zì zhōng wén zěn me shuō ma? (你知道这个字

中文怎么说吗? 중국어로는 그 단어를 어떻게 말하는지 알아?)

도미니크 : Bù zhī dào. (不知道. 몰라요.)

레안드레 : Wǒ yě bù zhī dào. (我也不知道. 나도 몰라요.)

엄   마 : Tā mā de! (他妈的! 제기랄!)

레안드레 : Tā de māma? (他的妈妈? 그의 엄마?)

엄   마 : Duì, zhè tīng qǐ lái xiàng shì 'tā de mā ma', kě shì zhè shì mà rén

de huà. Zhè hěn bù gōng píng, zú zhòu de shí hou mā ma zǒng

shì ái mà. Zhè jiù shì wèi shén me bú yào yòng zhè zhǒng zāng

huà. (对, 这听起来像是 '他的妈妈', 可是这是骂人的话. 这很不

公平, 诅咒的时候妈妈总是挨骂. 这就是为什么不要用这种脏话.

맞아. 이 말은 마치 '그의 엄마'같이 들리지. 그렇지만 이건 욕이란다.

정말 불공평해. 저주할 때 엄마는 언제나 욕을 먹잖아. 그래서 이렇게

더러운 말을 하면 안 되는 거야.)

이 대화에서 우리는 두 아이가 학교 친구들이 학교에서(공공장소에서) 그런 단어를 쓰지 말았어야 했다는 점을 분명히 알고 있음을 느꼈다. 그러나 도미니크는 그 단어가 웃기다고 생각했다. 나는 이 기회를 이용해서 중국어 동의어를 가르쳐 주었다. 그와 동시에 나는 이 중국어 표현에서 불합리한 요소를 지적했다. 나는 저속한 중국어 표현으로 내 아이들을 오염시켰다고 생각하지 않는다. 만약 두 아이가 이렇게 흔히 사용되는 표현을 모르고 어느 날 중국의 길거리에서 사람들이 그렇게 말하는 것을 듣는다면 그들은 아마 당황할 것이고 사람들이 자기 엄마를 부르는 것으로 오해할지도 모를 것이다.

필립은 책과 영화에서 사용되는 저속한 프랑스어 표현을 계속 설명하고 가르쳐 주었고, 이런 단어와 구절들이 무엇을 의미하는지 아이들에게 설명해 주었다. 그는 이따금 merde(빌어먹을)와 같이 흔히 사용되는 저속한 프랑스어 표현을 섞어서 말하기도 했다. 그는 또한 mince(저런, 제기랄), zut(빌어먹을), flute(쳇)와 같이 merde를 어떻게 순화하여 말할 수 있는지 아이들에게 시범을 보여 준 적도 있었다. 도미니크(9세 10개월)는 프랑스어 사전에서 저속한 프랑스 단어와 표현들을 찾아냈고, 그것들을 연구했다.

(4) 모국어의 관용구 가르치기

레안드레와 도미니크처럼 해외에서 모국어를 배우며 자라는 아이들은 계승어의 관용구는 의도적으로 주의를 기울이지 않으면 제대로 사용하기가 어렵다. 따라서 우리는 관용구를 사용하기 위한 모든 가능성을 활용해야만 했다. 어느 날, 나는 저녁 식사로 초밥을 만들었다. 필립은 그날 밤, 강의가 있어서 외출 중이었다. 그래서 우리 셋만 저녁을 먹었다. 초밥 두 접시를 먹고 난 뒤, 레안드레(7세 3개월)는 배가 불러서 참치 초밥은 먹고 싶지 않다고 말했다. 나는 그에게 말했다.

"Bú yào jǐn, bàba huí lái de shí hou kàn dào zhè ge shòu sī huì gāo xìng sǐ le/不要紧, 爸爸回来的时候看到这个寿司会高兴死了(걱정하지 마. 아빠가 돌아왔을 때 참치 초밥을 보면 좋아 죽을 거야)."

레안드레는 깜짝 놀라며 말했다.

"Shén me? Bàba kàn dào zhè ge shòu sī huì sǐ le?/什么?爸爸看到这个寿司会死了?(뭐라고요? 아빠가 이 초밥을 보면 죽는다고요?)"

레안드레가 이 중국어 관용구를 전혀 모르는 것이 분명했다. 나는 그에게 gāo xìng sǐ le/高兴死了(기뻐서 죽다-아주 기쁘다)나 è sǐ le/饿死了(배가 고파 죽다-아주 배가 고프다)같이 중국인들이 어떻게 死了를 써서 자기 생각을 표현하는 습관이 있는지 즉석강의를 할 기회를 포착했다. 아이들은 이 재미있는 표현을 배웠고, 둘 다 대화를 할 때 이런 표현들을 사용하기 시작했다.

필립도 아이들에게 가능한 한 많은 프랑스어 관용구를 사용하려고 많은 노력을 기울였다. 그는 아이들과 함께 프랑스 영화를 보고 프랑스 뉴스를 보는 동안 그들이 관용구를 이해하는지 아닌지 자주 확인했다. 그리고 또 관용어의 앞부분을 그가 말하고 아이들이 뒷부분을 맞추게 하는 게임도 했다.

3. 부모 양쪽에 의해 모국어 사용 관찰하기

아이들이 나이를 먹어 가면서 필립과 나는 그들과 예전보다 시간을 덜 보내게 되었다. 그 결과 우리는 서로에게 '언어 경찰' 역할을 해줄 필요가 생겼고, 아이들이 만약 영어를 사용하기 시작하면 그들에게 모국어를 '고수'해야 한다고 말해 주어야 했다. 다른 말로 하면 나는 비록 우리 아이들에게 프랑스어로 이야기하지는 않지만, 필립을 도와서 아이들이 프랑스어를 사용하는지 관찰했다. 예를 들면, 어느 날 학교에서 돌아올 때 레안드레(9세 2개월)와 도미니크(7세 3개월)가 프랑스어로 레안드레의 반 친구 중 하나의 여동생에 대해 험담을 하고 있었다. 레안드레는 그의 급우가 키가 크고 뚱뚱한 여동생이 있다고 도미니크에게 말했다. 그가 프랑스어로 말할 때 영어 단어를 약간 사용하는 것을 발견하자 나는 레안드레에게 프랑스어 단어를 사용하라고 말해 주었다.나는 한 부모가 다른 부모의 모국어를 할 줄 모르더라도 다른 부모의 모국어를 강화시키는 역할을 해낼 수 있음을 깨달았다.

💡 초등학교 시기에 부딪히게 될 장애물과 그것에 대처하는 방법

만약 레안드레와 도미니크가 태어나면서부터 초등학교를 마칠 때까지의 시기 동안 삼중언어 발달 과정에서 힘들었던 정도를 순위로 나타낸다면 초등학교 시기가 가장 힘들었다고 할 수 있다. 우리 아이들이 나이를 먹어 가고 대부분의 사람이 영어를 말하는 외부 환경을 더 많이 접하게 되면서 그들의 모국어는 점차 위협을 받았다. 그들이 모국어를 배우는 모든 작은 걸음마다 우리가 한때 느꼈던 기쁨과 흥분은 점점 좌절로 대체되었다. 최악의 상황은 두 아들이 놀이와 행동을 통해 모국어를 즐겁게 배운 것이 이제는 잡일과 불평거리로 전락해 버렸다는 점이다.

이 섹션에서는 이 기간에 우리가 마주했던 여러 가지 독특한 장애물들과 우리가 그것들에 어떻게 대처했는지에 대해 집중해서 이야기할 것이다.

1. 아이들의 숙제를 도와줄 때 어떤 언어를 사용할까?

1학년이 될 때까지 아이들과 우리 사이의 모든 대화는 모국어로 이루어졌다. 그러나 우리가 아이들의 숙제를 도와줄 때 모국어로 어떤 말을 표현하기가 점점 더 어려워지는 것을 깨달았다. 처음에 나는 아이들과 숙제를 두고 대화를 나눌 때 의사소통의 흐름에 방해가 되는 위험을 무릅쓰고라도 가능한 한 중국어를 많이 사용하려고 했다(중국어 사전을 찾아봐야 했기 때문에). 그 결과, 나는 아이들에게 더 이상 매번 중국어 동의어를 찾아 주지 못했고, 때때로 영어 단어를 사용하기 시작한 것을 발견했다. 하나 이상의 언어를 구사하는 자녀를 길러본 경험이 있는 많은 부모들은 대체로 이런 느낌을 공유할 것이다.[20]

아이들이 숙제하는 동안, 그들과 대화를 하기 위해서는 영어 단어를 중국어 사이에 집어넣지 않을 수 없었는데, 이 현상에 대처하기 위해 나는 다음과 같이 했다. 나는 나 자신과 아이들이 영어 단어를 사용하도록 허용했다. 그러나 중국어에서 동의어를 찾을 가능성이 있을 때 나는 영어보다는 중국어를 사용했다. 내가 깨달은 것은 만약 내가 아이들과 대화를 나누기 전에 그들의 학교 교과서나 숙제를 읽어본다면 나는 전후 맥락을 더 잘 이해할 수 있을 것이고 중국어로 개념을 어떻게 표현할 것인지 준비할 수 있다는 것이다. 예를 들어, 내가 레안드레의 과학 교과서에서 찰스의 법칙(Charles's Law)이라는 단어를 처음 보았을 때 나는 중국어 동의어를 찾지 못했다(그래서 나는 영어 단어를 사용해야 했다.). 그러나 내가 그것을 조사하려고 노력한 뒤 나는 중국어 동의어 rè zhàng lěng suō/热胀冷缩(공기가 열을 받을 때 팽창하고 차가워질 때 수축하는 현상)를 찾을 수 있었다. 그러나 나는 이 과정이 상당히 버거웠고, 부모 쪽에서 많은 훈련이 필요함을 인정해야만 했다.

반면 필립은 아이들이 숙제하는 것을 도와주면서 거의 프랑스어만 사용하려고 노력했다. 그가 프랑스어만 사용하기로 '고집을 부린' 것은 아마도 그 자신이 동시에 이중언어를 배우면서 자란 경험과 그의 엄마의 사례 때문일 것이다. 그는 아이들과 숙제를 할 때면 언제나 사전과 주변에 있는 참고 서적을 찾아보았다. 나는 그가 아이들에게 말을 하는 동안 사전을 찾는 것도 종종 보았다. 그의 영향을 받은 덕분에 두 아이는 프랑스어 구절이나 단어를 모를 때 똑같이 하기 시작했다. 결과적으로 필립은 아이들과 숙제를 하면서 대화를 나누는 동안 그들이 프랑스어로 의사표현을 하게 하는 데 성공했다.

우리 자신의 경험을 근거로 하면 두 가지를 선택할 수 있다. 하나는 숙제를 할 때 거의 프랑스어만 사용하도록 처방받는 것이고, 다른 하나는 필요하다면 영어 단어를 사용해도 좋다고 허락받는 것이다. 두 가지 중 하나를 선택한 결과, 아이들의 모국어 능력이 서로 다르게 나타나게 되었다.

나는 이렇게 제안하고 싶다. 만약 한 부모가 모국어를 사용하여 아이들과 학문적이고 학교와 관련 있는 활동들에 대해 대화를 나눌 수 있다면 그것은 최적의 상황이다. 반면 부모가 언어적으로 한계가 있거나 해당 분야에 대해 잘 알지 못하기 때문에 학문적이고 학교와 관련이 있는 영역에 대해 아이들과 대화를 할 때 그들이 학교에서 쓰는 언어를 빌려 와야 한다면 대화 전반에 걸쳐서 모국어를 사용하는 한 그것도 괜찮은 방법이다. 우리에게는 중국어로 하는 일반적인 의사소통 패턴은 이미 확립된 상태였다. 즉 우리는 중국어로 대화해 나갔다. 영어를 전략적으로 사용한다고 해서 아이들의 중국어 발전이 위협받지는 않을 것이었다. 뿐만 아니라 초등학교에서 저학년 기간은 지적 능력을 형성하는 시기이므로 나는 학문과 관계된 상호작용의 목적은 순수하게 언어 부분에 집중하기보다는 이해력 부분에 집중해야 한다고 믿는다.

2. 다양한 편견 받아넘기기

(1) 문학과 미디어 편견

우리 아이들이 모국어로 점점 더 많이 책을 읽고 영화를 보면서, 어떤 문화적 편견들이 그들에게 영향을 미치기 시작했다. 예를 들어, 프랑스의 코믹물 『탱탱(Tintin)』시리즈는 중국인, 아프리카인, 아메리카 원주민에 대해 부정적으로 묘사하거나 고정관념을 갖고 있다. 때때로 아이들은 책에서 본 이런 부정적 이미지들을 드러내거나 행동으로 옮겼다. 예를 들면, 도미니크는 중국인을 묘사할 때 『탱탱』에서 읽은 캐릭터를 따라했고, 종종 그들을 조롱하곤 했다.

　다중언어를 구사하는 아이들이 모욕적인 농담들, 이미지들, 편견들 속에 잠재된 의미를 이해하지 못하고 자신의 계승문화와 모국인을 조롱하는 것은 개인적으로 좋지 않다고 생각한다. 비판적으로 읽고 쓰는 방법(critical literacy practice)[21]이 내 관점과 일치하는데, 이것은 독서와 텍스트 실천(textual practice)을 향해 활동적이고 도전적으로 접근하는 것을 포함한다. 비판적으로 읽고 쓰는 방법은 텍스트, 언어, 파워, 사회적 그룹과 사회적 실천 사이의 관계를 분석하고 비판하는 것을 장려한다. 이것은 표면 아래 놓여 있는 태도들, 가치들, 믿음들에 질문하고 도전하기 위하여 쓰여지고 시각적이며 구어체의 멀티미디어와 퍼포먼스 텍스트(performance text)를 보는 방법을 보여 준다[22]. 나는 아이들이 읽고 본 것에 대해 시간을 내어 토론하기 시작했고, 어떤 문학, 만화, 영화는 제한된 역사적 관점을 가지고 있고 타문화에 대해 이해가 부족한 사람에 의해 제작되었다고 아이들에게 조심스럽게 알려 주었다. 예를 들어, 『탱탱』의 저자 에르제(Hergé)는 중국에 발을 디뎌본 적도 없었고, 그가 중국에 알고 있는 정보라고는 조각을 배우는 젊은 학생이 가르쳐 준 것과 고문서 보관소를 뒤져서 나온 것이 전부였다. 나는 아이들과 문학적, 예술적, 역사학적 맥락에서 볼 때 에르제는 칭찬을 받을 만하고, 그가 타문화에 대해 정확하게 이야기하려고 노력했다는 점을 이야기했다. 그렇지만 그가 『탱탱』에서 발표한 메시지와 이미지(예를 들면 중국인, 아프리카인, 미국 원주민에 대한 것)를 해석하는 데 주의해야 한다고 했다. 이렇게 의미 있는 대화를 통해서 우리 아이들은 이런 책들에 나와 있는 유머, 매력적인 언어, 이미지로부터 많이 배웠을 뿐만 아니라 문학과 미디어의 편견에 대해 비판하는 능력도 기를 수 있었다.

(2) 개별 사건을 통해 문화 판단하기

　아이들이 비록 중국어를 말하는 것에 불만이 없었다고 하더라도(어쟀든 그것은 그들의 모국어이므로) 그들은 중국 문화에 대해 약간 부정적인 태도를 보이기 시작했다. 예를 들어, 두 번째 중국여행을 마치고 돌아오면서 내 동료 중 하나가 레안드레에게 중국을 어떻게 생각하는지 물었다. 레안드레가 첫 번째 내뱉은 말은 "더러운 나라예요!"였다. 그의 말을 듣고 나는 몹시 당황했다. 나는 곰곰이 생각했다. '이 아이가 중국에 대해 생각나는 것이 이것뿐인가? 만리장성은? 병마용은? 이 아이가 가본 곳 중에 멋진 곳도 많았을 텐데….' 어느 특별한 지역에서 살아온 아이는 종종 사물을 국제적인 관점에서 바라보지 못하는 경우가 있을 거라고 이해한다. 이 사건을 통해 내가 깨달은 것은 이중언어를 사용하고 두 인종이 섞인 아이에게서 나온 이런 말들이 설령 순수한 의도에서 나왔다고 하더라도(심지어 그게 사실이라도 하더라도—중국의 일부 지역은 스위스만큼 깨끗하지는 않을 것이다.), 그들과 의견을 나누는 것이 중요하다는 점이었다. 만약 이야기하지 않고 내버려둔다면 결국에는 이런 종류의 편견은 그들의 문화적 정체성 발달에 부정적인 영향을 미칠 것이다. 아이들은 한 문화 또는 한 국가, 한 무리의 사람의 한 측면이 그것의 다른 측면을 대체할 수 없다는 점을 깨달을 필요가 있다.

아이들과 의견을 나누는 과정에서 나는 그들의 문화적 편견 중 어떤 것은 실은 나로부터 영향을 받은 것임을 깨달았다. 예를 들면 나 자신의 행동을 (비디오 테이프를 통해)점검해 보았을 때, 나는 가끔 나 자신의 문화에 대해 부정적인 말을 한 것을 발견했다. 내가 설령 내 문화를 비난한다 하더라도, 나는 여전히 그것의 가치를 인정한다. 그러나 내가 한 말은 우연하게도 우리 아이들이 중국을 바라보는 관점에 영향을 주고 말았다. 나는 말을 할 때 조심하기 시작했다. 나는 또한 아래 사례에서 볼 수 있듯이, 아이들이 하나의 부정적인 사건이나 사람과 전체로서의 문화나 국가를 별개로 생각하게 하도록 노력했다.

사례 5.7
도미니크(7세 1개월)

도미니크 : Wǒ bù xǐ huan zhōng guó rén.
(我不喜欢中国人. 나는 중국인이 싫어요.)

엄　　마 : Wèi shén me? Māma yě shì zhōng guó rén, nǐ bù xǐ huan māma?
(为什么?妈妈也是中国人, 你不喜欢妈妈? 왜? 엄마도 중국인인데,
너 엄마 싫어하니?)

도미니크 : Zhōng guó rén shàng dì tiě de shí hou qiǎng zuò wèi.
(中国人上地铁的时候抢座位. 중국인은 지하철을 탈 때 빈 자리에
앉으려고 싸워요.)

엄　　마 : Nǐ shì shuō yǒu xiē zhōng guó rén, kě shì bú shì suó yǒu de zhōng
guó rén. (你是说有些中国人, 可是不是所有的中国人. 네가 말한
사람은 어떤 중국인이잖아. 중국인 모두 다 그런 건 아니잖아.)
Shàng cì nǐ zài ruì shì de shí hou, yǒu liǎng gè rén qǔ xiào nǐ
chuān de tǐ xù shān. Nǐ néng shuō nǐ bù xǐ huan suó yǒu de ruì
shì rén ma? Hái shì nǐ bù xǐ huan nà liǎng gè ruì shì rén?
(上次你在瑞士的时候, 有两个人取笑你穿的体恤衫. 你能说你不喜
欢所有的瑞士人吗?还是你不喜欢那两个瑞士人? 저번에 네가 스
위스에 있을 때, 두 사람이 네가 입은 티셔츠를 비웃었지? 너는 스위스
사람 모두 다 싫다고 할 수 있니? 아니면 그 스위스 사람 두 명이 싫은
거니?)

나는 이와 같은 대화가 아이들이 어떤 문화에 대한 개별 사건과 문
화 전체에 대한 판단을 구별할 수 있도록 도와준다고 믿는다. 나는 다
중언어와 다중문화 속에서 자라는 어린이들과 이런 성격의 토론을 하
면, 그들이 건강하게 정체성이 발달하도록 도와주는 역할을 한다고 믿
는다.

(3) 인종 편견

우리 아이들이 다니는 공립학교 학군의 학생은 대부분 백인이었고,

우리 아이들은 가끔 자신도 그들 가운데 하나라고 맹목적으로 믿었다. 그들은 인종차별적 성격의 모욕적인 의미가 있음을 깨닫지 못한 채, 어떤 인종을 대상으로 한 조롱에 가담한 적이 가끔 있었다. 예를 들어, 레안드레와 도미니크 둘 다 한동안 학교 운동장에서 들은 농담을 했다. 그것은 '우리 아빠는 일본인이고, 우리 엄마는 중국인이야. 그들이 나한테 한 것 좀 봐.'(한쪽 눈꺼풀은 당겨 올리고, 다른 쪽은 내려서 눈을 삐딱하고 한쪽으로 기울게 하였다.)와 같은 것이었다. 나에게는 이런 농담이 전혀 즐겁지 않았다. 나는 이런 종류의 인종을 대상으로 한 조롱이 가진 공격성을 지적하는 것이 내 의무라고 생각했다. 만약 그들이 어떤 면에서 이런 종류의 농담이 그들 자신에 대한 것일 수 있다는 현실을 모르고 대비하지 않는다면, 그들은 나중에 이것 때문에 상처를 입을 것이다. 나는 또한 인간을 존중하는 것이 인간의 품위라고 그들에게 이야기해 주었다.

3. 중국어를 읽고 쓰는 것에 대한 어려움

레안드레와 도미니크가 다니는 중국어 학교에서 중국어는 종종 전후 맥락과 관계 없이 가르쳐졌고, 아이들이 읽어야 하는 것들은 일상생활과 관계가 없었다. 중국어 학교에서 첫 학기를 마친 뒤 우리 아이들은 중국어 읽기와 쓰기에 흥미를 잃고 말았다. 슬프게도 아이들이 전에 재미있다고 여겼던 많은 중국어 읽을거리들과 글쓰기 활동은 성가시고 힘겨운 일이 되어버렸다. 중국어 선생님이 가르치는 방식을 내가 바꿀 수 없는 것은 분명했다. 그러나 나는 우리 아이들이 선생님이 시킨 활동들을 실제 삶과 더 관련이 있도록 해주는 것은 할 수 있었다. 나는 그들의 중국어 교과서와 숙제를 검토하기 시작했고, 개별 단어들과 문장들을 그들의 삶과 연결해 주려고 노력했다. 그들의 교재와 숙제를 검토하고서 나는 그들이 어렸을 때 해주었던 것처럼 그것들과 관계 있는 단어로 이야기를 해주었다. 내가 끊임없이 노력한 결과, 아이들은 중국어 읽기와 쓰기 활동에 대해 다시 관심을 가지기 시작했다. 그렇지만 나는 가끔 포기하고 싶을 때가 있었다고 말해야 할 것 같다. 왜냐하면 아이들과 나 사이에서 갈등이 가끔은 너무 커서 감당하기가 어려웠기 때문이었다. 내 인생에서 두 가지가 '심장마비'를 가져다 주었다고 친구들에게 말한 적이 있다. 하나는 아이들이 중국어 학교에서 내준 중국어 읽기와 쓰기 숙제를 도와준 것이고, 다른 하나는 아이들에게 피아노 연습을 시킨 것이었다. 기를 쓰고 노력했기 때문에 나는 이것을 계속 해나나갈 수 있어서 기쁘다.

4. 친구들의 판단

초등학교 아이들은 매우 직접적으로 표현하고, 그들이 하는 말은 직설적이고 무례한 경우가 있다. 어느 날, 레안드레는 학교에서 돌아와서 내게 1학년 반 친구 중 한 명이 운동장에서 다른 아이들에게 자기가 말을 약간 이상하게 한다고 말했다는 것이었다(왜냐하면 반 친구는 레안드레가 다른 언어를 할 수 있다는 말을 들었기 때문이었다.). 레안드레는 다른 언어를 말할 수 있는 것에 대해 부정적인 이야기를 들은 것이 이번이 처음이었다. 그는 그런 말을 듣고 기분이 몹시 상했다. 그가 친구들이 불쾌한 이야기를 할 때 잘 대처하도록 도와주기 위해 나는 언어나 피부색, 외모 때문이든 아니든 간에 남과 다른 모든 사람은 때때로 다른 사람들이 하는 말에 화제거리가 될 수 있다고 이야기해 주었다. 전혀 이상할 것이 없었다. 그의 반 친구는 무지하거나 비열한 것 같았다. 그의 기분을 풀어 주기 위해 나는 어느 시카고 타블로이드에서 세 언어를 하는 남자 사진을 본 적이 있다고 말해 주었다. 그의 반 친구는 그것에 대해 뭔가 이야기를 할 것이었다!

초등학교 시기 동안 언어 발달의 하이라이트

이 섹션에서는 레안드레와 도미니크의 언어 발달에 나타난 특징에 대해 집중적으로 이야기할 것이다.

1. 언어음

(1) 중국어 3성을 발음하기 어려움

4장에서 이야기했듯이 아이들은 어린이집과 유치원 시기에 중국어 성조에 약간의 문제점을 보였다. 초등학교 시기에 그들의 중국어 실력이 크게 늘었다. 그것은 주로 그들이 다닌 중국어 학교 덕분이었는데, 그들은 연습을 많이 한 결과 성조가 저마다 어떻게 다른지를 알게 되었다. 그러나 두 아이는 모두 3성(떨어졌다가 올라가는 성조)에 문제점을 보였다. 성조를 잘못 발음을 한 것을 지적받고 스스로 고쳤음에도, 자연스러운 대화를 하는 가운데 아이들은 종종 3성을 잘못 발음하였다. 예를 들어, 그들은 xiǎo/小(작은)를 발음할 때 마치 xiào/笑(웃다)처럼 발음하는 경향을 보였다. 나중에 초등학교 고학년이 되자(4, 5학년), 아이들은 성조를 틀리는 문제를 스스로 고치기 시작했다.

(2) 중국어 병음(pīn yīn/拼音)의 이점과 방해

영어와 프랑스어를 배운 덕분에 레안드레와 도미니크는 중국어 병음(중국어 단어를 발음하기 쉽도록 도와주는 알파벳 시스템)을 아주 쉽게 배울 수 있었다. 한 측면에서 보면, 아이들이 중국어 글자를 병음을 통해 읽을 수 있는 것은 좋은 점이었다. 다른 측면에서 보면 그들은 병음에만 의지했고, 병음이 없이는 아이들이 중국어 글자를 어떻게 발음하는지 모르는 경우가 간혹 있었다. 나는 아이들이 중국어 문장을 유창하게 잘 읽을 수 있다고 착각하는 경우가 많았다(그들은 실은 병음을 읽었을 뿐이었다.). 나는 그들이 다니는 중국어 교실에서 많은 아이들도 똑같이 하는 것을 관찰했다. 이런 경향을 깨닫고, 나는 중국어 교과서에서 병음 부분을 가리고 아이들에게 중국어 글자를 읽어보라고 '시켰다.'(그러나 그들이 어떻게 발음하는지 모르는 단어가 나오면 병음을 보게 해주었다.)

2. 단어와 문법

(1) 단어 혼합

초등학교 시기에 아이들은 모국어에 영어 단어를 섞기 시작했다(프랑스어보다는 중국어에 더 자주 섞었다.). 그러나 대부분의 혼합은 (생생한 느낌을 더 강하게 전달하기 위해)어떤 사람들이 실제로 영어를 말한 것을 인용하거나 (영어로 된 상점의 이름이나 상표 이름같이)모국어에 동의어가 없는 단어들, 그리고 모국어로 들어본 적이 없는 단어와 구절 등으로 제한되었다. 초등학교 시기부터 임의로 추출한 녹화 테이프를 다시 보고 분석한 뒤,[23] 나는 재미있는 경향을 발견했다. 두 아이들은 3, 4, 5학년 때(중국어는 4%, 프랑스어는 2%)보다 1, 2학년 때(중국어는 9%, 프랑스어는 5%) 영어 단어를 모국어에 더 많이 섞었다. 4학년부터 5학년까지는 증가하지 않았다. 이 사실은 아이들이 그들과 우리가 의식적으로 노력한 덕분에 단어 혼합을 '안정시켰음'을 시사한다. 그리고 모국어 의사소통 패턴과 습관이 견고하게 확립되었음도 보여 주고 있다.

4장에서 언급했듯이 어린이집과 유치원에 다니는 시기에 아이들은 모국어에 영어만 섞어서 썼고, 두 모국어끼리 섞는 일은 거의 없었다. 이 현상은 초등학교 시기까지 계속되었다. 레안드레(9세 5개월)가 중국어 단어 dāo/刀(칼)를 대신해서 프랑스어 canif(주머니칼)를 쓴 것이 유일한 예외였다(그러나 그는 곧 스스로 고쳐 말했다.). 이것은 아마도 그들이 태어나면서부터 두 모국어 안에서 명확하고 엄격하게 한 부모-한 언어 의사소통 방법으로 사회화되었기 때문으로 보인다.

재미있는 사실은 아이들은 영어를 말할 때 영어에 모국어를 섞어 쓰는 일은 결코 없었다는 것이다. 이것은 아마도 그들이 영어로 말할 때 모국어를 섞으면 친구들이 무슨 말인지 알아 듣지 못할 것을 알고 있기 때문일 것이다. 더 재미있는 것은 아이들은 학교 친구 중 몇몇이 중국어와 프랑스어를 할 수 있다는 사실을 알고 있을 때조차도 친구들에게 영어를 말할 때 중국어나 프랑스어(책에는 영어로 되어 있지만 문맥상 프랑스어가 들어가야 맞음)를 섞지 않았다는 점이다. 이 점에 대해 설명이 좀 필요한 것 같다. 첫째, 중국어와 프랑스어는 그들의 '신성한' 모국어이다. 그들은 단지 학교 친구들에게 두 언어를 사용하고 싶지 않았던 것이다. 둘째, 그들은 자기 생각을 표현하는 데 필요한 영어 어휘를 충분히 알고 있다. 그들은 중국어나 프랑스어를 할 때와는 달리 영어를 할 때 모국어로부터 어휘를 빌려 올 필요가 없었다. 셋째, 영어는 그들의 학교/국가의 언어다. 그들은 학교에서 알게 된 사람들과 이야기할 때는 영어로 말했다.

(2) 중국어에서 동음이의어를 잘못 표기하는 것(cuò bié zì/错别字)

동음이의어는 똑같이 발음되지만 의미와 스펠링이 다른 단어들을 가리킨다(예를 들면 'right'와 'write'와 같이). 중국어에는 동음이의어가 상당히 많다. 동음이의어를 잘못 사용하는 것은 아이와 교육을 제대로 받지 못한 어른에게 흔히 나타나는 현상이다. 레안드레와 도미니크도 예외는 아니었다. 초등학교 시기에 그들은 글쓰기를 해야 했고, 그때문에 나는 그들이 동음이의어를 혼동하여 사용하는 것을 알게 되었다. 그 전에 그들은 말만 하면 되었다. 단어가 똑같이 발음되기 때문에 그들이 저지른 실수를 바로잡기가 쉽지 않았다. 아이들이 사용하는 것 중에 흔히 나타나는 글자 오기(誤記) 현상은 qīng/轻(가벼운)과 qīng/青(푸른), jiā/家(집)와 jiā/加(더하다), huà/话(말하다)과 huà/画(그림) 등이다. 그들이 글을 쓸 때 동음이의어를 확실히 구별할 수 있도록 나는 지속적으로 확인해야 했다. 내가 조금만 주의를 기울이지 않으면 아이들은 이와 같은 잘못된 글자(錯別字)를 적어버렸다.

(3) 영어화된 프랑스어

아이들의 프랑스어는 그들의 영어 학습에 도움이 되었다. 이것은 반대의 경우도 마찬가지였다. 그러나 아이들의 초등학교 시기에 영어가 더 강세를 보이게 되자 그것은 아이들의 프랑스어에 영향을 미쳤다. 우리는 아이들이 프랑스어를 말할 때 가끔 영어 단어를 빌려 오는 것을 발견했다. 예를 들어, 레안드레는 어떤 이야기에서 'character'에 대해 이야기를 할 때, 프랑스어 personnage(character) 대신에 영어 단어 character(프랑스어 단어 caractère는 이 단어와 어원이 같지만 다른 단어로서, 영어 단어 character와 발음과 모양새가 비슷하지만 의미가 다르다.)를 사용하는 경향이 있다.

우리는 또한 도미니크가 가끔 프랑스어를 사용할 때 영어에서 문장구조를 빌려 오는 것을 발견했다. 예를 들어, 그는 "Je suis content d'avoir reçu ce jeu(나는 이 게임을 받아서 기분이 좋아요)."라고 하지 않고 "Je suis content que j'ai reçu ce jeu."라고 말했다.

도미니크도 영어의 전치사 'by'와 'on'을 프랑스어로 문자적으로 번역하는 경향이 있었다. 예를 들어, 필립은 종종 아이들이 통학버스를 타는 정거장까지 자전거를 타고 가도 좋다고 허락했다. 도미니크는 "On y va à vélo? (자전거 타고 가요?)"라고 하지 않고 "On y va par vélo?"라고 묻곤 했다. 레안드레와 도미니크 둘 다 꽤 자주 이렇게 말했고, 'dans le bus(버스를 타고)'이나 'en bus'라고 하는 대신에 'sur le bus'라고 자주 말하곤 했다. 그들은 'dans l'avion(비행기를 타고)'이나 'en avion'라고 하지 않고 'sur l'avion'라고 하는 같은 실수를 저질렀다.

뿐만 아니라 도미니크는 'this makes you stupid(이것이 너를 어리석게 만든다).'와 같이 영어 문장의 'make+형용사' 용법을 그대로 사용하는 경향이 있었다. 프랑스어에서는 'cela <u>te rend</u> bête'라고 해야지 'cela te <u>fait</u> bête'라고 말하면 안 된다. Faire(만들다) 뒤에 형용사가 따라나오는 것 자체는 틀린 말이 아니지만, 그렇게 되면 의미가 달라진다.

게다가 도미니크는 프랑스어 주격 대명사 일치에도 실수하는 편이 었다. 예를 들어, personne(사람)이라는 프랑스어 단어는 그 사람이 남자든 여자든 관계 없이 여성형이고, elle(그녀, 여성형)가 항상 그 단어와 함께 사용된다. 반면 도미니크는 어떤 사람에 대해 이야기할 때, 'Une personne entre dans la pièce. Puis il ouvre la fenêtre'와 같이 personne 다음에 il(그, 남성형)을 사용하는 경향이 있었다. 그는 이렇게 말해야 했다. "Une personne entre dans la pièce. Puis elle ouvre la fenêtre(한 남자가 방에 들어간다. 그다음에 그는 창문을 연다.)"

3. 언어 사용과 인식

(1) 다른 언어와 억양에 민감함

아이들이 아주 어렸을 때, 나는 그들이 도라 디 익스플로러(Dora the Explorer, 어린아이들이 보는 미국 텔레비전 프로그램)를 보고 난 뒤 스페인어를 쉽게 습득하고 발음을 곧잘 따라 하는 것을 보았다. 그 당시에 나는 그것에 별로 주의를 기울이지 않았다. 어느 해 여름, 우리 가족이 스페인 남부로 여행을 갈 때 나는 마침내 그들의 독보적인 언어 습득력과 모방능력을 깨달았다. 우리는 아이들이 2주도 안 되는 시간 동안 남부 스페인에 사는 사람들이 내는 것과 비슷한 소리를 내는 것을 듣고 깜짝 놀랐다(나는 같은 시간 동안 스페인어 두 문장밖에 제대로 구사할 수 없었다.). 우리가 스위스로 돌아갔을 때, 나는 도미니크(7세 11개월)가 그의 할머니가 기르는 개 모이라(Moira)에게 깜짝 놀랄 만한 수준의 스페인어로 말하는 것을 들었다.

우리가 그동안 여러 차례 해외여행을 다니면서 겪었던 일을 떠올려

보면, 스웨덴 웁살라(Uppsala)에서 레안드레(6세)는 기차의 차장 흉내를 너무 잘 내서 어떤 사람이 그가 그곳 출신인지 궁금해 한 일이 있었다. 도쿄에서 도미니크(9세 1개월)는 진짜 일본인같이 음식 주문을 해서 사람들의 입이 떡 벌어지게 하였다. 독일의 하이델베르크에서 도미니크(10세 1개월)는 어떤 독일인이 악담을 퍼붓는 것을 생생하게 흉내를 내며 조롱했다. 스페인 그라나다에서 도미니크(7세 1개월)는 가죽 가방을 파는 지역 상인을 흉내 냈다. 중국 항저우에서 도미니크(9세)는 수박을 파는 중국 북부 출신의 농부를 흉내 냈다.

초등학교 시기에 아이들은 다중언어가 발달한 덕분에 계속해서 다른 언어와 억양에 민감하게 반응하는 것은 분명한 사실이다.

(2) 정확한 단어 사용

우리 아이들은 그들이 구사하는 세 언어에서 단어의 선택과 정확성에 민감하다(아마 까다롭다는 표현이 맞을 것이다.). 이것은 아마 그들이 일상생활에서 끊임없이 세 언어와 함께 살아야 했던 결과가 아닐까 한다. 그들의 아빠도 그런 편에 속했다. 비교해 보면, 단어 선택과 정확성에 관한 한 나는 가족 가운데 가장 신경쓰지 않는 편이다. 사실, 필립과 아이들은 공책에 내 실수만 꾸준히 기록하고 있다. 재미있는 사실은 우리가 평소에 아이들의 모국어 사용을 '감독'하고 있을 때 그들도 똑같이 우리의 언어 사용을 '감독'했다는 점이다. 예를 들어, 보통화(표준 중국어)와는 달리 상해 방언에서는 hē chá/喝茶(차를 마시다)라고 하지 않고 chī chá/吃茶(차를 먹다)라고 말한다. 도미니크는 나에게 언제나 차를 먹는 것이 아니라 차를 마시는 것이라고 지적했다. 중국으로 가족 여행을 갔을 때에도, 그는 중국인 할머니에게 chī chá/吃茶가 아니라 hē chá/喝茶라고 말해야 한다고 알려 주기도 했다. 우리는 또한 아이들이 다른 사람들이 영어 단어를 선택하는 것에도 꽤 민감하게 반응하는 것을 자주 보았다. 예를 들어, 우리가 어느 날 텔레비전 요리 프로그램을 보고 있을 때, 프로그램의 주인공이 닭가슴살을 소스에 '재워 두는 marinating' 개념을 설명하기 위해 '담그다dip'라는 단어를 사용하였다. 레안드레(8세 6개월)는 그녀가 '담그다'와 '재워 두다'의 차이를 모른다며 그 자리에서 그녀를 비난했다.

(3) 모국어 사용을 자가 수정(self-correcting)을 통해 관찰하기

아이들이 초등학교에 다니는 전 기간 동안에 아이들이 성취한 모든 것 중에서 그들이 자기 자신의 모국어 사용을 셀프-모니터링한(self-monitoring, 스스로 감시한) 것이 가장 눈에 띄었다. 3학년 때쯤에 일어난 일로 기억하는데, 두 아들은 그무렵부터 자기가 잘못 말한 것을 발견하자마자 스스로 고치기 시작했다. 그들은 한동안 모국어로 "죄송해요. 내가~라고 말하는 게 더 나을 것 같아요.", "저는~라고 말하려고 했어요." 또는 "제가 단어를 잘못 고른 것 같아요."와 같이 말하곤 했다. 또한 두 아들에게 어떤 단어나 어떤 구절을 어떻게 사용하는지 확신이 서지 않을 때 (우리가 먼저 시범을 보인 덕분에)사전을 찾아보는 습관도 생겼다.

모국어를 사용할 때 실수를 '많이' 저지른 것을 발견하면 그들은 "우리는 휴가가 필요해요."(필립이 예전에 한 말을 흉내 내는 것이다.)라고 말하곤 했는데, 이 말의 의미는 영어를 사용하는 환경에서 멀리 떠나서 그들의 모국을 방문해야 할 때가 되었다는 뜻이다.

초등학교 시기에 정체성 발달 가운데 주목해야 할 측면

1. 계승어를 통하여 갖게 된 같은 유산을 가진 국가(모국)에 대한 애착

미국의 유명한 소설가 에이미 탄(Amy Tan)은 그녀의 자서전 『운명의 건너편(*The Opposite of Fate*)』에서 그녀의 모국어(그녀가 자랄 때 그녀의 모친이 말해 준 언어)는 그녀가 사물을 보는 방식을 형성하고 사물을 표현하고 세상을 이해하는 데 도움을 주었다고 했다.[24] 리사 델핏(Lisa Delpit)은 그녀가 조앤 킬고어 다우디(Joanne Kilgour Dowdy)와 함께 공동 편집한 책 『우리가 말하는 피부(*The Skin That We Speak*)』의 서문에서 같은 감정을 피력했다.

"모국어는 의미심장할 정도로 우리의 존재 자체와 깊이 연관되었다. 마치 달콤한 사랑의 속삭임 덕분에 우리가 엄마의 젖을 빨게 되는 것처럼, 아버지가 우리를 당신 친구들에게 자랑하실 때 가슴 뿌듯해 하며 느끼는 감정처럼, 누군가 잔잔하게 자장가를 불러 주거나 부드럽게 속삭여 줄 때 깊이 잠드는 것처럼 모국어는 우리의 존재와 깊이 연관되었다. 우리의 제1언어가 우리의 정체성에 밀접하게 연결되어 있는 것은 놀랄 만한 일이 아니다."[25]

비록 우리의 두 아이가 미국에서 태어나 자랐지만, 엄마 아빠의 언어를 통해 그들은 자신의 계승문화와 같은 유산을 공유한 국가(모국)에 강한 애착을 갖게 되었다. 여러 해에 걸쳐 아이들은 부모들이 태어난 곳에 대해 점점 더 깊은 애착을 가지기 시작했다(비록 가끔은 중국에 대해 부정적인 언급을 하기도 했지만). 1학년 때부터 모국(특히 스위스)을 방문한 뒤 아이들과 함께 미국으로 돌아가는 일은 점점 더 힘이 들었다. 어떤 해에는 공항으로 가는 길에 두 아이들(레안드레는 9세 1개월, 도미니크는 7세 2개월)은 뉴욕의 케네디 공항에 도착하자마자 스위스로 돌아가는 항공권을 사 주겠다는 약속을 해달라고 계속 나에게 보챘다. 나는 아이들에게 우리가 미국에서 살고 있다는 점을 이해시키기 위해 애썼다. 하지만 둘 다 전혀 설득당할 기미를 보이지 않았고, 도리어 내게 그들이 나의 프랑스어 교사가 되고, 그래서 내가 프랑스어를 잘하게 되어 제노바에서 가르칠 수 있게 해주겠다고 제안하는 것이었다.

그들의 모국에 대한 애착은 거기에 사는 사람들과도 연결되어 있다. 예를 들어, 어느 해 도미니크(8세 11개월)가 중국어 학교에서 상을 받았는데 그는 내가 이 복음(좋은 소식, good news, 그는 정확하게 이 단어를 사용했다)을 중국 상하이에 있는 그의 조부모님들에게 전해야 한다고 말했다.

3학년 때까지 두 아이는 비디오 게임, 전자게임을 할 때나 그들의 취미와 관계가 있는 정보를 검색할 때 모국어 버전으로 할 수 있다면 자연스럽게 모국어 읽기를 선택했다. 한 번은 내가 급한 일도 있었고, 내 사무실에 있는 컴퓨터로 중국어를 타이핑하는 것도 너무 번거로워서 레안드레에게 영어로 답메일을 보냈다. 레안드레는 기분이 많이 상한 것 같았다. 그는 내게 왜 자기에게 중국어로 메일을 보내지 않았냐고 물었다. 두 아들은 모국어를 말하는 것을 그들 자신의 정체성에서 중요한 부분으로 여길 뿐만 아니라(3장에서 도미니크의 친구가 있는 데서 내가 그에게 영어로 말하자 도미니크가 울음을 터뜨렸던 일화를 기억하라.), 모국어로 글을 쓰는 것도 똑같이 여기는 것을 관찰할 수 있어 흥미로웠다. 일단 아이와 부모 사이에 의사소통 방식이 형성되면, 그것은 취미가 되고 더 나아가 코드(code, 암호)가 될 수도 있다는 말은 정말 사실이다.[26] 만약 그런 코드가 무너진다면 감정적 반응이 뒤따를 것이다.

2. 개인 언어로서의 모국어

아이들이 나이를 점점 먹어 가고 예전보다 자신의 모국어에 대해 덜 소유하려는 경향을 보이긴 했지만, 그들은 여전히 모국어를 그들의 개인적인, 개인 소유의 그리고 비밀스러운 언어로 여겼다. 그들은 계속해서 공공장소에서 모국어로 사람들의 뒷담화를 이야기하거나 무례한 말을 했다. 그들은 또 사람들 앞에서는 영어로는 하지 않았을 말을 영어 대신에 중국어나 프랑스어로 말했다. 한 측면에서 보면, 두 아들은 미국과 유럽의 일부 지역에서 모국어를 사용하면서 편리한 혜택을 얻었다. 다른 측면에서 보면, 그들은 다른 사람들이 보는 앞에서 그들에 관해 이야기하는 나쁜 습관을 형성한 것처럼 보인다. ─다른 사람들이 모르는 언어를 알아서 생긴 부정적인 결과다!

3. 그들의 언어 능력에 대한 정확한 자기 평가

초등학교의 중간 시기(3학년 경), 두 아들은 자신의 모국어 능력을 인식하기 시작했다. 예를 들어, 우리 부부가 레안드레와 도미니크에게 중국에 계신 조부모님을 방문하기 위한 여행 기간에 상하이에 있는 중국어 학교에 다니고 싶은지 물어보았을 때, 레안드레(11세)와 도미니크(9세 1개월)는 중국에 있는 중국인 학생들과 비교할 수 있을 만큼 중국어를 잘하지는 못하기 때문에 학교에 다닐 수 없다고 큰 소리로 분명하게 대답했다.

같은 여행 기간에 도미니크는 또 자신의 중국어 실력에 대해 아래와 같이 말했다.

사례 5.8

엄마는 연구 프로젝트를 위해 어린이들을 비디오 테이프에 녹화하는 중이다. 그녀는 레안드레와 도미니크가 그녀를 따라 다른 중국인 아이들의 집에 가기를 원하는지 궁금했다.

엄　　마 : [레안드레와 도미니크에게] Nǐ men yào bu yào hé wǒ yì qǐ qù
　　　　　kàn bié de zhōng guó xiǎo péng yǒu?
　　　　　(你们要不要和我一起去看别的中国小朋友? 너희들 나랑 같이 다른 중국인 친구 집에 가보지 않을래?)

도미니크 : Bú yào.(不要. 안 갈래요.)

엄　　마 : Wèi shén me? (为什么? 왜?)

도미니크 : Wǒ de zhōng wén méi yǒu tā men shuō dé hǎo. Tā men huì xiào wǒ. (我的中文没有他们说得好. 他们会笑我. 내 중국어 실력은 그들만큼 좋지 않거든요. 그들은 날 비웃을 거예요.)

엄　　마 : Nǐ zěn me zhī dào?(你怎么知道? 네가 어떻게 알아?)

도미니크 : Yīn wèi wǒ bú zhù zài zhèr.
　　　　　(因为我不住在这儿. 왜냐하면 나는 여기에 살고 있지 않거든요.)

아이들은 자신의 중국어 실력을 명확하게 인식하고 있는 것처럼 보인다. 그들은 프랑스어 실력에 훨씬 더 큰 자신감을 가지고 있었다. 예를 들면, 그들은 스위스에서 프랑스어 사용 지역으로 여행을 갈 때마다 조부모들의 이웃인 데이빗(레안드레보다 5살 많고 도미니크보다 7살 더 많다.)과 그의 친구들과 어울리는 데 전혀 문제가 없었다.

4. 주목받는 것 피하기

어렸을 때(집, 어린이집, 유치원 시기), 두 아들은 종종 자발적으로 다른 사람들(어른과 아이 모두)에게 자기가 삼중언어를 구사할 수 있음을 밝혔다. 초등학교 후반기(4, 5학년 무렵일 것이다.)에 들어서자 상황이 변했다. 그 무렵 그들은 친구들에게 그 사실을 밝히지 않았다. 5학년 때, 제노바에서 온 전학생 한 명이 레안드레와 같은 반이 되었다. 그녀는 레안드레가 프랑스어를 할 줄 안다는 말을 엄마에게서 듣고, 레안드레에게 프랑스어로 이야기하려고 했다. 그는 그녀에게 학교에서는 영어로 말하는 것을 더 좋아한다고 솔직하게 대답했다. 나는 그에게 왜 그녀와 프랑스어로 이야기하는 것을 거절했는지 물었다. 그는 반에 있는 다른 친구들이 프랑스어로 이야기하지 않기 때문이라고 대답했다. 그는 남과 다른 사람이 되고 싶지 않았다. 나는 레안드레가 친구들이 자기를 어떻게 생각하는지에 더 민감해졌다는 것을 깨달았다.

💡 초등학교 시기에 삼중언어를 구사하는 아이들을 위한 제안

초등학교 시기는 아이들이 그들의 언어인지적 및 사회인지적으로 크게 발달하기 시작하는 시기이다. 삼중언어를 구사하는 자녀를 키우는 부모는 아이들이 모국어를 읽고 쓰는 능력과 모국어의 다른 측면들을 발달시키도록 도와주는 방법을 통해 이런 분야에서 아이들이 성장하게 할 수 있다. 이 기간에 부모는 거주지의 대다수 사람이 사용하는 언어가 자녀의 모국어에 점점 더 큰 영향을 미치는 것을 볼 것이고, 자녀가 모국어를 유지하는 데 여러 장애물을 만나게 될 것이다. 그러나 부모들이 적절한 전략과 안목을 갖고 있는 한 전망은 밝다.

1. 계승어를 읽고 쓰는 능력으로 가는 여러 다른 길

계승어를 읽고 쓰는 능력은 삼중언어를 구사하는 아이들이 세 언어를 더 잘 사용하도록 도와준다. 그러나 삼중언어를 구사하는 아이들이 계승어를 읽고 쓰는 능력을 배양하는 환경은 가족마다 다르고 아이마다 다르다. 삼중언어를 사용하는 대부분의 가정에서 아이들은 환경적 요인과 재정 상황이 어렵기 때문에 공식적으로 모국어를 읽고 쓰는 능력을 키울 교육을 받지 못할 것이다. 따라서 부모들은 자녀에게 유리한 결정을 내리기 위해 그들의 상황을 주의 깊게 살펴보아야 한다. 현실적으로는 삼중언어를 구사하는 아이들 가운데 많은 수가 자신의 모국어를 결코 유창한 수준으로 읽고 쓰지 못할 가능성도 있다.

그러나 전망이 이렇게 밝지 않다고 해서 부모가 자녀가 모국어를 읽고쓰는 능력을 갖추도록 도와주려는 노력을 멈추게 할 수는 없다. 부모는 자녀가 기본적인 읽고 쓰는 능력을 갖추도록 기회를 만들어 줄 수 있는데 그 능력은 그들이 더 발전시키기로 선택한다면 장래에 더 발전할 수도 있다. 다중언어를 구사하는 많은 사람들이 경험한 글을 읽어 보면, 읽고 쓰는 것을 배우기 위해 여러 가지 다른 길을 선택할 수 있는 것이 분명하다. 안나 쇠터(Anna Söter)는 『다국어를 읽고 쓰는 삶을 반추하며(*Reflections on Multiliterate Lives*)』라는 책에서 독일어 읽기를 배우는 그녀 자신의 경험에 대해 재미있는 말을 남겼다.[27]

나는 아빠의 독일어 잡지를 읽는 법을 배웠다. 나는 바로 그렇게 읽기를 배웠다. 그는 잡지를 한 권 다 읽고 난 뒤 부엌의 테이블 밑에 내려 놓는 습관이 있었다. 나는 종종 테이블 뒤에 앉아서 페이지를 휙휙 넘겨보았고, 사진과 그림을 텍스트에 연결했다. 그리고 이렇게 해서 여러 번 하고 나니 둘 사이의 고리를 깨달았다. 나는 가끔 아빠에게 단어들이 무슨 의미인지 물어보았다. 나는 이렇게 가장 기초적인 방식으로 독일어를 읽는 법을 배웠다.

안나의 경험은 많은 사람들에게 그들이 처음 읽고 쓰기를 배운 경험을 떠올리게 한다(하나의 언어만 구사하거나 이중 언어 또는 다중언어를 구사하거나 관계 없이 모든 사람들에게). 예를 들어, 필립은 식탁에 놓인 그의 아빠가 보는 잡지 『슈피겔(*Der Spiegel*)』을 보는 것부터 시작해서 독일어 읽기를 배웠고, 나는 창고에 있는 부모님의 오래된 잡지를 훑어보면서 중국어 읽기를 배웠다.

2. 계승어 읽기에서 문화적 맥락

독서에 대한 연구 결과에 따르면, 텍스트의 배경 지식은 (모국어 사용자와 비모국어 사용자 모두에게)독자의 이해에 영향을 미친다고 한다.[28] 뿐만 아니라 텍스트의 문화적 기원과 독자가 그 문화를 예전에 잘 알고 있었는지 그렇지 않은지의 여부 둘 다 독자들이 텍스트에서 정보를 기억해 내는 것에 영향을 미친다.[29]

예를 들어, 우리 아이들은 중국의 문화와 매우 동떨어진 환경에서 살고 있다. 어떤 때는 그들은 모든 단어의 의미를 다 이해하고 있으면서도 읽고 있는 계승어 책 속의 이면에 깔린 의미를 이해하지 못한 적도 있었다. 예를 들어, 상하이의 북시티에서 레안드레와 도미니크는 차이즈충(Tsai Chih Chung, 중국의 고전을 이해하기 쉽게 재편집해서 큰 인기를 끌고 있는 저명한 삽화전문가)이 글을 쓰고 그림을 그린 시리즈를 처음 발견했을 때, 그들은 너무 흥분한 나머지 나에게 시리즈를 전부 다 사달라고 졸랐다. 그 책들을 읽기 시작한 지 얼마 지나지 않아 그들은 시리즈에 묘사된 역사적 문화적 정보에 대한 배경 지식이 없기 때문에 책을 전혀 이해할 수 없음을 깨달았다. 예를 들어, 도미니크는 '백사전(Bái Shé Zhuàn/白蛇传)'이라는 제목이 붙은 책에서 등장인물들과 요점 사이의 관계를 이해하는 데 애를 먹었다.[30] 그러나 항저우의 뇌봉탑(Lei Feng Pagida, 雷峰塔)으로 여행을 다녀온 뒤 그의 외할아버지와 토론을 한 덕분에 그는 책을 이해할 수 있는 맥락을 알게 되었다.

오랫동안 우리 아이들과 함께 지내면서 배운 교훈 가운데 하나는, 문화적 배경 지식은 그들이 계승문화와 관계된 읽을거리를 이해하는 중요한 열쇠라는 것이다.

3. 본을 보여 주는 부모

만약 우리가 아이들이 읽고 쓰기를 원한다면, 우리 자신도 똑같이 하는 것이 도움될 것이다. 부모가 보여 준 본보기는 종종 말보다 강력하다. 우리 자신이 매일 읽고 쓰는 습관은 우리 아이들에게 큰 영향을 미쳤다. 우리는 아들들(특히 레안드레가)이 독서를 즐기는 것에 주목했다. 우리는 아이들에게 책을 사 주는 데 절대 인색하지 않았다. 나는 아이들과 약속을 하나 했는데, 책을 사는 것을 위해서라면 언제든지 기꺼이 돈을 쓰기로 한 것이 바로 그것이다. 그들은 나와 약속을 한 것 덕분에 원하는 것만큼 책을 살 수 있었다. 한 번은 부동산 대리인이 우리 집을 보러 왔다. 그녀가 아이들 방에 들어갔을 때, 그녀는 지금까지 아이들 방에서 이렇게 많은 책을 본 적이 없다고 말했다.

우리는 또 우리가 일하고 있는 것을 아이들과 공유했다. 필립은 가끔 그가 일하고 있는 서류의 일부분을 아이들에게 읽어 주기도 했다. 어느 해 여름, 나는 중국의 새해에 대해 어떻게 가르칠지에 대한 소책자 작업을 하고 있었다. 도미니크는 푹 빠져들었다. 그는 자기만의 책(그의 말에 따르면 픽션이라고 한다.)을 쓰기 시작했다. 그러나 결코 완성하지 못했는데 그 이유는 제목을 정하지 못했기 때문이었다(도미니크가 전형적으로 하는 변명이다.). 그럼에도 불구하고 나는 도미니크가 적어도 한 동안은 뭔가를 쓰려고 노력했던 것을 보고 기분이 좋았다.

4. 선택권을 주기

우리의 자녀 양육 방법을 되돌아볼 때, 아이들이 모국어로 읽고 쓰기를 하도록 동기부여를 하는 데 있어 아이들에게 선택권을 준 것이 잘 들어맞았다는 것을 깨달았다. 만약 우리가 그들에게 하나의 특정 장르의 책을 읽게 강요하거나 특정 방식으로 글을 쓰게 하거나 하지 않고 그들에게 여러 가지 선택권을 더 주었다면, 그들은 모국어를 읽고 쓰라는 우리의 요구를 더 잘 따랐을 것이다.

예를 들어, 레안드레는 한동안(2학년부터 4학년까지) 오직 한 장르의 책에만 관심이 있었는데, 그것은 공포물이었다. 그는 중국의 고전인 '요재지이(Liáo Zhāi Zhì Yì/聊齋志异)'[31]의 어린이판을 극도로 좋아했는데, 그 책에는 귀신 이야기가 많이 실렸다. 나는 그에게 다른 책을 읽어 주거나 다른 장르의 책을 읽어보라고 했다. 그러자 그는 기분이 상해서 책 읽기를 아예 그만두었다. 나는 접근방식을 바꿔서 그의 책장에 다른 책에도 비슷한 이야기가 있다고 알려 주었다. 이것은 그가 책을 더 많이 찾아보게 하는 자극제 역할을 했고, 그 과정에서 그는 귀신에 대한 책뿐만 아니라 다른 재미있는 책도 발견할 수 있었다.

우리는 또한 아이들에게 모국어를 읽고 쓰는 것과 관계된 활동도 선택할 수 있게 했다. 예를 들어, 나는 가끔 아이들에게 중국어를 쓰거나 읽는 연습을 시켰는데, 그들은 미적미적하면서 빠져나가기 위해 별의별 희한한 이유를 찾아내곤 했다. 그런 상황에서 나는 아이들에게 다양한 선택권을 주었다. 나는 "만약 오늘 글쓰기 연습을 하고 싶지 않으면 너는 교과서에서 (꽤 많은 양의)중국어 단어를 찾아야 해."라거나, "중국어 학교에서 배운 새 단어에 밑줄을 쳐."라고 말했다. 아이들이 무엇을 원하고 무엇을 하기 싫어하는지 알고 난 뒤 나는 그들에게 다양한 선택사항을 주고 선택하도록 하기 시작했다. 이런 방식을 통해 아이들은 무엇을 할 것인지 자기 스스로 컨트롤하고 있다고 생각했다.

5. 아이들과 대화할 기회 만들기

아이들은 초등학교에 다니는 시기에 다양한 활동 때문에 바빴고, 그래서 그들이 어렸을 때보다 우리 부모들과 대화할 시간이 줄어들었다. 모국어 유지라는 측면에서 이런 상황은 몇 가지 문제점을 내포하고 있다. 집 바깥에서 대부분의 사람들이 사용하는 언어를 더 많이 접하게 되면서, 만약 아이들이 일상생활에서 모국어를 말하거나 듣지 않는다면 그들은 모국어를 유지해 나갈 수 없을 것이다. 따라서 부모들은 대화할 기회를 어떻게든 만들어야 한다. '잠깐 나누는 대화'라도 아예 대화를 하지 않는 것과는 큰 차이를 만들어 낼 수 있다. 예를 들어, 식사시간은 아이들과 수다를 떨 좋은 기회다. 아이들과 잠깐 만나더라도 부모는 대화거리를 찾아내야 한다. 계단에서 아이들과 지나칠 때 질문을 하거나 뭔가 말을 나눠라. 그들이 숙제하고 있을 때 잡담을 나눠라. 어딘가에 갈 때 차 안에서 아이들과 이야기해라. 형제(또는 자매)에게 메시지를 전달해 달라고 그들에게 요청하라. 자기가 그날 무엇을 했는지 그들에게 이야기해 줘라. 부모에게는 하루 온종일 아이들과 잡담을 나눌 기회가 널렸다. '잠깐 나누는 대화'라도 모두 합하면 아이들의 모국어 유지에 큰 힘이 될 수 있다.

게다가 아이들이 점점 나이를 먹어서 사춘기가 되면, 아이들과 이야기하는 것을 통해 부모들은 그들의 일상과 머릿속에서 무슨 일이 일어나고 있는지 계속 알 수 있다.

6. 친구들한테서 오는 압력 예방하기

친구들이 주는 압력은 사춘기에 더 눈에 띄게 증가할 것이다. 친구들로부터 인정을 받고 싶어하는 것은 사춘기가 되었다는 증거 가운데 하나다. 친구들과의 관계는 건강한 발달을 위해 중요하다. 그러나 친구들로부터 받는 압력 때문에 사춘기를 삐딱하게 보낼 수도 있다. 초등학교 고학년 시기(4, 5학년)에 아이들은(아직 사춘기가 되지 않았지만) 다른 사람들이 자기를 어떻게 생각하는지 신경을 쓰기 시작했다. 앞에서 레안드레가 같은 반 여학생이 자기에게 프랑스어로 이야기하자는 요청을 거절한 사례는 그가 반 친구들의 의견에 민감해졌다는 것을 잘 보여 주고 있다. 3장에서 나는 일부러 두 아들에게 똑같은 옷을 입혀 주었고, 그래서 그들은 사람들이 자기에게 질문을 하는 것에 익숙해졌다고 말한 적이 있다. 3학년 후반기 무렵, 레안드레와 도미니크 둘 다 같은 옷을 입는 것에 저항하기 시작했다. 그들은 학교 친구들이 그들이 똑같은 옷을 입는 것에 대해 이러쿵저러쿵 이야기한다고 말했다. 나는 두 아이가 학교 버스에 탈 때도 서로 떨어져 앉는 것도 알게 되었다.

아이들이 친구들한테서 오는 압력에 저항하도록 하는 전략 중 하나는 그들이 자신감을 갖게 하는 것이다. 아이들이 이뤄낸 성과를 모든 면에서 의도적으로 칭찬하면 그들의 자신감도 상승한다. 아이들이 자신의 힘과 가치를 깨달을 때, 다른 사람들이 한 말과 의견에 덜 신경 쓸 것이다.

7. 계승어 학습과 다른 활동 균형 잡기

데이비드 엘킨드(David Elkind)는 그의 책 『너무 빨리 자라는 아이들 (*The Hurried Child: Growing up Too Fast Too Soon*)』에서 오늘날 아이들이 직면하고 있는 스트레스에 대해 이야기했다.[32] 그는 아이들에게 노는 시간을 더 주어야 한다고 주장했다. 다중언어를 구사하는 아이들은 만약 부모가 그들에게 할 일을 너무 많이 시킨다면 더 큰 짐을 지고 있는 셈이다. 한동안 나는 야망을 품고 두 아이에게 방과 후 활동(중국어 학교와 피아노 레슨과 같은 것)을 많이 시켰다. 결국에는 아이들이 스트레스를 받았을 뿐만 아니라 나도 지쳐버렸다. 우리는 이런 경험을 통해서 아이들의 삶에서 (언어를 배우는 활동을 포함하여)다양한 활동을 수행해 낼 수 있는 최고의 방법은 아이들을 한 번에 하나의 활동에 참여시키는 것임을 알았다. 어떤 활동이 아이들의 일상생활의 일부가 되면, 그다음에 그들은 다른 새 활동을 시작할 수 있었다. 우리는 모국어와 함께 노는 시간과 다른 활동을 하는 시간과 균형을 이루면 아이들이 가장 즐거워한다고 믿는다.

8. 인내와 끈기

아이들이 모국어를 잘하도록 도와주기 위해서는 노력과 의지, 인내가 필요하다. 가끔은 좌절 때문에 우리의 결심이 흔들리기도 한다. 앞으로도 우리가 지금 하고 있는 것을 그만두고 싶은 충동을 느낄 순간이 찾아올 것이다. 그러나 우리가 이에 굴하지 않고 한계점을 뚫고 지나간다면, 우리는 노력에 대한 보상을 받을 것이다. 내가 관찰한 바로는 어떤 부모들은 그 자리에서 또는 상대적으로 짧은 시간 안에 결과물을 보기 원하기 때문에 실수를 저지르기도 한다. 좌절과 저항에 직면했을 때 그들은 계획을 재빨리 포기해 버린다. 그러나 모든 면에서 볼 때 자녀양육은 장기간에 걸친 과정이다. 모국어를 계속 간직하게 하는 것도 예외가 아니다. 모든 부모에게는 육아라는 긴 여행에 걸쳐 힘들었던 것과 함께 기뻤던 것에 대해 할 이야기가 많이 있다. 끝까지 견디는 자만이 노력에 대한 결실을 보게 될 것이다. '노력을 많이 기울이기만 하면, 쇠절굿공이도 갈아서 바늘로 만들 수 있다(zhǐ yào gōng fu shēn, tiě bàng mó chéng zhēn/只要功夫深，铁棒磨成针).'는 중국 격언도 있다. 우리 아이들이 삼중언어 구사력이 발달한 것이 바로 인내와 끈기의 증거물이다.

 **요약**

초등학교 시기는 아이들이 읽고 쓰기 능력을 발전시킬 수 있는 황금 같은 시기다. 또한 다중언어를 구사하는 아이들이 그들의 모국어 읽고 쓰기를 공식적으로 배우는 데 적합한 시기이기도 하다. 다중언어를 구사하는 아이들에게 주어진 모국어 환경이 저마다 다르고 아이들의 개인적 발달 특징도 다르므로, 그들이 모국어를 읽고 쓰는 능력을 발달시키기 위해서는 제각기 다른 방법이 필요할 것이다. 따라서 이 과정을 언제 시작할지, 아이들을 집에서 가르칠지 학교에서 가르칠지, 아이들이 모국어를 읽고 쓰는 능력을 현실적으로 어디까지 향상시키기 원하는지에 대해 부모들은 주의 깊게 생각해 보아야 한다.

아이들의 모국어를 읽고 쓰는 능력을 키우는 방향을 결정한 뒤에, 다음 사항을 포함하여 효과적인 전략을 사용한다면 이 과정을 좀 더 순탄하게 넘어갈 수 있을 것이다.

- 다른 언어로 같은 책을 읽기
- 아이들이 흥미를 느끼는 분야에 따라 모국어책을 읽으면 인센티브 지급하기
- 적절한 때를 골라 모국어로 책을 읽는 것 장려하기
- 맥락에 맞게 모국어로 읽고 쓰기 장려하기

아이들이 모국어를 읽고 쓰는 능력을 발전시키도록 더 도와주려면, 부모 자신도 읽고 쓰기에 모범을 보여주어야 한다. 경우에 따라 아이들에게 읽고 쓰기 활동에 선택권을 주면, 아이들은 배우고 있는 것을 스스로 조절할 수 있다고 느낀다. 아이들에게 자기가 읽고 있는 것에 대해 비판적으로 생각할 수 있는 능력을 길러 주고, 그들이 각종 서적과 매체에 문화적·인종적 편견이 존재할 수도 있음을 알게 해주는 것도 반드시 필요하다. 결국에는 이와 같은 비판 능력이 아이들의 성장에 도

움이 될 것이다.

이밖에 아이들이 모국어를 전반적으로 잘할 수 있도록 도와주려면, 부모는 아이들에게 관습적 제스처, 문화적 관습, (조심해서 가르쳐야 하지만)모국어에 내장된 저속한 언어와 관용구를 알려 주기 위해서도 노력해야 한다.

또한 부모는 모국어로 그들과 이야기할 기회를 더 많이 만들고, 그들의 '일'과 놀이 활동을 균형을 잡아 줌으로써 아이의 성장을 도와줄 수도 있다.

초등학교 시기에 모국어를 유창하게 구사하는 길은 평탄치 않을 때가 많다. 인내심, 의지력과 올바른 전략을 갖는다면, 성공은 손이 닿는 곳에 있다고 보아도 무방하다.

[미주]

1. 초등학교 시기는 6세에서 11세 사이의 기간을 말한다.
2. Harding-Esch, E. and Riley, P. (2003) *The Bilingual Family. A Handbook for Parents* (pp. 141-142). Cambridge: Cambridge University Press.
3. 이런 중국어 학교는 중국어 수업을 보통 주말에 개설한다.
4. Harding-Esch, E. and Riley, P. (2003) *The Bilingual Family. A Handbook for Parents* (pp. 20-21). Cambridge: Cambridge University Press.
5. Uphoff, J.K. and Gilmore, J. (1985) Pupil age at school entrance – How many are ready for success? *Educational Leadership* 43, 86-90.
6. Gorosch, M. and Axelsson, C.A. (1964) *English Without a Book: A Bilingual Experience in Primary Schools by Audio-Visual Means*. Berlin: Cornelsen Verlag.
   Stern, H.H., Burstall, C. and Harley, B. (1975) *French From Age Eight or Eleven?* Toronto: Ontario Institute for Studies in Education.
   Zobl, H. (1993) Prior linguistic knowledge and the conservation of the learning procedure: Grammaticality judgements of unilingual and multilingual learners. In S. Gass and L. Selinker (eds) *Language Transfer in Language Learning* (pp. 176-196). Amsterdam: John Benjamin.
7. Nagy, W.E. and Herman, P.A. (1987) Breadth and depth of vocabulary knowledge: Implications for acquisition and instruction. In M.G. McKeown and M.E. Curtis (eds) *The Nature of Vocabulary Acquisition*. Hillsdale, NJ: Lawrence Erlbaum.
8. Miller, G.A. (1996) *The Science of Words*. New York: Freeman.
9. Yep, L. (2003) *The Tiger's Apprentice*. New York: HarperTreophy.
10. Wu, C.E. (1500-1582) '*Xī Yóu Jì*/西游记' (The Journey to the West).
11. YU, B.H., Jin, G.S. and Qie, G.Q. (2002) '*Xī Yóu Jì*/西游记'. Nanjing: Jiangsu Children's publishing.
12. Chinese International TV Inc. 에서 발행되었다.
13. Osborne, M.P. (1998) *Days of the Dragon King*. New York: Random House.
14. Edwards, S.A., Maloy, R.W. and Verock-O'Loughlin, R.E. (2003) *Ways of Writing with Young Kids: Teaching Creativity and Conventions Unconventionally*. Boston, MA: Allyn and Bacon.
15. Ellis, N.C. and Laporte, N. (1977) Context of acquisition: Effects of formal instruction and naturalistic exposure on second language acquisition. In A.de Groot and J.F. Kroll (eds) *Tutorials in Bilingualism* (pp.53-83). Mahwah, NJ: Lawrence Erlbaum.
    Terrel, T.D. (1991) The role of grammar instruction in a communicative approach. *The Modern Languages Journal* 75, 52-63.
    Paisley, M. (2002) *Reading Instruction that Works. The Case for Balanced Teaching*. New York: The Guilford Press.
16. Piaget, J. (1952) *The Orignis of Intelligence in Children*. New York: International University Press.

17. Angier, N. (2005) G#%!Y; Almost before we spoke, we swore. *New York Times Science Session* (September 20, F 1).

18. McWhorter, J. (2003) *The Power of Babel*. New York: Perennial.

19. Allan, K. and Burridge, K. (2007) *Forbidden Words: Taboo and the Censoring of Languages*. Cambridge: Cambridge University Press.

20. Caldas, S.J. (2006) *Raising Bilingual-Biliterate Children in Monolingual Cultures* (pp.70-71). Clevedon: Multilingual Matters.
   Cruz-Ferreira, M. (2006) *Three is a Crowd? Acquiring Portuguese in a Trilingual Environment* (pp.240-243). Clevedon: Multilingual Matters.

21. Comber, B. and Simpson, A. (eds) (2001) *Negotiating Critical Literacies in Classrooms*. Mahwah, NJ: Lawrence Erlbaum.

22. http://wwwfp.education.tas.gov.au/english/critlit.htm#what is -> 역자주 : 페이지 가 열리지 않음

23. 분석을 위해 초등학교 시기 동안 녹화된 비디오 테이프 중 120시간을 임의로 샘 플화했다. 각각의 아이를 5년 동안 한 달에 한 시간씩 녹화한 분량에 해당한다.

24. Tan, A. (2003) *The Opposite of Fate: Memories of a Writing Life*. New York: Penguin Life.

25. Delpit, L. and Dowdy, J.K. (2002) *The Skin that We Speak: Thoughts on Language and Culture in the Classroom*. New York: The New Press.

26. Hoffmann, C. and Ytsma, J. (2004) Introduction. In C. Hoffmann and J. Ytsma (eds) *Trilingualism in Family, School and Community* (p.32). Clevedon: Multilingual Matters.

27. Söter, A. (2001) Straddling three worlds. In D. Belcher and U. Connor (eds) *Reflections on Multiliterate Lives*. Clevedon: Multilingual Matters.

28. Carrell, P.L. (1981) Cultural-specific schemata in L2 comprehension. In R. Orem and J.F. Haskell (eds) *Selected Papers from the Ninth Illinois TESOL/BE* (pp.123-132). Chicago, IL: Illinois TESOL/BE.

29. Dale, P.S., Crain-Thoreson, C. and Robinson, N. (1995) Linguistic precocity and the development of reading: The role of extralinguistic factors. *Applied Psycholinguistics* 16, 173-187.

30. Tsai, C.C. (2006) *Madam White Snake*. Beijing: Modern Publishing.

31. Shi, L., Li, S.L. and Deng, C.Q. (1998) '*Laío Zhāi Zhì Yì*/聊斋志异' *(The Tales of Liao Zhai Zhi Yi)*. Nanjing: Jiangsu Children's Publishing.

32. Elkind, D. (2001) *The Hurried Child: Growing Up Too Fast Too Soon* (3rd edn.). New York: Perseus.

Chapter 6

정체성과 개성발달
- 아이들의 목소리

이 장에서는 세 언어를 배우는 동안에 아이들의 정체성 및 개성이 형성되는 과정을 살펴볼 것이다. 아이들이 어떻게 그들의 복잡하지만 재미있는 삼중언어를 구사하는 삶을 조종하고 절충했는지, 그리고 어떻게 역동적으로 그들의 정체성과 개성을 형성했는지 독자들에게 보여 주기 위해, 레안드레와 도미니크의 일상생활 속에서 사용되는 대화를 통해 그들의 목소리를 실었다. 게다가 레안드레와 도미니크의 독특한 개성은 세 언어를 배우는 과정에서 나타날 수 있는 결과로 묘사되었다. 하나 이상의 언어를 구사하는 아이들을 키우고 있거나 그럴 계획이 있는 부모들을 위해 이 장의 마지막 부분에 아이들이 건강한 정체성 및 개성을 가지도록 돕기 위한 제안을 실었다.

내러티브(이야기 전개)를 통해 드러나는 정체성

정체성은 무엇이고, 그것은 어떻게 표현될 수 있는가? 저명한 캐나다인 발달 심리학자 제임스 마르시아(James Marcia)는 정체성을 자아의 구조—열망, 기술, 신념, 개인사(individual history)의 내적이고 스스로 만들어지고 역동적인 조직—라고 정의했다.[1] 마르시아의 정의를 간략하게 설명하면, 정체성은 내가 누구인지 그리고 세계와 우리와의 관계에 대한 지각이다.[2] 카노 야스코(Kanno Yasuko)에 따르면,[3] 우리의 '자아들'의 많은 측면—다른 많은 것 가운데 언어, 문화, 인종, 성별, 계급과 나이─이 우리가 누구인지 알게 되는 데 도움이 된다고 한다. 이런 요소 중 어느 것이 우리의 정체성 가운데 두드러진 특징이 되는지는 전후 맥락에 달렸고, 이것은 시간을 두고 바뀐다. 레안드레와 도미니크의 경우, 그들의 정체성에서 나타난 가장 눈에 띄는 점에는 삼중언어를 구사하는 것, 삼중문화 아래에서 살아가는 것, 두 인종이 섞인 것과 두 개의 국적이 포함된다. 따라서 아이들이 이 네 가지 요소 안에서 어떻게 포지셔닝(차별화)을 하는지, 그리고 그들이 어떻게 이 요소들을 자기가 누구인지를 인식하는 데 포함하는지 살펴보는 것은 그들의 자아가 세월이 흐름에 따라 어떻게 발달하는지 이해하는 데 도움을 준다.

아이의 정체성 발달 과정을 조사하는 데는 여러 가지 방법이 있는데, 그중 하나는 내러티브 연구(narrative inquiry)를 통한 방법이다(많은 연구자들이 정체성 형성을 연구하는 데 이 방법을 사용했다.). 어떤 연구자는 아이들이 매일 개인적으로 하는 내러티브라는 매개를 통하여 자신의 경험을 해석하고 자기 생각과 감정을 전달한다고 믿는다.[4] 발달 심리학자 수잔 앵겔(Susan Engel)은 그녀의 책 『아이들이 하는 이야기 : 어린 시절의 내러티브 이해하기(The Stories Children Tell: Making Sense of the Narratives of Childhood)』에서 내러티브는 아이들이 자아인식을 형성하고 그 자아를 다른 사람들에게 표현하는 데 필수적인 역할을 한다고 주장했다.[5]

다음 섹션에서 나는 레안드레와 도미니크가 한 내러티브 샘플과 그것을 분석했다. 비록 이런 내러티브 샘플이 단편적인 것처럼 보이더라도, 한데 모이면 아이들의 정체성이 형성되는 과정에 대해 하나의 관점을 제공할 수 있다.

독자들이 두 아이의 정체성 발달에 대해 더 명확하게 이해할 수 있도록, 나는 내러티브 샘플을 '언어 정체성, 문화와 국적 정체성, 민족-인종 정체성'[6]과 같은 항목에 따라 분류했다. 현실적으로는 이런 항목들은 나뉘기보다는 통합되기는 하지만 말이다.

1. 언어 정체성

아이들이 세 언어 가운데 어떤 언어로도 완성된 문장을 말할 수 없을 때에도 레안드레(1세 6개월)와 도미니크(1세 9개월)는 다른 사람들에게 그들 자신의 언어 정체성을 분명하게 말할 수 있었다. 예문을 보자.

사례 6.1
엄마와 레안드레(1세 6개월)가 놀고 있다.

엄   마 : Lǐ-áng shì shuí? (理昂是谁? 레안드레가 누구지?)
레안드레 : Lǐ-áng, xiǎo bǎobao. Lǐ-áng –[raised three fingers] zhōng wén,
          fǎ wén, yīng wén.
          (理昂, 小宝宝. 理昂—中文, 法文, 英文. 레안드레, 작은 아기. 레안
          드레 [세 손가락을 올리고] 중국어, 프랑스어, 영어.)
엄   마 : Nǐ shuō sān zhǒng yǔ yán? (你说三种语言? 3개의 언어를 말하는 거니?)
레안드레 : Duì.(对. 예.)
엄   마 : Nǐ zhēn néng gàn. (你真能干. 너 진짜 대단하구나.)
레안드레 : [고개를 끄덕인다.]

이 사례에서 볼 수 있듯이 레안드레는 갓난아이였지만 자신의 삼중언어 정체성을 분명하게 이해하고 있었다. "레안드레는 어떤 사람이야?"라는 질문을 받을 때, 그는 자신에 대해 다른 많은 특징(예를 들면 남자아이, 곱슬머리와 같이)을 설명할 수 있었다. 그러나 그는 그렇게 하는 대신 자신의 세 언어를 선택했다. 그렇지만 이런 초기 단계에서 그가 자신의 언어 정체성을 이해하는 것은 언어들의 이름을 단순히 부르는 것에 그치고 말았다. 시간이 흐름에 따라(약 2세에서 6세까지), 아이들은 자신의 모국어를 소유하려고 하는 경향을 보였다. 사례 6.2에서 볼 수 있듯이 레안드레는 여자 손님에게 프랑스어는 자기와 아빠, 남동생만 '가질' 수 있고 다른 사람들은 가질 수 없다고 무례하게 말했다.

사례 6.2
레안드레(2세 7개월)

여자손님 : What did you just say to your daddy?(너 아빠에게 뭐라고 말했니?)
레안드레 : French.(프랑스어요.)
여자손님 : Can you teach me how to speak French?
(프랑스어 어떻게 하는지 나에게 가르쳐 줄 수 있니?)
레안드레 : No! French to my daddy and [pointed to Dominique] the baby.
(안 돼요! 프랑스어는 아빠랑 [도미니크를 가리키면서] 아기에게 말하는 거예요.)

이 사례에서 볼 수 있듯이, 여자 손님은 처음에는 단지 레안드레가
아빠에게 뭐라고 말했는지 궁금했고, 그가 무슨 언어를 말하고 있는지
물어볼 의향은 없었다. 레안드레는 그녀에게 자기가 아빠에게 뭐라고
말했는지를 알려 줄 수도 있었다. 하지만 그는 그렇게 하지 않고, 대신
에 자기가 말하고 있는 언어(프랑스어)를 강조했다. 여자 손님이 레안드
레에게 (그가 대답한 것에 따라)프랑스어를 가르쳐 줄 수 있는지 물어보았
을 때, 이 질문이 마치 그녀가 레안드레의 일부를 달라고 요구하는 것
처럼 느껴졌기 때문에 그를 '화가 나게' 만든 것이다(그의 목소리를 들으면
알 수 있다.).

때때로 아이들은 자기가 이 행성에서 하나 이상의 언어를 말할 수
있고 말을 하도록 허락받은 유일한 사람이라고 믿는다. 레안드레의 또
다른 내러티브에서 이 사실을 확인할 수 있다.

사례 6.3
레안드레(5세 10개월)

레안드레 : Māma, Henrik shuō tā jiǎng sān zhǒng yǔ yán. Tā shuō huǎng.
Tā shuō tā jiǎng yīng wén, Finish hé dé wén. Wǒ shuō tā shuō
huǎng. Zhí yǒu Dominique hé wǒ jiǎng sān zhǒng yǔ yán.
(妈妈, Henrik 说他讲三种语言. 他说谎. 他说他讲英文, Finnish和

德文. 我说他说谎. 只有Dominique和我讲三种语言. 엄마, 헨릭은
자기가 세 개의 언어를 할 수 있다고 말했어요. 그는 거짓말했어요. 그
는 자기가 영어, 핀란드어, 독일어를 할 수 있다고 했어요. 나는 그가
거짓말하고 있다고 말했어요. 도미니크와 나만 세 개의 언어를 말할 수
있어요.)

엄　　마 : Henrik néng shuō liǎng zhǒng yǔ yán. Tā gēn tā bàba jiǎng fēn
lán yǔ. (Henrik 能说两种语言. 他跟他爸爸讲芬兰语. 헨릭은 두 개
의 언어를 말할 수 있어. 그는 아빠와 핀란드어로 이야기해.)

레안드레 : Bù kě néng. Wǒ cóng lái méi yǒu tīng dào tā shuō qí tā de yǔ yán.
(不可能. 我从来没有听到他说其他的语言. 그럴 리가 없어요. 나는
그가 다른 언어로 이야기하는 걸 한 번도 들어본 적이 없어요.)

모국어에 대한 소유욕을 갖고 있고 3개 국어를 할 수 있는 유일한
사람이라고 믿는 것 외에 아이들은 종종 다른 사람들에게 모국어로 어
떻게 말하는지 알려 주는 방법으로 자연스럽게 자신의 삼중언어 정체
성을 드러내기도 한다(3장에서 사례 3.6 참조). 그러나 이런 경향은 그들
이 초등학교 고학년이 되었을 때, 아래 대화에서 볼 수 있는 것처럼 점
점 더 세련되고 균형 잡힌 방향으로 변해 갔다.

사례 6.4
레안드레(9세 10개월)가 테라스에서 친구 갈로 주니어에게 이야기하고
있다. 도미니크는 2층 창문에서 레안드레에게 뭐라고 외치고 있다.

레안드레 : Oui, Domonique, qu'est-ce que tu dis?
　　　　　　(응, 도미니크. 너 뭐라고 말한 거야?)
도미니크 : Où est mon Nintendo DS?(내 닌텐도 DS 어디에 있어?)
레안드레 : Sur mon lit. (내 침대에 있어.)
갈　　로 : Is that French?(프랑스어로 이야기한 거야?)
레안드레 : Yes, That's French.(응, 프랑스어야.)
갈　　로 : It sounds kind like Spanish?(스페인어처럼 들리는데?)
레안드레 : Do you spaek Spanish?(너 스페인어 할 수 있어?)
갈　　로 : Yeah.(응.)

레안드레 : You speak Spanish to yout parent?(너 부모님한테 스페인어로 이야기해?)

갈　　로 : Sometimes to my mother. But, most of the time, my mom speaks Spanish to me and I answer in English.
(엄마한테 가끔 해. 그렇지만 대부분 우리 엄마가 나한테 스페인어로 이야기하고, 나는 영어로 대답하지.)

레안드레 : Do you speak Spanish to your dad?(아빠한테는 스페인어로 말해?)

갈　　로 : No, we speak English.(아니, 우리는 영어로 말해.)

레안드레 : Why doesn't he want to speak Spanish to you?
(너희 아빠는 왜 너한테 스페인어로 말하지 않아?)

갈　　로 : I don't know. It happened in that wayk, I guess.
(몰라. 그냥 어쩌다 보니 그렇게 된 것 같아. 내 생각엔.)

레안드레 : My dad speaks French to me and my mom speaks Chinese to me.
(우리 아빠는 나한테 프랑스어로 이야기하고 우리 엄마는 나에게 중국어로 이야기해.)

레안드레 : Do you speak Spanish to Yogi(Galo's dog)?
(너 요기[갈로의 개]에게 스페인어로 이야기해?)

갈　　로 : Mostly English.(거의 영어로 해.)

레안드레 : I know many people who can speak other languages. Do you remember my friend Henrik? He came here a couple of weeks ago? He can speak Finnisjh. Oh, Adrian, you know that Adrian, the guy lived over there [pointed at the direction where Adrian used to live], he can speak Portuguese and Italian, I think.
(나는 다른 언어를 할 줄 아는 사람을 많이 알아. 내 친구 헨릭 기억해? 그 친구는 2, 3주 전에 여기로 왔을걸? 그는 핀란드어를 할 줄 알아. 맞다! 아드리안도 있다. 너 아드리안 알지? 저기에 사는 녀석 말이야. [아드리안의 집이 있는 방향을 가리키며]. 그녀석은 포르투갈어와 이탈리아어를 할 줄 아는 것 같아.)

　　사례 6.3과 비교하면, 이 사례에서 레안드레는 다른 사람들에 관하여 자신의 삼중언어 정체성을 이해하는 데 상당한 발전을 보이고 있음을 알 수 있다. 첫째, 그는 갈로가 스페인어를 할 수 있는지 알고 싶어한다. 그리고 갈로가 그렇게 할 수 있다는 것을 알고 나자 그는 더 나아가서 갈로가 부모님과 그가 기르는 개에게도 말할 수 있는지 물어보았다. 호기심 그 자체만 보아도 레안드레는 더 이상 자기만 다른 언어를 말할 수 있는 능력을 갖추고 있다는 자기중심적인 태도를 보이고 있지 않는 것을 알 수 있다. 그는 다른 사람들도 하나 이상의 언어를 말할 수 있다는 사실에 대해 가능성을 열어두고 있었다. 둘째, 그는 왜 갈로의 아빠가 갈로에게 스페인어로 이야기하지 않는지 궁금했고, 왜 다른 가족들은 자기 가족과 같은 방식으로 대화하지 않는지 알아내려고 노력했다. 마지막으로, 이것이 가장 중요한 것인데, 레안드레는 자기가 아는 어떤 아이들도 다른 언어를 말할 수 있다는 사실을 인식할 수 있었다. 몇 년 전에는 그는 자기와 도미니크가 다른 언어를 할 수 있는 유일한 사람들이라고 믿었다. 이 예는 아이들의 정체성 발달은 다른 사람들과의 사회적 관계의 산물임을 제대로 보여 주고 있다.[7] 사례 6.4에서 관찰한 것처럼 레안드레는 자기의 삼중언어 정체성과 갈로 및 다른 아이들의 상황을 비교한 것을 통해 자신의 삼중언어 정체성을 협상(negotiate)하였다.

또한 다른 사람들과 교제를 나눈 결과, 아이들은 초등학교 고학년이 되자 (도미니크보다는 레안드레가 더)친구들에게 자기의 삼중언어 정체성을 자발적으로 드러내기를 그만두었다(5장 참고). 이 현상은 친구들로부터 압력을 받아서 생긴 결과일 것이다. 이것은 또한 아이들이 자신의 언어적 정체성을 더 균형있게 이해하게 되었음을 의미할 수도 있다. 즉 그들은 (그들이 더 어렸을 때 그랬던 것처럼)자기가 삼중언어를 구사할 수 있음을 언제나 드러내지는 않을 것이다. 그 대신 그들은 자기가 살고 있는 언어환경에 순응하고 적응할 것이다. 영어로 말하는 사람에게는 영어로, 프랑스어로 말하는 사람에게는 프랑스어로, 중국어로 말하는 사람에게는 중국어로 말을 하면서 말이다.

종합해 보면, 첫 11년 동안 우리 아이들의 언어적 정체성은 세 단계의 발달 단계를 거친 것 같다. 그들의 언어를 단순히 이름을 부르는 단계에서 그것을 지나치게 소유하게 되는 단계, 마지막으로 세 언어에 대해 그들 자신을 더 세련되고 균형 잡힌 인식하는 단계가 바로 그것이다. 정체성이 형성되는 과정에서 나타나는 이런 모든 발달은 다른 사람들과 상호교제를 나눌 때 생기는 결과물이다.[8]

2. 문화 및 국적 정체성

생후 11년이라는 시간에 걸쳐 우리 두 아이들은 계승어 습득과정을 통해 같은 유산을 공유하는 국가와 그 문화에 애착을 느끼게 되었다. 그들의 문화 정체성 인식은 처음에는 그들이 같은 유산을 공유하는 국가와 그 문화의 일부로서 만족스러운 경험을 한 것과 관련이 있다. 예를 들면 아래와 같다.

> 사례 6.5
> 도미니크(2세 5개월)는 취리히에 있는 고모 헬렌의 아파트에서 크리스마스 점심을 먹은 뒤, 할머니의 집으로 돌아가는 중이다.
>
> 도미니크 : J'aime la Suisse.(나는 스위스가 좋아요.)
> 아　　빠 : Pourquoi?(왜?)
> 도미니크 : Parce que j'aime la dinde.(칠면조를 좋아하니까요. [그는 점심에 구운 칠면조를 먹었다.])
> 아　　빠 : Mais, la dinde c'est américain?(그렇지만 칠면조는 미국 것이지?)
> 도미니크 : Le chocolat suisse est bon.(스위스 초콜릿은 맛있어요.)
> 아　　빠 : Tu as raison. Le chocolat suisse est bon.
> 　　　　　(네 말이 맞아. 스위스 초콜릿은 맛있어.)

이 사례에서 도미니크가 스위스에 대해 긍정적으로 느낀 감정은 지나치게 단순한 것으로서, 이것은 단지 그가 한때 경험한 것에 근거를 두었을 뿐이었다(이 경우에는 그가 좋아했던 음식이었다.). 이처럼 그가 스위스와 그 문화에 대해 가진 긍정적인 느낌은 아래 사례에서 볼 수 있듯이 거기서 더 즐거운 경험을 했을 때 더 강렬해질 수 있었다.

사례 6.6
도미니크(5세 1개월)

도미니크 : En Suisse, tout est bon.(스위스 거는 뭐든지 다 맛있어.)
아　　빠 : Tu es sûr? Même les pommes de terre?
　　　　　(정말이니? 설마 감자도 맛있어?)
도미니크 : Oui, tout. J'aime les pommes de terre suisses. Tout est bon en
　　　　　Suisse. J'aime la Suisse et j'aime être suisse.
　　　　　(예. 다 맛있어요. 나는 스위스 감자 좋아해요. 스위스 거는 모두 다 좋
　　　　　아요. 나는 스위스인이 된 게 너무 좋아요.)

이런 종류의 느낌은 다음 사례와 같이 그가 상하이에 있는 조부모님
을 방문했을 때를 떠올리게 한다.

사례 6.7
도미니크(7세 1개월)가 상하이의 TV 타워(동방명주) 여행을 마치고 그의
조부모의 집으로 막 돌아왔다.

도미니크 : Wǒ xǐ huan Shànghǎi. (我喜欢上海. 나는 상하이가 좋아요.)
엄　　마 : Wǒ yě xǐ huan Shànghǎi. Gào su wǒ nǐ wèi shén me xǐ huan
　　　　　Shànghǎi? (我也喜欢上海. 告诉我你为什么喜欢上海? 나도 상하
　　　　　이를 좋아해. 네가 왜 상하이를 좋아하는지 나에게 이야기해 줄래?)
도미니크 : Shànghǎi yǒu hóng dòu bīng bàng. Wǒ xǐ huan wài pó zuò de
　　　　　cōng yóu bǐng. Wǒ xǐ huan dōng fāng míng zhū, zài nà lǐ wǒ kě
　　　　　yǐ kàn dào zhěng gè Shànghǎi.
　　　　　(上海有红豆冰棒. 我喜欢外婆做的葱油饼. 我喜欢东方明珠, 在
　　　　　那里我可以看到整个上海. 상하이에는 팥 아이스크림이 있어요. 나
　　　　　는 외할머니가 만들어 주신 총요우빙-양파 팬케익-을 좋아해요. 나는
　　　　　동방명주를 좋아해요. 나는 거기서 상하이 전체를 볼 수 있어요.)

(사례 6.6과 6.7에 자세히 나온 것처럼)도미니크의 문화 정체성은 어느
정도는 상황에 의한 것이고, 그것은 물리적 위치와 만족스러운 경험이

있고 없고에 따라 변화될 수 있는 것 같다. 아이들이 스위스에 있을 때, 그들은 스위스에 대해 긍정적으로 느낀 점을 더 많이 이야기하는 편이었고, 그들이 중국에 있을 때 그들은 중국에 대한 긍정적인 느낌을 더 많이 이야기하는 것 같다. 미국으로 돌아오고 나서 몇 개월 동안 그들은 스위스나 중국에 애착을 약간 덜 가졌다.

그들은 결코 미국과 미국 문화에 대해 그렇게 말한 적이 없었다. 아마 이것은 그들이 미국에 살고 있고 미국에 대해 느끼는 감정을 말할 필요가 없기 때문일 것이다. 다른 말로 하면, 그들은 자기들이 미국의 구성원이라고 가정하고 있는 것이다. 스위스와 중국에서 상대적으로 짧은 시간을 보내는 동안(1년에 한두 번씩 2, 3개월 동안), 그들은 두 나라와 그 문화에 대해 느끼는 인상과 공감대를 표현해야 할 필요가 있다는 것을 인식했다.

그들의 국적 정체성에 대해서 말하자면, 두 아들은 자신이 시민인 나라(아이들은 미국과 스위스 시민권자이다.)에 소속감을 키워 가는 것처럼 보였다. 그들은 미국인이나 스위스인에 대해 이야기할 때면 언제나 그들 자신을 '우리'라고 불렀고, 중국인에 대해 이야기할 때는 '그들'이라고 불렀다(그들은 자기 자신이 인종적 관점에서 볼 때 절반은 중국인임을 일찍부터 인식하고 있었음에도 그렇게 했다.).

이밖에 두 아들은 그들의 같은 유산을 공유하는 국가에 있을 때 다른 사람들이 자기를 어떻게 평가할지에 대해 지나치게 민감하게 반응하는 것 같았다. 예를 들면 다음과 같다.

사례 6.8
도미니크(10세 1개월). 가족은 뇌샤텔에서 스위스의 국립 기념일 행사에 참석하고 있다.

도미니크 : [얼굴에 그린 그림—스위스 국기, 그는 한 시간 전에는 이 그림을 그리고 싶다며 난리였다.—을 지우려고 애를 쓰고 있다.]

아　　빠 : Mais pourquoi tu l'essuies? C'est toi qui m'as demandé de te
　　　　 dessiner un drapeau suisse sur la joue.
　　　　 (근데, 왜 그래? 너는 얼굴에 그림을 그려달라고 했잖아.)

도미니크 : Oui, mais personne n'en a. J'ai l'air ridicule.
　　　　 (아무도 안 하잖아요. 내가 바보같아 보여요.)

엄　　마 : Rú guǒ nǐ yào bǎ tā cā diào de huà, nǐ kàn shàng qù jiù xiàng bèi
　　　　 rén jiā dǎ le shì de. Bú yào cā diào, méi yǒu rén huì xiào nǐ de.
　　　　 (如果你要把它擦掉的话, 你看上去就像被人家打了似的. 不要
　　　　 擦掉没有人会笑你的. 만약 네가 그것을 지운다면, 너는 마치 다른
　　　　 사람한테 얻어맞은 것처럼 보일 거야. 지우지 않으면 아무도 너를 보고
　　　　 웃지 않을 거고.)

도미니크 : [손에 쥐고 있던 종이백으로 자기 얼굴을 가린다.]

엄　　마 : Nǐ yòng zhǐ dài bǎ liǎn dǎng zhù kàn shàng qù gèng kě xiào. Bié
　　　　 rén huì gèng zhù yì nǐ de.
　　　　 (你用纸袋把脸挡住看上去更可笑. 别人会更注意你的. 얼굴을 종이
　　　　 백으로 가리니까 더 웃기잖아. 다른 사람들이 너를 더 쳐다보게 될 걸.)

아　　빠 : Tu verras, l'année prochaine, tout le monde aura des drapeaux
　　　　 peints sur le visage. Toi et Léandre vous innovez, vous donnez
　　　　 des idées aux gens d'ici.
　　　　 (너는 내년에 모든 사람이 자기 얼굴에 깃발을 그린 것을 보게 될 거야.
　　　　 너와 레안드레는 유행을 만든 거야. 너는 여기 사람들에게 아이디어를 제
　　　　 공한 거야.)

도미니크 : Ah, ça sera à la mode. C'est bien.(우와, 이거 유행이 될 거구나. 앗싸.)

　도미니크가 다른 사람들이 자기를 스위스인으로 보는지 그렇지 않
은지에 대해 굉장히 신경을 많이 쓰는 것을 보니 무척 흥미로웠다(반면
그는 미국에서는 그런 민감성을 머리털만큼도 보이지 않았다.). 아마 이것은 그
가 스위스에 살고 있지 않기 때문일 것이다. 그는 '진짜' 스위스인이라
면 어떻게 행동해야 하는지 잘 몰랐다. 약간은 어린아이 같은 방식으
로, 그는 자기 얼굴에 국기를 그리는 것 같이 공개적으로 자신의 스위
스에 대한 충성을 보여 주면 다른 스위스인들이 그를 그들 중 하나로
'여겨 줄' 거라고 믿었다. 그날 다른 스위스인이 아무도 얼굴에 그림을

그리지 않은 것을 발견한 뒤 그는 당황했고 위화감을 느꼈다. 많은 심리학자들 한 사람의 정체성은 다른 사람들이 그를 어떻게 인식하는지에 의해 영향을 받고,[9] 그리고 특히 다른 사람들이 자기를 어떻게 인식한다고 자기가 믿는지에 의해 영향을 받는다고 여기고 있다.[10]

열한 살이 되기까지 레안드레와 도미니크는 그들의 문화 및 국적 정체성이 균형에 이르지 못했다. 그들은 유산문화와 국가(특히 스위스)에 자신의 정체성을 지나치게 부여하는 수준에 머물렀다. 어떤 연구자들은 '하나 이상의 언어를 구사하면서 자란 사람 중 어떤 이들의 인생에는, 그들이 자기가 남과 다르다는 차이점을 느끼기 때문에 자신에 대해 불안해 하고 확신을 하지 못하는 시기가 있다'고 말했다.[11] 이런 이유로 스위스인, 중국인과 그들 자신에게 놓인 차이점을 '메우기' 위해, 레안드레와 도미니크는 둘 다 자신이 유산 문화 또는 유산 국가의 구성원임을 '입증'하기 위해 그들 자신에게 지나치게 정체성을 부여해야 했던 것이다. 이 사실 때문에 나는 한 지인에게서 들은 일화가 떠올랐다. 그는 미국에서 남부 유럽 출신의 부모님 밑에서 자란 사람이었다. 부모의 모국을 처음 방문했을 때, 그는 자기 행동을 지나치게 고쳤기 때문에(그는 그렇게 해야 한다고 생각했다.) 그 지역에서 웃음거리가 되었다. 이 경험을 통해 (비록 당시에는 그에게 힘든 시간이었겠지만)그는 유산 문화에 관련하여 자기 자신을 더 잘 인식할 수 있었다.

3. 민족-인종 정체성

레안드레와 도미니크는 어렸을 때부터 그들의 민족-인종 정체성을 구체적으로 말할 수 있었다. 3장과 4장에서 독자들이 읽은 것처럼, 두 아이는 종종 다른 사람들에게 자기가 '절반은 중국인, 절반은 스위스인'이라고 소개했다. 비록 그들이 사용한 중국인, 스위스인이라는 용어는 국적이나 문화와 관계되었다기보다는 인종적 범주와 관계가 있는 것이었지만 말이다. 두 살 무렵부터 레안드레는 나의 중국인 친구 중 하나에게 아래와 같이 말할 수 있었다.

사례 6.9

어　　른 : Lǐ áng, nǐ zhēn piào liang.
　　　　　(理昂, 你真漂亮. 레안드레, 너 정말 잘생겼다.)

레안드레 : Wǒ shì bàn gè zhōng guó rén, bàn gè ruì shì rén.
　　　　　(我是半个中国人, 半个瑞士人. 저는 절반은 중국인이고, 절반은 스
　　　　　위스인이에요.)

어　　른 : Yīn wèi nǐ māma shì zhōng guó rén, nǐ bàba shì ruì shì rén?
　　　　　(因为你妈妈是中国人, 你爸爸是瑞士人? 네 엄마가 중국인이고 네
　　　　　아빠가 스위스인이기 때문에?)

레안드레 : Duì. (对. 예.)

비록 우리 아이들은 어렸을 때부터 자신의 민족-인종 정체성을 구
체적으로 말할 수 있었지만, 사실 그것의 진정한 의미에 대해 명확하게
이해하고 있던 것은 아니었다. 예를 들면 아래 대화에서 볼 수 있듯이
도미니크는 인종의 개념을 제대로 이해하지 못하고 있었다.

사례 6.10
도미니크(4세 6개월)

헨　　락 : My friend Joseph is black[meaning Black].
　　　　　(내 친구 조셉은 까만 색이야[흑인이라는 의미].)

도미니크 : I am white[looking at this hands]. See, they are white.
　　　　　(나는 하얀 색이야[자기 두 손을 본다]. 봐, 하얗지.)

이 대화의 문맥상 도미니크는 피부색이라는 개념에서 자기가 백인
이라고 말한 것이었다. 피부색이 흰색이기 때문에, 그는 흰색이 백인이
라는 인종과 동의어라고 생각한 것이다. 그러나 나이를 점차 먹어 가면
서 아이들은 그들의 민족-인종 정체성을 더 분명하게 이해하기 시작했

고, 다른 사람들이 하는 말에 점점 더 신경을 쓰게 되었다. 다음은 그 예이다.

사례 6.11
레안드레(10세 9개월)

Māma, wǒ de tóng xué, tā men zhī dào wǒ shì bàn gè zhōng guó rén, èn, yí bù fēn zhōng guó rén, tā men hěn shocked. Tā men gào su wǒ tā men yǐ wéi wǒ shì bái rén. Robert shuō tā yǐ wéi wǒ yǒu yì diǎn diǎn xiàng yìn dù rén - yìn dù de yìn dù rén. Tā men shuō wǒ bú xiàng Jeremy. Wǒ gào su tā men wǒ shì yí bù fen zhōng guó rén, yí bù fen bái rén. Wǒ gào su tā men wǒ zài jiā lǐ hé nǐ shuō zhōng wén. Wǒ hé Jeremy yí yàng xīng qī tiān shàng zhōng wén xué xiào.

妈妈, 我的同学, 他们知道我是半个中国人, 嗯, 一部分中国人, 他们很 shocked. 他们告诉我他们以为我是白人. Robert他以为我有一点点像印度人(印度的印度人). 他们说我不像Jeremy. 我告诉他们我是一部分中国人, 一部分白人. 我告诉他们我在家里和你说中文. 我和Jeremy一样星期天上中文学校.

엄마, 내 반 친구들은 내가 절반은 중국인, 음, 일부분은 중국인이라는 걸 알고는 깜짝 놀랐어요. 그들은 내가 백인인 줄 알았다고 나에게 말했어요. 로버트는 내가 인도인을 조금 닮았다고 생각했대요. 인도에서 온 인도 사람 말이에요. 친구들은 내가 제레미와 안 닮았다고 말해요[제레미는 중국인이다]. 나는 일부분은 중국인이고 일부분은 백인이라고 그들에게 말해 주었어요. 나는 집에서 엄마랑 중국어로 이야기한다고 그들에게 알려 주었어요. 나는 제레미처럼 일요일에 중국어 학교에 가요.

　　그가 한 말을 살펴보면, 레안드레는 자기의 민족-인종이 속한 범주를 정확하게 인식하고 있음을 알 수 있다. 재미있는 사실은 그는 예전에 하던 것과는 달리 더 이상 자기 자신을 설명하기 위해 ('절반은 중국인'이라고 말할 때와 같이)절반(half)이라는 단어를 사용하지 않는다는 점이었다. 그 대신 그는 자기 자신을 설명하기 위해 일부분(part)이라는 단어를 사용하기 시작했다('일부분은 중국인이고 일부분은 백인'과 같이). 이것은 그가 자신의 민족-인종적 범주를 예전보다 더 잘 이해하고 있음을 나타내는데, 그 이유는 단어 '절반'은 사실 정확한 표현이 아니고, '부분'이 좀 더 나은 표현이기 때문이다. 또 그는 반 친구들에게 자신의 민족-인종적 정체성을 편안하게 알려 주었는데, 집에서 엄마와 중국어로 이야기하고 중국인 반 친구인 제레미와 같이 중국어 학교에 다닌다는 부가적인 사실까지도 알려 주었다.

독특한 경험을 통해 형성된 뚜렷한 개성

지금까지 언어, 문화, 국적 및 민족-인종적 정체성에 대해 레안드레와 도미니크의 목소리를 '들었고', 나는 이제 그들의 개성 발달 가운데 몇 가지 측면에 대해 이야기할 것이다.[12] 이것은 그들이 삼중언어, 삼중문화, 두 인종이 결합하고 이중국적을 가진 상황에서 자라난 독특한 경험과 관련이 있다.

1. 언어와 문화 자원을 지속해서 사용하는 것

아이들의 성격에서 뚜렷이 나타나는 특징 가운데 하나는 그들은 일상생활에서 언제나 언어 및 유산 문화의 자원을 이용할 준비가 되어 있다는 점이다. 다음 예는 도미니크가 4학년일 때 참가했던 지평선(Horizon)[13] 과학 전시회를 준비하면서 어떻게 유산 문화 자원을 이용했는지를 보여 주고 있다.

사례 6.12
도미니크(9세 5개월)와 그의 아빠는 도미니크가 곧 다가올 지평선 과학 전시회에서 어떤 프로젝트 주제를 선정할지를 두고 이야기하고 있다.

도미니크 : Papa, tu peux m'aider à préparer mon projet pour l'école?
(아빠, 이 학교 프로젝트 하는 것 좀 도와줄 수 있어요?[아빠에게 프로젝트 필요 물품 시트를 보여 준다.])

아   빠 : Bien sûr. Qu'est-ce que tu veux faire?(물론이지. 무엇을 하려고 하는데?)

도미니크 : Je pourrais faire quelque chose sur la Suisse ou la Chine. Je crois
que je vais faire quelque chose sur la Suisse, sur un savant suisse.
Sur Daniel Bernoulli?
(난 스위스나 중국에 대한 어떤 것을 하려고 해요. [몇 초 뒤] 내 생각에
는 스위스에 대해 뭔가 할 수 있을 것 같은데, 스위스 과학자에 대해
할까요? 다니엘 베르누이-Daniel Bernoulli-[14]는 어떨까요?)

아   빠 : Tu pourras dire que c'était ton arrière- arrière…huit fois arrière-
grand-oncle, je crois. On va appeler grand-maman et lui demander
de vérifier dans le livre vert sur la famille Bernoulli.
(그는 너의 할아버지의, 할아버지의, 할아버지의, 그리고 할아버지의…
라고 말할 수 있어. 내 생각에 할아버지란 말을 여덟 번은 해야 할 걸. 네
할머니한테 전화해서 초록색의 베르누이 족보를 확인해 달라고 부탁해
야겠네.)

도미니크 : C'est une bonne idée.(좋은 생각이에요.)

이밖에도 사례 6.13에서 볼 수 있듯이 아이들은 친구들과 이야기할
때도 그들의 언어 자원을 자주 활용하였다.

사례 6.13
어떤 쇼를 본 뒤 우리 친구의 아파트로 돌아가는 길이다. 그녀의 아들 헨
릭이 도미니크(4세 2개월)와 함께 앞서 가고 있다.

도미니크 : [헨릭이 계속 오른손을 도미니크의 머리에 올려놓는다.]
Why do you bother me? Imbecile!(왜 귀찮게 해?얼간이(Imbecile)!)

헨   릭 : What do you say?(뭐라고 한 거야?)

도미니크 : I detest you!(난 네가 혐오스러워(detest)!)

헨   릭 : What?(뭐라고?)

영어를 말하는 어린이들과 22년 동안 일해 온 내 경험에 비추어 볼
때(교실 환경과 연구조사 환경 모두), 나는 영어를 말하는 네 살짜리 어린이
가 imbecile와 detest와 같은 단어를 사용한다는 것은 한 번도 들어보지

못했다. 이 예에서 아주 흥미로운 사실은 (헨릭보다 약 1년 6개월 정도 어린)도미니크는 힘으로 헨릭을 이길 수 없다는 것을 알고는 일부러 잘 사용되지 않는 프랑스어 단어와 어원이 같은 영어 단어를 사용해서 복수한 것이다. 그는 헨릭이 자기가 말한 단어를 이해하지 못할 것을 알고 있었다. 자기의 언어 자원을 활용하여서 그는 그럭저럭 분노를 삭힐 수 있었고, 자기보다 힘이 훨씬 더 센 친구에 대해 우위를 차지할 수 있음을 보여 주었다.

아이들의 선생님을 포함하여 몇몇 어른들도 두 아이가 구술 토론과 글쓰기 영역에서 종종 그들의 언어 자원(프랑스어 또는 중국어)을 활용했다고 우리에게 알려 주었다. 아이들은 다른 언어들에 대한 지식을 종합하는 방식을 통해 언어를 사용할 때 창의적이고 유머러스한 면을 보였다. 그들이 발명한 많은 단어는 fromage criminel과 violonisateur(4장에 나온 설명 참고)과 같이 상당히 창의적이었고 상상력이 풍부했고, Jacques Boulanger(그들의 중국어 학교 친구인 제임스 베이커에게 그들이 붙여 준 별명)와 같이 유머러스했다.

언어 및 문화 자원을 사용하는 것은 하나 이상의 언어를 구사할 수 있는 아이들 사이에서 공통적으로 나타나는 현상인 것은 분명하다. 올가 바스케즈(Olga Vasquez)와 공저자[15]들이 그들의 공저 『경계선을 뛰어넘어 : 멕시코인 공동체의 언어와 문화(*Pushing Boundaries: Language and Culture in a Mexican Community*)』에서 이야기한 것처럼, 하나 이상의 언어를 구사하는 아이들은 사회적 상호반응과 학습 상황에 관계하면서 그들이 할 수 있는 모든 언어에서 자원을 활용할 수 있고, 사용 가능한 언어 전반에 걸쳐 언어 관습에 대한 지식과 문화 규범을 통합하는 방법으로 정체성과 의사소통 스타일을 적극적으로 구축해 간다.

2. 다양한 가능성 생각하기

레안드레와 도미니크는 그들과 관계되어 있는 측면뿐만 아니라 다른 언어와 문화 속에서 살아가야 했기 때문에 겉으로 보기에 불가능해 보이는 임무가 주어졌을 때 그들은 다양한 가능성을 염두에 두는 경향을 보였다. 한 번은 맨해튼 북쪽에 사는 친구의 아파트에서 레안드레와 도미니크는 다섯 명의 친구들과 같이 놀고 있었는데, 그들이 너무 시끄럽게 놀자 아래층에 사는 이웃이 내 친구에게 전화를 걸어 항의를 했다. 나는 아이들에게 레고 놀이를 하는 게 어떠냐고 하면서 아이들이 좀 조용히 놀게 하려고 했다. 나는 아이들에게 상자 안에 있는 레고 조각으로 뭔가 인상적인 것을 만들어보고, 20분 후에 만든 것을 나에게 보여달라고 했다. 한 아이(5세 가량)는 레고 조각들의 모양과 크기가 똑같아서 이런 것으로는 멋진 것을 만들 수 없고, 뭔가 재미있는 만들려면 자기 집에 있는 것 같이 다양한 모양의 레고 조각이 필요하다며 불평했다. 다른 아이(6세 가량)는 레고 조각들로 뭔가 만들어보려고 노력했지만 금방 포기해 버렸고, 첫 번째 아이가 했던 것과 똑같은 변명을 했다.

반면 레안드레(5세 3개월)는 다른 가능성을 시도해 보면서 레고 조각들로 만들기 시작했다. 그는 처음에는 레고 집(속이 비어 있는 정육면체)과 헬리콥터(레고 조각을 쌓아올려서 만듦)를 만들었고, 그다음에는 헬리콥터 모형을 집의 지붕에 얹었고, 헬리콥터까지 갈 수 있는 계단을 만들었고, 길과 그가 병원이라고 불렀던 벽돌 모양의 물체도 만들었다. 그는 거기에 있는 다른 아이들은 쓸모없다고 생각했던 레고 조각으로 계속해서 뭔가 재미있는 것들을 만들어냈다.

우리는 레안드레와 도미니크가 매일의 활동 속에서 여러 가지 가능성을 생각할 줄 아는 능력에 계속해서 깊은 인상을 받았는데, 이것은 그들이 삼중언어를 구사하는 경험과 관계된 것으로 보인다. 또 이것은 단지 그들의 개성일지도 모른다. 그럼에도 아이들은 언제나 하나 이상의 해결책 이상을 찾아낼 수 있었다. 그렇지만 이런 경향 때문에 가끔 일의 진행속도가 떨어지기도 했다. 예를 들어, 도미니크는 언제나 아이디어가 넘치기 때문에 학교 숙제를 완성하는 것을 종종 힘들어 했고, 한 가지 아이디어로 결정하는 것을 어려워했다.

3. 예외적으로 뛰어난 관찰력

이밖에 아이들의 개성 가운데 눈에 띄는 것으로 관찰력을 꼽을 수 있는데, 이것은 아이들이 다른 언어 시스템에서 자라서 생긴 부산물일 것이다. 예를 들어, 우리는 아들들이 다른 사람들의 아주 미묘한 악센트도 감지해 내는 능력에 종종 깊은 인상을 받곤 했다. 한 번은 우리가 영국의 배스(Bath)로 여행을 갔다. 나는 호텔에서 우리 아침 식사를 서빙해 준 웨이터가 '네이티브' 영어 구사자라고 확신했다. 도미니크(8세 1개월)은 그 웨이터가 프랑스인이 분명하다고 내게 귓속말을 했다. 나는 그렇게 생각한 이유를 물었다. 도미니크는 그 남자는 어떤 단어를, 자기가 배스에서 다른 사람들이 말하는 것을 들은 것과 다르게 발음하고 있다고 말했다. 도미니크가 한 말은 정말이었다. 그 남자는 프랑스인이었다(그는 두 아들과 그들의 아빠가 대화하고 있는 것을 듣고 프랑스어로 말하기 시작했다.).

4. 다른 언어로 자아를 다르게 표현하기

아이들은 또한 다른 언어로 그들의 다른 자아를 보여 주는 경향이 있었다. 다음은 도미니크가 3개의 다른 언어로 파리를 나흘 동안 여행을 하고 난 뒤 세 명의 다른 사람에게(영어는 독일 친척에게, 프랑스어는 형에게, 중국어는 엄마에게) 장문의 묘사를 해준 것의 일부다.

사례 6.14
도미니크(10세 1개월)

[영어]

'… We lived in a hotel called the Splendid Hotel the first night. It was not

splendid at all! I don't recommend it. The rooms were too small … The breakfast was bad. We then moved to the Hilton Hotel the next night; it was the best in all of Europe…' [The poster on the wall says it's the best in Europe.]
우리는 화려한 호텔이라는 이름의 호텔에서 첫날밤을 묵었다. 그 호텔은 전혀 화려하지 않았다. 방들도 너무 작았다 … 아침 식사는 형편없었다. 우리는 힐튼 호텔로 이동해서 다음 날 저녁을 보냈다. 그 호텔은 유럽 전체에서 최고였다. [벽에 붙여져 있는 포스터에는 유럽 최고의 호텔이라고 적혀 있다.]

[프랑스어]
'… J'ai visité le Louvre et j'ai vu la Joconde. C'était super. Je vais pouvoir dire à mes copains d'école que j'ai vu la vraie! Papa m'a même pris en photo devant elle. Je n'oublierai jamais cette journée … J'ai aussi vu la Vénus de Milo. Tu sais pourquoi elle n'a plus ses bras? C'est un "hobo" qui les lui a mangés'.'
'나는 루브르를 방문했고, 진짜 모나리자 그림을 보았다. 그것은 정말 엄청난 그림이었다. 이제 나는 반 친구들에게 내가 마침내 진짜 그림을 보았다고 말할 수 있다. 아빠는 그녀 [그림] 앞에 서 있는 내 사진을 몇 장 찍었다. 나는 이날을 결코 잊을 수 없을 것이다 … 나는 또 비너스 상도 보았다. [웃음] 비너스의 팔이 왜 없는지 알아? 호보(Hobo)가 먹어버렸기 때문이지…' [도미니크는 벨기에 만화가 필립 젤뤼크 (Philippe Geluck)가 그의 만화책 가운데 하나에서 한 농담과 비슷한 농담을 하길 원했다.]

[중국어]
'…Wǒ men dào yí gè zhōng guó rén kāi de tài guó fàn diàn chī wǎn fàn. Wǒ jiào le kā fēi bīng qí lín, kě shì nà gè zhōng guó zhāo dài yuán gěi wǒ qiǎo kè lì de. Tā kě néng xiǎng xiǎo hái zi bù néng chī kā fēi, kě shì tā méi yǒu gào su wǒ. Tā jiǎ zhuāng yào gěi wo, kě shì tā méi yǒu gěi wǒ …'
'…我们到一个中国人开的泰国饭店吃晚饭. 我叫了咖啡冰淇淋, 可是那个中国招待员给我巧克力的. 她可能想小孩子不能吃咖啡, 可是她没有告诉我. 她假装要给我, 可是她没有给我…'
우리는 중국인이 하는 태국식당에서 저녁을 먹었다. 나는 커피 아이스크림을 주문했는데, 그 중국 웨이트리스는 나에게 초콜릿으로 된 것을 주었다. 그녀는 아마 어린이는 커피[카페인]를 마시면 안 된다고 생각했을 것이다. 그러나 그녀는 내가 커피 아이스크림을 먹을 수 없다고 이야기해 주지 않았다. 그녀는 내 주문을 받은 척했지만, 나에게 다른 아이스크림을 주었다.

도미니크는 프랑스를 방문한 것을 묘사할 때, 그의 경험을 한 언어를 다른 언어로 직접 번역하지 않고 같은 단어와 표현을 사용하지 않았다. 그 대신 다른 청취자에게 이야기할 때, 그는 경험의 다른 측면을 선택했다. 영어로, 그는 호텔에서 겪은 일을 묘사했다. 그가 영어로 묘사한 것은 선형적(線形的)이고(첫날밤, 그리고, 다음날 밤) 가치 평가적이었다(호텔은 화려하지 않고, 방이 작고 아침 식사가 형편없었고, 힐튼이 최고다). 그는 프랑스어로 루브르에서 겪은 경험에 대해 이야기하기를 선택했다. 그가 프랑스어로 묘사한 것은 감정적이었고(마침내 진짜 그림을 보았다. 결코 잊을 수 없을 것이다.) 유머러스했다(호보가 비너스의 팔을 먹어버렸다.). 그는 중국어로 태국 레스토랑에서 경험한 것을 이야기하기로 했다. 중국어로 한 묘사는 판단적이었다(중국인 웨이트리스는 직설적이지 않았다.). 이 묘사들에서 도미니크는 세 가지 다른 자아를 드러냈다. 영어로는 선형적이고 평가적인 자아, 프랑스어로는 열정적이고 유머러스한 자아, 중국어로는 판단적인 자아가 바로 그것이다.

도미니크가 보여 준 것같이 다른 언어를 말할 때 자아를 이렇게 다르게 대표하는 것을 수잔 어빈 트립(Susan Ervin-Tripp)과 미셸 코벤(Michèle Koven)과 같은 다른 연구자들도 관찰했다.[16] 그들의 설명에 따르면 하나 이상의 언어를 구사하는 화자(話者)가 사용한 언어들은 단일한 자아를 대표하기 위해서만 사용되는 것이 아니라 다른 자아를 드러내기 위해서 사용되는 것이고, 다른 언어적 맥락은 같은 사람을 두고 다른 종류의 자기표현과 경험을 만들어 낸다.

또한, 다른 언어적 맥락으로 대표된 다른 자아들은 다중언어를 구사하는 사람들이 어떤 종류의 자아를 대표하는 것이 특정 언어(와 문화)의 청중을 가장 잘 사로잡을 수 있을지 이해하고 있음을 밝힐 가능성도 있다. 사례 6.14에서 도미니크의 선적이고 평가적인 자아는 그의 영어를 사용하는 청중에 맞게 드러났고(영어로 말하는 사람이 무엇을 듣기 원하는지 그가 이해한 바에 근거하여), 그의 열정적이고 유머러스한 자아는 그의 프랑스어를 사용하는 청중에 맞게 드러났고, 그의 판단적인 자아(도덕적인 자아라는 말이 어쩌면 더 정확할지도 모른다. 즉 말과 행동이 다르지 않다는 것을 의미한다.)는 그의 중국어로 사용하는 청중에 맞게 드러났다.

5. 다른 사람들이 말하는 방식에 지나치게 비판적인

레안드레와 도미니크는 계승어를 배울 때 부모로부터 자주 교정을 받았기 때문에 그들은 특히 다른 사람들이 말하는 방식에 민감하고 때로는 비판적이기까지 한 것 같다. 그들은 비판적인 태도에 지나치게 열중할 때가 있었다. 예를 들어, 독일에서 스위스의 국경 도시 바젤(Basel)로 가까이 갈 때, 우리의 GPS의 프랑스어 목소리가 '바젤시'로 가라고 말했다. 아이들은 그들이 버나드(Benard)라고 부르는 프랑스어 목소리가 프랑스식 이름인 'Bâle'라고 하지 않고 'bazelə'라고 말하는 것을 들었을 때 자리를 들고 일어날 태세였다. 도미니크는 차 뒷좌석에서 소리를 질렀다. "Monsieur, Bernard, ce n'est pas [bazelə], c'est Bâle, espèce d'idiot!(버나드 씨, bazelə가 아니야. Bâle라니깐. 이 멍청아.)"

한 번은 우리가 보트를 탈 때 어린아이가 셋 있는 스위스 가정 옆에 앉은 일이 있었다. 레안드레는 내게 기대고는 그들은 프랑스어 원어민이 아니라고 조용히 말했다. 내가 이유를 물었더니 그는 진짜 프랑스어를 말하는 사람이라면 자기 엄마를 말할 때 il(그 남자)을 사용하지는 않을 거라고 대답했다.

6. 친구들보다 더 많이 알고 있다는 생각

두 아이는 세 언어를 말할 수 있다는 이유로 다른 사람들로부터 비난보다는 칭찬을 많이 받았기 때문에, 그리고 그들이 세계 곳곳을 많이 여행 다녔기 때문에, 그들은 가끔 자기가 다른 아이들보다 더 많이 알고 있다고 생각한다. 예를 들어, 레안드레의 선생님 중 한 명이 사회 연구 수업에서 지브롤터(Gibraltar)에 대해 이야기하고 있었다. 그녀는 반 아이 가운데 아무도 거기에 가 보았을 리가 없다고 생각해서 "내가 장담하는데 너희 중 거기에 대해 아는 사람은 하나도 없을 거야."라고 말했다. 레안드레는 손을 들고 "전 거기에 가 본 적이 있는데요."라고 말했고 그녀는 깜짝 놀라고 말았다. 레안드레는 내게 반 친구 중 하나가 그가 말을 마친 뒤에 "레안드레, 너 진짜 여행 많이 다녔구나. 너 진짜 운이 좋네. 나는 뉴저지밖에 가본 적이 없는데."라고 말했다고 알려 주었다. 또 한 번은 도미니크의 5학년 때 선생님이 부모-교사 회담에서 우리에게 말해 준 에피소드였다. 도미니크는 반 친구들에게 여름 여행 때 찍은 사진을 보여 주었다. 그는 베를린 박물관에서 플라톤 상 앞에서 찍은 사진을 말해 줄 때 특히 기분이 좋았다. 그의 반 친구 중 한 여자아이가 "무슨 공작용 점토라고?" 하고 물었다. 그러자 도미니크는 그녀가 '무식하다'면서, 플라톤(Plato)과 공작용 점토(playdough)의 차이점도 모른다고 으스대며 말했다.

레안드레와 도미니크는 그들이 친구들보다 더 많이 알고 있다는 자각이 생겼다. 그들은 자기들이 알고 있지만 다른 아이들은 모르는 어떤 것을 발견할 때, 나는 그들이 '멍청이'라는 단어를 사용하는 것은 종종 들었다(그리고 야구나 골프에 대해 이야기할 때 다른 아이들이 두 운동이 똑같은 것이라고 말하는 것을 그들은 도저히 이해하지 못했다.).

이런 경향이 있음에도 불구하고 레안드레와 도미니크는 인생의 첫 11년 동안 전반적으로 건강하게 정체성과 개성이 발달했다. 그리고 그들은 행복하고 열정적이고 창의적이고 명석한 삼중언어 구사자로 계속 살아가고 있다.

건강한 정체성과 개성을 가진 아이로 키우기 위하여

동시에 세 언어를 구사하는 아이로 키우는 것은 단지 언어적인 면에 국한된 문제가 아니다. 이것은 또한 건강한 정체성과 개성이 뚜렷한 세계관을 가진 아이로 키우는 문제이기도 하다. 삼중언어를 구사하는 아이들의 삶에는 복잡하고 얽히고설킨 일 투성이기 때문에, 그리고 초기 정체성이 형성되는 과정(예를 들면, 아이들의 자아 인식)이 아이들의 향후 발달에 큰 영향을 미치기 때문에,[17] 부모는 아이들의 정체성과 개성 발달에 엄청나게 많이 주목해야 한다. 다음은 부모들이 육아 시 고려해야 할 제안들이다.

1. 계승어를 배울 때 성공적인 경험을 하는 것이 중요하다

사람들(아이들도 포함해서)은 그들의 과거에 성공과 실패를 한 경험을 근거로 자기 능력을 평가하는 경향이 있다. 성공한 경험이 많으면 많을수록, 그 사람은 자신감을 더 많이 가질 확률이 높다.[18] 따라서 계승어를 배울 때 성공을 거둔 경험은 그들이 얼마나 자신감을 느끼고 있는지에도 영향을 미칠 것이다.

일부러 자녀의 자존심에 상처를 입히는 부모는 없겠지만, 가끔은 의도와는 다르게 튀어나온 말이 아이들에게 상처를 줄 수 있고, 그들이 그다지 '똑똑하지' 않다고 느끼게 할 수도 있다. 따라서 부모들은 아이들이 계승어를 배울 때 꾸짖기보다는 격려를 해주는 데 초점을 맞출 필요가 있다. 우리는 아이들이 성공을 거둔 경험을 통해서 자기 자신의 능력에 대해 진정한 자신감을 가지는 환경을 만들기 위해 노력해야 한다.

2. 부모는 자녀의 정체성과 개성 발달에 핵심역할을 한다

부모는 자녀의 초기 정체성과 개성이 형성되는 과정에 핵심적인 역할을 한다.[19] 부모가 자녀에게 제공하는 환경은 부모의 말, 행동, 태도와 자녀 양육 전략을 포함하여, 그들의 세계관과 자아인식에 직접적인 영향을 미친다.

우리가 자녀와 대화를 할 때, 우리가 유산국가와 문화에 대해 무심

결에 내뱉은 말이 때때로 그들에게 큰 영향을 준 적이 있음을 발견했다. 그들은 우리가 하는 말을 주의 깊게 듣고, 우리가 한 말과 견해를 진지하게 받아들인다. 아이들의 생후 11년 동안의 모습을 담은 비디오 테이프와 오디오 자료, 그리고 대화를 나눈 기록들을 다시 살펴보면, 우리가 같은 유산을 공유하는 국가와 그 문화에 대해 짧게 그러나 자주 언급한 말들이 아이들 자신의 말과 태도로 이어진 것을 발견했다. 대부분은 우리 아이들에게 같은 유산을 공유하는 국가와 그 문화에 대해 긍정적인 이미지를 심어 주는 데 성공했다. 그러나 나는 필립과 나 사이의 차이점을 발견했다. 필립은 그의 모국인 스위스와 그 문화(풍경, 연방정치 시스템, 생산물의 품질과 서비스와 같은 것 등)에 대해 대체로 긍정적인 태도를 보였다. 그가 비록 이따금 자신의 유산(과거와 현재)의 어떤 측면을 비판하기는 했지만, 그는 아이들에게 이유를 설명해 주었고, 이것은 우리 아이들이 자신의 유산에 대해 긍정적인 시각을 갖게 해주었다. 나도 내 모국과 문화에 대해 긍정적인 태도를 보이려고 노력했고, 많은 경우에 성공적이었다고 말할 수 있다. 그럼에도 불구하고, 모국과 모국의 문화유산에 대해 내가 한 말 중 일부는 내가 깜빡 잊고 설명해 주지 않았기 때문에 내 의도와는 달리 역효과를 낳기도 했다. 우리는 어른이기 때문에 동시에 어떤 사물의 한 면을 비판하면서 다른 한 면을 칭찬할 수 있다. 그러나 아이들은 일부를 전체로 착각할 수 있다. 그들이 자신의 유산국가와 문화에 대해 부모가 부정적인 말을 한 것을 들을 때, 그 말을 그대로 믿어버린다. 이 말은 부모는 자신의 모국의 유산을 비판하면 안 된다는 뜻이 아니다. 아이들에게 메시지가 어떻게 전해지고 설명해 주어야 하는지가 중요하다는 뜻이다.

자녀가 계승 국가와 그 문화에 대해 더 애착을 가지도록 부모가 도와줄 수 있는 또다른 방법은, 아이들에게 긍정적인 경험을 하게 해주는 것이다. 앞에서 독자들이 읽은 것처럼, 도미니크는 스위스와 중국에 대해 호감을 느끼기 시작한 것은 만족스러운 경험(예를 들면 그가 좋아하는 음식을 먹은 것)을 한 순간부터였다. 계승 국가와 그 문화에 대해 긍정적인 경험을 많이 하면 할수록 아이들이 거기에서 자신의 정체성을 찾을 가능성은 더욱 커질 것이다. 결국에는 하나의 유산의 일부가 되는 것에 대해 긍정적인 느낌을 가지는 것은 아이들이 건강한 정체성을 발달시키는 데 도움이 될 것이다. 에릭 리우(Eric Liu)가 가슴 아프게 탄식하면서 "또한 나는 출입경로가 상당한 피해를 입은 것을 깨달았다. 나는 조상의 유산을 소홀히 했다. 나는 중요한 뭔가를 잃어버린 것이다."라고 말한 것처럼, 나는 사람들이 자신의 유산을 잃어버린 것이 정체성에 영향을 준 것을 안타까워하는 글을 많이 읽어보았다.[20]

3. 교사, 육아전문가와 친구들이 아이들의 정체성 형성에 미치는 영향

부모를 제외하고, 교사와 소아과 의사와 같은 어른들도 아이들의 정체성 발달에 결정적인 역할을 할 수 있다.[21] 아이들은 이렇게 권위가 있는 사람들이 자기에게 한 말에 굉장히 신경을 쓴다. 예를 들어, 레안드레의 5학년 선생님인 미세스 조지(Mrs. George)는 그녀가 그 학교에 부임한 첫날, 반 아이들에게 "외국어 할 줄 아는 사람 있니?"라고 물어보았고, 그녀의 질문은 삼중언어를 구사하는 레안드레의 자신감을 치솟게 해주었다. 이 질문은 분명 레안드레에게 큰 영향을 미쳤고, 그는 5학년 시절을 아주 즐겁게 시작할 수 있었다. 그해, 레안드레는 종종 나에게 자기 선생님이 어떻게 자기가 삼중언어를 구사할 줄 아는 것을 높이 평가해 주었는지를 말하곤 했다. 나는 또한 3장에서 소아과 의사가 아이들의 삼중언어 구사 발달을 돕는 데 아주 중요한 역할을 했다고 말했다. 아이들이 매년 정기검진을 받으러 갈 때마다 메이어(Mayer) 의사는 그들이 세 언어를 구사할 수 있는 능력을 잊지 않고 칭찬해 주었다. 아이들은 매년 의사 선생님으로부터 칭찬을 받을 때 자신의 존재에 대해 긍정적인 느낌을 가졌다.

친구들도 아이들의 정체성과 개성 발달에 중요한 자원이다.[22] 그들이 한 말과 판단은 아이들이 자기에 대해 어떻게 생각하는지에 대해 영향력을 갖는다. 벤트 쇠나고르(Bent Søndergaard)가 그의 글 '개인적 이중언어의 쇠퇴와 타락(Decline and Fall of an Individual Bilingualism)'에서 고통스럽게 말한 것과 같이 친구들이 부정적으로 말한 것 때문에 그의 아들 JH는 모친의 계승어인 핀란드어를 포기해 버리고 말았다.[23]

레안드레와 도미니크는 운 좋게도 그들의 삼중언어 구사능력을 존중해 주는 친구들을 가졌다. 친구들이 긍정적인 태도를 보였기 때문에 아이들은 자기 자신에 대해 좋은 감정을 가질 수 있었고, 그들이 건강한 정체성과 개성을 발달하는 데 큰 도움이 되었다.

다중언어를 구사하는 친구들과 교제할 기회를 가지는 것도 아이들이 자기 자신에 대해 긍정적으로 느끼는 데 중요한 역할을 한다. 예를 들어, 레안드레는 초등학교 고학년 때 쉬는 시간 동안 중국인 반 친구와 이야기하고 놀면 기운이 나고 재미있기도 하다는 것을 알았다. 그는 자기와 경험을 공유하는 다른 사람들이 있다는 것을 알고는 기분이 좋았다. 그러므로 부모들은 자녀와 함께 놀 수 있는 친구로서 비슷한 언어적, 문화적 경험을 공유한 친구를 찾기 위해 노력해야 한다.

4. 삼중언어 정체성 형성에서 아이들의 역할

비록 부모, 다른 어른들, 친구들이 아이들의 정체성 발달에 중요한 역할을 하지만, 아이들 자신은 수동적인 역할을 하는 것이 아니다.[24] 그들은 주어진 환경에서 이런 조력자들과 협상하는 방법을 통해 그들 자신의 정체성을 적극적으로 구축한다. 비록 레안드레와 도미니크는 같은 언어적, 문화적 환경에서 자라고 있지만, 그들이 반드시 똑같은 정체성을 갖고 있다고 말할 수는 없다.

아이들은 자신의 정체성과 개성 발달을 구축하는 데 적극적이기 때문에 그들이 하는 말을 주의 깊게 들을 필요가 있다. 우리가 그들의 목소리에 귀를 기울이려고 하면 할수록 우리는 그들의 필요를 더 잘 알 수 있게 되고 더 효과적으로 그들을 도와줄 수 있게 된다.

5. 정체성 발달은 현재진행형 과정이다

정체성은 고정된 것이 아니고 끊임없이 건축되고 재건축되는 것이다.[25] 아이들은 정체성이 발달하는 여러 단계에 걸쳐 저마다 다른 특성들을 보여 줄 것이다. 부모는 정체성이 형성되는 과정이 협상(negotiate)해 가는 과정임을 깨닫는 것이 필요할 것이다. 예를 들어, 사례 6.8에서 도미니크는 자신의 스위스인으로서의 정체성에 불안감을 표출했다. 그런 불안함은 하나 이상의 언어와 문화적 배경을 가진 사람들에게 전형적으로 나타나는 현상이기 때문에 나는 그 점에 대해서는 걱정하지 않는다. 부모로서 우리의 역할은 그들의 경험과 느낌을 되돌아볼 수 있도록 도와주는 것이다. 필립이 한 방법(사례 6.8에서 한 것처럼)이 추천할 만하다. 그는 도미니크에게 그의 얼굴에 그린 그림이 다른 스위스 어린이들 사이에 유행을 일으킬 수 있다고 말했다. 필립이 그렇게 긍정적으로 말해 준 것 덕분에 도미니크는 자신의 스위스인으로서의 정체성을 협상할 수 있었고, 다음과 같이 생각하기에 이르렀다.

"나는 노력했다(내 얼굴에 스위스 깃발을 그렸다.). 그런데 별로 잘한 것 같지는 않다(왜냐하면, 다른 스위스인들은 그렇게 하지 않았기 때문이다.). 그러나 우리 아빠는 내가 그들에게 유행을 만들어 준 것이라고 말했다(그래서 나는 기분이 좋았다.). 다음 번에는 스위스인같이 행동하려고 하기 전에 '조사를 좀 해 봐야겠다.'"

6. 한 부모-한 언어 전략에 대해 주의해야 할 점

우리의 육아법에서 볼 수 있었던 것처럼, 한 부모-한 언어 전략이 아이들이 모국어를 익히도록 하는 데 효과적인 수단이기는 하지만, 부모들이 주의해야 할 부정적인 면도 있다. 이 방법을 사용하면 아이들은 한 부모에게 하나의 언어로만 이야기할 수 있기 때문에 아이들은 다른 부모가 자기가 이야기하고 있는 것을 이해하지 못하거나 자기가 뭐라고 이야기하는지 모른다고 자연히 믿어버린다. 3장에서 내가 레안드레와 도미니크 둘 다 가끔씩 한 부모에게 다른 부모에 관해 이야기하는 경향이 있다고 말한 것을 기억하라. 이런 행동은 주의를 기울이지 않으면 나중에 가족의 화목을 해칠 수도 있다. 우리 가족에게 이런 현상이 벌어졌을 때, 우리는 아이들에게 아빠(또는 엄마)의 등 뒤에서 험담하는 것은 좋지 않은 행동이라고 말해 주었다. 그들이 만약 아빠(또는 엄마)에게 할 말이 있으면, 아빠(또는 엄마)에게 직접 말해야 했다. 다음은 도미니크가 그의 아빠에 관해 이야기할 때 내가 어떻게 대처했는지에 대한 사례다.

사례 6.15
도미니크(6세 3개월)

도미니크 : Bàba hǎo tǎo yàn.(爸爸好讨厌. 아빠 정말 미워요.)

엄　　마 : Wèi shén me nǐ zhè me shuō?(为什么你这么说? 너 왜 그렇게 말하는 거니?)

도미니크 : Tā shuō tā yào hé wǒ dào Clubhouse qù wán. Kě shì tā hái zài lóu shàng gàn tā de shì qing.
(他说他要和我到Clubhouse去玩. 可是他还在楼上干他的事情.
아빠가 나랑 같이 클럽하우스에 놀러 갈 거라고 했는데, 아직도 위층에서 일하고 있어요.)

엄　　마 : Nǐ wèi shén me gào su wǒ? Tā shuō de, nǐ yīng gāi qù wèn tā.
(你为什么告诉我?他说的, 你应该去问他. 왜 나에게 이야기하니?
아빠가 너랑 약속한 거니까, 아빠한테 가서 물어보렴.)

도미니크 : Kě shì tā bù tīng.(可是他不听. 그치만 아빠는 듣지 않아요.)

엄　　마 : Nà me nǐ yào xiǎng bàn fǎ jiào tā tīng. (那么你要想办法叫他听. 그럼 너는 아빠가 듣게 만들 방법을 찾아야겠네.)

도미니크 : Zěn me kě yǐ? (怎么可以? 어떻게 하면 되는데요?)

엄　　마 : Děng tā zuò wán tā de shì qing de shí hou, nǐ zài qù gēn tā jiǎng,
　　　　　tā jiù huì tīng de.
　　　　　(等他做完他的事情的时候, 你再去跟他讲, 他就会听的. **아빠가 일
　　　　　을 다 한 뒤에 다시 가서 이야기해 보렴. 아빠는 분명 들어 줄 거야.**)

　　일찍부터 이런 부분에 주의를 기울이면 아이들이 가족 관계에서 직
접 의사소통하는 것이 중요하다는 것을 인식시켜 주는 데 도움이 될 것
이다. 또한 아이들의 건강한 개성 발달에도 도움이 될 것이다.

 ## 요약

　　이 장에서 독자들은 레안드레와 도미니크가 생후 첫 11년 동안의
정체성 형성 과정을 살펴보았다. 아이들의 언어 정체성은 단순히 언어
의 이름을 나열하는 단계에서 언어를 지나치게 소유하는 단계로 변해
갔고, 그리고 마지막으로 더 세련되고 균형 있게 이해하는 단계로 변해
가는 것을 관찰할 수 있었다. 민족-인종 정체성은 단순한 민족 또는 인
종의 이름을 아는 단계에서 색깔(인종)을 혼동하는 단계로, 나중에는 더
깊이 이해하는 단계로 변해 갔다. 그들의 문화 및 국적 정체성은 아직
균형 잡힌 상태에 이르지 못했다.

　　복잡한 환경에서 자랄 때 나타날 수 있는 결과로서(예를 들면 두 인종
과 두 국적에다 세 언어와 세 문화가 더해진 것), 우리 아이들은 어떤 독특한
성격이 발달했다. 그들은 자신에게 유익한 방향으로 언어 및 문화 자원
을 활용하는 편이었고, 문제를 풀 때 다른 가능성을 생각해보는 경향이
있었고, 관찰력이 남다르게 뛰어난 편이었다. 다른 언어로 자기 의사를
표현할 때, 그들은 다른 의사소통 효과를 얻기 위해서 다른 자아를 드
러내는 경향이 있었다. 하지만 그들의 개성 가운데 어떤 것은 주의 깊
게 관찰해야 할 필요가 있었다. 예를 들어, 그들은 다른 사람들이 말하
는 방식에 지나치게 비판적이고, 자기가 다른 친구들보다 더 많이 알고

있다고 생각하는 경향을 보였다.

삼중언어를 구사하는 아이들을 키우는 것은 언어와 관련된 것 그 이상의 문제다. 이것은 건강한 자아와 개성을 가진 아이들을 기르는 문제이기도 하다. 부모들은 이 점에 대해 전략적으로 사고할 필요가 있다. 첫째, 우리는 아이들이 모국어를 배우는 과정에서 긍정적인 경험을 하게 해줄 필요가 있다. 둘째, 우리는 유산 문화와 언어에 대해 아주 대수롭지 않게 한 말조차도 아이들에게 큰 영향을 줄 수 있고 잠재적으로 그들의 정체성 형성에 영향을 미칠 것이기 때문에 말과 행동을 조심해야 한다. 부모들은 자녀와 함께 같은 유산을 공유하는 국가와 그 문화에 대해 자신의 관점을 이야기하는 시간을 가지는 것이 좋다. 셋째, 아이들이 평소에 만나는 선생님, 소아과 의사, 친구들과 같은 다른 사람들도 그들의 정체성과 개성 발달에 영향을 미칠 수 있다. 아이들은 종종 다른 사람들을 통해서 자신이 어떤 존재인지 확인하기도 한다. 따라서 아이들의 환경을 점검하고 아이들의 주변 사람들이 그들의 정체성과 개성 발달에 도움을 줄 수 있는지 확인하는 것이 필요하다. 넷째, 아이들은 자기 자신의 정체성과 개성을 형성해 가는 과정에 적극 참여한다. 그들은 주어진 환경을 통해서 그리고 자기 자신 안에서 자기가 걸어갈 길을 끊임없이 협상한다. 그들이 정체성을 형성해 가는 단계에서 변화(다양성)를 보이는 것이 정상이다. 그들은 정체성의 모든 측면에서 같은 레벨에 이르지는 못할 것이다. 부모들은 아이들이 어떻게 발달하고 있는지에 대해 통찰력을 얻기 위해, 그리고 그에 따라 도움을 주기 위해 아이들의 목소리에 주의를 기울일 필요가 있다. 마지막으로, 정체성은 고정된 것이 아니다. 아이들은 정체성을 세우는 중이고 계속해서 다시 세워 갈 것이다. 아이들이 협상하고 자라고 번창하는 것은 바로 이런 과정을 통해서다.

[미주]

1. Marcia, J.E. (1966) Development and validation of ego-identity status. *Journal of Personality and Social Psychology* 3, 551-558.

2. Reyes, A. (2007) *Language, Identiy, and Stereotype Among Southeast Asian American Youth: The Other Asian*. Mahwah, NJ: Lawrence Erlbaum.

3. Kanno, Y. (2003) *Negotiating Bilingual and Bicultural Identities: Japanese Returnees Betwixt Two Worlds* (p. 3). Mahwah, NJ: Lawrence Erlbaum.

4. Uszyńska-Jarmoc, J. (2004) The conception of self in children's narrative. *Early Child Development and Care* 174 (1), 81-97.

   Golden, J. (1996) Critical Imagination: Serious play with narrative and gender. *Gender and Education* 8, 323-336.

   Miller, P. and Sperry, L. (1988) Early talk about the past: The origins of conversational stories of personal experience. *Journal of Child Language* 15, 293-315.

   Miller, P., Potts, R., Fung, H., Hoogstra, L. and Mintz, J. (1990) Narrative practices and the social construction of self in childhood. *American Ethnologist* 17 (2), 293-311.

   Clandinin, D.J. and Connelly, F.M. (2000) *Narrative Inquiry: Experience and Story in Qualitative Research*. San Francisco, CA: Jossey-Bass.

   MacIntyre, A. (1981) *After Virtue: A Study in Moral Theory*. Notre Dame, IN: University of Notre Dame Press.

   McAdams, D.P., Josselson, R. and Lieblich, A. (eds) (2006) *Identity and Story: Creating Self in Narrative*. Washington, DC: American Psychological Association.

   Pahl, K. (2004) Narratives, artifacts and cultural identities: An ethnographic study of communicative practices in homes. *Linguistics and Education: An International Research* Journal 15 (4), 339-358.

5. Engel, S. (1995) *The Stories Children Tell: Making Sense of the Narratives of Childhood* (p.185). New York: W.H. Freeman.

6. 인종 정체성과 민족 정체성이라는 단어를 두고 현재 다양한 견해가 엇갈리고 있다. 더 나은 단어 찾을 때까지, 나는 다이안 휴즈(Diane Hughes)와 그의 동료들이 제안한 민족-인족 정체성이라는 단어를 사용한다. Hughes, D., Rodrigues, J., Smith, E., Johnson, D. and Stevenson, H. (2006) Parents' ethnic/racial socialization practices: A review of research and directions for future study. *Development Psychology* 42 (5), 747-770 참조.

7. McCallister, C. (2004) Schooling the possible self: *Curriculum Inquiry* 34 (4), 425-461.

8. Bruner, J. (1996) *The Culture of Education*. Cambridge, MA: The Havard University Press.

9. Pinar, W., Reynolds, W.M., Slattery, P. and Taubman, P.M. (1995) *Understanding Curriculum: An Introduction to the Study of History and Contemporary Curriculum*

Discourse. New York: Peter Lang.

10. McCallister, C. (2004) Schooling the possible self: *Curriculum Inquiry* 34 (4), 425-461.

11. Kensaku, Y. (1999) Sociocultural and psychological factors in the development of bilingual identity. *Bilingual Japan* 8, 5-9.

12. 브리태니커 백과사전은 개성(personality)을 생각하고 느끼고 행동하는 특유의 방법이라고 정의한다. 이것은 분위기, 태도, 의견을 포괄하는 개념으로, 다른 사람들과 대화할 때 가장 분명하게 표현된다. 이것은 한 사람과 다른 사람을 구별하고, 사람들과 환경과의 관계에서 관찰되는 행동적 특징(타고난 것과 배워서 익힌 것 모두를)을 포함한다.

13. 지평선(Horizon)은 우리 아이들이 속한 학군에 있는 영재 프로그램이다. 도미니크의 인뷰(InView) 테스트를 보고 난 뒤 이 프로그램에 들어갈 자격을 얻었다. 이 프로그램에 참가하는 아이들은 매일 다른 과목뿐만 아니라 읽기와 수학을 추가적으로 배우고 있고, 학교 다니는 동안 추가 숙제와 프로젝트를 다 해야 한다.

14. 다니엘 베르누이(Daniel Bernoulli, 1700-1782)는 독일에서 태어난 스위스인 수학자로서, 생의 대부분을 스위스 바젤(Basel)에서 보냈다. 그는 공기역학에서 비평적으로 사용되는 베르누이의 정리를 발견했다. 그의 정리는 현대 항공학에 기초를 놓았다. 도미니크의 스위스인(父系) 증조할머니는 베르누이의 후손이다.

15. Vasquez, O.A., Pease-Alvarez, L. and Shannon, S. (1994) *Pushing Boundaries: Language and Culture in a Mexican Community.* Cambridge: Cambridge University Press.

16. Ervin-Tripp, S. (1964) Language and TAT context in bilinguals. *Journal of Abnormal and Social Psychology* 68 (5), 500-507.

Koven, M. (1998) Two languages in the self / the self in two languages. French-Portuguese bilinguals' verbal enactments and experiences of self in narrative discourse. *Ethos* 26 (4), 410-455.

Koven, M. (2007) *Selves in Two Languages: Bilinguals' Verbal Enhancements of Identity in French and Portuguese.* Amsterdam: John Benjamin.

17. Cooper, P.S. (1993) Self-esteem and facial attractiveness in learning disabled children. *Child Study Journal* 23, 79-92.

Erikson, E. (1980) *Identity and the Life Cycle*. New York: W.W. Norton.

Erikson, E.H. (1963) *Childhood and Society* (2nd edn, pp.251-258). New York: W.W. Norton.

18. Bandura, A. (1977) Self-efficacy: Toward a unifying theory of behavioral change. *Psychological Review* 84, 191-215.

19. Hitlin, S. (2006) Parental influences on children's values and aspirations: Bridging two theories of social class and socialization. *Sociological Perspectives* 49 (1), 25-46.

Tse, L. (2000) The effects of ethnic identity formation on bilingual maintenance and development: An analysis of Asian American narratives. *International Journal of Bilingual Education* 3(3), 185-200.

20. Liu, E. (1998) *The Accidental Asian: Notes of a Native Speaker* (p.54). New York: Vintage Books.

21. Anicich, M. and Rea, K. (1999) Cultural awareness education in early childhood education. Paper presented at the Annual Conference of the Association for Supervision and Curriculum Development, San Francisco, CA. 6-9 March.

22. Sherriff, N. (2007) Peer group cultures and social identity: An integrated approach to understanding masculinities. *British Educational Research Journal* 33 (3), 349-370.

23. Søndergaard, B. (1981) Decline and fall of an individual bilingualism. *Journal of Multilingual and Multicultural Development* 2 (4), 297-302.

24. Piaget, J. and Inhelder, B. (1969) *The Psychology of the Child*. New York: Basic Books.

25. Norton, B. (1997) Language identity and the ownership of English. *TESOL Quarterly* 31, 409-430.

Chapter 7

마무리하면서

이 장은 부모들에게 현재 이 책에 언급된 분야에 대해 연구가 어떻게 이뤄지고 있는지 알려 주기 위해, 삼중언어 구사자가 제1언어를 배우는 것에 대한 최근의 연구 경향을 짧게 평가하면서 시작한다. 그다음, 내가 발견한 것에 대해 몇 가지 복잡한 주제에 초점을 맞추어 이야기하면서 부모들이 그 복잡한 것들에 고심하며 싸우는 것을 돕는다. 마지막으로 자녀들이 계승어와 유산문화를 발전시키는 동안 부모가 그들이 성공적으로 배우는 데 도움이 되는 환경을 조성해 주기 위해, 다중언어를 구사하는 아이들을 키우는 것에 관한 열 가지 가정에서 실천할 수 있는 중요한 메시지를 실었다.

💡 삼중언어 구사자가 제1언어를 습득하는 것에 대한 연구상황

최근 삼중언어 구사자에 대한 연구는 상당한 탄력을 받았다. 지금까지 연구자들은 다양한 주제를 탐구해 왔다. 구체적으로 예를 들면 다음과 같다:

- 제3언어를 습득하는 데 이중언어를 구사하는 것이 어떤 역할을 하는지 조사했다.[1]
- 삼중언어 구사자의 정체성 문제를 탐구했다.[2]

- 삼중언어 구사자의 읽고 쓰기 능력 발달을 연구했다.[3]
- 삼중언어 구사자의 코드전환(언어 혼합)을 분석했다.[4]
- 삼중언어 구사자의 두뇌 발달을 조사했다.[5]
- 특별한 조건(장애[6]와 질병[7] 같은) 아래 있는 삼중언어 구사자의 상황을 살펴보았다.

삼중언어 구사자에 대한 연구가 날로 늘어나고 있지만 아직까지 대부분의 연구는 후기 언어 습득 또는 삼중언어 구사자가 제2 또는 제3언어를 배우는 것에 치중되었다.[8] 삼중언어 구사자의 모국어 습득에 대해서는 연구가 거의 이뤄지지 않았다. 특히, 체계적이고 장기적인 연구를 해야 할 필요가 있다. 2001년, 언어 학자 수잔 키(Suzanne Quay)는 세 언어를 자신의 모국어로 습득한 아이들에 대한 연구에 대해 "삼중언어를 구사하는 가족과 초기 삼중언어 구사력의 발달에 대한 연구는 아직 어린아이 수준에 머물러 있으므로, 우리는 다중언어를 구사하는 아이들을 양육하는 것에 대해 아는 것이 거의 없다."라고 정확하게 평가를 내렸다.[9] 키가 이렇게 말을 한지도 몇 년이 지났는데, 삼중언어를 구사자의 모국어 습득에 대한 연구는 여전히 드물다. 내가 알고 있는 한 이 책 외에 삼중언어를 구사하는 사람의 모국어 습득에 대한 연구서가 출판된 것은 태어날 때부터 영어, 독일어, 프랑스어를 동시에 습득한 열 살짜리 아이에 대한 정기 보고서가 유일하고,[10] 삼중언어를 구사하는 아이들의 발달에 초점을 맞춘 다른 연구가 몇 편 있다.[11]

삼중언어를 구사하는 사람의 모국어 습득에 대한 연구가 부족한 이유를 언어 학자 샬롯 호프만(Charlotte Hoffmann)과 어냇 스타반스(Anat Stavans)가 잘 설명했다. 그들은 삼중언어를 구사하는 아이들에 대한 연구를 하다보면 자료 수집 및 해석과 관련된 것과 이론상의 모델이 없는 것과 관계된 실제적인 문제에 부딪치기 때문에 좌절할 수도 있다고 강조했다.[12]

지금까지는 이 책에서 내가 연구한 것은 삼중언어를 구사하는 사람의 모국어 습득 과정을, 특히 부모의 도움과 부모가 계승어 습득과 유지에 미치는 영향력에 대해 우리가 이해할 수 있게 해주는 중요한 단계로 작용했다.

삼중언어 구사자가 제1언어를 습득하는 것의 복잡성

이 책 전반에 걸쳐 독자들은 레안드레와 도미니크의 삼중언어 발달 과정을 훑어보았다. 그러나 부모들이 다중언어 습득과 발달의 복잡성을 잘 깨닫기 위해서는 아직도 여러 가지 영역을 더 깊게 파고들어야 할 필요가 있다.

1. 본능(nature) vs 양육(nurture)

어린이의 언어 습득 과정이 어느 정도까지 타고난 보편적인 인간의 언어 학습 능력에 영향을 받을까(본능)? 그리고 그것은 어느 정도까지 특정 언어의 학습 환경에 의해 결정이 될까(양육)? 이 영원한 질문은 삼중언어 구사자의 제1언어 습득의 경우에 다시 한 번 할 수 있다. 우리가 이 책에서 살펴본 것과 같이, 비록 레안드레와 도미니크의 언어 학습 환경(한 부모-한 언어)과 그들이 배운 언어(중국어, 프랑스어, 영어)의 수가 다른 많은 아이들과 다르지만(특히 하나의 언어만 구사하는 아이들과 다르지만), 두 아이는 초기 옹알이와 옹알이, 한 단어 그리고 두 단어 단계를 똑같이 경험한 것처럼 동일한 보편적인 언어 학습 궤도를 따랐다. 뿐만 아니라 두 아이는 그들의 이용 가능한 목록 너머에 있는 언어학적 '문제'를 풀기 위해 동일한 보편적인 언어 학습 전략을 사용했다. 예를 들어, 그들은 五天라고 하지 않고 个를 더해서 五个天라고 한 것 같이, 양사가 필요하지 않은 곳에 (확장된) 양사를 시험 삼아 넣어보기도 했다. 이런 종류의 언어 실험을 하는 것을 보면, 영어를 배우는 어린이들이 불규칙 동사가 필요한 곳에 일반 과거 시제 '-ed' 규칙을 확장하여 사용하는 것이 떠오른다(went라고 하지 않고 goed라고 하고, took라고 하지 않고 taked라고 하는 것 같이). 재미있는 사실은 레안드레와 도미니크같이 다중언어를 구사하는 아이들도 한 언어에서 다른 언어로 언어 규칙을 실험한다는 점이다. 예를 들면, 도미니크는 영어의 주격 대명사를 일치시키는 문법을 프랑스어에도 확대 적용해서 "Une personne entre dans la pièce. Puis il ouvre la fenêtre(한 남자가 방에 들어간다. 그다음에 그는 창문을 연다)."라고 했다. 사실 그는 "Une personne entre dans la pièce. Puis elle ouvre la fenêtre."라고 '했어야' 했다.

한 아이가 하나의 언어를 배우든지그 이상을 배우든지 간에인간의 언어 발달을 이끌어 주는 타고난 보편적인 언어 학습 장치[13] 또는 언어를 만드는 능력[14]이 실제로 존재하는 것 같다.

우리는 언어를 만드는 보편적인 능력이 아이들이 자신의 언어 학습 잠재력을 펼치는 데 도움이 된다는 것을 알고 있기는 하지만, 아이의 언어 학습 환경의 변화가 아이들의 보편적인 잠재력을 다르게 나타나게 한다는 점도 인식할 필요가 있다. 레안드레와 도미니크는 태어나면서부터 세 언어를 동시에 배웠기 때문에 세 가지 다른 언어 시스템과 문화 가운데서 방향을 잡을 능력을 키워야 했다. 이런 경험 덕분에 그들은 언어를 남과 다른 우월한 위치에서 배울 수 있었다. 예를 들어, 하나의 언어만 구사하는 친구들과 비교할 때, 레안드레와 도미니크는 어린 나이에 더 발달한 초(超) 언어 능력(언어 인식능력)이 발달했다. 그들은 또한 (4장에서 볼 수 있는 fromage criminel과 violonisateur을 만들어 낸 것같이)언어를 더 창조적으로 사용하였고, (5장에서 설명한 것처럼, 텔레비전 프로그램의 주인공이 재워두다martinate와 담그다dip를 잘못 사용한 것과 같이)정확한 단어 사용에 더 민감한 반응을 보였다.

비록 내가 발견한 것이 레안드레와 도미니크가 그들의 이중언어를 구사하는 친구들과 비교할 때 어떤 언어 학습 차별화를 보여 주는지 그렇지 않은지 일반화하지는 못하지만, 삼중언어 구사자의 모국어 습득에 대해 다른 조사자가 발표한 바로는, 차별화는 실제로 존재한다고 한다.[15] 예를 들어, 수잔 키는 최근에 삼중언어를 구사하는 아이들(중국어, 일본어, 영어)이 언어 혼합을 할 때 이중언어를 구사하는 아이들과 다른 전략을 사용한다는 연구 결과를 발표했다.[16] 뿐만 아니라 최근에 우리는 삼중언어 구사자가 제2언어를 습득하는 것으로부터 삼중언어 구사자는 이중언어 구사자와 비교할 때 음운론적 인식에서 차이점을 보였다는 증거를 발견했다.[17] 앞으로 더 많은 연구가 이루어져서 두 그룹의 차이점이 더 자세히 밝혀질 것으로 기대한다.

따라서 세 언어를 습득한 아이들은 그들의 타고난 언어 발달 능력(본능)에도 불구하고 (양육의 결과로)서로 다른 언어 특징과 능력을 가진다는 점을 이해해야 한다.

2. 입력 vs 출력

아이들의 언어를 연구하는 사람들은 언제나 부모의 입력(모델링)과 아이들의 출력(언어 생산) 사이의 관계에 관심을 갖는다. 다른 한편, 이 책에서 내가 관찰한 것은 부모의 입력(내 남편과 내가 사용한 전략들)과 레안드레와 도미니크의 출력(그들이 표현한 언어 행동들) 사이에 명확한 연결고리가 있다는 것을 보여 준다. 때때로 부모의 입력과 아이들의 출력 사이에 놓인 이런 연결고리는 곧바로 추적되기도 한다. 예를 들어, 3장에서 설명한 것과 같이 아이들이 퀴즈 스타일로 대화한 것은 나의 입력으로부터 직접적인 영향을 받은 것이다.

그러나 부모의 입력과 아이들의 출력을 반드시 일방적인 관계로 여겨서는 안 된다. 실제 언어 학습 환경에서 (다중언어 학습도 포함해서)아이들의 언어 생산이 부모의 입력과 반드시 일치하는 것은 아니다. 우리가 이 책 전반에 걸쳐 관찰한 것처럼, 레안드레와 도미니크는 가끔 표현방법을 바꾸거나(Wǒ méi yǒu gàn zhè jiàn shì /我没有干这件事이라고 하지 않고

Wǒ méi yǒu nòng zhè ge/我没有弄这个라고 한 것과 같이) 또는 받아들인 입력과 다르게 표현하는 방식으로(戴 대신에 穿를 사용하고, en bus또는 dans le bus라고 하지 않고 sur le bus라고 하는 것 같이) 계승어를 생산하는 방식을 바꾸었다. 이런 현상이 언어 습득에서 반드시 실패를 의미하지는 않는다. 이것은 아이들이 의미를 발견하는 방식이나 언어를 실험하는 방식이라고 볼 수도 있다.

　뿐만 아니라 아이들의 언어 발달(생산)에 입력의 양이 중요하지만, 입력의 질도 중요하다. 비록 삼중언어를 구사(동시에 세 언어를 습득하는 것)하는 아이가 양적인 면에서 계승어를 덜 입력받는다고 하더라도, 이것을 그들이 계승어를 습득하는 데 악영향을 미치는 것으로 여겨서는 안 된다. 내가 발견한 바로는 그들의 다중언어 입력의 질이 입력의 양이 부족한 것을 메워 준다. 따라서 아이들이 다중언어를 배우도록 도와주려면 풍부한 언어를 입력해 주기 위해 매 순간 최선을 다해야 한다.

3. 언어 유사점 vs 언어 차이점

　아이들이 습득하고 있는 언어 유형에 따라 그들의 언어 학습 과정이 순조롭게 진행되거나 복잡해진다. 두 언어 시스템의 유사점은 다중언어를 구사하는 아이들이 언어를 배우는 어떤 측면을 도와준다. 예를 들어, 독자들은 레안드레와 도미니크가 더 쉽게 영어로 프랑스어 동족 어원 단어를 습득하고 사용하는 것(예를 들어, imbecile, detest, succulent, superb와 같은 단어들)을 관찰했을 것이다. 그러나 언어 간 유사점이 언어를 배우는데 방해가 되기도 한다. 예를 들어, 레안드레는 영어 character 와 (다른 의미를 가진 단어인)프랑스어 caractère를 섞어 썼다. 이와 비슷한 경우로, 레안드레와 도미니크 둘 다 영어와 프랑스어를 알고 있는 덕분에 중국어 병음을 배우는 데 이점이 있었다. 그러나 병음에 이렇게 노출되는 것 때문에 그들은 중국 글자인 한자를 배우는 데 어려움을 겪었다(5장 참고). 우리는 레안드레와 도미니크가 프랑스어와 중국어를 간혹 영어처럼 사용하는 것을 목격하기도 했다. 예를 들어, 도미니크는 프랑스어를 할 때 영어 문장구조를 빌려 왔는데, 그는 "Je suis content d'avoir reçu ce jeu(이 게임을 받아서 나는 기분이 좋아요.)"라고 하지 않고 "Je suis content que j'ai reçu ce jeu(I am glad that I received this game.)"라고 말했다(5장 참고). 도미니크는 영어로 pick up의 의미를 빌려 와서 중국어 문장에 사용했는데 그는 接哥哥(형을 마중나가다)라고 하지 않고 拿哥哥라고 했다.

이밖에 습득하는 언어의 유형은 다른 언어(들)에서 어떤 언어적 특징을 익히는 데 영향을 줄 수도 있다. 중국어의 성조를 배우는 것이 좋은 예이다. 아이들은 어렸을 때(가정학습 기간), 원어민처럼 중국어 성조를 배웠다(3장 참고). 그러나 그들이 영어를 더 많이 입력받자마자 그들의 중국어 성조는 변하기 시작했다. 특히 떨어졌다가 올라가는 성조(제3성)가 영향을 많이 받았다(4장과 5장 참고). 이 문제는 복잡하다. 한 측면에서 보면, 네이티브 중국어를 말하는 어린이들의 성조 습득에 대한 연구 결과에 의하면 성조를 익히는 것은 탄력적으로서,[18] 이것은 심지어 언어 장애가 있는 사람들에게도 해당한다.[19] 다른 측면에서 보면, 중국어 성조는 영어를 습득하는 것에 취약하다는 연구 결과도 있다.[20] 내가 발견한 바에 의하면 다중언어를 구사하는 아이들의 성조 습득은 중국어만 구사하는 사람의 경우보다 더 복잡한 것 같다.

종합해 보면, 세 언어를 동시에 배우는 어린이들의 언어 발달 과정은 재미있지만 복잡하다. 이런 복잡성을 이해하기 위해서 더 많은 연구가 이뤄져야 한다. 어쩌면 독자 여러분 자신이 다중언어를 구사하는 자녀를 양육하는 방법이 이런 주제에 더 많은 해결의 실마리를 제공해 줄지도 모른다.

표 7.1 이중언어 구사자가 될 때 얻을 수 있는 이점

	의사소통 이점
1	교제권(친척을 포함한 대가족, 공동체, 국제적 연결고리, 취업)이 넓어진다.
2	두 언어를 읽고 쓸 줄 아는 능력이 생긴다.
	문화적 이점
3	더 넓은 문화적응, 더 깊은 다중문화주의(主義), 그리고 두 '언어 세계'를 경험할 수 있는 이점이 있다.
4	더 큰 인내력을 갖고 다양성을 이해할 수 있다.
	인지적 이점
5	사고력이 생기는 이점(창조성, 의사소통에 대한 민감성 등)이 있다.
	성격적인 면에서 갖는 이점
6	자존심이 증가한다.
7	정체성이 안정을 찾는다.
	커리큘럼 이점
8	커리큘럼 성과가 증가한다.
9	제3언어를 더 쉽게 배울 수 있다.
	현금 이점
10	경제적 이점이 있고 취업 시에도 유리하다.

출처 : Colin Baker (2007) A Parents' and Teachers' Guide to Bilingualism (p.2). Clevedon: Multilingual Matters.

 ## 부모가 가정에서 실천할 수 있는 메시지

이 책을 마무리하기 전에 나는 결론을 내리는 의미로 가정에서 실천할 수 있는 열 가지 중요한 방법들을 제안하려고 한다. 부모들이 다중언어를 구사하는 아이들을 키울 때 이 제안들을 신중하게 고려해 보기를 권한다.

1. 하나 이상의 언어를 아는 것에는 잠재적인 이점이 있다

이중언어 구사자가 되는 것을 두고 부정적인 결론을 내린 초기 연구가 있긴 하지만,[21] 그리고 이중언어 구사자가 되어도 유익하지 않다는 혼합된 연구 결과도 있지만,[22] 가장 최근의 연구 결과에 의하면 하나 이상의 언어를 아는 것에는 많은 이점이 있다고 한다. 비록 지금까지 연구 문헌에 보고된 대부분의 이점은 이중언어를 구사하는 아이들을 관찰한 것으로부터 나온 것이지만, 우리는 이런 이점이 다중언어를 구사하는 아이들에게도 적용된다고 가정해도 좋을 것이다.

최근 발표된 연구 결과에 의하면, 이중언어를 구사하는 아이들은 하나의 언어만 구사하는 상대와 비교할 때 실제로 특별하고 다양한 이점을 갖고 있다. 특히 인지(어떤 것을 알고 배우고 이해하는 것에 관계된 정신적 과정)와 초 언어 인식(한 언어의 측면에 대한 인식)과 읽고 쓰기 능력에 이점이 있다.[23] 예를 들면 이중언어를 구사하는 어린이는 더 유연하게 사고와 추론을 하고,[24] 사회적 문제를 해결하는 능력을 포함,[25] 문제 해결 능력이 더 뛰어나다.[26] 게다가 그들은 언어 구조를 인식할 준비가 더 잘 되어있을 것이고,[27] 음운론(소리), 어휘(단어)와 구문론(문장) 인식이 더 발달했다.[28] 그들은 또 어휘-의미(단어-의미) 연상 능력도 더 뛰어났고,[29] 더 풍부한 어휘를 가진 경향이 있다.[30] 뿐만 아니라 이중언어를 구사하는 아이들은 하나의 언어만 구사할 줄 아는 친구들보다 책을 더 빨리 읽는 것이 발견되었다.[31]

위에서 언급한 이점뿐만 아니라 하나 이상의 언어를 구사하는 아이들은 다른 영역에서도 이점을 갖고 있다.[32] 콜린 베이커(Colin Baker)는 이중언어 구사자가 될 때 열 가지 잠재적 이점이 있다고 말했다(표 7.1을 보라).[33] 이 이점들은 다중언어를 구사하는 어린이들에게도 똑같이 적용될 수 있는데, 그들은 두 언어 이상을 말할 수 있으므로 추가적인 이점을 갖고 있는 셈이다(예를 들면 더 넓은 교제권과 문화적 가능성).

종합해 볼 때 이중언어 구사자 또는 다중언어 구사자가 되면 잠재적

이점을 가진 것이 분명하다. 그러나 그런 이점은 많은 복잡한 요소들과 관계될 때만 고려될 수 있는데,[34] 아이들이 습득하고 있는 언어(들)의 특징이나 그들의 능숙도,[35] 독특한 언어 학습 환경,[36] 그리고 아이들 개개인의 발달 특징 등이 바로 그것이다.

2. 아이들의 행복이 최우선순위에 놓여야 한다

자녀를 하나 이상의 언어를 구사하는 아이로 키우는 것은 언어에 국한된 문제가 아니다. 또 이것은 어쩌면 오히려 자녀 양육에 관한 문제일 수도 있다. 아이들의 삶에서 하나 이상의 언어를 배우는 것이 주요 임무이기는 하지만, 그들이 행복하게 사는 것이 다른 무엇보다 중시되어야 한다. 아이들의 행복을 최우선순위에 놓으려면 부모들은 다음 사항에 따를 것을 권한다.

(1) 아이들의 감정적 필요에 주의하기

하나 이상의 언어를 구사하면서 자라는 것은 쉬운 일이 아니고, 때때로 상당히 힘든 난관을 만나기도 한다. 계승어 학습의 결과로 생기는 부모와 자녀 간 갈등은 종종 감정싸움으로 번지기도 한다. 그런 갈등을 적절하게 조절해 주지 않으면 자녀의 감정에 치명적인 상처를 남길 수도 있다. 계승어를 배우는 동안 감정이 건강하게 발달할 수 있도록 도와주려면, 부모들은 자녀 양육을 위한 환경을 조성하고 그 과정을 가능한 한 즐겁게 하기 위해 노력해야 한다. 부모가 자녀에게 긍정적으로 반응하고 그들의 생각을 지지해 주면, 그들은 계승어를 잘 배우고자 하는 의욕이 넘칠 것이다. 콜린 베이커는 이런 육아법을 묘사하기 위해 생생한 은유법를 사용했다. 그는 이렇게 기록했다.

"정원사는 언어라는 씨앗이 자라게 할 수 없다. 정원사가 할 수 있는 모든 것은 어떤 조건을 제공해 주는 것이다. : 비옥한 땅, 빛, 물, 그리고 따뜻한 보살핌…언어 정원사는 성장을 유발하는 토양—언어 성장을 위해 다양한 기쁨을 주는 환경들―을 제공한다."[37]

(2) 아이들의 발달 단계별 필요 및 개인적 필요에 관심 가지기

아이들은 발달 단계에 따라 다른 필요를 갖고 있다. 아이가 어렸
을 때 사용해서 성공을 거두었던 계승어 교육 전략이라도 아이가 나이
를 먹으면 통하지 않을 수도 있다. 따라서 나이에 맞는 전략을 사용해
서 아이들이 계승어를 배우도록 도와주는 것이 중요하다. 만약 부모가
자녀의 다른 여러 발달 시기 동안 주의 깊은 관찰과 대화를 통해 자녀
의 발달 특징과 필요를 이해한다면, 그리고 적절하게 전략을 바꿔 주고
조정해 준다면 많은 도움이 될 것이다. 부모가 자녀의 발달 단계별 필
요에 관심을 가지면 가질수록 그들은 자녀를 더 많이 알게 되고 계승어
교육 전략이 더 효과적으로 작용할 것이다.

뿐만 아니라 모든 아이들이 다 똑같지는 않다. 형제(또는 자매)라고
해도 모국어 학습 스타일과 성취도 면에서 차이를 보일 수 있다. 나이
가 많은 형제가 어떤 나이에 모국어(들)에서 할 수 있는 것이 나이 어린
형제에게 평가의 척도가 되어서는 안 된다. 모든 어린이들은 저마다 다
른 발달 시간표와 결과를 갖고 있다. 따라서 정원사는 자신의 정원에
있는 모든 꽃에 최고의 환경을 제공하여, 꽃들마다 자기만의 속도와 잠
재력에 맞게 꽃을 피울 수 있도록 관심을 기울여야 한다.

(3) 놀이와 여가활동을 계승어 학습 활동과 균형 맞추기

아이들의 모국어 학습 활동과 그들의 놀이와 여가활동에 할당된 시
간을 균형을 이루게 해주는 것이 중요하다. 옛 속담 '놀지 않고 공부만
하면 사람을 버린다(All works and no play makes Jack a dull boy)'는 자녀 양
육 시 자녀의 필요를 고려해야 한다는 사실을 떠올리게 해준다. 뿐만
아니라, 연구 결과에 따르면, 놀이와 여가활동은 아이들의 육체적, 인
지적, 사회적 발달에 전반적으로 긍정적인 영향을 끼친다고 한다.[38]

(4) 육아 방식의 차이와 대립 조율하기

부모들은 저마다 다른 자녀 양육 철학을 가지고 자녀를 키운다. 특히 하나 이상의 언어를 구사하는 아이를 둔 부모는 서로 다른 문화 및 언어 배경을 가졌을 가능성이 크다. 일반적으로 아이들은 부모의 이런 차이점 덕분에 혜택을 입는 편이다. 그러나 육아 스타일의 차이, 특히 그 문제로 부부가 서로 크게 대립하면 경우에 따라 아이들의 사회적, 감정적 그리고 행동적 문제를 유발할 수도 있다.[39] 따라서 육아 방식의 차이와 대립을 협상을 통해 조율해 주면 우리 아이들에게 최고의 이익을 가져다 줄 것이다.

우리 아이들이 행복을 최우선순위에 놓는 것은 그들이 건강한 개성과 정체성을 가진 사람으로 성장하는 데 도움이 될 것이다.

3. 부모의 좌절과 당신 자신의 필요를 돌보는 것 줄이기

자녀를 하나 이상의 언어를 구사하는 아이로 키우는 것은 어려운 일투성이다. 아마 이런 경험을 한 모든 부모에게는 저마다 하고 싶은 이야기가 있을 것이다.―그 중 많은 이야기는 즐거웠던 기억뿐만 아니라 좌절한 경험에 대한 것일지도 모른다.

한 부모는 자기가 딸이 중국어를 배우는 것을 돕는 일이 스트레스였다고 내게 '불평'했다. 그녀는 말했다. "나는 거의 포기할 뻔했어요. 애들은 노력하려고 하지 않아요. 내가 딸에게 중국어로 말하면, 그 아이는 영어로 대답하더라고요. 딸애를 매주 중국어 수업을 받도록 달래는 게 너무 힘이 들어요…." 이처럼 부모들이 좌절을 겪는 일은 드물지 않게 발견된다. 나 자신도 이와 똑같은 감정을 느꼈다. 따라서 우리 부모들은 이런 종류의 부정적인 반응과 스트레스가 우리가 아이들과 대화를 나누는 질(質)에 영향을 미치지 않도록, 우리 자신의 감정적 필요를 돌보아야 한다. 우리가 좌절감을 느끼거나 스트레스를 받을 때, 우리의 기분은 분명 자녀에게 영향을 줄 것이다. 다음에 나오는 제안들은 부모들이 자신의 근심, 좌절, 그리고 분노까지도 대처할 수 있도록 도와줄 것이다.

(1) 당신의 근심, 좌절 또는 분노의 근원 발견하기

만약 당신이 아이들이 계승어를 배울 수 있도록 도와줄 때 그들에게 화가 나거나 걱정이 되거나 좌절한다면 당신이 자기 자신에게 물어보아야 할 첫 번째 질문은 왜 그렇게 느꼈냐는 것이다. 당신이 한꺼번에 너무 많은 일을 하려고 했기 때문인가? 아니면 다른 이유 때문인가? 당신의 감정의 근원을 찾는 것은 당신이 자신을 이해할 수 있도록 도와주고, 그다음에는 자녀를 이해할 수 있도록 도와준다. 예를 들어, 우리 아이들이 모국어를 배우는 초창기에(특히 글 읽기와 글쓰기를 가르칠 때), 나는 아이들에게 자주 화를 내고 좌절하고 있는 나 자신을 발견했다. 5장에서 설명한 것처럼, 나는 내 친구들에게 아이들의 중국어 숙제를 도와주는 건 마치 심장이 마비되는 것과 비슷하다고 말한 적이 있다. 내가 그렇게 부정적인 감정을 가지게 된 이유를 되돌아보면, 나는 한꺼번에 너무 많은 일을 해내려고 노력했음을 알게 되었다. 예를 들어, 가끔 아이들이 중국어 숙제하는 것을 도와줄 때, 나는 강의 준비, 학생들이 제출한 숙제 점수 매기기, 회의 안건 준비하기 등을 했다. 그런 상황에서 나는 두 아이들이 아주 약간의 '저항'만 하더라도 화가 나기 시작했고 좌절하고 말았다. 나중에서야 나는 내 일과 아이들의 언어 활동에 우선순위를 정하는 것이 필요하다는 것을 깨달았다. 내가 아이들의 중국어 숙제를 도와준다면, 그것은 그때 나의 우선순위가 되어야 했다. 이런 방식으로 하자 나는 편안한 마음을 갖게 되었고, 내 모든 관심을 아이들에게 쏟을 수 있었다. 당연한 말이지만, 나의 행동과 기분은 내 아이들에게 전해졌다. 아이들은 내가 그들과 함께하고 있다는 것을 느꼈고, 마침내 내가 요구한 것에 더 협조적인 태도를 보였다.

부모가 스트레스를 받지 않기 위한 또 다른 방법은, 아이들에게 계승어를 가르칠 때 한 번에 하나의 목표를 세우는 것이다. 이런 방법으로 하면 우리 부모들은 좌절감을 덜 느끼게 될 것이다. 예를 들면, 만약 오늘 내가 해야 할 임무가 아이들이 열 개의 중국 글자로 문장을 어떻게 만드는지 배우게 하는 것이라면 내가 집중해야 할 것은 중국어 글자의 획순이 아니라 문장을 만드는 것이다. 만약 내가 너무 큰 기대를 하고 너무 많은 방향으로 나 자신을 분산시킨다면 반드시 좌절하고 말 것이다. 만약 내가 오늘 이뤄야 할 목표가 하나뿐이라면, 나는 성공을 거둘 가능성이 더 커질 것이고, 덜 좌절할 것이다.

(2) 육아는 학습 과정이다

완벽한 부모로 태어나는 사람은 아무도 없고, 육아에 대해 모든 것을 아는 사람도 없다(육아 전문가조차도 그렇다.). 육아는 본래 학습 과정이다. 부모와 아이는 둘 다 서로에게 적응하는 법을 배운다. 따라서 대립은 서로를 알아가는 과정의 일부다. 이 사실을 나 자신에게 일깨워 줄 때마다 나는 우리 아이들의 '저항'을 좀 더 '인내'하게 되고, 그들이 모국어를 배우도록 지도하는 데 참을성을 기르게 된다.

게다가 우리는 모두 실수를 저지른다. 전문가조차도 완벽한 것은 아니다. 우리가 실수로부터 배우는 한 그것이 우리 아이에게 미치는 영향에 대해 너무 걱정할 필요가 없다. 아이들은 탄력성이 있고, 때때로 부모가 저지르는 실수에 대처할 수 있다.

(3) 아이를 동기부여 하면 당신의 좌절감을 줄일 수 있다

아이들은 언어적인 면을 포함하여 유능해지려고 하는 욕구가 있는, 본질적으로 동기부여 받은 학습자이고, 천성적으로 호기심이 많고 배울 준비가 되어 있다.[40] 만약 아이들이 배우기를 싫어한다면 거기에는 뭔가 이유가 있는 것이다. 부모가 모국어 학습과 관계된 좌절감을 줄이기 위한 열쇠는 자녀를 어떻게 동기부여 하는지 배우는 것이다. 만약 당신이 자녀에게 제공하는 언어 학습 활동이 재미있고 그들에게 적절한 것이라면, 그들은 기꺼이 하려고 할 것이다.

(4) 자기 자신에게 휴식을 주자

부모가 제정신을 유지하는 것도 매우 중요하다.—그렇지 않으면 우리는 성공할 수 없다! 자녀에게 계승어 교육과 같이 많은 활동을 참여시키는 부모는 이미 너무 일을 많이 하고 있고, 스트레스를 받고 있는 경우도 종종 있다. 따라서 우리 자신에게 가끔 휴식 시간을 주는 것은 에너지를 재충전하고 제정신을 유지하게 해준다. 스트레스를 받았을 때 우리 자신에게 잠깐의 휴식을 주는 것은 아주 훌륭한 선택이다. 모국어 학습 활동을 할 때 하루나 일주일을 빼먹는다고 해서 치명적인 손해를 입는 것은 아니다. 실제로 휴식은 우리가 쉰만큼 만회하게 해 준다. 행복한 부모가 행복한 아이를 가질 가능성이 크다.

4. 모국어 학습에서 의사소통이 최우선순위에 놓여야 한다

언어 학습은 의사소통하는 법을 배우는 과정으로, 부모와 아이가 감정적 유대감을 형성하고 강화하는 것도 의사소통을 통해서 할 수 있으며, 아이들이 언어를 적절하게 사용하는 방법을 배우는 것도 의사소통을 통해서 가능하다. 그러나 그들의 언어 능력에서 있을지도 모르는 한계 때문에, 이중언어와 삼중언어를 구사하는 아이들은(그리고 하나의 언어만 구사하는 아이들도) 문법과 어휘 영역에서 실수할 수 있고, 가끔은 자기의 생각과 느낌을 표현하는 데 계승어를 사용하지 못할 수도 있다. 만약 부모가 아이들의 실수에 호들갑을 떨거나 아이들이 의사소통할 수 있도록 돕는 대신 계승어 사용을 강요한다면 아이들은 아예 '자기 자신의 문을 닫아버릴' 것이다. 장기적으로 보면 그런 종류의 행동은 부모-자녀 관계에 해로운 영향을 줄 것이고, 결과적으로 아이들이 계승어를 배우는 기회도 제한해 버릴 것이다.

따라서 계승어를 가르치고 배울 때 부모는 자신과 자녀가 의사소통하는 것을 최우선순위에 놓아야 한다. 아이들이 계승어(들)로 자기 의사를 표현하는 데 어려움을 겪거나 실수한다면 부모는 도와주고 시범을 보여 줄 수 있다. 부모가 자신의 대화 상대라는 것을 인식할 때 아이들은 자기 생각과 느낌을 부모에게 기꺼이 나누려고 할 것이다.

5. 언어 학습은 전후 맥락 속에서 일어난다

언어 학습은 독립적인 활동이 아니다. 이것은 매일의 활동 가운데 일어난다. 그 누구도 단순히 어휘와 구문을 배운다고 해서 어떤 언어를 잘 구사할 수는 없다. 단어와 구문은 의미가 통하기 위해서 전후 맥락을 가질 필요가 있다. 따라서 아이들이 계승어(들)를 배우는 것을 돕기 위해서 부모들은 반드시 언어(들)를 듣고 사용할 기회를 아이들에게 제공해 주어야 한다. 다중언어를 구사하는 아이들이 다른 여러 활동에 참여할 때 더 동기부여를 받고 더 성공을 거두는 경향이 있다. 따라서 아이들이 계승어(들)를 잘 구사하도록 도와주는 하나의 열쇠는 그들을 다양한 활동에 참여하게 하는 것이다. 당신의 아이들이 더 많은 활동에 참여하면 할수록 그들은 계승어를 더 많이 접하게 될 것이고, 더 많이 그것을 사용할 것이다.

6. 언어와 문화유산은 함께 간다

언어는 문화유산의 일부이다. 그러므로 아이들이 계승어를 배우는 것을 도울 때 부모는 그들이 문화도 동시에 배우도록 도와주는 데 초점을 맞추는 것이 좋다. 관습, 의식, 관용구, 이해, 믿음, 가치, 관습적 제스쳐와 같이 계승어와 관계된 중요한 측면은 대단히 중요하고, 이런 것들은 아이들이 계승어를 사용할 때 그들을 더 진짜 원어민같이 보이게 해줄 것이다.

7. 시작하기에 너무 늦은 때란 없다

태어나자마자 언어교육을 시작하는 것이 이상적이겠지만, 이것을 이중언어/다중언어를 성공적으로 구사할 수 있는 유일한 길로 여겨서는 안 된다. 모든 가정은 저마다 상황이 다르기 때문에 자기 가정의 필요에 가장 잘 맞는 시간표를 짜야 한다. 사실, 한 언어를 배우기 시작하는 나이는 언어 숙달도 면에서(발음과 같은)[41] 어떤 영역에 영향을 줄 수 있지만 연구자들은 나이가 들어서 언어를 배운 사람도 많은 이점을 갖고 있다고 말한다.[42] 헨리 키신저(Henry Kissinger, 독일 태생의 전 미국 국무장관)는 비록 악센트가 심하기는 해도 그의 영어에 나타난 명확성, 위트와 숙달도에 대해 의문을 표하는 사람은 거의 없다. 그러므로 아이들이 다중언어 구사로 가는 과정을 시작하기에 너무 늦은 때란 결코 존재하지 않는다.

8. 아이들은 적극적인 학습자이다

아이들은 수동적인 학습자가 아니다. 그들은 적극적으로 자신의 발달에 이바지한다. 만약 부모가 아이들의 필요와 원하는 것을 이해하기 위해 주의 깊게 그들을 관찰하고 귀 기울여 그들의 말을 듣는다면 부모는 아이들의 이중언어 또는 다중언어 발달을 위해 가능한 최고 수준의 도움을 줄 수 있을 것이다. 심리언어 학자 데이비드 맥닐(David McNeill)[43]이 보여 준 고전적인 사례가 이것을 전부 다 말해 주었다. 맥닐은 연구를 통해 영어를 사용하는 3세 어린이들은 계속해서 불규칙 과거 시제를 사용할 때 어떤 실수를 저지르는 것을 발견했다. 엄마가 반복해서 고쳐 주었음에도 불구하고, 그 아이들은 계속 '잘못된' 단어를 사용했다. 겉으로 보기에 아이들이 '실수'한 것처럼 보이는 이런 사례가 실은 아이들이 일반적 '규칙'을 이용하는 적극적인 학습자라는 것을 잘 보여주는데, 이것은 그들이 단지 수동적으로 부모나 주위에 있는 다른 어른들이 하는 것을 모방한다기보다는 그들이 사고하고 관찰한다는 증거이기 때문이다. 따라서 부모들은 아이들이 적극적인 언어 학습자라는 것을 인식할 때에만 언어발달 특징을 진정으로 이해할 수 있다.―그들이 저지르는 언어 실수도 포함해서!

9. 언어 학습은 평생에 걸친 과정이다

언어 학습은 하나의 언어를 배우든지 아니면 둘 또는 그 이상을 배우든지 관계 없이 평생에 걸친 과정이다. 어른인 우리조차도 우리의 언어(들)를 바꾸고 있고 어쩌면 우리의 언어(들)를 '완벽하게 만들어' 가고 있는 중이라고 할 수 있다. 한 언어를 완벽하게 마스터했다고 해서 더 이상 발전할 여지가 없다고 주장할 수 있는 사람은 아무도 없다. 그것이 모국어라도 그렇다.

이 점을 이해한다면 부모들은 다중언어를 구사하는 자녀의 언어 학습을 최종 산출물로 보기보다는 하나의 과정으로 보아야 한다. 그들은 아이들이 하나 이상의 언어를 배우는 과정에서 저지르는 실수들은 언어 학습과 발달에서 정상적으로 일어난다는 것을 깨달을 것이다. 그들은 언어 혼합을 하나 이상의 언어를 배우면서 자라는 아이들에게 공통으로 나타나는 특징으로 여길 것이다. 그들은 자녀를 혼내기보다는 자녀와 함께 일하도록 동기부여를 받을 것이고, 자녀에게 계승어를 실험해 보고 탐험해 보라고 격려해 줄 것이다. 부모들은 자녀가 계승어를 성취할 때 보여 주는 저마다 다른 능숙도를 받아들일 것이다. 그리고 가장 행복한 것은, 그들은 계승어 발달에서 자녀가 성취해 내는 아주 작은 부분까지도 즐거워할 것이라는 점이다.

10. 다중언어를 구사하는 어린이들을 공개적으로 지지해 주자

나는 앞장에서 부모들이 직계 가족의 도움을 받아 어떻게 자녀를 도와줄 수 있는지에 집중해서 이야기했다. 그러나 다중언어를 구사하는 아이들이 본인이 갖고 있는 최고의 잠재력을 얻도록 환경을 만들어 주기 위해서는 가족의 도움 자체만으로는 충분하지 않다. 이 사실에 정확하게 적용되는 유명한 아프리카 속담이 있다. '아이를 기르는 데는 마을 하나가 필요하다.' 발달 심리학자 유리 브론펜브레너(Urie Bronfenbrenner)는 아이들에게 주어진 환경(예를 들어, 즉각적이고 친척을 포함한 대가족, 이웃, 학교, 부모의 직장, 대중 매체, 지역 봉사, 정치 시스템, 문화적 신념과 같은 환경) 가운데 많은 요소가 함께 작용해서 한 아이의 발달에 기여한다고 말했다.[44] 그러므로 아이의 환경에서 모든 요소가 함께 모여 아이들이 발달하는 것을 돕는다면, 이중언어 또는 다중언어를 구사하는 아이들은 최고 수준의 혜택을 누리게 될 것이다.

정치적 의식이 부각되고 있는 21세기에서 부모들은 계승어 발달과 유지를 주장할 수 있는 기회를 갖고 있다. 사실 어떤 지역과 나라에서는, 의식 있는 시민들이 노력한 결과 최근 계승어를 교육해야 한다는 주장이 다시 힘을 얻었고, 주(州)에서 재정지원을 받은 학교에서 계승어 교육이 이뤄지고 있다.[45] 따라서 만약 우리가 어떤 일이 일어나기를 원한다면 행동에 나서야 한다. 우리가 말하지 않으면 아무도 우리와 우리 아이들을 대신해서 말해 주지 않는다. 나는 언어 학자 잉그리드 필러(Ingrid Piller)가 "이중언어와 다중언어를 구사하는 아이들을 키우는 것은 단지 개인에 국한된 문제가 아니다. 부모들은 다중언어를 구사하는 것에 대해 민주적으로 접근하는 것뿐만 아니라 공교육 차원에서 계승어 보존을 위해 노력을 하는 데 참여해야 한다."라고 한 말에 동의한다.[46] 부모들은 저마다 다른 능력과 재능을 기반으로 하여 자기가 계승어 교육을 위해 (교실과 학교에서부터 지역사회와 정부부문에 이르기까지)할 수 있는 부분을 선택하여 노력하면 된다. 가장 작은 한걸음이라고 하더라도 이중언어와 다중언어를 구사하는 아이들에게는 커다란 차이를 만들어 낼 수 있다. 부모들은 다른 사람들과 힘을 합하여 이중언어와 다중언어를 구사하는 아이들에게 더 유리한 사회적, 학문적 환경을 조성하도록 도울 수 있다. 이런 행동은 특히 경제적으로 혜택을 받지 못한 아이들

(이런 아이들은 도움을 받지 못한다면 다중언어 교육에 접근할 수가 없다.)에게 도움이 될 것이다.

요약

비록 삼중언어를 구사하는 것에 대한 연구가 꽤 진척되기는 했지만 아직도 우리가 삼중언어를 구사하는 아이들에 대해 아는 것과 그들의 발달 특징 사이에 큰 간격이 놓여 있다. 그러나 우리가 실제로 아는 것은 다중언어를 구사하는 아이를 키우는 것에는 많은 잠재적 이점이 있다는 것이다. 이런 잠재력을 실현하기 위해, 직계 가족(친척)을 포함한 대가족, 이웃, 학교, 부모의 직장, 대중 매체, 지역 봉사, 정치 시스템, 문화적 신념과 같이 아이를 둘러싼 환경의 많은 구성요소가 함께 작용하여 우리 아이들의 발달에 가장 필요한 도움을 제공해 주어야 한다. 따라서 가족 단계에서 아이들과 함께 일하는 것 외에, 부모는 더 큰 세상에서 아이들이 이중언어와 다중언어를 구사하도록 지원해 주려고 노력해야 하고, 아이들이 성공할 가능성을 극대화하려고 노력해야 한다.

더 중요한 것은, 이중언어 또는 다중언어를 구사하는 아이를 키우는 것은 행복한 아이를 키울 수 있느냐의 문제라는 점이다. 그러므로 부모들은 아이들의 행복을 제일 앞자리에 두어야 하고, 아이들과 의사소통을 하는 것을 계승어 학습 시 제1순위에 놓아야 한다. 그와 동시에 부모는 자녀에게 최고의 지원 환경을 제공해 주기 위해 자기 자신의 필요도 잘 돌보아야 한다. 뿐만 아니라 부모들은 아이들이 계승어를 더 잘 사용하도록 도와주기 위해 관습, 의식, 이해, 믿음, 가치, 관습적 제스처와 관용구를 언어 교육과 학습 과정으로 통합하는 것을 고려해야 한다. 부모는 아이들이 다양한 활동에 참여하게 함으로써 그들이 계승어를 배우도록 도와주어야 한다.

마지막으로, 아이들은 그들 자신의 이중언어 그리고 다중언어 발달 과정에 적극 공헌한다. 또한 부모의 역할은 자녀의 감정적이고 발달적

인 필요에 관심을 갖는 것과 그들의 발달에 가장 잘 어울리는 도움을
제공하는 것을 포함한다. 부모가 언어 학습을 평생에 걸친 과정으로 여
긴다면 자녀를 하나 이상의 언어 구사자로 키우는 과정을 즐길 수 있을
것이다.

　　다중언어를 구사하는 아이들을 키우는 여러분에게 행운이 가득하길!

[미주]

1. Cenoz, J. and Hoffman, C. (2003) Acquiring a third language: What role does bilingualism play? *International Journal of Bilingualism* 7 (1), 1-5.

   Cenoz, J. (2003) The additive effect of bilingualism on third language acquisition: A review. *International Journal of Bilingualism* 7 (1), 71-87.

2. Lawson, S. and Sachdev, I. (2004) Identity, language use, and attitudes: Some Sylheti-Bangladeshi data from London. *Journal of Language and Social Psychology* 23 (1), 49-69.

   Maguire, M.H. (2005) Identity and agency in primary trilingual children's multiple cultural worlds: Third space and heritage language. In J. Cohen, K.T. McAlister, K. Rolstad and J. MacSwan (eds) *Proceedings of the 4th International Symposium on Bilingualism* (pp.1423-1445). Someville, MA: Cascadilla Press.

   Koven, M. (2007) *Selves in Two Languages: Bilinguals' verbal Enactments of Identity in French and Portuguese*. Amsterdam: John Benjamins.

3. Abu-Rabia, S. and Siegel, L.S. (2003) Reading skills in three orthographies: The case of trilingual Arabic-Hebrew-English-speaking Arab children. *Reading and Writing* 16 (7), 611-634.

   Li, G.F. (2006) Biliteracy and trilingual practices in the home context: Case studies of Chinese-Canadian chidren. *Journal of Early Childhood Literacy* 6 (3), 355-381.

4. Edwards, M. and Dewaele, J.M. (2007) Trilingual conversation: A Window into multicompetence. *International Journal of Bilingualism* 11 (2), 221-242.

   Hoffmann, C. and Stavans, A. (2007) The evolution of trilingual codeswitching from infancy to school age: The shaping of trilingual competence through dynamic language dominance. *International Journal of Bilingualism* 11 (1), 55-72.

5. Klein, D., Milner, B. and Zatorre, R.J. (2002) Cerebral organization in a right-handed trilingual patient with right-hemisphere speech: A positron emission tomography study. *Neurocase* 8 (5), 369-375.

6. Ray, J. (2003) Treating phonological disorders in a multilingual child: A case study. *American Journal of Speech-Language Pathology* 11 (3), 305-315.

7. Goral, M.L., Erika, S. and Obler, L.K. (2006) Cross-language lexical onnections in the mental lexicon: Evidence from a case of trilingual aphasia. *Brain and Language* 98 (2), 235-247.

8. Stavans, A. and Swisher, V. (2006) Language switching as a window on trilingual acquisition. *International Journal of Multilingualism* 3, 193-220.

9. Quay, S. (2001) Managing linguistic boundaries in early trilingual development. In J.Cenoz and F. Genesee (eds) *Trends in Bilingual Acquisition* (pp.149-199). Amsterdam: John Benjamins.

10. 이 아이는 태어날 때부터 영어, 독일어, 프랑스어를 배웠고, 우르두어(Urdu)는 수동적으로 배웠다고 보고되었다. 그러나 그녀는 나중에 자라면서 우르두어를 잊어버리고 말았다. Dewaele, J.M. (2000) Trilingual first language acquisition: Exploration of a linguistic 'miracle'. *La Chouette* 31, 41-46을 참고할 것.
Dewaele, J.M. (2007) Still Trilingual at ten: Livia's multilingual journey. *Multilingual Living Magazine* (March/April), 68-71.

11. 예를 들면, Hoffmann, C. (1985) Language acquisition in two trilingual children. *Journal of Multilingual and Multicultural Development* 6, 479-495을 참조할 것.
Hoffmann, C. and Stavans, A. (2007) The evolution of trilingual codeswitching from infancy to school age: The shaping of trilingual competence through dynamic language dominance. *International Journal of Bilingualism* 11 (1), 55-72.
Quay, S. (2008) Dinner conversation with a trilingual two-year old: Language socialization in a multilingual context. *First Language* 28 (1), 5-23.

12. Hoffmann, C. and Stavans, A. (2007) The evolution of trilingual codeswitching from infancy to school age: The shaping of trilingual competence through dynamic language dominance. *International Journal of Bilingualism* 11 (1), 55-72.
Hoffmann, C. (2001) Towards a description of trilingual competence. *International Journal of Bilingualism* 5 (1), 1-17.

13. Chomsky, N. (1957) *Syntactic Structures.* The Hague: Mouton.

14. Slobin, D.I. (1985) Crosslinguistic evidence for the language-making capacity. In D.I. Slobin (ed.) *The Crosslinguistic Study of Language Acquisition (Vol.2): Theoretical Issues* (pp. 1157-1256). Hillsdale, NJ: Lawrence Erlbaum.

15. Hoffman, C. (2001) The status of trilingualism in bilingualism studies. In J. Cenoz, B. Hufeisen and U. Jessner (eds) *Looking Beyond Second Language Acquisition: Studies in Tri- and Multilingualism* (pp.13-25). Tubingen: Stauffenburd Verlag.

16. Quay, S. (2008) Dinner conversation with a trilingual two-year old: Language socialization in a multilingual context. *First Language* 28 (1), 5-23.

17. Andreou, G. (2007) Phonological awareness in bilingual and trilingual school children. *The Linguistic Journal* 3 (3), 8-15.

18. 원문에 따르면 4장의 미주 9 참고

19. 원문에 따르면 4장의 미주 10 참고

20. 원문에 따르면 4장의 미주 11 참고

21. Jespersen, O. (1922) *Language: Its nature, Development and Origin.* London: George Allen & Unwin.
Saer, D. (1923) The effect of bilingualism on intelligence. *British Journal of Psychology* 14, 15-38.

22. Bialystok, E. (2001) Metalinguistic as part of bilingual processing. *Annual Review of Applied Linguistics* 21, 169-181.

23. 이중언어를 사용하면 얻게 되는 이점에 대해 더 정보를 얻기 원한다면, 다음 자

료를 추천한다. Kendall King and Alison Mackey (2007) *The Bilingual Edge: Why, When, and How to Teach Your Child a Second Language*: New York: Collins.

24. Lambert, W.E. (1978) Cognitive and socio-cultural consequences of bilingualism. *Canadian Modern Language Review* 34 (3), 537-547.

25. Bialystok, E. (2005) Consequences of bilingualism for cognitive development. In J.F. Kroll and A.M.B. de Groot (eds) *Handbook of Bilingualism: Psycholinguistic Approaches* (pp. 417-432). New York: Oxford University Press.

26. Stephens, M. (1997) Bilingualism, creativity, and social problem-solving. *Dissertation Abstract International Section A: Humanities and Social Sciences* 58 (94-A)

27. Kuo, L.J. (2007) Effects of bilingualism on development of facets of phonological competence (China). *Dissertation Abstracts International Section A: Humanities and Social Sciences* 67 (11-A)

28. Chan, K.T. (2005) Chineses-English bilinguals' theory-of-mind development. *Dissertation Abstracts International Section A: Humanities and Social Sciences* 65 (10-A) Charkova, K.D. (2005) Early foreign language education and metalinguistic development: A study of monolingual, bilingual, and trilingual children on noun definition tasks. In J. Cohen, K.T. McAlister, K. Rolstad and J.MacSwan (eds) *Proceedings of the 4th International Symposium on Bilingualism* (pp.506-521). Someville, MA: Cascadilla Press.

29. Sheng, L., McGregor, K.K. and Marian, V. (2006) Lexical-semantic organization in bilingual children: Evidence from a repeated word association task. *Journal of Speech, Language, and Hearing Research* 49 (3), 572-587.

30. Daller, H., van Hout, R. and Treffers-Daller, J. (2003) Lexical richness in the spontaneous speech of bilinguals. *Applied Linguistics* 24 (2), 197-222.

31. Bialystok, E., Luk, G. and Kwan, E. (2005) Bilingualism, biliteracy, and learning to read: Interactions among languages and writing systems. *Scientific Studies of Reading* 9 (1), 43-61.

32. Pandey, P. (1991) A psycholinguistic study of democratic values in relation to mono-, bi-, and trilingualism. *Psycho-Lingua* 21 (2), 111-113. Paradowski, M.B. (2008) The benefits of multilingualism. *Multilingual Living Magazine* 3 (2), 19-20.

33. Baker, C. (2007) *A Parents' and Teachers' Guide to Bilingualism* (3rd edn, p.2). Clevedon: Multilingual Matters.

34. Bialystok, E., Majumder, S. and Martin, M.M. (2003) Developing phonological awareness: Is there a bilingual advantage? *Applied Psycholinguistics* 24 (1), 27-44. Bialystok, E. (1999) Cognitive and language: Cognitive complexity and intentional control in the bilingual mind. *Child Development* 70 (3), 636-644.

35. Bialystok, E. and Majumder, S. (1998) The relationship between bilingualism and the development of cognitive processes in problem solving. *Applied*

Psycholinguistics 19 (1), 69-85.

36. Hoff, E. (2003) The Specificity of environmental influences: Socioeconomic status affects early vocabulary development via maternal speech. *Child Development* 72, 1368-1378.

37. Baker, C. (2007) *A Parents' and Teachers' Guide to Bilingualism* (3rd edn., p.29). Clevedon: Multilingual Matters.

38. Johnson, J.E., Christie, J.F. and Yawkey, T.D. (1999) *Play and Early Childhood Development*. New York: Addison Wesley Longman.

39. Dumka, L.E., Roosa, M.W. and Jackson, K.M. (1997) Risk, conflict, mothers' parenting, and children's adjustment in low-income, Mexican immigrant, and Mexican American families. *Journal of Marriage and the Family* 59 (2), 309-323. Cummings, E.M. and Davies, P.T. (1994) *Children and Marital Conflicts: The impact of Family Dispute and Resolution*. New York: Guilford Press.

40. Piaget, J. (1952) *The Orignis of Intelligence in Children*. New York:International University Press.

41. Asher, J. and García, G. (1969) The optimal age to learn a foreign language. *Modern Language Journal* 38, 334-341. Anderson, P.J. and Graham, S.M. (1994) Issues in second language phonological acquisition among children and adults. *Topics in Language Disorders* 14, 84-100.

42. Collier, V.P. (1987) Age and rate of acquisition of second language for academic purposes. *TESOL Quarterly* 21, 617-641. Cummins, J., Swain, M., Nakajima, K., Handscombe, J., Green, D. and Tran, C. (1984) Linguistic interdependence among Japanese and Vietnamese immigrant students. In C. Rivera (ed.) *Communicative Competence Approaches to Language Proficiency Assessment: Research and Application* (pp.60-81). Clevedon: Multilingual Matters. Ervin-Tripp, S.M. (1974) Is second language learning like the first? *TESOL Quarterly* 8, 111-127.

43. McNeill, D. (1970) *The Acquisition of Language: The Study of Developmental Psycholinguistics*. New York: Harper & Row.

44. Bronfenbrenner, U. (1979) *The Ecology of Human Development: Experiments by Nature and Design*. Cambridge, MA: Harvard University Press. Bronfenbrenner, U. (2005) *Making Human Beings Human: Bioecological Perspectives on Human Development.* Thousand Oaks, CA: Sage.

45. Harrison, B. (1998) The development of an indigenous language immersion school. *Bilingual Research Journal* 22, 297-316.

46. Piller, I. (2005) Book Review 'Language stratigies for bilingual families: The one-parent-one-language approach' by Suzanne Barron-Hauwaert. Clevedon: Multilingual Matters (2004). *International Journal of Bilingual Education and Bilingualism* 8 (6), 614-617.

에필로그

    내가 레안드레와 도미니크가 삼중언어 구사력의 발달에 대해 쓴 이 책을 마무리한 이래, 그들은 계속 성장하고 있다. 그들은 건강하고, 행복하며, 똑똑하고, 나는 그들이 '말이 많은' 사람이라고 말해야 할 것이다. 우리는 그들의 선생님이 이렇게 우리에게 말해 주는 것을 듣고 기분이 좋았다. "이런 아이들을 갖고 계시다니, 정말 운이 좋으세요." 우리는 레안드레와 도미니크가 있어서 정말 운이 좋다고 생각하고 있고, 우리가 그들을 삼중언어 구사자로 키우려고 지속적으로 노력한 끝에 긍정적인 결과가 나와서 몹시 기뻤다.

    그동안, 아이들이 초등학교에 다니는 이래로 많은 것이 변했다. 그들의 삼중언어와 정체성 발달은 매력적인 시기를 통과했다. 이런 변화에 반응하기 위해 우리는 자녀 양육 전략 가운데 많은 것을 다시 조정해야 했다. 독자 여러분은 나의 다음 책에서 사춘기 동안 레안드레와 도미니크의 삼중언어 발달에 대해 읽을 수 있을 것이다.

부 록

- 부모들에게 유용한 웹 사이트
- 색인

부모들에게 유용한 웹사이트

Websites that provide support or information about raising children with more than one language:

http://www.biculturalfamily.org/magazine.html.
http://www.cal.org/about/index.html.
http://www.linguistlist.otg/ask-ling/biling.html.
http://parents.berkeley.edu.
http://www.bilingualbabies.org.
http://www.multiling-matters.com.
http://www.multilingulfamily.co.uk.

Websites that provede information about multilingual reading materials and interactive video and audiotapes :

http://www.laukart.de/multisite/songbook/links.php.
http://bookswithoutboarders.com.
http://www.learningground.com.
http://www.bolingual-supplies.co.uk.
http://www.shop.com/+-a-how+to+find+heritage+language+books+for+chil dren-p26434149-k36-st.shtml.

Websites that provide information about heritage-language learning sites, schools and programs:

http://languagesschool.net.
http://www.lexlrf.org.
http://www.casadehoanna.com/mirror.
http://facecouncil.org/fhlp/index.html.
http://www.cal.org/heritage/profiles/programs/spanish_CMS.html.
http://www.cal.org/heritage/partners/partners.html.
http://www.csaus.org/csaus02.

색인(Index)

저자별(Authors)

가르비(Garvey,C.) 183
가르시아(García,G.) 353
가버(Garber,P.) 184
갈다(Galda,L.) 183
갈람보스(Galambos,S.J.) 181
겔만(Gelman,S.A.) 69
고든(Gordon,N.) 183
고랄(Goral,M.I..) 350
고로슈(Gorosch,M.) 288
고프닉(Gopnik,A.) 69, 183
골드스테인(Goldstein,B.A.) 104
골드필드(Goldfield,B.A.) 179
골든(Golden,J.) 324
골딘 매도우(Goldin-Meadow,S.) 68, 181, 184, 185
구오(Guo,Y.) 180
구즈(Goodz,N.S.) 103, 179, 183
국제 아동 보건 발전 기구(NICHD) National Institute for Child Health and Development 182, 231
굿윈(Goodwyn,S.) 170, 185
그레이엄(Graham,S.M.) 353
그로스진(Grosjean,F.) 27, 71
그린(Green,D.) 353
글라이트만(Gleitman,A.) 180
글라이트만(Gleitman,L.) 180
길모어(Gilmore,J.) 288

나심-아미타이(Nissim-Amitai,F.) 44, 68
나카자와(Nakazawa,D.) 220, 228, 231, 232
나카지마(Nakajima,K.) 353
나탈리 앤지어(Angier,N.) 255, 289
낸스(Nance,T.) 103
네글러스(Naigles,L.) 69
네이지(Nagy,W.E.) 183, 288
넬슨(Nelson,K.) 177, 179
노이만(Neuman,S.B.) 183

노턴(Norton,B.) 232, 325, 326
뉴포트(Newport,E.) 180
니콜라디스(Nicoladis,E.) 185

다우디(Dowdy,J.K.) 275, 289
다익스트라(Dijkstra,T.) 69
대쉬엘(Dashiell,J.W.) 27
댈러(Daller,H.) 352
데씨(Deci,E.L.) 185
데이비스(Davies,P.T.) 353
데일(Dale,P.S.) 179, 289
델파이(Delpit,L.) 275, 289
뎅(Deng,C.Q.) 289
돕케(Döpke,S.) 70
둠카(Dumka,L.E.) 353
듀리어-스미스(Durieux-Smith,A.) 185
드 그루트(de Groot,A.) 288, 352
드 탕플(De Temple,J.M.) 165, 178, 183
드 하우버(De Houwer,A.) 28, 70
드벨러(Dewaele,J.M.) 27, 28, 42, 67, 70, 72, 231, 350
드워킨(Dworkin,J.P.) 177
디킨슨(Dickinson,D.K.) 178, 183

라이언(Lyon,T.) 69, 177
라이언(Ryan,R.M.) 185
라크모어(Rockquemore,K.A.) 181
라포르트(Laporte,N.) 288
래미(Ramey,C.T.) 183
래미(Ramey,S.L.) 183
램(Lamb,M.E.) 177, 182
램벌트(Lambert,W.E.) 352
러스트(Lust,B.) 180, 182
레비 덱(Lewedeg,V.) 104
레빈슨(Levinson,S.C.) 69
레오폴드(Leopold,W.F.) 21, 29, 103, 152, 177, 181
레이(Ray,J.) 350
레이놀즈(Reynolds,W.M.) 324

레이즈(Reyes,A.) 324
레즈니크(Reznick,J.S.) 179
렘회퍼(Lemhöfer,K.) 69
로드리게스(Rodrigues,J.) 324
로메인(Romaine,S.) 27, 71, 151, 181
로빈슨(Robinson,D.W.) 104
로빈슨(Robinson,N.) 289
로손(Lawson,S.) 27, 350
로쓰(Roth,W.M.) 184
로크(Loke,K.K.) 180
롤스타드(Rolstad,K.) 350, 352
롱자(Ronjat,J.) 21, 29, 103, 152, 177, 181
루자(Roosa,M.W.) 353
루크(Luk,G.) 352
리(Lee,S.) 71
리(Li,G.F.) 350
리(Li,S.L.) 289
리번(Lieven,E.V.M.) 69
리베라(Rivera,C.) 353
리블리히(Lieblich,A.) 324
리에(Rea,K..) 326
리우(Liu,E.) 47, 68, 318, 326
리치(Ritchie,W.C.) 43, 60, 68, 70, 71,
103, 178
리치아르델리(Ricciardelli,L.A.) 104
린드홀름 리어리(Lindholm-Leary,K.) 104
릴리(Riley,P.) 44, 68, 105, 178, 185, 288

마랏소스(Maratsos,M.) 69
마르(Mar,J.B.) 103
마르시아(Marcia,J.E.) 293, 324
마리안(Marian,V.) 352
마이젤(Meisel,J.M.) 103
마줌더(Majumder,S.) 352
마틴(Martin,M.M.) 352
말로이(Maloy,R.W.) 288
매킨타이어(MacIntyre,A.) 324
맥그리거(McGregor,K.K.) 352
맥네일(McNeill,D.) 345, 353
맥도웰(McDowell,T.) 27

맥스완(MacSwan,J.) 350, 352
맥아담스(McAdams,D.P.) 324
맥앨리스터(McAlister,K.T.) 350, 352
맥워터(McWhorter,J.) 256, 289
맥위니(MacWhinney,B.) 179
맥카들(McCardle,P.) 70, 181
맥칼리스터(McCallister,C.) 324, 325
맥케이(Mackey,A.) 351
맥케이브(McCabe,A.) 68
맹겔도프(Mangelsdorf,S.C.) 181
메라비언(Mehrabian,A.) 184
메리만(Merriman,W.) 69
메츨러(Metzler,C.W.) 103
멜초프(Meltzoff,A.) 183
모리슨(Morrison,A.) 103
모리카와(Morikawa,H.) 69
몰로니(Molony,C.) 70
무어(Moore,B.) 185
미국 통계국(US Census Bureau) 27
미나미(Minami,M.) 68
미쉘(Michel,M.C.) 69
미쉘리(Mechelli,A.) 104
미첼(Mitchell,Z.) 185
민츠(Mintz,J.) 324
밀너(Milner,B.) 350
밀러(Miller,G.A.) 288
밀러(Miller,J.) 178
밀러(Miller,P.) 324
밀로이(Milroy,L.) 27

바겐버그(Wagenberg,L.) 183
바론 하우버트(Barron-Hauwaert,S.) 72, 104
바스케즈(Vasquez,O.A.) 309, 325
바쏙(Bassok,M.) 185
바워만(Bowerman,M.) 69
바이질(Vigil,D.C.) 104
바티아(Bhatia,T.K.) 43, 60, 61, 68, 70,
103, 178
반 하우트(Van Hout,R.) 352
반두라(Bandura,A.) 325

저자별(Authors)

버논-피간스(Vernon-Feagans,L.) 177
버락-오러플린(Verock-O'Loughlin,R.E.) 288
버리지(Burridge,K.) 289
버스탈(Burstall,C.) 288
버호벤(Verhoeven,L.) 231
베네딕트(Benedict,H.) 180
베르나스(Bernas,R.) 69, 185
베르만(Berman,C.R.) 20, 28
베르크(Berk,L.E.) 180
베이츠(Bates,E.) 180
베이커(Baker,C.) 28, 35, 68, 105, 182, 336, 337, 352, 353
베인(Bain,B.) 103
벨스키(Belsky,J.) 183
벨첼(Welzel,M.) 184
보스마크(Bosemark,C.) 96, 105
보스초튼(Boeschoten,H.) 231
보엠(Boehm,A.) 183
보지아노(Boggiano,A.K.) 185
본스테인(Bornstein,M.) 183
부스(Booth,A.) 182
브라운(Brown,R.) 169, 180, 184
브라운(Brown,S.) 53, 67, 69
브런즈마(Brunsma,D.L.) 27, 181
브레데컴(Bredekamp,S.) 183
브레톤(Breton,A.) 104
브레히트(Brecht,R.D.) 27
브로더(Broader,S.C.) 185
브로디(Brody,G.) 183
브론펜 브레너(Bronfenbrenner,U.) 347, 353
브롭스트(Brobst,K.) 183
브루너(Bruner,J.) 231, 324
브릭(Bryk,A.) 69, 177
블랙(Black,J.B.) 181, 184
블레이크(Blake,J.) 180
블레크리지(Blackledge,A.) 178
블록(Block,J.H.) 103
블룸(Bloom,K.) 185
블룸(Bloom,P.) 161, 182
비글란(Biglan,A.) 103
비알리스토크(Bialystok,E.) 104, 134,
179, 182, 183, 350, 351
비에라(Viera,S.) 28
빌스(Beals,D.E.) 183

사운더스(Saunders,G.) 103, 152, 177, 178, 181
사카모토(Sakamoto,M.) 16, 28, 105.,
사피르(Sapir,E.) 168, 184
새어(Saer,D.) 351
샤논(Shannon,C.S.) 177
샤논(Shannon,S.) 325
샤데브(Sachdev,I.) 27, 350
샤오(Shao,W.M.) 180
세리자와(Serizawa,T.) 27
세본(Cerbone,M.J.) 182
셀링커(Selinker,L.) 288
셸처(Seltzer,M.) 69, 177
셰리프(Sherriff,N.) 326
셍(Sheng,L.) 352
손더가드(Søndergaard,B.) 319, 326
솔로몬(Solomon,K.O.) 184
송(Song,Z.G.) 180
쇠터(Söter,A.) 289
쉬(Shi,L.) 289
쉬버(Sheeber,L.) 103
쉴리칭(Schlichting,K.) 183
슈(Xu,F.) 69
슈워츠(Schwartz,D.L.) 184
스노우(Snow,C.E.) 67, 180
스리바스타바(Srivastava,B.) 104
스마일리(Smiley,P.) 179
스미스(Smith,E.) 324
스웨인(Swain,M.) 353
스위셔(Swisher,V.) 37, 70, 72, 350
스컷냅 캉가스(Skutnabb-Kangas,T.) 28
스턴(Stern,H.H.) 288
스테반스(Stavans,A.) 67, 69, 70, 72, 179, 330, 350, 351
스테판 앤드슨(Andersson,S.) 130, 177, 178, 181

스테판(Stephens,M.) 352
스텐버그(Sternberg,K.J.) 182
스티븐스(Stevens,C.) 27
스티븐슨(Stevenson,H.) 324
스틸(Steele,R.) 28
스페리(Sperry,L.) 324
슬래터리(Slattery,P.) 324
슬로빈(Slobin,D.I.) 20, 28, 71, 180, 231, 351
시겔(Siegel,L.S.) 350
시글러(Siegler,R.S.) 69
시앙(Chiang,C.P.) 180, 182
시엔(Chien,Y.C.) 180, 182
식(Syc,S.E.) 184
심신(Simpsin,A.) 289
싱어(Singer,M.A.) 184
쎄노즈(Cenoz,J.) 27, 39, 67, 71, 179, 182, 350, 351
쓰레드골드(Threadgold,T.) 28

아부-라비아(Abu-Rabia,S.) 350
아셸(Asher,J.J.) 67, 353
아우어바흐(Auerbach,A.B.) 103
아크레돌로(Acredolo,L.) 170, 185
알랜(Allan,K.) 289
알리바리(Alibali,M.) 184
압카리안(Abkarian,G.G.) 177
애니치크(Anicich,M.) 326
애런버그(Arnberg,L.) 184, 232
애타르도(Attardo,S.) 53, 67, 69
앤더슨(Anderson,K.L.) 103, 353
앤드류(Andreou,G.) 351
야마모토(Yamamoto,M.) 181
야키(Yawkey,T.D.) 353
얼빈 트립(Ervin-Tripp,S.M.) 313, 325, 353
업호프(Uphoff,J.K.) 288
에데르(Eder,R.A.) 181
에드워즈(Edwards,M.) 42, 67, 70, 72, 350
에드워즈(Edwards,S.A.) 288
에리카(Erika,S.) 350
에릭슨(Erikson,E.H.) 232, 325

에버하르트(Eberhard,P.) 68, 184, 185
에비아타(Eviatar,Z.) 104
엑셀슨(Axelsson,C.A.) 288
엘더(Elder,A.D.) 184
엘리스(Ellis,N.C.) 288
엘바흐(Erbaugh,M.S.) 142, 180, 231
엘킨드(Elkind,D.) 284, 289
엥겔(Engel,S.) 294, 324
예스베르센(Jespersen,O.) 351
옙(Yep,L.) 246, 288
오노라티(Onorati,S.) 180
오블러(Obler,L.K.) 350
오스본(Osborne,M.P.) 247, 288
오웬즈(Owens,R.E.) 180
오코(Okoh,N.) 104
오키타(Okita,T.) 87, 104
올러(Oller,D.K.) 71
올쉬타인(Olshtain,E.) 44, 68
와일리(Wiley,T.G.) 67, 69, 103
왕(Wang,J.) 69
왕(Wang,X.L.) 67, 68, 184, 185, 231
우(Wu,C.E.) 288
우지니스크-잘목(Uszynsk-Jarmoc,J.) 324
월터스(Wolters,C.A.) 185
웨이(Wei,L.) 27, 71
유(Yu,A.) 103
유(Yu,B.H.) 288
이브라함(Ibraham,R.) 104
이츠마(Ytsma,J.) 68, 289
인고글리아(Ingoglia,L.) 27
인골드(Ingold,C.W.) 27
인헬더(Inhelder,B.) 326
인호프(Inhoff,A.W.) 69
잉(Ying,H.C.) 180

자토르(Zatorre,R.J.) 350
잭슨(Jackson,K.M.) 220, 228, 353
제네시(Genesee,F.) 21, 27, 29, 67, 70, 71, 179, 181, 182, 350
제스너(Jessner,U.) 67, 71, 351

저자별(Authors)

조블(Zobl,H.) 288
조셀슨(Josselson,R.) 324
존스톤(Johnston,J.C.) 185
존슨(Johnson,D.) 324
존슨(Johnson,J.E.) 181, 353
주(Zhu,H.) 179, 231
지러(Zierer,E.) 185
지아오(Jiao,F.) 180
진(Jin,G.S.) 288
짐머맨(Zimmerman,J.A.) 232

차르코바(Charkova,K.D.) 352
차이(Tsai,C.C.) 280, 289
찬(Chan,K.T.) 352
처치(Church,B.) 184, 185
첸(Chen,G.P.) 180
첸(Chen,H.C.) 69
초(Cho,G.) 27
촘스키(Chomsky,N.) 351
최(Choi,S.) 69
치(Tse,L.) 326

카렐(Carrell,P.L.) 289
카를라이너(Carliner,G.) 103
카브레라(Cabrera,N.) 177
카수야(Kasuya,H.) 181
칸노(Kanno,Y.) 293, 324
칼다스(Caldas,S.J.) 179, 289
캐바나프(Kavanaugh,R.D.) 183
커닝햄 안데르손Cunningham-Andersson
U.) 130, 177, 178, 181
커멍스(Cummungs,E.M.) 353
커민스(Cummins,J.) 353
커밍(Cumming,A.H.) 68
켄사쿠(Kensaku,Y.) 325
켈러(Keller,G.D.) 28
켈리(Kelly,S.D.) 185
코넬리(Connelly,F.M.) 324

코르벳(Corbett,L.H.) 104
코빙틴(Covingtin,M.V.) 185
코트(Cote,L.R.) 178
코펜(Koven,M.) 232, 313, 325, 350
코플(Copple,C.) 183
코헨(Cohen,J.) 350, 352
콜리어(Collier,V.P.) 67, 353
콤버(Comber,B.) 289
콰이(Quay,S.) 71, 72, 182, 330, 350, 351
콰타로(Quartaro,G.) 180
콴(Kwan,E.) 352
쿠오(Kuo,L.J.) 352
쿠퍼(Cooper,P.S.) 325
쿡(Cook,S.W.) 185
쿤(Kuhn,D.) 69
쿨(Kuhl,P.K.) 183
크라고(Crago,M.B.) 29
크레인-토레슨(Crain-Thoreson,C.) 289
크롤(Kroll,J.F.) 288, 352
크루즈-페레이라(Cruz-Ferreira,M.) 47,
62, 68, 71, 131, 177, 178, 180, 181, 289
크리스타키스(Christakis,D.A.) 232
크리스탈(Crystal,D.) 180
크리스티(Christie,J.F.) 353
클라인(Clyne,M.) 28
클라인(Klein,D.) 350
클라크(Clark,E.V.) 20, 28
클라크(Clarke,S.) 145, 181
클랜디넌(Clandinin,D.J.) 324
클레(Klee,T.) 104
클레이(Clay,M.M.) 178
키에(Qie,G.Q.) 288
킹(King,K.) 351

타르디프(Tardif,T.) 69
타미스-레몬다(Tamis-LeMonda,C.S.)
177, 183
타볼스(Tabors,P.O.) 178, 182, 183
타우브먼(Taubman,P,M.) 324

탄(Tan,A.) 289
탈(Thal,D.J.) 179
터커(Tucker,G.R.) 27
테라자스(Terrazas,P.) 69
테럴(Terrel,T.D.) 288
테쉬너(Taeschner,T.) 181
테쉬너(Teschner,R.V.),28
토마셀로(Tomasello,M.) 69, 183
트란(Tran,C.) 353
트레퍼스 달러(Treffers-Daller,J.) 352
티베로스키(Teberosky,A.) 231
티톤(Titone,R.) 104

파라도우스키(Paradowski,M.B.) 352
파라디스(Paradis,J.) 29
파블렌코(Pavlenko,A.) 178, 232
파할(Pahl,K.) 324
판데이(Pandey,P.) 352
팝플락(Poplack,S.) 71
팡(Fang,F.X.) 180
팡소파(Pancsofar,N.) 177
패이즐리(Paisley,M.) 288
패터슨(Patterson,J.L.) 104
퍼놀드(Fernald,A.) 69
펄뮤터(Perlmutter,J.) 183
페라(Farrar,M.J.) 183
페레리오(Ferrerio,E.) 231
페르난데스(Fernandez,S.C.) 71
페리(Perry,M.) 184, 324
펠레그리니(Pellegrini,A.D.) 183
포맨(Foeman,A.) 103
포스터(Foster,R.P.) 231
포울린-듀보이(Poulin-Dubois,D.) 179
포트(Potts,R.) 324
프라이스(Price,B.S.) 44, 67
프로드로미디스(Prodromidis,M.) 182
플레처(Fletcher,P.) 179
플레켄(Flecken,E.) 183
피나(Pinar,W.) 324
피네(Pine,J.M.) 69

피세-알바레즈(Pease-Alvarez,L.) 325
피아제(Piaget,J) 288, 326, 353
피어슨(Pearson,B.Z.) 71, 104, 180
피트만(Pittman,T.S.) 185
필러(Piller,I.) 347, 353

하딩 에슈(Harding-Esch,E.) 44, 92, 105,
117, 178, 185, 236, 288
하우젠(Housen,A.) 27, 28
하워드(Howard,M.R.) 71, 103
하터(Harter,S.) 174, 181, 185
할리(Harley,B.) 288
할리웰(Halliwell,J.) 104
해리스(Harris,M.) 182
해리슨(Harrison,B.) 353
해밀튼(Hamilton,M.L.) 177
해이트(Haight,W.) 69, 177
핸슨 스트레인(Hansen-Strain,L.) 46, 68
핸즈컴(Handscombe,J.) 353
허먼(Herman,P.A.) 183, 288
호그스트라(Hoogstra,L.) 324
호지스(Hodges,J.) 104
호체바(Hocevar,T.) 104
호프(Hoff,E.) 69, 178, 353
호프만(Hoffmann,C.) 27, 68, 70, 103,
177, 179, 289, 330, 350, 351
홀랜드(Holland,C.) 27
회프나겔 휠러(Hoefnagel-Hoehle,M.) 67
후(Hu,Q.) 180
후파이젠(Hufeisen,B.) 71, 351
훵(Fung,H.) 324
휘팅턴(Whittington,S.) 183
휴즈(Hughes,D.) 324
휴텐로체(Huttenlocher,J.) 69, 177, 179
휼릿(Hulit,L.M.) 71
히틀린(Hitlin,S.) 325

주제별(Subject)

가시성(可視性)(visibility) 131
가정(home) 16, 36, 58, 86, 90, 109-117, 119, 123, 125, 129, 137-139, 141, 149, 154, 165, 177, 189-191, 196, 200, 202, 205, 213-215, 217, 219, 220, 222, 223, 228-230, 235, 237, 246, 279, 329, 335-337, 345
가족(family) 12-14, 16, 17, 23, 27, 33, 37, 44, 47, 76-80, 84, 91-93, 95, 97, 98, 101, 102, 113, 117, 118, 129, 130, 155, 156, 172-174, 194, 210, 211, 223, 239, 272, 279, 302, 321, 322, 336, 348, 348
가청도(audibility) 131
가치(values)
263, 325, 344, 348, 352
감정(emotion) 59, 215, 341
개성, 성격(personality) 11, 15, 20, 26, 65, 76, 83, 94, 101, 102, 181, 293, 303, 310, 315, 317-319, 322, 324, 340
개인 언어(private language) 276
계획(planning) 18, 25, 28, 75-77, 84, 95, 96, 102, 184, 244
과도기(transition) 189, 191, 193, 205, 215, 217, 219, 222, 228, 230
관습(converntions) 46, 88, 250, 309
관습(customs) 27, 208, 209, 251, 252, 286, 344, 348
관용구(idioms) 56, 258, 259, 286, 344, 348
구문론(syntactic) 142, 337
국적(nationality) 220, 300
규칙(rules) 41, 50, 127, 133, 140, 141, 143, 153, 158, 184, 216, 219, 226, 250, 252, 253, 332
글 읽기(reading) 11, 15, 40, 42, 49, 65, 68, 86, 94, 97, 119-121, 124, 154, 164, 165, 176, 178, 183, 200, 202, 204, 209, 210, 223, 226, 236, 237, 239-241, 244, 246, 247, 250, 262, 266-268, 279, 280, 282, 286, 288, 289, 350

글씨 쓰는 법(handwriting) 202, 236
긍정적인(positive) 84, 95, 115, 116, 175, 176, 210, 225, 239, 300, 302, 317-320, 323, 338, 340
끈기(patience) 285

놀이(play) 104, 111, 131, 147, 163, 164, 166-168, 174, 176-178, 183, 191, 206, 212, 222, 228, 246, 256, 260, 294, 310, 318, 319, 324, 339, 350
능숙도, 숙달도(competen-ce) 18, 45, 46, 48, 51, 52, 53, 57, 65, 66, 93, 338, 345, 346

다중언어를 구사하는 것(multilingualism) 14, 17, 27, 80, 347
다중언어를 구사하는(metalin-guistic) 28, 104, 132, 181, 332, 335, 336, 351
다중언어를 구사할 때 생기는 이점 (benefits of multilingualism) 80, 352
단어 분출(word squrt) 136
단어(word) 21, 28, 41, 43, 52, 55-58, 69, 98, 127, 128, 134, 135, 137, 143, 149, 161, 168-170, 179, 180, 182-184, 182-197, 208, 209, 213-216, 218, 219, 228, 241-243, 254-256, 258, 261, 262, 266-274, 280, 306, 315, 331, 332, 337, 352
대화(conversation) 12, 13, 20, 33, 37, 46, 48, 50, 51, 53-56, 67, 68, 70, 72, 117-119, 121, 129, 130, 131, 139, 143, 147, 152, 161, 163, 166, 167, 182, 192-194, 199, 206, 207, 209, 227, 241, 305, 311, 333, 344, 351
동시의(simultaneous) 17, 28, 36, 38, 71, 76, 117, 134, 192, 261
동족, 어원이 같은(cogmates) 49, 309, 334
두 인종의(biracial) 12, 149, 150, 217, 220, 264, 306, 307
두뇌 잠재력(Brain potential) 81
등장인물(main characters) 11

마더리즈(motherese) 144
말(speech) 20, 47, 48, 61, 68, 69, 71, 110, 133, 135, 144, 170, 182, 177, 180, 181, 183, 184, 213, 217, 237, 259, 350, 352, 353
맥락(context) 20, 21, 36, 43, 49, 51, 56, 64, 68, 69, 123, 130, 140, 144, 145, 160, 161, 163, 173, 176, 182, 200, 204, 225, 237, 249, 261, 263, 266, 280, 286, 294, 313, 325, 335, 344, 350, 351
맥락과 관련 있는 언어(con-textualized language) 200
멀티미디어(multimedia) 205, 206, 227, 228, 249, 263
모국어(mother tongue) 18, 38, 110, 111, 264, 274, 346
목소리(voices) 22, 26, 230, 293, 307, 319, 323
목적, 목표(goals) 76, 86, 96, 101, 175, 185, 204, 237
무지(ignorance) 87, 210,
문맥에서 떼어놓은 언어(decontestualized language) 200
문법(grammar) 50, 69, 124, 133, 140, 145, 152, 213, 216, 250, 269, 288
문화적(cultural) 11, 14, 16, 22, 40, 46, 47, 50, 56, 61, 66, 68, 69, 75, 77, 79-81, 85, 87, 88, 98-102, 126, 143, 144, 150, 157, 173, 208, 209, 220-222, 286, 293, 294, 300-302, 304, 307, 309, 310, 319, 322, 323, 339, 344, 347, 348
미디어(media) 16, 205, 206, 227, 228, 262, 264, 286, 340, 348
민감하게(sensitive) 81, 145, 147, 150, 219, 272, 273, 284, 314, 336
민족-인종(ethnic-racial) 12, 17, 294, 304-307, 322
믿음(beliefs) 46, 47, 53, 66, 92, 210, 223, 263, 293, 340, 344, 346, 348

반응하는 부모(reflective paren-ting) 18
보이지 않는 일(invisible work) 86

복잡성(complexity) 36, 42, 138, 331, 335
부모가 될 사람들(prospective parents) 25, 94, 101, 102, 182
부모의 관찰(parental observation) 20, 21
불규칙 동사(irregular verbs) 141, 143, 332
비즉각적인 대화(nonimme-diate talk) 120, 121, 165, 66, 176, 200

사는 나라의 언어(country tongue) 15
사회의(social) 17, 27, 55, 61, 65, 80, 118, 154, 157, 173, 189, 219, 220, 225, 230, 237, 263, 278, 299, 309, 314, 324-326, 337, 340, 348, 350-352
사회화(socialization) 45, 46, 66, 72, 166, 182, 227, 324, 325, 351
삼중언어 구사자의 유형(types of trilling-uals) 39
삼중언어 구사자의 제1언어 습득(trilingual first language acquisition) 28, 331
삼중언어를 구사하는 것(trilingualism) 35, 39, 41, 42, 45, 64, 68, 71, 86, 210, 219, 294, 299, 329, 348, 351
새로운 단어 만들기(coining words) 127
샘플(sample)12, 20, 21, 65, 177, 289, 294
생각(thought) 53, 56, 88, 89, 99, 151, 167, 210, 212, 223, 263, 278, 304, 305, 310, 313
선택(choice) 15, 54, 77, 79, 95, 98, 100, 114, 115, 116, 131, 182, 216, 244, 273, 306
선형적, 직선 모양의(linear) 222, 313
성과, 성취도(performance) 16, 22, 41-43, 45, 48, 51, 53, 57, 264
성별-언어(gendered-language) 130
성조(tone) 134, 213, 214, 268, 335
숙제(homework) 238, 260-262, 266, 267, 283, 311, 341
습득(acquisition) 16, 17, 18, 19, 20, 21, 22, 28, 39, 40, 42, 43, 45, 46, 47, 49, 50, 51, 63, 65, 68, 69, 72, 82, 104, 134, 155,

157, 158, 168, 175, 179, 180, 181, 182, 184, 190, 191, 208, 223, 227, 230, 236, 237, 250, 286, 329, 331, 333, 334, 348, 350, 353
시작하는(biginning) 59, 77, 101, 117, 131, 137, 200, 208, 224, 242, 258, 259, 345
신생 읽고 쓰기(emergent literacy) 167
쓰다(writing) 12, 40, 42, 49, 63, 85, 94, 147, 202, 203, 236, 237, 239, 240, 247-250, 266, 267, 276, 278, 281, 282, 286, 341, 350, 352

아기 대화(baby talk) 144
아빠의 언어(father tongue) 18, 110, 111, 115, 275
애착(attachments) 218, 274, 275
양(quantity) 141, 156, 157, 334
양사(classifiers) 47, 71, 141, 142, 143, 158, 159, 161, 180, 182, 331, 332
어른대화(adult talk) 144
어휘(lexical) 71, 104, 179, 183, 337
어휘(vocabulary) 52, 57, 66, 69, 119, 120, 123, 126, 136, 137, 145, 164, 167, 168, 193, 196, 197, 199, 206, 224, 225, 228, 229, 242, 270, 288, 337, 343, 344, 353
억양(accents) 38, 41, 135, 148, 149, 217, 272, 311
언어 실험(language experi-menta-tion) 226, 331
언어 인식(language awa-reness) 133, 146, 149, 213, 217, 218
언어를 만드는 능력(language-making capacity) 28, 71, 332, 351
언어학습 장치(language acquisition device) 332
옹알이(babbing) 133, 178, 179, 331
유머러스(humorous) 221, 309, 313
유산, 계승(heritage)11, 14, 16-18, 20, 23, 27, 41, 50, 51, 75-80, 82-84, 89, 93, 95, 96, 101, 102, 111, 119, 123, 124, 126-128, 133, 154-159, 161, 168, 169, 172, 175, 176, 190, 208-210, 213, 220-222, 230, 251, 252, 254, 258, 263, 274, 275, 279-281, 284, 300, 302, 304, 307, 314, 316-319, 319, 329, 331, 334, 338, 339, 341-350
육아(childrearing) 14, 17, 18, 46, 52, 66, 75, 84, 89-102, 144, 154, 282, 285, 316, 320, 334, 335, 340, 342
음운론(phonology) 133-135, 159, 333, 337
의미(semantic) 69, 180, 183, 352, 337
의사소통 효과(communica-tive effects) 58, 66, 194, 322
의사소통(communication) 22, 37, 41, 48, 51, 58, 60, 62, 66, 70, 76, 78, 79, 92, 95, 96, 102, 103, 110, 111-114, 116, 117, 118, 123, 127, 128, 130, 137, 151, 155, 156, 157, 165, 169-176, 194, 204, 215, 222, 223, 226, 230, 248, 252, 253, 255, 261, 261, 269, 276, 209, 322, 336, 343, 344, 348
의식(rituals) 203
이름을 정하는 것(naming) 87, 88, 98, 99
이민을 온(immigrant) 14-16, ,22, 23, 28, 93, 101, 104, 227, 353
이야기 전개(narratives) 22, 167, 293, 326
이중언어(bilingual) 19, 21, 27, 28, 35, 36, 44, 45, 62, 64, 65, 66, 68, 71, 77, 78, 103, 104, 105, 134, 152, 159, 178, 179, 181, 185, 193, 223, 226, 232, 238, 261, 280, 324, 325, 326, 332, 333, 336, 337, 343, 345, 347, 348, 349, 351, 352, 353
이해하는, 이해력(compre-hension) 37-41, 69, 130, 135, 179, 182, 280, 281, 289
인내(perseverance) 235
인센티브(incentives) 243, 249, 286
인지적(cognitive) 55, 69, 69, 104, 121, 123, 159, 168, 169, 173, 174, 178, 183, 236, 256, 279, 339, 352

일상적인 대화체(colloquial) 217
읽고 쓰기 능력(literacy) 67, 124, 162, 165, 167, 199, 200, 229, 235-238, 247, 264, 279, 280, 282, 285, 330, 337
입력(input) 11, 16, 17, 45, 50, 83, 85, 93, 95, 101, 110, 111, 119, 124, 130, 131, 139, 156-159, 162, 164, 176, 191, 217, 228, 332, 334, 335

자가 수정(self-correcting) 274
자기 이야기(personal story) 176
자기 자신(self) 82, 96, 99, 140, 150, 159, 174, 175, 177, 180, 181, 185, 218, 221, 224, 225, 227, 228, 230, 231, 239, 241, 268, 274, 277, 284, 294, 313, 316, 324, 325, 336
자원(resources) 96, 101, 241, 307-309, 318, 322
장기적인(longitudinal) 15, 19, 27, 330
저속한 언어(foul language) 255-257, 286
적절한 때(opportune mo-ments) 247, 286
정적인(static) 42, 52, 53
정체성(identity) 11, 14, 15, 17, 20, 22, 26, 27, 48, 61, 66, 77, 79, 80, 87, 89, 99, 100, 101, 103, 109, 149, 150, 154, 174, 176, 178, 181, 189, 219, 225, 228, 230, 232, 235, 264, 265, 274-276, 293-295, 297-302, 304, 305, 307, 309, 315, 316, 318-320, 322-326, 329, 336, 350
제스처(gestures) 130, 135, 169-172, 176, 184, 251, 286
주변 반응(peripheral inte-raction) 115, 285
즉각적인 대화(immediate talk) 120, 121, 165, 166
지속적인(consistent) 79, 96, 111, 114, 155, 179, 230
지원(support) 14, 15, 17, 68, 76, 78, 82, 84, 89, 93-95, 102, 105, 126, 154, 157, 176, 189, 222, 224, 230, 236, 320, 331, 347, 348
지원해 주다(advocate) 347, 348
질(quality) 83, 104, 115, 156, 157, 227, 317, 334, 341

창조성(creativity) 104, 226, 336, 352
초기 옹알이(cooing) 133, 178, 331
출력(output) 333
친구(peer) 81, 267, 283, 299, 314, 318, 319

코드 변환(code-switching) 71
퀴즈 스타일(Quiz-style) 143, 333

판단적인(judgmental) 313, 314
편견(bias) 20, 84, 87, 151, 210, 262, 263, 264, 266
평가(evaluating) 92, 93
풍부한 인쇄물(print-rich) 124

한 부모 한 언어(one-parent-one-language) 78, 112, 118, 155, 172, 215, 269, 320
행복(well-being) 338, 340, 348
협상(negotiation) 319, 320
형제 자매(sibling) 114, 117, 211, 212, 339
혼합(mixing) 53-57, 60-62, 66, 70, 71, 103, 137, 194, 214, 225, 269, 330, 333, 346
화용론, 話用論(pragmatics) 133
활동(activities) 87, 94, 115, 122, 166, 167, 174, 197, 200, 206, 209, 228, 237, 243, 248, 253, 261, 263, 264, 266, 282, 283, 284, 285, 310, 339, 340, 341, 342, 343, 344, 349
효과적인 전략(effective stategies) 16, 18, 191, 222, 230, 236, 241, 247, 286